Littérature française

DES MÊMES AUTEURS

Carole Narteau :

*Français 3e* (livre du professeur et livre unique pour l'élève), collectif, sous la direction de Françoise Colmez, Bordas, coll. « Textes, langages et littératures », 2003.

*Français 6e* (livre du professeur et livre unique pour l'élève), collectif, sous la direction de Françoise Colmez, Bordas, coll. « Textes, langages et littératures », 2005.

*Français 5e* (livre du professeur et livre unique pour l'élève), collectif, sous la direction de Françoise Colmez, Bordas, coll. « Textes, langages et littératures », 2006.

*Français 4e* (livre du professeur et livre unique pour l'élève), collectif, sous la direction de Françoise Colmez, Bordas, coll. « Textes, langages et littératures », 2007.

*Français 3e* (livre du professeur et livre pour l'élève en 2 volumes), collectif, sous la direction de Françoise Colmez, Bordas, coll. « Textes, langages et littératures », 2008.

Irène Nouailhac :

400 citations littéraires, de Rabelais à Proust, Éd. du Chemin bleu, 2005.

Le Pluriel de bric-à-brac et autres difficultés de la langue française, Points, 2006.

Carole Narteau et Irène Nouailhac :

Mouvements littéraires français du Moyen Âge au XIXe siècle, Librio, 2005.

Littérature française : Moyen Âge, XVIe siècle, XVIIe siècle, XVIIIe siècle, XIXe siècle, XXe siècle, Librio, 2009.

Carole Narteau et Irène Nouailhac

Littérature française

Les grands mouvements littéraires du Moyen Âge au XXe siècle

Librio

Sommaire

Introduction

À la suite de la parution de notre série sur la littérature française – du Moyen Âge au XXe siècle –, Librio nous a proposé de réunir ces six volumes en un ouvrage unique offrant un panorama des mouvements littéraires du Moyen Âge à nos jours. Cette édition « tout en un », outre son côté pratique, permet de naviguer plus facilement d'un siècle à l'autre, d'un auteur à l'autre, mettant ainsi en relief les échos entre les différentes œuvres. Mais, en contrepartie, il a fallu faire des choix : les chronologies historiques ont dû être abandonnées, des explications et des citations coupées, et un certain nombre d'illustrations, révélant la richesse iconographique de chaque époque, laissées de côté. C'est pourquoi nous vous invitons à vous reporter aux volumes siècle par siècle pour compléter la lecture de ce Grand Librio.

La littérature du Moyen Âge, marquée par le passage du latin au français, révèle deux courants majeurs : la littérature épique, servie par les chansons de geste, et la littérature courtoise, liée à un art de vivre et à un idéal moral. Loin de ces jeux aristocratiques se développe une littérature populaire, satirique ou théâtrale. Édifiante, la littérature cherche aussi à interpréter le monde, sacré ou profane, et, avec les chroniqueurs, à restituer les grands événements historiques du temps. Au XVe siècle enfin, la France connaît un renouveau poétique qui annonce la Renaissance.

La littérature du XVIe siècle se nourrit des transformations d'un siècle qui propose une nouvelle vision de l'homme, du monde et de l'univers. La Renaissance est d'abord le siècle de la poésie. Après les grands rhétoriqueurs et Clément Marot, qui s'affranchit des règles, deux écoles vont s'imposer : l'« école lyonnaise » autour de Maurice Scève et de Louise Labé, et la Pléiade, représentée notamment par Ronsard et Du Bellay, qui chantent l'Amour et le *carpe diem*. Mais c'est aussi le siècle des guerres de Religion : si Rabelais ou Montaigne prônent la tolérance, un écrivain comme Agrippa d'Aubigné choisit le terrain de l'engagement…

Le XVIIe siècle se place sous le signe de la grandeur. Sous Louis XIII, les lettres obéissent à l'esthétique baroque, fondée sur les apparences, le mouvement et l'alliance des contraires. Le baroque va surtout s'épanouir dans le domaine de la poésie, avant d'offrir deux dérives, l'une vers le raffinement et la galanterie (la préciosité), l'autre vers la raillerie réaliste (le burlesque). Mais le XVIIe siècle est surtout l'âge d'or du théâtre, lié à l'esthétique classique : tous les genres y sont représentés autour des trois grands noms que sont Corneille, Racine et Molière. À côté du théâtre, des genres mondains se développent, tels la fable et le conte, la maxime, les lettres ou les mémoires. Les penseurs sont du côté du « libertinage érudit » avant que deux courants ne s'affrontent, Descartes et sa croyance en la raison humaine, et les penseurs chrétiens comme Pascal.

Le XVIIIe siècle est celui des Lumières, qui préparent la Révolution de 1789. À côté des œuvres philosophiques – contes, discours, mémoires, et bien sûr la grande entreprise de l'*Encyclopédie* autour de Diderot, d'Alembert, Voltaire et Rousseau –, on assiste à une explosion des formes romanesques : roman social, épistolaire, exotique, fantastique, érotique, autobiographique, satirique… Au théâtre, le XVIIIe siècle fait la part belle à la comédie, d'abord moralisante, puis psychologique, enfin contestataire…

Au XIXe siècle, de grands mouvements esthétiques naissent en réaction les uns aux autres: romantisme, réalisme, naturalisme, décadentisme et symbolisme. Le lyrisme personnel romantique traduit un mouvement de communion avec la nature et avec l'humanité tout entière. Les écrivains réalistes puis naturalistes vont, eux, tenter de décrire le plus fidèlement possible la réalité dans toute sa complexité. En réaction, les parnassiens et les symbolistes revendiqueront une poésie dégagée de tout matérialisme, se concentrant sur la forme pure ou cherchant à dévoiler ce qui se cache derrière l'apparence des choses…

Comparée aux autres périodes, notre synthèse de la littérature du XXe siècle est particulièrement condensée. Les livres sont en effet devenus un produit de consommation grand public et font l'objet d'une production de masse. De plus, nous manquons de recul pour apprécier les parutions les plus récentes. Quelles œuvres passeront à la postérité? Il est encore trop tôt pour en juger.

Au sein d'un même courant littéraire, de nombreux auteurs n'ont pu être développés faute de place – ils apparaissent dans une rubrique *Également* au début de chaque partie – et les grands écrivains ont dû être exposés en quelques lignes seulement. Mais c'est précisément la concision qui fait l'intérêt de ce petit guide du XXe, permettant de se repérer dans l'immense production du siècle.

Nous présentons ici les principaux mouvements littéraires et les différents auteurs qui s'y rattachent, en évoquant chronologiquement leurs œuvres majeures. Cette approche centrée sur les œuvres amène à mentionner certains auteurs à plusieurs reprises. Ainsi, lorsqu'un auteur est suivi d'un astérisque, c'est qu'il est évoqué dans une autre partie de l'ouvrage (se reporter à l'index en fin de volume).

Nous avons privilégié la concision et la clarté, en proposant des résumés synthétiques et en mettant en relief des citations typiques. Nous espérons que chacun trouvera du plaisir aux petits moments picorés dans cet ouvrage, autant de mises en bouche pour éveiller les souvenirs et le désir de lire…

Bonnes lectures !

Carole NARTEAU et Irène NOUAILHAC

Le Moyen Âge

La littérature française naît lorsque les poètes abandonnent le latin au profit de la langue « vulgaire » : le « roman », ancêtre du français.

Dès l'effondrement de l'Empire romain, au Vᵉ siècle – qui marque le début du Moyen Âge –, le latin parlé subit des altérations rapides ; on le nomme « bas latin ». Le latin académique demeure cependant la langue officielle de l'Église, de l'enseignement et de l'écrit en général. Mais au VIIIᵉ siècle, la langue parlée a tellement évolué que la majorité de la population ne comprend plus le latin. C'est pourquoi, en 813, le concile de Tours invite les prêtres à prêcher en langue vulgaire. Et en 842, les serments de Strasbourg – qui réconcilient temporairement deux petits-fils de Charlemagne – sont prononcés en français (roman) et en allemand (tudesque) afin que les troupes les comprennent.

Dame à la Licorne, tapisserie des bords de Loire, « La vue » (détail), XVIᵉ siècle, musée national du Moyen Âge, Paris.

Sur le territoire de la France actuelle, au milieu d'une foule de dialectes locaux, deux langues romanes se différencient globalement : la langue d'oc au sud, la langue d'oïl au nord. C'est le parler, puis l'écrit de l'Île-de-France, fief du roi, qui unifiera le tout.

Toute la littérature en langue romane est destinée à être chantée ou jouée, le texte n'étant qu'un aide-mémoire. Cependant il fait autorité, et par lui les œuvres sont conservées. La langue romane passe ainsi le cap de l'écrit.

La littérature française du Moyen Âge, ce sont cinq siècles foisonnant d'expériences... Malheureusement, seule une infime partie des poèmes et romans médiévaux sont parvenus jusqu'à nous.

Les premiers textes littéraires français datent du XIᵉ siècle. Ce sont des « **chansons de geste** » et des épopées lyriques anonymes qui célèbrent les exploits guerriers et la lutte contre les païens. Elles connaissent un grand succès et se diffusent dans toute l'Europe en étant constamment réinterprétées et enrichies. Il en existe des centaines ! Au XIIIᵉ siècle, lorsque la poésie devient prose, ces cycles rimés se transforment en « romans ».

Au XIIᵉ siècle apparaît l'idéal « **courtois** », qui donne une place d'honneur à l'amour : désormais, les chevaliers dédient leurs prouesses à leur Dame et cherchent à perfectionner leurs vertus. Mêlant accomplissements guerriers, passion amoureuse et mysticisme, le mouvement courtois va inspirer des mythes toujours vivants aujourd'hui (le cycle du Graal, Tristan et Iseut) et de nombreux poètes, en particulier Marie de France.

Loin de ces jeux aristocratiques se développe en parallèle une littérature populaire, autour de deux pôles : d'un côté, des **romans et** des **contes satiriques** (*Roman de Renart*) qui dénoncent les injustices de la société féodale et donnent la parole aux plus faibles ; de l'autre, une **expression théâtrale** extrêmement variée, qu'elle soit profane – comme la célèbre *Farce de maître Pathelin* – ou religieuse, mettant en scène l'Évangile.

Au Moyen Âge, le christianisme triomphant assure l'unité morale et culturelle du pays, comme en témoigne une floraison de **vies de saints, contes dévots et poèmes de la mort**. Résolument édifiante, la littérature cherche à interpréter le monde (**bestiaires, lapidaires, plantaires**) ou, avec les **chroniqueurs**, à restituer les grands événements historiques du temps.

Au XVe siècle enfin, alors que l'Italie vit son *Rinascimento*, la littérature médiévale est caractérisée par un grand **retour de la poésie** : contestataire avec Villon, lyrique autour de Guillaume de Machaut, Christine de Pisan et Charles d'Orléans. C'est la naissance de la poésie individuelle moderne.

Tapisserie de Bayeux (XIe siècle), qui illustre la victoire de Guillaume le Conquérant, duc de Normandie, sur le roi Harold d'Angleterre.

La littérature épique

Au Moyen Âge, il existe trois grandes « matières » épiques. Les « **chansons de geste** », qui forment la « **matière de France** », se développent à partir du Xe siècle. Elles consolident les bases de la société féodale en la définissant dans le culte de son propre passé. Elles célèbrent les épopées et prouesses guerrières (*res gestae*) des héros de l'époque impériale tels Charlemagne ou Guillaume d'Orange, mais aussi de hautes figures de l'âge féodal, en particulier les croisés. Leur thème principal est la lutte sans trêve des chevaliers chrétiens contre les forces du Mal – incarnées par les Sarrasins – dans le cadre d'une société guerrière, fortement hiérarchisée et très pieuse. Ces poèmes sont chantés par des « jongleurs » (poètes de langue d'oïl) accompagnés d'un instrument qui se produisent tout aussi bien dans les foires que dans les châteaux du nord de la France. La « **matière de Bretagne** » s'inspire quant à elle du fonds de légendes transmises oralement par les populations celtiques ; elle s'organise autour de la mythique histoire du roi Arthur et des chevaliers de la Table Ronde. La « **matière antique** », enfin, reprend les thèmes et motifs des grandes œuvres de l'Antiquité et situe les aventures de ses héros dans un Orient mythique. C'est le produit direct de la *translatio* ou « mise en roman » – c'est-à-dire de la traduction du latin en langue romane –, mais à la façon médiévale, en adaptant librement les histoires antiques au contexte féodal.

La chanson de geste, ou « matière de France »

Les chansons de geste connaissent leur apogée aux XIe et XIIe siècles. Chaque chanson est le plus souvent constituée d'environ 4 000 strophes (les « laisses ») de longueur inégale, construites autour d'une seule voyelle (elles sont « assonancées »), avec des vers de dix pieds (les décasyllabes). Ce système de laisses assonancées permettait de chanter les poèmes sur une mélodie uniforme.

Dans la seconde moitié du XIIe siècle, des cycles sont constitués à partir des chansons primitives. La « matière » s'enrichit d'éléments rhétoriques, féeriques et folkloriques, et on accorde davantage de place aux intrigues amoureuses. La longueur de la chanson augmente, la rime remplace l'assonance, on abandonne le décasyllabe pour l'alexandrin et l'octosyllabe. Enfin, avec l'apparition de la prose au XIIIe siècle, les chansons de geste deviennent des « romans ».

Les chansons de geste de la « matière de France » forment quatre cycles majeurs : celui de **Charlemagne**, celui de **Guillaume d'Orange** (cycle de Garin de Monglane), celui de **Godefroi de Bouillon** (cycle de la Croisade) et celui des **révoltés** (cycle de Doon de Mayence). Mentionnons également le « cycle des Lorrains », ainsi que le « cycle du cœur mangé », dont fait partie le *Roman du châtelain de Coucy et de la dame de Fayel* (XIIIe siècle). La plupart des chansons de geste françaises ont été imitées et traduites dans toute l'Europe.

Le cycle de Charlemagne

La ***Geste du Roi*** a pour figure de proue Charlemagne entouré de ses paladins, notamment Roland et Olivier. Elle glorifie l'idéal chrétien et exalte le principe de la monarchie féodale, le respect du vassal pour son seigneur et les vertus de loyauté et de fidélité. L'ensemble du cycle carolingien se fixe entre la fin du XIIe et le milieu du XIIIe siècle.

La vie de Charlemagne est évoquée dans le *Roman de Berthe au grand pied* (mère de Charlemagne qui se vit substituer un moment comme épouse de Pépin par une servante, un sosie quasi parfait, mais qui avait les deux pieds identiques), *Mainet et Basin* (qui raconte la jeunesse de Charles), *La Chanson des Saïsnes* de Jean Bodel* (sur la guerre contre les Saxons), dans *Le Pèlerinage de Charlemagne à Jérusalem et Constantinople* (parodie burlesque de la vie conjugale de Louis VII et d'Aliénor d'Aquitaine), *La Reine Sibille* et *Macario* (évoquant l'infidélité supposée de Blanchefleur, femme de Charlemagne) et dans *Le Couronnement de Louis* (fils de Charlemagne).

La lutte contre les vassaux mécontents est développée dans *Girart de Vienne* (où Roland s'éprend d'Aude, la sœur de l'un des rebelles, Olivier, qui deviendra ultérieurement son meilleur ami), *Les Quatre Fils Aymon ou Renaud de Montauban* (où l'on retrouve Bayard, le destrier de Renaud, et le magicien Maugis, qui donnèrent lieu à toute une littérature en Europe) ou *La Chanson d'Aquin*, attribuée à Garin Trossbœuf (où Charles prête main-forte aux Bretons contre un chef normand rebelle).

La lutte contre les Sarrasins en Italie est évoquée dans *Aspremont* (où le jeune Roland, neveu de Charles, tue le roi d'Afrique Almont et lui ravit Durendal, sa fameuse épée), *La Destruction de Rome* (où l'émir Balan s'empare des saintes reliques), *Fierabras* (où Charlemagne se lance à la poursuite de Balan avec Olivier et d'autres paladins qui connaîtront bien des déboires avant de remporter la victoire – chanson qui aura un succès extraordinaire, de rue comme de cour, et sera traduite dans de nombreuses langues) et *Otinel* (où l'on assiste à la conversion miraculeuse de ce noble musulman qui se retourne contre le Sarrasin Marsile et reçoit la couronne de Lombardie).

Mais c'est **la lutte de Charlemagne contre les Mauresques d'Espagne** qui a donné naissance aux chansons les plus connues du cycle. *L'Entrée en Espagne* relate le début de la guerre contre Marsile, mais évoque surtout une expédition de Roland – giflé par Charles – en Perse. *La Prise de Pampelune* décrit la marche de Charlemagne sur Saragosse depuis Pampelune et le caractère implacable de l'affrontement avec Marsile, qui massacre deux ambassades pacifiques de Charles.

La ***Chanson de Roland*** (entre 1070 et 1100) est la plus grandiose et solennelle de toutes les épopées médiévales, et l'influence qu'elle a exercée, en France et à l'étranger, est incalculable. Elle serait l'œuvre de Théroulde, évêque de Bayeux puis moine à l'abbaye du Bec en Normandie. Elle est centrée sur la déroute historique de Roncevaux du 15 août 778, à l'époque où Charlemagne achevait de chasser les musulmans de la France méridionale. En réalité, ce sont des brigands basques qui ont attaqué l'arrière-garde de l'armée de Charlemagne, alors que celui-ci – qui n'était pas encore empereur –

Charlemagne et son armée quittent Roland et les pairs.
Karl der Grosse du Stricker, détail, v. 1300, Saint-Gall.

regagnait la France pour mater une rébellion de Saxons. Mais la légende raconte le retour de l'« empereur à la barbe fleurie », âgé de plus de 200 ans, victorieux après une expédition de sept années contre les Maures d'Espagne. Seule lui résiste désormais la cité de Saragosse, dont Marsile est le roi. Marsile, à bout de ressources, demande la paix, et Roland propose Ganelon pour accomplir cette périlleuse mission. Plein de rancœur, Ganelon se laisse gagner à l'idée d'une trahison pour se venger de Roland : Marsile feindra d'accepter les conditions de Charlemagne et, dans les gorges des Pyrénées, l'arrière-garde de l'armée commandée par Roland sera détruite. Le plan réussit… Roland, qui répugne à se servir de son olifant, sonne du cor mais trop tard, et le gros de l'armée carolingienne n'accourt que pour trouver des milliers de cadavres. Une intervention divine prolonge alors le jour de façon que les Francs puissent exterminer tous les Sarrasins.

À peine Charles a-t-il fini de célébrer les funérailles de Roland et des pairs que l'armée de l'émir de Babylone rejoint en renfort celle de Marsile. Une terrible bataille s'ensuit, qui se termine par un duel entre les deux chefs suprêmes. L'émir est abattu, les Francs prennent Saragosse, Marsile meurt de chagrin et sa femme est baptisée. Charlemagne rentre à Aix-la-Chapelle, où Ganelon est jugé et écartelé. Et Aude, la fiancée de Roland, tombe morte en apprenant la disparition de son promis. Roland aura commis la double faute d'exciter la haine de Ganelon et de ne pas appeler Charles à l'aide, mais il se sera racheté en mourant en martyr…

Connais-tu la complainte
Du grand Roland ?
Là-bas, entends la plainte
Du cor dolent !
Il suivait Charlemagne,
Fier paladin,
Et battit en Espagne
Le Sarrasin.

La triste sonnerie
Jaillit soudain,
Charles s'arrête et crie :
« Ce son lointain ?…
Paladins en arrière,
C'est l'olifant !
Repassons la frontière,
Aide à Roland ! »

Ô héros d'épopée,
Brave et féal,
Va, brise ton épée,
Ta Durendal !
Adieu ! Ta douce France !
Par saint Michel,
Âme, fleur de vaillance,
Volez au ciel !

Triomphants, Charlemagne
Et ses féaux
Descendaient la montagne
Vers Roncevaux.
Par les ravins sauvages
On défilait ;
Pour garder les passages
Roland veillait.

Perdue, et par traîtrise
De Ganelon,
Son armée est surprise,
Grâce au félon.
Les instruments sonores
Des mécréants
Ont retenti, les Maures
Vont menaçants.

Du cor mélancolique
L'appel est doux.
Ô phalange héroïque,
Reviendrez-vous ?
Est-ce, Roland, ton âme,
Est-ce ta voix,
Ce cor qui pleure et clame
Au fond des bois ?

Aimeri de Narbonne (attribué à Bertrand de Bar-sur-Aube), *Anséis de Carthage* et *Gui de Bourgogne* font intervenir les héros survivants des expéditions précédentes dans des aventures où l'on note une évolution de la perception des Sarrasins : d'ennemis à massacrer sans pitié, ils acquièrent le statut d'adversaires respectables. L'esprit des croisades s'efface…

Le cycle de Guillaume d'Orange

La ***Geste de Garin de Monglane*** exalte la lignée de Guillaume – l'un des pairs de Charlemagne –, évoquant son arrière-grand-père dans *Garin de Monglane* (XIIIe siècle), conseiller de Charlemagne, son grand-père dans *Girart de Vienne* (XIIe siècle), son père dans *Aimeri de Narbonne* (XIIe siècle), enfin Guillaume lui-même dans *Couronnement de Louis* (v. 1150), où Guillaume sert de mentor et de soutien à Louis Ier le Pieux, fils de Charlemagne, et dans *Le Moniage Guillaume* (XIIe siècle), où il défait des brigands et fonde le monastère de Saint-Guilhem-le-Désert.

Le cycle décrit aussi les batailles de Guillaume contre les Sarrasins dans la *Chanson de Guillaume* (1130), *Le Charroi de Nîmes* (XIIe siècle), *Aliscans* (XIIe siècle) et *La Prise d'Orange* (XIIe siècle). Il comporte enfin des chansons sur les frères et les neveux de Guillaume, toutes composées au XIIIe siècle.

Le cycle de Godefroi de Bouillon

La ***Geste de la Croisade*** célèbre l'origine et la famille de Godefroi de Bouillon (v. 1058-1100), héros de la Ire croisade. Celui-ci combattit pour l'empereur Henri IV, puis vendit son duché de Bouillon, partit pour la Palestine en 1096 et prit Jérusalem en 1099. Les chansons qui content sa légende sont parvenues à nous par le remaniement qu'en a fait Graindor de Douai à la fin du XIIe siècle, en remplaçant les assonances par une forme rimée. Aux chansons les plus anciennes furent ajoutés des récits consacrés aux origines de la famille et au début de la carrière de Godefroi – la *Naissance du Chevalier au Cygne*, *Le Chevalier au Cygne*, la *Fin d'Élias*, les *Enfances Godefroi* et le *Retour de Cornumaran* –, et des continuateurs prolongèrent la *Chanson de Jérusalem* jusqu'à la mort de Godefroi, puis retracèrent le règne de son frère et de ses descendants.

Miniature du *Roman du Chevalier au Cygne*, v. 1260, BNF.

Le Chevalier au Cygne (XIIe siècle) est le poème majeur du cycle. Il narre l'histoire des fils d'un duc de Bouillon, qui sont transformés en cygnes par une sorcière avant de tous recouvrer leur forme humaine sauf l'un d'entre eux, qui tient compagnie à son frère aîné et l'enlèvera sur une nacelle quand une épouse curieuse voudra connaître leurs origines. Cette légende – à l'origine de l'opéra *Lohengrin* – eut un grand succès, en Allemagne notamment.

Parmi les autres poèmes du cycle, citons la *Chanson d'Antioche* (1130), de Richard le Pèlerin, et la *Chanson de Jérusalem* (apr. 1130), ainsi que la *Chanson des Chétifs* (XIIe siècle).

Le cycle des révoltés

Dans la ***Geste de Doon de Mayence***, les différents héros, tous apparentés à Doon de Mayence, sont des vassaux amenés à prendre les armes contre leur suzerain pour réparer un tort subi ou venger une offense. Il s'ensuit des luttes forcenées qui se terminent par des actes d'humilité et de contrition.

Le héros de *Girart de Roussillon* (seconde moitié du XIIe siècle) est le même que celui de la chanson *Girart de Vienne* (voir p. 14), mais il est cette fois opposé au roi Charles Martel, au VIIIe siècle. Vaincu, il préférera se cacher pendant vingt-deux ans plutôt que de se rendre. Finalement, il se soumettra et se consacrera à des œuvres pies.

Les Quatre Fils Aymon ou Renaud de Montauban (XIIIe siècle) évoque les mésaventures de Renaud et de ses frères, poursuivis pendant des années par le courroux de Charlemagne. La chanson fait également partie du cycle carolingien.

La *Chevalerie d'Ogier de Danemarche* (fin du XIe siècle), de Raimbert de Paris, a été refaite en alexandrins au XIIIe siècle. Le fils de Charlemagne, Callot, ayant tué le fils d'Ogier, ce dernier entre en guerre contre l'empereur. Fait prisonnier, il est enfermé à Reims. Croyant Ogier mort, les Sarrasins envahissent la France et Charlemagne est contraint de solliciter l'aide d'Ogier. Celui-ci exige en échange la tête de Callot, que l'empereur accepte de sacrifier pour le salut de la France. Mais alors qu'Ogier lève son épée sur lui, saint Michel descend du ciel pour l'en empêcher…

Le texte existant de *Raoul de Cambrai* (fin du XIIe siècle) est un remaniement d'un récit composé au Xe siècle par le trouvère Bertholais de Laon. Cette vaste épopée meurtrière raconte l'histoire d'une rivalité familiale pour la possession du Vermandois.

Gormond et Isembart (1085-1100), poème le plus important du cycle, raconte la geste d'Isembart, neveu du roi Louis. Contraint de s'exiler après avoir tenu tête au roi, Isembart se réfugie chez le roi sarrasin Gormond. Il mourra sur le champ de bataille en implorant le pardon de la Vierge…

La « matière de Bretagne »

La « matière de Bretagne » est le nom donné à l'ensemble des textes écrits au Moyen Âge autour des légendes de l'île de Bretagne (la Grande-Bretagne) et de la « petite Bretagne » (la nôtre). Elle représente la tradition celtique, par opposition à la tradition carolingienne de la « matière de France » et aux traditions latines et antiques de la « matière de Rome ».

LA LÉGENDE DU ROI ARTHUR

Arthur tire l'épée du roc et est proclamé roi. Miniature du *Saint-Graal*, XIIIe siècle, BNF.

Le ***Roman de Brut*** (1155) est un long poème composé par Robert Wace* (v. 1110-1180), trouvère anglo-normand de la cour d'Henri II Plantagenêt qui était à la fin de sa vie chanoine de Bayeux. Wace narre la mythique histoire du roi Arthur et des chevaliers de la Table Ronde. Chrétien de Troyes* s'en inspira à son tour pour développer le cycle du Graal. En réalité, le *Roman de Brut* est une œuvre de propagande destinée à asseoir la légitimité des Plantagenêts en faisant remonter l'histoire de l'île de Bretagne à Brutus de Troie (« Brut »), petit-fils d'Énée qui serait l'ancêtre des Bretons. Ce roman, premier texte français dont le sujet soit breton, est dédié à Aliénor d'Aquitaine, qui fut reine de France puis d'Angleterre.

Wace est le premier à faire mention de la Table Ronde, autour de laquelle le roi Arthur faisait asseoir ses guerriers :

> tous honorablement et de manière tous égale. Aucun d'entre eux ne pouvait se targuer d'être assis plus haut que ses pairs.

Il donne le nom d'Excalibur à l'épée d'Arthur et associe la chevalerie chrétienne à certaines traditions celtiques, donnant naissance aux chevaliers de la Table Ronde. Entouré de ses chevaliers et d'une cour raffinée, le roi celte Arthur incarne la résistance des Bretons face aux envahisseurs saxons au VIe siècle. Réel et imaginaire sont mêlés pour conter prouesses guerrières, passions amoureuses et quête mystique du Graal, sur fond omniprésent de l'au-delà.

Le *Roman de Brut*, remanié, a donné naissance à un poème intitulé ***Brut*** (v. 1200), composé par le prêtre Layamon. Il prend ouvertement parti pour les Bretons contre les envahisseurs saxons et enrichit la légende d'Arthur de détails fantastiques. Mais le poète a une prédilection marquée pour les descriptions de batailles, les scènes de meurtre et de violence…

L'HISTOIRE DES DUCS DE NORMANDIE

Le ***Roman de Rou*** de Robert Wace* est une épopée en vers octosyllabiques sur les ducs de Normandie. Cette longue chronique raconte l'histoire de la Normandie depuis Rollon (« Rou ») jusqu'à la conquête de l'Angleterre par les Normands et la bataille de Tinchebray (1106). Dédié à Aliénor d'Aquitaine, le *Roman de Rou* est didactique et utilitaire, ayant pour tâche d'instruire et d'unifier. Wace se préoccupe surtout d'exactitude et son récit, minutieux et précis, ne sacrifie pas à l'expression poétique.

La « matière antique »

Autour de Charlemagne, on cultivait assidûment les auteurs latins et grecs – c'est pourquoi on a parlé de « Renaissance carolingienne ». Mais les textes antiques ne sont pas oubliés par la suite. Les manuscrits sont recopiés siècle après siècle, et surtout ils sont traduits. Des clercs composent des chansons de geste en utilisant la matière antique, et ces chansons exercent une grande influence et suscitent des imitations, des remaniements en prose et des traductions dans tous les pays occidentaux. Les anachronismes sont de règle, ces textes n'ont rien d'historique. Les récits fourmillent de détails pittoresques, le merveilleux est plus riche et plus varié que celui des générations épiques précédentes, et l'analyse sentimentale s'affine, annonçant la littérature courtoise.

LA REPRISE DES ÉPOPÉES GRECQUES

Le ***Roman de Thèbes*** (v. 1150), poème de langue poitevine inspiré de la *Thébaïde* de Stace, adapte très librement le combat fratricide des fils d'Œdipe. Une introduction d'un millier de vers raconte l'histoire d'Œdipe. Le monde gréco-romain est transformé en monde féodal, chevaleresque et ecclésiastique. D'innombrables batailles y sont décrites, ainsi que les félonies, les assemblées et les procès féodaux.

Je ne vais pas parler de pelletiers,
Ni de bouchers ni de vilains,
Mais je parlerai de deux frères,
Et je raconterai leur geste.
L'un s'appela Étéocle
Et l'autre eut nom Polynice.
Le roi Œdipe les engendra
Dans la reine Jocaste.
Il les eut de sa mère, tout à fait à tort,
Après avoir tué son père le roi.

Œdipe aveugle, Jocaste se tue.
Enluminure d'un manuscrit de 1403, BNF.

À cause du péché dans lequel ils furent créés
Ils furent félons et pleins de folie;
Ils détruisirent Thèbes, leur cité,
Et mirent à mal tout leur royaume.

Prologue, trad. Anne Berthelot

La légende troyenne, transmise essentiellement à travers l'*Énéide* de Virgile, est un des grands thèmes de la littérature romanesque du Moyen Âge. Dans le ***Roman d'Énéas*** (v. 1156), poème de 10 000 octosyllabes rédigé en dialecte normand, l'ordre de l'action est légèrement changé par rapport à l'*Énéide*. Mais surtout l'auteur s'intéresse à la naissance et aux manifestations de l'amour entre Énéas et la jeune Lavine, ce qui fait d'*Énéas* une œuvre de transition entre les littératures épique et courtoise. Voici un extrait du pénible aveu de cet amour fait par Lavine à sa mère:

« Dame, j'aime, je ne puis le nier,
Vous devez me donner de bons conseils.
– Je le ferai, si tu me fais confiance.
Puisque ton cœur est au supplice,
Tu dois bien me dire pour quel objet.
– Je n'ose, madame, car je crois
Que vous m'en voudriez :
Vous me l'avez bien déconseillé,
Vous m'avez bien mise en garde contre lui;
Mon intérêt pour lui s'en est accru :
Amour néglige les remontrances. »

Trad. Aimé Petit

Le ***Roman de Troie***, poème d'environ 30 000 octosyllabes rimés en dialecte tourangeau, a été composé vers 1165 par Benoît de Sainte-More et dédié à Aliénor d'Aquitaine. Il raconte l'histoire fabuleuse de Troie en commençant par l'entreprise des Argonautes et la première destruction d'Illion. Il décrit la renaissance de la ville, le siège et le départ de l'armée grecque en détaillant le sort des différents héros, à commencer par Ulysse. L'auteur accorde une attention particulière aux passions amoureuses, qu'il invente pour la plupart. Le *Roman de Troie* connut un succès triomphal au Moyen Âge et a donné lieu à un nombre considérable de variations dans toutes les langues d'Occident.

La légende d'Alexandre le Grand

Après la trilogie de *Thèbes*, *Énéas* et *Troie*, le rythme des « grandes traductions » se ralentit. Mais la fascination pour l'Orient reste entière. Ainsi, les biographies romancées d'Alexandre le Grand eurent un très grand succès dans toute l'Europe au Moyen Âge. Le ***Roman d'Alexandre*** (v. 1170-

1180), vaste récit picard en alexandrins, par Alexandre de Bernay, amalgame l'ensemble des versions précédentes. Le tableau complet de l'existence d'Alexandre offre au public des récits fantaisistes et merveilleux, pleins de prodiges, de visions de trésors d'une splendeur inouïe, de phénomènes naturels extraordinaires, de pays étranges, de sirènes, d'explorations de fonds marins, d'ascensions vers le ciel…

Au XIIe siècle, Gauthier de Châtillon fait de la geste d'Alexandre un poème épique particulièrement réussi, l'*Alexandréide*, qui a tant de succès qu'il remplace souvent dans les écoles la lecture de l'*Énéide*. En 1317, le *Roman de Perceforest* va plus loin : l'auteur de ce roman-fleuve de 7 000 pages remonte jusqu'à l'Antiquité et fait d'Alexandre l'ancêtre direct du roi Arthur et le fondateur de la Table Ronde… !

LES NEUF PREUX ET LES NEUF PREUSES

Penthésilée, reine des Amazones. *Petit Armorial équestre de la Toison d'Or*, v. 1460, BNF.

C'est dans le roman en vers ***Les Vœux du Paon*** (v. 1312) de Jacques de Longuyon – auteur lorrain – qu'apparaît le thème des Neuf Preux. Ce sont trois païens de l'Antiquité (Hector de Troie, Alexandre le Grand et Jules César), trois juifs de l'Ancien Testament (Josué, Judas Maccabée et David) et trois chrétiens du Moyen Âge (Charlemagne, Godefroi de Bouillon et Arthur). L'œuvre, traduite et imitée dans toute l'Europe, connaît une vogue immense pendant près de trois siècles. Les Neuf Preux suscitent une abondante iconographie : ils sont présents jusqu'à la fin du XVIe siècle sur les tapisseries, les peintures murales, les gravures et les cartes à jouer – Charlemagne est le roi de cœur, César le roi de carreau, David le roi de pique, Alexandre le roi de trèfle, Hector le valet de carreau, etc.

Quelques décennies plus tard apparaît leur pendant féminin, les Neuf Preuses, issues de l'Antiquité païenne : Sémiramis (reine de Babylone), Sinope, Hippolyte, Ménalippe, Lampeto et Penthésilée (reines des Amazones), Tomyris (reine des Massagètes), Teuca (reine d'Illyrie qui a combattu Rome) et Déiphyle (reine d'Argos qui a vaincu Thèbes). Leur créateur est sans doute Jehan Le Fèvre, officier au Parlement de Paris, qui compose entre 1373 et 1387 le ***Livre de Lëesce***. Dame Lëesce prend la parole pour défendre « les preudes femmes », fières et autonomes, plus audacieuses, courageuses et vertueuses que les hommes…

La littérature courtoise

Le terme de « courtoisie » désigne, du XIIe au XIVe siècle, une attitude morale propre à la noblesse de cour, sous le signe de l'élitisme et la volonté de se poser comme modèle de civilisation. Ce nouvel art de vivre, qui implique raffinement, générosité et loyauté, donne une place d'honneur à la femme, jusqu'ici assez méprisée et complètement soumise à son mari. L'évolution du statut de la femme dans la société féodale est sans doute favorisée par le culte de plus en plus fervent pour la Vierge Marie. Désormais, l'amour est revalorisé et la Dame, épouse du châtelain, devient le centre vital de la cour, s'érigeant en suzeraine de celui qui l'aime. Cet art d'aimer prend le nom d'amour courtois ou *fin'amor*, au sens de relation délicate et noble, mais aussi parfaite, qui achève un long travail sur soi des partenaires. L'amour étant la source de toute vertu et de toute prouesse, le chevalier se met au service exclusif de sa Dame et lui témoigne son adoration à l'aide d'exploits qui seront autant d'hommages. La Dame, de son côté, lui accorde sa protection, comme tout seigneur à son vassal. L'amour courtois est ainsi l'aboutissement d'une conquête sur soi, menant le chevalier, à travers son amour pour sa Dame, à la découverte de ses qualités profondes.

Le roman courtois

Chanté par les troubadours en langue d'oc (dans le sud de la France) et les trouvères en langue d'oïl (en Normandie, Île-de-France, Champagne), l'amour courtois va inspirer les romanciers qui, mêlant accomplissements guerriers, passion amoureuse et mysticisme, vont enflammer les imaginations et être à l'origine de nombreux mythes encore vivants aujourd'hui.

Chrétien de Troyes et le cycle du Graal

Chrétien de Troyes* est l'auteur de chansons courtoises et de cinq romans : *Érec et Énide* (v. 1165), *Cligès*, d'inspiration antique (v. 1176), *Yvain ou le Chevalier au lion* et *Lancelot ou le Chevalier à la charrette*, rédigés conjointement entre 1177 et 1181, et enfin *Perceval ou le Conte du Graal*, commencé vers 1181 et laissé inachevé à sa mort vers 1190. De Chrétien de Troyes, comme pour la plupart des auteurs du Moyen Âge, on a peu d'éléments biographiques. D'après son nom, on pense qu'il était originaire de Troyes en Champagne. Né vers 1135, il a dû recevoir la formation de clerc, c'est-à-dire un cycle d'études

« Le dialogue du trouvère et de la demoiselle sous l'arbre d'amour ». *Codex Manesse*, XIIIe siècle, bibliothèque de l'Université, Heidelberg.

littéraires (*trivium*) puis scientifiques (*quadrivium*) qui font de lui un lettré, lisant le latin. Ensuite, il aurait vécu à la cour de Champagne, Puis, à partir de 1181, il aurait séjourné à la cour de Philippe, comte de Flandre.

La plupart de ses romans s'inspirent de la matière de Bretagne et se situent à la cour du roi Arthur. Par rapport à Wace*, l'originalité de Chrétien de Troyes réside dans son utilisation de l'espace et du temps. C'est comme s'il avait dilaté un moment du règne d'Arthur, la période de paix pendant laquelle sont réunis à la cour le roi et ses chevaliers, pour en faire le cadre de ses romans.

Au guerrier, au conquérant que présente Wace, Chrétien substitue un roi dont la fonction essentielle est de maintenir la chevalerie, c'est-à-dire de présider à la cohésion du groupe autour de la Table Ronde. C'est pourquoi les textes commencent par la même scène originelle : la réunion de la cour un jour de fête. Puis, dans chaque ouvrage, un des chevaliers, élu, part à l'aventure et son cheminement fait l'objet de nombreuses mises à l'épreuve, qui sollicitent sa vaillance et lui permettent de conquérir sa Dame. Mais l'aventure le mène aussi à la connaissance de soi : conquête guerrière et quête mystique se répondent, comme le symbolise si bien le Saint Graal, que Perceval pourra presque toucher…

Érec et Énide (v. 1165) commence lors de la fête de Pâques. Érec, frappé au visage par le nain Ydier, fait la connaissance d'Énide après avoir défait Ydier. Elle l'épousera et le suivra dans ses combats. Services de cœur et de cour sont ainsi intimement liés et tout à fait compatibles, ce qui ne sera pas le cas dans *Yvain*.

Le roman ***Yvain ou le Chevalier au lion*** (v. 1180) commence lors de la fête de la Pentecôte par le récit de Calogrenant : au cœur de la forêt de Brocéliande, il aurait été victime d'un chevalier protecteur d'une fontaine magique. Yvain décide de s'y rendre pour défier et tuer ce chevalier. Blessé, Yvain est soigné par Lunette, la servante, qui lui donne un anneau d'invisibilité pour le protéger. Il tombe amoureux de la veuve de son ennemi, Laudine, et l'épouse. Désormais protecteur de la fontaine, il invite Arthur et sa cour chez lui. Gauvain lui reproche de négliger ses devoirs de chevalier et lui fait miroiter les plaisirs des tournois. Yvain obtient de sa Dame un congé d'un an pour mener ses aventures : au bout de ce terme, il perdrait son amour.

Entraîné dans les tournois, Yvain dépasse le délai imparti et se voit répudié par sa Dame. Le malheureux sombre alors dans la folie et doit accomplir une nouvelle série d'épreuves pour reconquérir l'amour de Laudine. En chemin, il tombe sur un combat entre un serpent (dragon) et un lion. Après quelque hésitation, il décide de venir en aide au lion qui, en échange, lui vouera une grande fidélité (d'où le sous-titre de l'œuvre) et l'aidera dans ses autres combats. Les deux époux finissent par se réconcilier :

> « Dame, on doit avoir pitié du pécheur. J'ai payé cher mon manque de sagesse et à juste titre. C'est la folie qui me fit m'attarder, et je me reconnais coupable et digne d'être puni. J'ai montré un excès d'audace en osant me présenter devant vous, mais si vous voulez maintenant me retenir, jamais je ne commettrai plus la même faute à votre égard.
> – Assurément, dit-elle, je le veux bien, car je serais parjure si je n'employais pas tout mon pouvoir pour conclure la paix entre vous et moi. »
>
> Trad. David F. Hult

Le roman ***Lancelot ou le Chevalier à la charrette*** (v. 1180), concomitant d'*Yvain*, s'ouvre sur l'enlèvement de la reine Guenièvre, le jour de l'Ascension, par Méléagant. Lancelot part à sa poursuite, surmonte divers obstacles – dont la perte de son honneur pour être tombé dans une charrette de condamnés – et délivrera la reine. De retour à la cour du roi Arthur, ils connaîtront une nuit d'amour, un des adultères les plus fameux de la légende arthurienne…

Grâce à la complicité de Galehaut, Lancelot embrasse Guenièvre pour la première fois. Manuscrit français du XVe siècle, Bodleian Library, Oxford.

> Lancelot voit à présent tous ses vœux comblés,
> puisque la reine se plaît à avoir l'agrément de sa compagnie,
> puisqu'il la tient entre ses bras et elle entre les siens.
> Dans les baisers et les étreintes il trouve au jeu un si doux
> bonheur que, sans mentir, il leur advint une joie d'une telle
> merveille que d'une pareille encore on n'entendit jamais parler.
> Mais je garderai le silence sur elle, car sa place n'est pas
> dans le récit !
>
> Trad. Charles Méla

Cette relation sera éventée. Lancelot devra fuir, avant de revenir sauver Guenièvre du bûcher auquel elle avait été condamnée.

Le dernier roman, ***Perceval ou le Conte du Graal*** (apr. 1181), introduit le motif nouveau du Graal – dont on ignore encore la nature – et le met en relation avec le monde d'Arthur par l'intermédiaire d'un chevalier jusqu'alors inconnu, Perceval le Gallois. Il prend vraiment la forme d'un roman initiatique : le jeune garçon, qui ignore encore sa véritable identité, est gardé par sa mère désireuse de le protéger de la carrière de chevalier. Mais un jour, quand il rencontre dans la forêt cinq chevaliers tout armés, c'est pour lui un véritable éblouissement et il décide de les suivre à la cour du roi.

Après s'être initié à l'amour auprès de la belle Blanchefleur, il est arrêté par une rivière infranchissable. Deux pêcheurs le font passer et lui proposent de l'héberger dans un mystérieux château. Là, pendant le repas, un cortège singulier passe devant lui : un jeune homme tenant une lance tachée de sang, une jeune fille portant un Graal… Mais Perceval, respectant la réserve d'un preux chevalier, ne pose pas de question… Il ne saura que plus tard qu'il se trouvait face au Roi Pêcheur et que le secret du Graal était à portée de main… Pendant cinq ans, Perceval, tout à ses exploits chevaleresques, en a oublié Dieu et la fin du récit de Chrétien de Troyes s'intéresse à Gauvain, laissant le mystère du Graal entier. Ce roman constitue l'exemple même d'un texte ouvert, appelant des continuateurs en raison même de son inachèvement.

Merlin

Au tournant du XIIe siècle, un certain Robert de Boron compose, toujours en vers, une sorte de prologue au *Conte du Graal* qui en donne une interprétation résolument chrétienne. Nous en connaissons au moins trois par fragments : *L'Histoire du Graal ou Joseph d'Arimathie*, le *Roman de l'histoire du Graal* et le *Roman de Merlin* (fin du XIIe siècle). On s'y réfère sans cesse au Christ et à l'Église, au péché et au salut. Ainsi, par exemple, la Table Ronde serait la reproduction de la Cène, et le Siège Périlleux renverrait à la trahison de Judas. Le temps y est rythmé par les fêtes religieuses. En voici le début :

> Le Diable entra dans une violente colère quand il apprit que Notre-Seigneur était descendu en Enfer pour en libérer Adam et Ève ainsi que tous ceux qu'il voulait sauver. Alors tous les démons se rassemblèrent […]
> « Si nous disposions d'un homme doué, comme nous, du pouvoir de connaître tout ce qui s'est fait et dit dans le passé et qui vivrait parmi les hommes, sur la terre, il pourrait nous aider à les tromper. » […]
> C'est ainsi que le Diable entreprit de créer un être qui aurait sa mémoire et son intelligence pour se jouer de Jésus-Christ.
> Alors le Diable vint rôder autour d'une jeune fille…
>
> Trad. Alexandra Micha

L'assemblée des démons décidant de la naissance de Merlin et, au-dessous, sa conception : un démon déshonorant une jeune fille pendant son sommeil. *L'Histoire de Merlin*, XIIe siècle, BNF.

De cette union surnaturelle naît Merlin qui, on le sait, joue un rôle essentiel dans l'accession au pouvoir d'Arthur. Les amours de Merlin et Viviane ne figurent pas dans l'œuvre de Boron mais sont une création de ses continuateurs. Depuis, le personnage n'a cessé de réapparaître dans différentes versions de la légende arthurienne, tantôt comme prophète, tantôt comme magicien. Au XXe siècle, il a inspiré des écrivains comme Apollinaire*, Cocteau*, Barjavel*, et figure dans tous les films où apparaît Arthur.

Le passage du vers à la prose

Les romans en vers ne réussissent qu'imparfaitement à résoudre l'énigme du Graal. Au XIIIe siècle se produit alors une mutation d'une grande portée : l'octosyllabe à rimes plates va laisser place à la prose. Écrit au XIIIe siècle, le cycle de Lancelot-Graal (anonyme) est le premier de ces cycles en prose après le *Merlin*. Le roman *Lancelot*, de près de 2 000 pages, constitue le volet central du cycle. Il est suivi de *La Quête du Saint-Graal*, qui consacre la christianisation du genre arthurien, et de *La Mort du roi Arthur*, qui va clore le cycle en faisant mourir tous les personnages ayant survécu à la quête du Graal.

Tristan et Iseut

Bien des gens m'ont dit et conté
– et je l'ai aussi trouvée par écrit –
l'histoire de Tristan et de la reine,
de leur amour si parfait
qui leur causa tant de souffrance
et dont ils moururent à la fin
en un seul jour.

Marie de France*, *Le Lai du chèvrefeuille*

Tristan et Iseut. Miniature de *Messire Lancelot du Lac* de Gauthier de Moap, 1470, BNF.

De tous les grands thèmes de la littérature médiévale, la légende de Tristan et Iseut est peut-être celle qui exerça la plus grande fascination, et ce dès le Moyen Âge, où elle a fait l'objet de nombreuses versions. Certaines se sont perdues, comme *Le Conte du roi Marc et d'Iseut la Blonde* que cite Chrétien de Troyes* au début de *Cligès* ; d'autres ne nous sont parvenues qu'en fragments, comme celles de Thomas et Béroul. Trois récits brefs ont été conservés : les *Folies Tristan* de Berne, celles d'Oxford, et *Le Lai du chèvrefeuille* de Marie de France*.

La « matière de Tristan », qui prend sa source dans la matière de Bretagne, se situe aux confins de la *fin'amor* : le milieu de la cour, un héros noble et vaillant, des épreuves, un amour adultère qui se meut en passion et s'achève dans la mort…

Des deux fragments les plus connus, celui de **Béroul** (v. 1160), d'environ 4 500 vers, rapporte les épisodes centraux de la légende. L'auteur, qui était certainement jongleur, tire le texte du côté d'une peinture rude et dévorante de la passion et s'interroge sur la place de l'amour et du désir dans la société. La version de **Thomas** (v. 1175), composée de 3 000 vers, donne une dimension plus « courtoise » au texte. Elle privilégie l'analyse du sentiment amoureux, l'introspection et la plainte lyrique, tout en évacuant des épisodes trop réalistes (comme celui d'Iseut livrée aux lépreux). Son objectif, précisé dans l'épilogue, est d'être un texte exemplaire pour éviter les pièges et les ruses du désir.

Thibaut de Champagne*, *Chansons*, XIIIe siècle, BNF.

Orphelin de naissance, Tristan est élevé par Gouvernal pour devenir un parfait chevalier. Son oncle le roi Marc lui donne pour mission d'aller chercher en Irlande Iseut, que le souverain veut épouser. Sur le bateau qui les ramène tous deux en Cornouailles, ils sont victimes d'un philtre d'amour que la reine avait préparé pour les futurs époux. Commence alors une passion dévorante qui les liera jusqu'à la mort, malgré les lois, malgré les hommes, malgré eux-mêmes. Le mariage a lieu, mais Marc finit par découvrir leur secret. Condamnés, ils se réfugient dans la forêt du Morrois, où ils vivent dans le plus parfait dénuement. Marc les y surprend un jour, alors qu'ils reposent côte à côte. Ému, il les épargne, mais laisse son épée pour marquer sa venue (comme Arthur avait laissé Excalibur entre Lancelot et Guenièvre). Les deux amants, rongés de remords, se séparent : Iseut retourne à son époux, Tristan s'exile en Armorique, où il épouse Iseut aux blanches mains. Mais il retourne en Cornouailles déguisé en lépreux, en fou, pour retrouver sa bien-aimée. Au cours d'un ultime combat, il est blessé à mort. Seule Iseut la blonde pourrait le sauver. Elle se prépare à le faire mais Tristan, à qui son épouse a menti (la voile est noire, Iseut n'est donc pas sur le bateau qui arrive de Cornouailles), meurt de chagrin. Iseut meurt à son tour, sur le corps de son amant. Marc décide de les faire enterrer dans la même chapelle. Du tombeau de Tristan jaillit une ronce qui part s'enfoncer dans celui d'Iseut, symbole d'un amour qui transcende la mort.

L'amour ainsi vécu par les deux amants dépasse la vision de l'amour courtois, raffiné, policé, qui élève les âmes. Cette histoire est considérée par beaucoup comme le mythe fondateur de l'amour passion en Occident.

Héloïse et Abélard

Pierre Abélard (1079-1142) est un éminent professeur, l'un des plus savants esprits de son époque; **Héloïse** est jeune, brillante, cultivée. Le professeur séduit son élève, ou l'élève tombe amoureuse de son professeur; ils s'aiment, se marient, ont un fils, Astralabe… Si cette histoire est devenue l'archétype de l'Amour, à la fois passionnel et spirituel, c'est qu'elle a tourné au tragique, comme une sorte d'écho des aventures de Tristan et Iseut, et que la postérité en a gardé une correspondance, l'une des plus enflammées de la littérature épistolaire.

L'oncle d'Héloïse, chanoine de Notre-Dame, qui avait accueilli Abélard sous son toit pour qu'il s'occupe de l'éducation intellectuelle de sa nièce, voit cette liaison d'un très mauvais œil, si bien qu'il décide de le chasser de chez lui, puis de le châtrer! Or la castration était en principe une peine infligée en châtiment d'un viol ou d'un adultère. Abélard n'était coupable ni de l'un ni de l'autre.

Après cette catastrophe, Abélard décide de se faire moine, alors qu'Héloïse, de son côté, prend le voile. Ils sont définitivement séparés, l'un à l'abbaye de Saint-Denis, l'autre au couvent d'Argenteuil. Abélard reprend ses cours, se spécialise en théologie, les étudiants affluent, il erre de lieu en lieu avant de se fixer à Saint-Gildas de Rhuys, en Bretagne. C'est là qu'il écrit, vers 1132-1133, ***L'Histoire de mes malheurs***, qui est aussi un appel au secours. Il y mentionne pour la première fois Héloïse, qui entre-temps est devenue prieure de l'abbaye d'Argenteuil puis abbesse du Paraclet, transformé en couvent de femmes. Abélard en est le prédicateur et le conseiller spirituel, il s'y rend souvent.

Les lettres qui suivent cette confession reviennent des années après sur leur passion, et le charnel se lie au spirituel pour sacraliser l'Amour. Derrière l'abbesse se cache toujours l'amante :

Héloïse et Abélard. Miniature du *Roman de la Rose*, v. 1370, musée Condé, Chantilly.

> Tu as été l'unique maître de mon corps, comme de mon âme. [...] Comment peut-on parler de pénitence pour les péchés, quel que soit le traitement infligé au corps, si l'esprit garde en lui la volonté de pécher et brûle de ses anciens désirs ? [...] Alors que je devrais gémir des fautes commises, je soupire plutôt après les plaisirs perdus. Je me rappelle ce que nous avons fait, où et quand ; et même les mouvements de mon corps trahissent mes pensées, je dis des mots sans le vouloir...
>
> Héloïse, lettre IV

Comme Tristan et Iseut, Héloïse et Abélard ne seront réunis que dans la mort, dans leur tombeau du Père-Lachaise à Paris, et dans la postérité. En effet, cette histoire a fasciné génération après génération depuis le XIIe siècle, et Rousseau*, en particulier, s'est souvenu de leurs lettres enflammées en donnant le titre de *La Nouvelle Héloïse* à l'un des chefs-d'œuvre de la littérature épistolaire.

LE ROMAN DE LA ROSE

Le Roman de la Rose de Guillaume de Lorris (v. 1200), terminé par Jean de Meun (v. 1275), est le modèle de l'écriture allégorique.

L'une des ambitions de Guillaume de Lorris est d'intégrer les motifs courtois dans une trame romanesque. Le titre même de l'œuvre révèle la dualité entre la langue commune, utilisée par le commun des mortels (le roman), et l'art du symbole, dont la rose est l'archétype. L'auteur s'inspire d'une technique mise au point au XIIe siècle par des écrivains comme Bernard Silvestre ou Raoul de Houdenc*. Mais c'est *Le Roman de la Rose* qui donne ses lettres de noblesse au roman allégorique.

Qu'est-ce que l'écriture allégorique ? C'est une écriture qui distingue explicitement le sens littéral, évident, du sens caché. Derrière le sens premier, l'auteur a encodé un sens second que le lecteur doit être capable de décrypter, comme nous le laissent entendre les premiers vers de l'œuvre :

> Maintes gens disent que dans les songes
> Il n'y a que fables et mensonges ;
> cependant il en est tels
> qui ne nous trompent pas [...]
> Que ceux qui jugent une telle croyance
> absurde et insensée
> me traitent de fou s'ils veulent :
> car mon sentiment intime
> est que les rêves présagent aux hommes
> ce qui leur arrive de bon ou de mauvais,
> car beaucoup d'entre eux songent la nuit
> d'une manière obscure de choses
> qu'ils observent clairement par la suite.

Le songe. Miniature du *Roman de la Rose*, v. 1370, musée Condé, Chantilly.

Le texte est rapporté à la première personne, comme pour lui donner une dimension autobiographique et inviter le lecteur à s'identifier au héros. En voici la trame : un jeune damoiseau pénètre dans une société élégante qui se livre au divertissement. Séduit par une jeune beauté, il se voue totalement à cet amour. Mais l'éducation courtoise, dont on lui rappelle les principes, lui impose de dures épreuves pour mériter sa Dame. Jusqu'ici rien d'original par rapport à la tradition courtoise, sauf que les personnages ont pour nom Bel Accueil, Raison, Ami, Danger le jardinier, Oiseuse, Courtoisie, Male Bouche ou Jalousie... En effet, le motif le plus évident de l'écriture allégorique est la personnification : des notions abstraites, des qualités, des sentiments sont présentés comme des personnages et mènent une vie propre. Les personnages n'ont d'existence qu'en tant que symboles. La Rose, ainsi, figure la beauté qui oriente la passion et règne sur la vie de l'Amant. La quête de la Rose constitue la métaphore directrice de l'œuvre, qui nous livre les différentes étapes de l'initiation amoureuse et nous rappelle les codes de cet art d'aimer qu'on appelle *fin'amor*.

Entre 1268 et 1282, le clerc Jean de Meun ajoute une suite d'environ 1 800 vers au récit, qui reprend la forme allégorique et mène à son terme la quête de la Rose, mais en modifie la portée. Car c'est aussi une relecture critique de l'œuvre qui dénonce les impasses du *fin'amor*. La fiction du songe est oubliée pour laisser place à un poème philosophique qui s'interroge sur les relations entre les sexes et intègre la satire et la polémique. L'art d'aimer ne se présente plus comme une quête, mais plutôt comme un conflit. À la vision symboliste d'un univers intérieur répond la vision plus pessimiste et sceptique d'une société où règne Faux Semblant, et cette divergence de visées suit l'évolution historique. Ainsi, l'allégorie lyrique de Guillaume de Lorris pouvait s'expliquer par l'attachement du XIIe siècle au mysticisme, alors que l'allégorie satirique de Jean de Meun répond à la crise de confiance qui ébranle les structures féodales au cours du XIIIe siècle.

L'influence de ce texte aux multiples interprétations a été considérable : plus de trois cents manuscrits, de très nombreuses enluminures, des remaniements, des mises en prose… et ses symboles ont hanté et hantent encore aujourd'hui les œuvres romanesques et poétiques.

Les successeurs de Chrétien de Troyes

Le ***Roman de Guillaume de Dôle*** (v. 1200), de Jean Renart – ou comment un tatouage peut compromettre un mariage royal –, est un roman d'amour et de chevalerie qui compte parmi les plus attrayants du genre. Il est coupé de nombreuses chansons bien connues des courtisans du roi Louis, une nouveauté qui eut des imitateurs comme Gibert de Montreuil* dans le *Roman de la Violette.*

Le ***Roman de la Violette*** ou *Roman de Gérard de Nevers* (XIIIe siècle), rédigé en vers par Gibert de Montreuil, représente la littérature de la haute société française à l'apogée de l'âge médiéval. On y découvre la vie des chevaliers et les fêtes et divertissements d'une cour raffinée et un peu libre. Le texte est coupé de chansons qui étaient alors en vogue dans les assemblées de courtisans, ce qui ajoutait à l'agrément de l'auditoire.

Mélusine surprise au bain. Thüring von Ringoltingen, *Mélusine*, 1456, musée national de Nuremberg.

Le ***Roman de Mélusine*** (XIVe siècle), roman en prose de Jean d'Arras, se voulait à la fois divertissant et riche en enseignements pour la formation des grands seigneurs. Mélusine subit un dur châtiment pour avoir désobéi à sa mère, la fée Pressine : chaque samedi, la partie inférieure de son corps se transforme en serpent. Elle est autorisée à se marier à un chevalier à condition que celui-ci ait juré de ne pas chercher à la voir en ce jour funeste. Mélusine parvient à épouser Raimondin, fils du roi des Bretons, mais chacun de ses enfants porte sur le visage un signe d'infamie. Ils connaissent malgré tout une vie heureuse dans la merveilleuse forteresse de Lusignan, jusqu'à ce que Raimondin manque à sa parole. Découverte, Mélusine se transforme en serpent ailé et disparaît tandis que, de chagrin, son époux se retire dans un cloître.

Une version rimée du roman de Jean d'Arras, *Le Livre de la vie de Mélusine* (XIVe siècle) de Coudrette – ou Couldrette –, contribua considérablement à la diffusion de la légende, qui connut un grand succès en Angleterre, au Luxembourg et en Allemagne.

Prince malchanceux et idéaliste, René d'Anjou dit « le bon roi René » (1409-1480), roi sans couronne du royaume de Naples et beau-frère de Charles VII, est l'auteur de deux romans allégoriques : *Le Mortifiement de*

Vaine Plaisance et surtout le ***Livre du Cœur d'Amour épris*** (1457). Une nuit, à la faveur d'un rêve, le Cœur du narrateur part en quête de Douce Merci, allégorie de la femme idéale. Il rencontre de nombreuses embûches et s'allie finalement avec Amour, mais au terme d'une grande bataille, Douce Merci tombe entre les mains de Danger, le pire ennemi de l'amour... L'histoire finit mal pour le Cœur, plus mal encore pour le désir. Ce beau livre désenchanté et mélancolique reflète un âge finissant, celui de l'imaginaire courtois.

La poésie courtoise

C'est dans les chansons des troubadours (en langue d'oc) et des trouvères (en langue d'oïl) que l'amour courtois trouve sa plus belle expression. Les mots « troubadour » et « trouvère » viennent de *trobar* en langue d'oc, formé sur le latin *tropare*, qui signifie « inventer des tropes » : ce sont ceux qui inventent, qui composent paroles et musique. C'est donc une poésie lyrique au sens premier du terme, une poésie mise en musique. Le sommet de leur art est la *canso*, la chanson d'amour, ou Grand Chant : il s'agit d'un poème de 40 à 60 vers, répartis en strophes de six à dix vers (sizains ou dizains) et terminés par un envoi (*tornada*) qui répète la fin de la dernière strophe par la mélodie et les jeux de rimes. Ces chansons nous sont parvenues grâce aux « **chansonniers** », gros recueils manuscrits datant pour la plupart de la fin du XIIIe et du XIVe siècle. Les copistes y ont retranscrit des chansons, partitions et vers qui avaient jusque-là circulé oralement, de cour en cour. Cette diffusion orale explique que nombre de chansons sont anonymes et que les textes comptent des variantes. Les œuvres étaient accompagnées d'un commentaire censé éclairer les allusions par le rappel des circonstances de la composition – quand elles étaient connues... Cette poésie lyrique sophistiquée qui véhicule une thématique courtoise est née dans les cours aristocratiques, où elle avait à la fois pour rôle de divertir et d'édifier.

Qui étaient ces poètes? Leurs origines sont très variées : du grand seigneur, comme **Guillaume IX de Poitiers** ou **Raimbaud d'Orange**, à de pauvres hères comme **Cercamon** (dont le nom signifie « Celui qui court le monde ») et son disciple **Marcabru** (d'abord surnommé Pain Perdu), en passant par des hobereaux (**Guillaume de Saint-Didier**, les **quatre châtelains d'Ussel**...) ou des fils de domestiques comme **Bernard de Ventadour**, ainsi que des clercs défroqués comme **Peire Cardenal**. Tous ces gens se croisaient dans les châteaux, dans diverses cours, auprès de certaines dames, et ils échangeaient leurs chansons et discutaient de questions d'amour ou de poétique dans des poèmes dialogués appelés « jeux partis ».

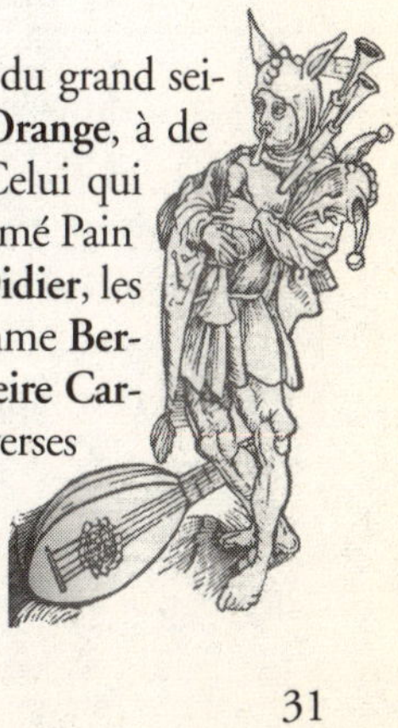

Joueur de psalterion. Enluminure du XIIe siècle, BNF.

La poésie lyrique s'est d'abord propagée en langue d'oc : **Guillaume IX de Poitiers** est considéré comme le premier troubadour. **Chrétien de Troyes*** lança la mode des trouvères en langue d'oïl. D'abord champenoise, la poésie lyrique gagne la Picardie et l'Artois, puis la Flandre. À Arras, autour d'une société littéraire nommée Le Puy sont organisés des concours de poésie qui permettent à toute une génération de jeunes poètes de se faire connaître, dont le plus fameux sera **Adam de la Halle***, auteur prolixe et musicien inspiré.

C'est l'amour qui inspire troubadours et trouvères, un amour pur (*fin'amor*) en général inaccessible envers une Dame de haut rang, amour chanté à la première personne. Le *je* clame les beautés de sa belle, se plaint des souffrances qu'il endure mais qui le font devenir meilleur et digne de l'aimée, et cette souffrance, sur le modèle du religieux, assure la rédemption. Ainsi purifié, l'amant espère parvenir à son but ultime, la Joie, qui est plus que la possession des corps : l'union de deux âmes, la fusion mystique dans la contemplation…

À côté de ces chants au masculin, une poésie féminine existe aussi. Chez les *trobairitz* en langue d'oc, notons la **comtesse de Die** et, au nord, l'une des premières grandes voix féminines de la littérature, **Marie de France***.

TROUBADOURS ET TROUVÈRES

Guillaume de Poitiers (1071-1127), le premier grand troubadour, était duc d'Aquitaine, l'un des plus puissants seigneurs de son époque. Il joua sur différents registres, courtois et grivois, à la fois « l'un des hommes les plus courtois du monde, et des plus habiles à tromper les femmes ».

Il en est de notre amour
Comme de la branche d'aubépine
Qui sur l'arbre tremble
La nuit, exposée à la pluie et au gel,
Jusqu'au lendemain, où le soleil s'épand
Sur ses feuilles vertes et ses rameaux.

Trad. Anne Berthelot

Bernard de Ventadour (v. 1125-v. 1195) est peut-être le plus célèbre des troubadours. Fils de domestiques, il a donné une dimension personnelle et symbolique à cette poésie très codifiée. Il faisait partie de la cour d'Aliénor d'Aquitaine, et il la rejoignit en Angleterre quand elle épousa Henri II Plantagenêt.

Hé ! Las ! Je croyais tant savoir
D'amour, et j'en sais si peu !
Car je ne peux m'empêcher d'aimer
Celle dont je n'aurai jamais aucun profit.

Elle m'a pris mon cœur, et elle m'a pris à moi,
Et elle avec moi et tout le monde;
Et en prenant tout, elle ne me laisse rien
Sauf désir et cœur brûlant.
Je n'ai plus eu de pouvoir sur moi,
Et je ne fus plus à moi dès l'heure
Qu'elle me laissa regarder en ses yeux
En un miroir qui me plaît beaucoup.
Miroir, depuis que je me suis miré en toi,
Les soupirs profonds m'ont tué.
Et je me perdis comme se perdit
Le beau Narcisse en la fontaine.

Trad. Anne Berthelot

Miniature du *Codex Manesse*, XIIIe siècle, bibliothèque de l'Université, Heidelberg.

Gautier de Coinci (v. 1177-?) devint grand prieur de Saint-Médard, près de Soissons, en 1233. Homme d'Église, il chante une Dame de cœur proche de la Sainte Vierge.

Jamais âme morte ou vive ne connaîtra
La peine ou le besoin quand Elle veut la garder;
Nul ne l'honore sans obtenir récompense
Bien plus belle qu'il n'aurait pu penser.
Pour cela je veux user ma vie, mon corps, mon cœur
À la servir sans réserve.
Si doux m'est ce faix à porter.

Trad. Marie-Geneviève Grossel

Guiot de Provins (seconde moitié du XIIe siècle-début du XIIIe) est l'un des plus anciens trouvères. D'origine humble, il a suivi les cours de Saint-Trophime en Arles, où il a pu se nourrir de la poésie des troubadours.

Je suis un ami loyal et je ne fais pas folie.
Amour m'a mis tout entier dans sa prison.
Elle me fait aimer et chérir son être,
Bien parler, agir avec raison
Celle de qui j'attends ma récompense
Si bien que je ne trouve en moi ni colère ni irritation.
Mon bel espoir, je ne voudrais l'échanger
À personne contre quelque don que ce soit.

Trad. Marie-Geneviève Grossel

Thibaut de Champagne (1201-1253), descendant d'Aliénor d'Aquitaine, était comte de Champagne et ami des poètes. Il chanta la douleur d'aimer et sa soumission entière à sa Dame.

Dame, quand je fus devant vous
Et que je vous vis pour la première fois

Mon cœur était si tressaillant
Qu'il resta quand je m'en fus.
Alors il fut emmené sans rançon
En prison de la douce geôle
Dont les piliers sont de désir,
Et les portes en sont de beau regard
Et les chaînes de bon espoir.

Trad. Anne Berthelot

Adam de la Halle*, ou Adam le Bossu, vécut dans la seconde moitié du XIIIe siècle et fut attaché au comte d'Artois. Il a composé des chansons d'amour, des jeux partis et de nombreux rondeaux, qu'il transforma en pièces musicales complexes.

Ah, Dieu quand reverrai-je
Celle que j'aime ?
Certes, je ne le sais.
Ah, Dieu quand reverrai-je
Celle que j'aime ?
De voir son corps gracieux,
Je meurs de cette faim.
Ah, Dieu quand reverrai-je
Celle que j'aime ?

Trad. Marie-Geneviève Grossel

Miniature de la *Chronique universelle* de Rudolf von Ems, XIVe siècle, BNF.

VOIX DE FEMMES

Des voix féminines se font également entendre, dans d'autres formes poétiques associant au lyrisme des séquences narratives codées. On retrouve ainsi les motifs de la courtoisie, mais traités du point de vue de la femme.

Par leur facture, les **chansons de toile** rappellent les chansons de geste : strophes brèves, emploi du décasyllabe, présence d'un refrain qui assure le lyrisme. Après une strophe posant le décor – souvent une jeune fille noble occupée à ses travaux d'aiguille –, les strophes suivantes évoquent les amours difficiles de l'héroïne.

Belle Yolande en sa chambre était assise,
Elle cousait une robe de belle soie.
Elle voulait l'envoyer à son ami.
Elle chantait cette chanson tout en soupirant :
Mon Dieu, il est si doux le nom d'amour,
Je ne croyais jamais en sentir de chagrin.

Trad. Marie-Geneviève Grossel

Les **chansons d'aube** décrivent le réveil des deux amants surpris par le lever du jour et la douleur de se séparer :

Quand je vois se lever l'aube du jour
Il n'y a rien que je doive plus haïr
Car elle me fait quitter
Mon bien-aimé, pour qui j'ai tant d'amour.
Certes, je ne hais rien tant que le jour,
Bien-aimé, qui me sépare de vous.

Trad. Marie-Geneviève Grossel

Dans des lieux ouverts comme les prairies, les **pastourelles** relatent la rencontre entre un chevalier et une jeune bergère, proie facile ou au contraire petite rusée, et la joute verbale et sensuelle qui s'ensuit. En contrepoint du *fin'amor*, ces pastourelles disent un désir qui peut enfin se satisfaire…

L'autre jour quand je chevauchais sous l'ombre d'une prairie
Je rencontrai une gentille bergère, les yeux verts, la tête blonde,
Vêtue d'un petit bliaud,
Le teint frais et rosé ; elle se faisait un chapeau de roses.

Je la saluai, la belle ; elle me répond brièvement.
« Belle, n'avez-vous pas d'ami qui vous fasse bonne figure ? »
Elle répond aussitôt en riant :
« Non pas, messire le chevalier, mais j'en cherchais un. »

Trad. Marie-Geneviève Grossel

Marie de France écrivant.
Enluminure du XIIe siècle, BNF.

Marie de France (1154-1189) est la première femme écrivain en langue romane. De sa vie, on a très peu d'éléments, si ce n'est cette indication dans l'épilogue de ses *Fables* : « J'ai pour nom Marie et suis de France », c'est-à-dire de la région d'Île-de-France. Son œuvre est composée de *Fables* (dont s'inspirera La Fontaine*), d'un récit de voyage visionnaire dans l'au-delà, *Le Purgatoire de saint Patrick*, et surtout d'un recueil de ***Lais***, textes courts en octosyllabes à rimes plates inspirés de la matière de Bretagne. Femme cultivée, elle justifie ainsi son projet d'écriture dans le prologue des *Lais* :

Celui à qui Dieu a donné l'intelligence et une bonne éloquence ne doit ni se taire, ni les cacher ; mais il se doit de les montrer volontiers. […] C'est pourquoi j'ai pensé que je pourrais écrire quelque bonne histoire et adapter le latin en roman.

Trad. Philippe Walter

S'inspirant de contes bretons qu'elle aurait entendus, Marie de France a fait preuve d'une grande maîtrise dans la composition. Son art de la mise en scène rend ses récits vivants et variés, alliant à l'envi réalisme et merveilleux. L'amour est le sujet principal du recueil.

Ensemble ils peuvent bien durer.
Mais, si l'on veut les séparer,
Coudrier meurt rapidement
Et chèvrefeuille également.
Belle amie, ainsi est de nous :
Ni vous sans moi, ni moi sans vous.

« Lai du chèvrefeuille »

Une veillée. Miniature du XIVe siècle, BNF.

La littérature populaire

Bien loin des épopées héroïques et des raffinements de la poésie courtoise, codifiée et réservée à une élite sociale, il existe aussi au Moyen Âge toute une littérature populaire, lyrique ou satirique, religieuse ou profane, qui va se développer autour de deux pôles : d'un côté, le genre narratif avec des **romans** satiriques, de petits contes appelés **fabliaux** ou des **chantefables**, et de l'autre le genre dramatique, qui va mêler **pièces de théâtre** religieuses et profanes.

Le comique médiéval prend différentes formes, de la gauloiserie, grossière et franche mais inoffensive, à un rire plus subtil, plus subversif, mettant à mal la hiérarchie sociale et permettant aux plus faibles de prendre leur revanche sur les plus forts (la noblesse, les commerçants, les gens d'Église). Ce n'est pas en général un comique psychologique : il s'inscrit dans les faits, gestes et paroles de la réalité quotidienne et dans le souci du détail vrai, qui fait sens immédiatement. Les auteurs et ceux qui donnent vie et voix à leurs textes – jongleurs, ménestrels ou acteurs – n'ignorent pas les effets comiques de la répétition d'un procédé, de l'accumulation de motifs analogues, de l'exagération des traits, et peuvent aller jusqu'au scatologique et au trivial dans les relations maris-femmes-amants. Ils s'amusent aussi avec les sonorités des mots et les doubles sens, d'où les quiproquos et les calembours qui en découlent et plaisent à un public averti. Le rire est ainsi à la fois l'expression du corps et de toutes ses outrances, et l'expression de l'esprit avec toutes ses nuances.

Mais derrière le rire premier se cache une portée plus profonde, à la fois littéraire et sociale : le détournement des codes littéraires épiques ou courtois par la parodie et la transgression des codes sociaux, à travers des morales qui pointent les excès et les injustices de la société médiévale et donnent enfin la parole aux plus faibles. Le rire devient alors protestation contre les codes établis et permet de renouveler une pensée qui prend conscience du hiatus entre les idéaux chevaleresque et courtois et les réalités d'une société en pleine mutation.

Le roman satirique

Le Roman de Renart

Le Roman de Renart n'est pas un roman au sens moderne du terme : s'il est écrit en langue vulgaire (le « roman »), il se présente comme un recueil de vingt-six contes indépendants les uns des autres, écrits entre 1175 et 1250 par des auteurs variés qui sont pour la plupart restés anonymes. Cet ensemble, qui compte environ 25 000 vers, est construit sur le principe de la série, avec une structure récurrente où domine le « bon tour » et le retour des mêmes personnages. Chaque conte, qu'on appelle « branche », est écrit en octosyllabes et raconte un épisode des aventures de Renart, le goupil, personnage principal qui a donné son nom à l'animal que l'on connaît aujourd'hui sous le terme de « renard ». Chaque narrateur s'implique fortement dans son récit pour le rendre vivant et intéresser le lecteur.

L'objectif des auteurs est double : tout d'abord, **faire rire** par le biais d'une histoire riche en péripéties et rebondissements qui met en scène des animaux. Autour de Renart, le héros, on retrouve ainsi Hermeline, sa femme, Ysengrin, le loup, Noble, le lion, Chanteclerc, le coq, Brun, l'ours, Tibert, le chat, etc. Mais aussi **faire réfléchir** en critiquant indirectement les mœurs des hommes et les carcans de la société médiévale. Ainsi, Renart a tous les attributs du vassal : il possède une terre et un château, Maupertuis, il est marié et père de famille (il a trois fils, Rovel, Percehaie et Malebranche), il est très attaché à son lignage et se reconnaît comme chrétien. Toutefois, par son comportement, il déshonore la belle image de la noblesse chevaleresque : il ne respecte ni son suzerain, Noble le lion, ni ses amis et voisins, comme Ysengrin le loup, et cherche à tromper tout son monde et à servir ses propres intérêts par l'intermédiaire de la ruse. Renart est en fait l'incarnation de la faim, au propre et au figuré, et du désir de séduction et de jouissance. *Le Roman de Renart* se présente donc comme une parodie de la chanson de geste épique, mettant à mal les idéaux de la société courtoise.

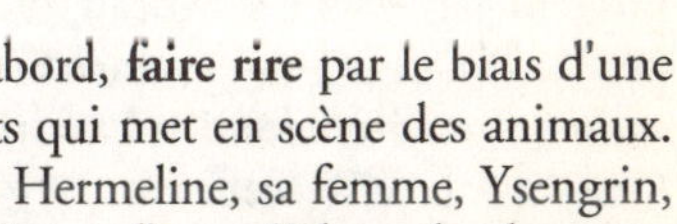

Ysengrin s'accoude à la margelle du puits et se penche… Miniature du XIVe siècle, BNF.

Ainsi commence l'épisode ayant pour titre *Ysengrin dans le puits* :

Il vaut mieux que je vous raconte une histoire qui vous fasse rire car je sais bien qu'en vérité, vous n'avez pas la tête à écouter un sermon ou une vie de saint. Ce dont vous avez envie, c'est de quelque chose de distrayant. Faites donc silence, car je suis en train et j'ai plus d'une histoire qui en vaut la peine. On me prend souvent pour un fou mais j'ai ouï dire à l'école : la sagesse sort de la bouche du fou. Inutile d'allonger l'entrée en matière! Je vais donc vous raconter sans plus tarder un des tours – un seul! – d'un maître ès ruses; il s'agit de Renart, ce n'est pas moi qui vais vous l'apprendre. Personne n'est capable de le faire marcher, alors que lui, il envoie paître tout le monde; depuis son enfance, il suit le mauvais chemin. On a beau le connaître, on n'arrive jamais à échapper à ses pièges. Il est prudent, astucieux; il agit en catimini. Mais, en ce monde, **le sage lui-même n'est pas à l'abri de la folie.**
Voici donc la mésaventure qui lui est arrivée. L'autre jour, démuni de tout et tenaillé par la faim, il était en quête de nourriture. À travers labours et taillis, il va, misérable et furieux de ne rien trouver à manger pour son souper; mais il ne voit rien à se mettre sous la dent. Reprenant alors le trot, il gagne l'orée du bois où il s'arrête, bâillant de faim, s'étirant de temps à autre, tout maigre, décharné, et ne sachant que faire : c'est que famine règne dans tout le pays. Ses boyaux se demandent bien dans son ventre ce que font ses pattes et ses dents. Torturé par la faim, il ne peut retenir des gémissements de détresse et de désespoir. [...] Tendant le cou, il aperçoit dans un enclos, tout près d'un champ d'avoine, une abbaye de moines blancs avec une grange attenante qu'il décide de prendre pour cible. Elle était solidement construite avec des murs en pierre grise fort dure – vous pouvez m'en croire – et entourée d'un fossé aux bords escarpés : impossible de s'introduire dans un lieu si sûr pour y voler. Et pourtant, ce n'est pas victuaille qui y manque, ni en quantité ni en qualité. Quelle grange alléchante, et dont beaucoup ignorent jusqu'à l'existence.

Un épisode, *Renart et Tiécelin le corbeau*, a largement inspiré La Fontaine* pour sa fable « Le Corbeau et le Renard ». Non seulement Renart a récupéré le fromage goûteux mais il s'est en plus retourné contre le corbeau après avoir feint d'être blessé, n'en obtenant heureusement que quatre belles plumes. Conclusion de Tiécelin :

« C'est un menteur, un hypocrite, je l'ai appris à mes dépens. »

Renart combat Ysengrin. Miniature du *Roman de Renart le Nouvel* de Jacquemart Gellée, XIIIe siècle, BNF.

Après un long procès, Renart est parvenu à échapper à la justice royale et se réfugie dans son château. Les animaux en font le siège et, au bout de six mois, il est capturé par Tardif le limaçon, malgré l'aide précieuse de son cousin germain, Grimbert le blaireau.

On lui a déjà passé la corde au cou, et il est tout près d'avoir à passer devant Dieu, quand arrive Grimbert son cousin qui le voit aux mains d'Ysengrin. Le loup veut le pendre à la potence...

Au moment où le roi Noble ordonne qu'il soit pendu, arrive une troupe de cavaliers, dont sa femme Hermeline et ses enfants, chargés d'or et d'argent. Ils demandent grâce et le roi, dans sa grandeur d'âme – à moins que ce ne soit par amour de l'or! –, la lui accorde pour cette fois... Avant de repartir libre, Renart se moque de toute la cour réunie du haut d'un chêne et va même jusqu'à lancer une pierre sur le roi.

Dans une autre « branche », Renart est convoqué par le roi qui lui confie une mission de haut rang : garder le royaume et la reine pendant que lui part en guerre contre les païens (une armée de scorpions, de tigres et d'éléphants avec à leur tête un chameau). Pendant les combats qui opposent le roi et ses barons aux infidèles, pages qui sont autant de parodies des romans de chevalerie, Renart, lui, file le parfait amour… avec la reine !

> Comblé par la présence de sa dame, il se préoccupe d'autre part d'approvisionner abondamment le château en nourriture, afin d'être en mesure de faire face à une attaque. Tout est donc au mieux pour les amants.

Il va même jusqu'à faire annoncer que le roi est mort pour prendre sa place officiellement ! Mais le roi finit par revenir avec tous ses blessés. À l'ambassadeur Écureuil, Renart répond :

> « Allez lui dire que, désormais, le roi c'est moi et que je n'ai rien à ajouter. »
>
> Trad. Micheline de Combarieu du Grès et Jean Subrenat

Renart assiégé par le roi Noble et ses barons. Miniature du XIVe siècle, BNF.

Le roi doit ainsi prendre d'assaut son propre château !…

Après un combat singulier contre Chanteclerc, le coq, Renart est blessé et sauve sa vie en feignant d'être mort. Il rentre chez lui. Pour échapper à la justice royale, il fait mine d'être mort et enterré. En apprenant la nouvelle, le roi en éprouve même quelque chagrin…

Le Roman de Renart fera quelques émules au XIIIe siècle, mais aucune de ces suites n'aura la même verve que l'original. Parmi elles, signalons *Renart le Bestourné* (1260-1270) de Rutebeuf*, *Le Couronnement de Renart* (v. 1295) et *Renart le Contrefait* (apr. 1328).

Les fabliaux

> « Je ris et je deviens moins sot,
> En écoutant les fabliaux. »
>
> Extrait d'un fabliau du XIIe siècle

Les **fabliaux** constituent un corpus d'environ 160 textes, écrits de la fin du XIIIe au milieu du XIVe siècle, le plus souvent en France du Nord. Ce sont des récits en vers assez courts, de 200 à 500 octosyllabes, jusqu'à 1200 pour les plus longs. Le mot vient du latin *fabula*, « histoire inventée », comme le mot

Le voleur puni. Miniature du XVe siècle, musée Condé, Chantilly.

« fable »; mais au lieu de mettre en scène des animaux pour illustrer une morale, les fabliaux visent à faire rire aux dépens des humains, auxquels viennent se mêler des êtres aux pouvoirs supérieurs, saints ou diables : un jongleur en enfer face à Lucifer, un curé sur sa mule, un paysan et son seigneur, deux frères voleurs, un prêtre peu scrupuleux face à ses ouailles, le mari et sa femme...

Des lieux connus, à la ville ou à la campagne, des personnages pris dans leur vie quotidienne, des situations qui font sens tout de suite : on peut se reconnaître ou reconnaître son voisin et se moquer gentiment de lui. Mais parfois le rire devient satire, critique de ceux qui représentent le pouvoir seigneurial ou religieux, et le fabliau se fait le lieu d'une revanche sociale des plus faibles sur les plus forts et les plus riches. Il ouvre les yeux sur des défauts cachés, sur des privilèges injustes. On en rit, sans vraiment pouvoir changer les choses... Ainsi Courtebarbe, au début des *Trois Aveugles de Compiègne*, en précise-t-il la fonction cathartique :

> Il fait bon écouter les fabliaux, messires. Si le conte est joliment fait, on oublie tout ce qui est désagréable, même les douleurs du corps, même les souffrances du cœur, même les injustices des méchants. Voilà pourquoi je suis fier de mon métier, moi, Courtebarbe. Ouvrez grandes vos oreilles, si vous voulez vous divertir.

Les fabliaux se transmettaient par voie orale. C'étaient les jongleurs, les ménestrels qui les racontaient et les mettaient en scène sur les places de villages lors des foires, ou dans les châteaux devant une assistance choisie. Il s'agissait pour eux de rendre vivant le fabliau, de poser un décor, d'y faire évoluer des personnages de toutes classes sociales en mimant leurs gestes, en imitant leurs voix et leurs expressions pour maintenir l'attention des auditeurs. Très souvent, ils s'impliquaient dans leurs récits pour ajouter des épisodes, faire des commentaires ou se moquer d'un des personnages.

Cette transmission orale explique pourquoi la plupart des fabliaux sont restés anonymes. Si l'on connaît certains auteurs comme Jean Bodel* ou Rutebeuf*, c'est parce qu'ils ont écrit d'autres ouvrages. Ils appartiennent tous à la classe des clercs, ces hommes d'Église instruits qui ont reçu la tonsure sans être prêtres pour autant. Érudits, férus des textes anciens, ils sont cependant pauvres et peu intégrés socialement. Pour se venger de leurs soucis d'argent, ils se moquent des puissants et font passer leur message par le rire.

Si les fabliaux se distinguent les uns des autres par une grande variété de tonalités et de sujets traités, on peut cependant dégager quelques caractéristiques récurrentes : un ancrage dans un espace quotidien facilement identifiable; la primauté de l'action sur la psychologie des personnages, qui sont plus des types sociaux (le bourgeois, le seigneur, le curé, le vilain...) que des individus singuliers; et la présence fréquente d'une moralité, qui garde un caractère élémentaire et pragmatique.

La tradition des fabliaux s'est perpétuée jusqu'à aujourd'hui dans les sketchs, qui dissèquent les travers de la société pour nous divertir et nous faire réfléchir par-delà le rire premier.

Brunain, la Vache au prêtre (fin du XIIe siècle) de Jean Bodel* narre l'histoire d'un paysan et de sa femme. Le jour de la fête de la Vierge, ils s'en vont prier à l'église. Pendant l'office, naturellement, le prêtre fait son sermon. Il dit que si l'on comprend les choses, on voit tout de suite qu'il faut donner beaucoup pour le Bon Dieu; ce qu'on lui donne de tout son cœur, il vous le rend au double.

« Tu as entendu, ma femme, ce qu'a dit le curé? fait le paysan. Celui qui donne de tout son cœur pour le Bon Dieu, il reçoit deux fois plus. Qu'est-ce que tu en penses? Nous ne pouvons pas employer mieux notre vache qu'en la donnant au prêtre pour le Bon Dieu, je crois bien. Tu es d'accord?

— D'accord, fait la femme. À cette condition-là, je veux bien. Je la donne. »

Le paysan entre dans l'étable, prend la vache par sa longe et va l'offrir au prêtre. Celui-ci était habile, et rusé. Il écoute, et accepte le présent.

Le paysan s'en va et le clerc du curé la mène au pré, attache les deux vaches ensemble, puis les laisse. La vache du curé se penche, elle veut paître. La vache du paysan, elle, ne veut pas se baisser et tire sur la longe, si fort qu'elle entraîne sa compagne hors du pré et l'emmène avec elle jusqu'à son étable.

Le paysan les voit. Il est tout joyeux : « Ah! ma femme, dit-il, c'était vrai! C'est vrai! Dieu est un bon "doubleur"! Blérain revient avec une autre, une belle vache brune. Nous en avons deux pour une seule! L'étable va être petite… »

Ce fabliau vous montre plusieurs choses. Il est bien fou celui qui ne se fie pas à la volonté divine. Les vrais biens ce n'est pas ceux qu'on cache dans la terre, ce sont les dons de Dieu. Personne ne peut rien multiplier s'il n'a pas beaucoup de chance, c'est la condition indispensable. Parce qu'il avait beaucoup de chance, le paysan eut deux vaches et le curé perdit la sienne. Tel croit avancer qui recule.

Trad. et adaptation Pol Gaillard et Françoise Rachmuhl

Les Très Riches Heures du duc de Berry, mois de mars (détail), frères de Limbourg, 1410-1416, AKG, Berlin.

Dans ce fabliau, deux morales : l'une, très ironique, qui se moque de la crédulité des croyants (*Il est bien fou celui qui ne se fie pas à la volonté divine*), l'autre plus terre à terre, qui condamne la cupidité de certains, en particulier des gens d'Église qui ne cherchent qu'à s'enrichir sur le dos des plus faibles (*Tel croit avancer qui recule*, qu'on pourrait traduire par « Tel est pris qui croyait prendre »).

De nombreux fabliaux, comme ***Le Testament de l'âne*** de Rutebeuf* ou ***Le Curé qui mangea des mûres***, dénoncent les privilèges des gens d'Église, leurs péchés et leur désir de profit. Dans le fabliau de Rutebeuf, un curé avait une très bonne paroisse, c'est-à-dire qu'il en tirait un très fort revenu. À la mort de son âne, qu'il aimait beaucoup, plus que ses ouailles en tout cas, il décida d'enterrer l'animal au cimetière. Son évêque, qui aimait le luxe et était toujours à court d'argent, eut vent de l'affaire. Celle-ci se régla au confessionnal : pendant que l'évêque faisait le signe du pardon d'une main, il recevait de l'autre une bourse pleine, « le testament de l'âne », en échange de son enterrement en terre sanctifiée. Moralité :

> Quiconque a de l'argent assez, et un peu de jugeote,
> se tire toujours d'affaire en ce monde.
> C'est moi qui vous le dis, Rutebeuf,
> qui n'eut jamais un âne ni un bœuf.

Sorcières préparant une potion. Gravure d'un livre d'alchimie publié en 1487, BNF.

Estula met en scène deux paysans très pauvres qui, poussés par la faim, décident de dérober une nuit des choux et un mouton à un fermier très riche et… sot! Il repose sur un double quiproquo. Le premier, entre la question « Es-tu là? » et le nom du chien des fermiers, Estula. Entendant du bruit, le fils du fermier sort et appelle son chien; l'un des voleurs lui répond, pensant qu'il s'agissait de son frère. Pensant à une malédiction, le père demande à son fils d'aller chercher le curé, avec son eau bénite. Le second quiproquo est provoqué par une confusion de formes : le voleur resté dans le potager croit voir son frère arriver avec un mouton sur le dos, et il prononce ces paroles : « Mon couteau est bien aiguisé, on l'aura bientôt égorgé. » Or il s'agissait en fait du fils, portant le curé sur son dos. Ce dernier prend peur, il s'enfuit. Et les deux frères rentrent gaiement chez eux, les mains pleines de vivres. Moralité :

> En peu de temps Dieu travaille!
> Tel rit le matin qui pleure le soir,
> tel est furieux le soir qui sera joyeux le lendemain matin.

Derrière cette gentille histoire apparaît une triste réalité, comme dans *Le Roman de Renart* : la faim et la misère, qui peuvent conduire à des actes irréparables.

Le fabliau ***La Vieille qui graissa la patte au chevalier*** repose sur une confusion entre le sens propre et le sens figuré de l'expression « graisser la patte » à quelqu'un. Une vieille femme, qui n'avait pour seule richesse que deux vaches, les laisse échapper. Elles se réfugient dans le pré communal et le prévôt, officier censé maintenir l'ordre et faire respecter la justice seigneuriale, refuse de les lui rendre pour se les garder. Une voisine conseille à la pauvre femme d'aller graisser la patte au chevalier, ce qu'elle fait, avec un bon morceau de lard ! Le seigneur, ému et compréhensif, intervient en sa faveur. Moralité :

> L'histoire finit bien, mais elle vous rappelle quelque chose que vous avez déjà remarqué, probablement. Même pour qu'on reconnaisse ses droits, le pauvre doit souvent payer. Est-ce juste ?

On a ici une critique acerbe de la justice… injuste et de ses représentants, les prévôts, personnages brutaux et sans scrupules qui ne servaient souvent que leurs propres intérêts, ou ceux des riches qui les payaient en retour. On en retrouvera des échos au XVIIe siècle chez Molière* ou La Fontaine*. Le seigneur, lui, est épargné.

D'autres fabliaux, eux, s'intéressent à la sphère du privé, aux relations entre maris et femmes ou entre enfants et parents, de façon plus ou moins délicate. Dans ***Les Perdrix***, le paysan Gombault, tout content d'avoir trouvé deux perdrix, les porte à sa femme pour qu'elle les prépare. Mais cette dernière ne peut résister à la tentation et les dévore toutes deux. Au retour du mari, elle accuse d'abord le chat, puis le curé qui passait par là. Il finit par la croire. Moralité :

> Cette aventure, messires, vous le montre une fois de plus : la femme est faite pour tromper. Avec elle le mensonge devient vérité, la vérité devient mensonge. Pas besoin de commenter beaucoup, j'ai fini l'histoire des perdrix.

La chantefable

Composé à la fin du XIIe ou au début du XIIIe siècle, ***Aucassin et Nicolette*** est le seul exemple parvenu jusqu'à nous du genre littéraire de la **chantefable**, qui joue sur tous les possibles narratifs avec des variations de tons et de registres.

Le texte présente une alternance régulière de laisses chantées et de passages plus développés en prose. Est-ce une œuvre unique en son genre ou les autres se sont-elles perdues ? Toujours est-il que cette œuvre séduit par son mélange détonant entre poésie raffinée et scènes burlesques, entre respect des règles chevaleresques et épisodes parodiques.

Dès les premiers vers, l'écrivain annonce, en parodiant le style épique, qu'il consacre ses dernières forces à conter les amours de deux jouvenceaux pour le plaisir des auditeurs – alors que l'usage était d'instruire et d'édifier –, et il précise qu'il se surnomme le Vieil Antif, qui est le nom du cheval de Roland :

> Qui veut entendre de bons vers que, pour se divertir, un vieux bonhomme écrivit sur deux beaux jeunes gens, Aucassin et Nicolette, sur les tourments que souffrit celui-ci et les exploits qu'il accomplit pour son amie au lumineux visage ?
>
> Trad. Jean Dufournet

Puis vient la présentation des personnages, qui renverse les schémas traditionnels : si Aucassin, plutôt passif, fait figure d'antihéros, c'est Nicolette qui, par son courage, son énergie et son esprit inventif, mène le jeu et permet, au terme du récit, le triomphe de l'amour sur les convenances sociales et les épreuves de toutes sortes.

Autre renversement : si le nom de Nicolette sonne bien français, le personnage, lui, est d'origine sarrasine, alors qu'Aucassin, prince chrétien, porte le nom d'un roi maure de Cordoue. Cette œuvre constitue donc à la fois une parodie de la chanson de geste et un hymne à la femme, dans une langue pleine d'esprit, de vivacité et de poésie.

LE ROMAN SOCIAL ENGAGÉ

Par leur réalisme, leur style coloré et leur esprit séditieux, certains romans des XIVe et XVe siècles préfigurent la verdeur de langage et l'humour de Villon*.

Les noces de Fauvel et le « charivari » qui accompagne tous les mariages mal assortis. *Roman de Fauvel*, XIVe siècle, BNF.

Le ***Roman de Fauvel***, attribué à Gervais de Bus, est la somme de deux livres : *La Carrière et le Mariage de l'âne fourbe* (1310), composé de 1 226 vers, et *Les Noces de l'âne Fourbe avec la passion de la vaine gloire* (1314), de 2 054 vers. On peut interpréter ce nom de Fauvel comme le *faus vel*, c'est-à-dire la Fausseté voilée, ou comme l'acronyme de Flatterie, Avarice, Vilenie, Vanité, Envie et Lâcheté. Cette œuvre, provocante, engagée et blasphématoire, reprend le motif de la personnification, comme dans *Le Roman de Renart*, pour servir une critique acerbe de la société de son temps.

Le ***Roman du comte d'Anjou*** (1316), sans doute de Jehan Maillart, est composé d'octosyllabes à rimes plates regroupés en couplets. Un comte d'Anjou, resté veuf avec sa fille unique, éprouve tout à coup une passion incestueuse pour elle. Obligée de fuir, elle devient dentellière et se marie. Elle met au monde un fils en l'absence de son époux, mais une tante hostile remplace le message destiné à l'heureux père, lui annonçant qu'elle a accouché d'un être difforme. Le comte ordonne alors qu'elle soit tuée avec son enfant. Mais elle parvient à s'enfuir, et tout finira par rentrer dans l'ordre. Par son souci du détail réaliste, ce roman est un document précieux sur la vie au XIVe siècle.

Les Quinze Joies de mariage (av. 1450) seraient l'œuvre de Gilles Bellemère, évêque d'Avignon. Cette satire virulente dénonce avec mépris le rôle et les manœuvres des femmes dans le mariage, institution dont les « joies » sont en réalité « les plus grands tourments qui soient en terre ». L'auteur prend le parti des malheureux qui se sont laissé piéger et énumère avec vivacité tous les maux qui s'abattent sur l'homme marié. Ce chef-d'œuvre de malice et d'humour forme le pendant grotesque de l'amour courtois.

Le théâtre

Toute la littérature du Moyen Âge est chantée ou récitée grâce au talent d'un conteur ou d'un poète accompagné d'instruments de musique. La littérature médiévale relève donc tout entière de la mise en spectacle et de l'expression dramatique. Le théâtre au sens moderne du terme, d'abord exclusivement religieux et en latin, va peu à peu laisser la place à la langue vulgaire et à un théâtre comique plus populaire.

Le théâtre religieux

Au Moyen Âge, la religion est omniprésente. Le théâtre religieux est donc véritablement populaire, sortant des monastères pour se jouer dans la rue, dans les écoles et à l'université. Le premier théâtre était chanté, et donc versifié.

• Le « **jeu** », dramatisation des principaux épisodes des Évangiles, a cours jusqu'au milieu du XIIe siècle.

• Le « **miracle** », dérivé du jeu, est un drame sacré qui célèbre la vie des saints. Il connaît son apogée au XIVe siècle.

• Le « **mystère** », très en vogue à la fin du Moyen Âge, est représenté à l'occasion des principales fêtes religieuses : il célèbre la fête d'un saint ou évoque la Passion du Christ. Il en existe plusieurs centaines ! Les représentations pouvaient durer des dizaines de jours. Le Parlement de Paris interdira les mystères en 1548 en raison de leur manque d'orthodoxie.

• Les « **moralités** » apparaissent à la fin du Moyen Âge. Plus brèves que les mystères, elles nécessitent moins de moyens et mettent en scène des personnages allégoriques (Pauvreté, Église, Luxure, Noblesse…) qui interprètent des sujets moraux. Citons *Le Château de la persévérance* (anonyme, 1425), *L'Homme juste et l'Homme mondain* de Simon Bougoin (1476) ou *La Condamnation des banquets* de Nicolas de La Chesnaye (1507), qui prône la diète et la sobriété.

Le ***Jeu d'Adam*** (v. 1160) est la première pièce de théâtre de la littérature française. C'est un drame liturgique qui met en scène la création de l'homme, le péché originel, le meurtre d'Abel par Caïn et les prophéties annonçant la venue du Messie. Sa dépendance à l'égard du latin est encore très marquée :

le spectateur écoute d'abord en latin le prologue des événements qu'il verra ensuite représentés en français.

Le ***Jeu de saint Nicolas*** (1200), du jongleur Jean Bodel*, est encore une pièce religieuse mais libérée de la liturgie, et il ne reste plus un mot en latin. L'autre nouveauté réside dans sa thématique : on quitte le texte sacré pour s'ouvrir sur la vie quotidienne, sans aucun souci de vraisemblance d'ailleurs, puisque l'on suit de façon humoristique les aventures de saint Nicolas – patron des naïfs, des étourdis et des écoliers – en Orient.

Le ***Miracle de Théophile*** (1262), du poète Rutebeuf*, est plus fidèle à l'esprit religieux. Le riche clerc Théophile, se retrouvant pauvre et abandonné de tous, décide de vendre son âme au Diable pour se venger. Torturé par les remords, il obtient l'intercession de la Vierge Marie, et Satan se voit arracher son pacte. Rutebeuf privilégie à l'action une succession d'états psychologiques – désespoir, fureur blasphématoire, repentir – propres à l'expression poétique d'une personnalité déchirée.

La Légende de Théophile.
Manuscrit du psautier d'Ingeburg de Danemark, v. 1210, musée Condé, Chantilly.

Le ***Mystère de la Passion*** (v. 1450) d'Arnoul Gréban – poète, compositeur et théologien – compte 35 000 vers. La pièce est jouée par des confréries qui sont de véritables troupes d'acteurs ; c'est un grand spectacle qui dure plusieurs jours, mettant en scène 224 personnages dans des décors imposants. Cette œuvre à la fois poétique et musicale, tragique et grotesque, dégage une impression de puissance et de grandeur.

Le théâtre comique

Se libérant de plus en plus de la tutelle du religieux, le théâtre médiéval prend une dimension comique et subversive, et met en scène des situations du quotidien dans les jeux profanes, les farces et les soties dont le but n'est plus d'édifier et de faire réfléchir, mais de faire rire le public et le distraire.

• Le mot « **farce** » désigne de courtes pièces comiques composées du XIIIe au XVe siècle. Représentée à l'occasion des fêtes ou entre deux actes d'une pièce sérieuse pour détendre l'atmosphère, la farce va peu à peu prendre son autonomie pour devenir un genre à part entière. Son but est de parodier joyeusement la vie quotidienne à l'aide de personnages types (le charlatan, le bourgeois, le mari berné, le valet stupide…) en mettant en scène des retournements de situation cocasses. Satirique et amorale, elle reprend la matière des fabliaux (voir p. 39).

• Dans la **sotie**, des « sots » – c'est-à-dire des fous – exposent, sous couvert de leur folie, des vérités dérangeantes. Le thème du monde à l'envers est récurrent, comme lors des carnavals où l'on chante la messe à l'envers et où le riche se déguise en pauvre et le pauvre en riche.

Le Jeu de la feuillée (v. 1276) d'Adam de la Halle* est la première pièce de théâtre d'inspiration entièrement profane. Plusieurs intrigues s'entremêlent : les mésaventures d'Adam, qui cherche à obtenir des sous pour s'en aller à Paris mais ne récolte que des encouragements ; le thème du repas de fées sous la « feuillée », dans lequel l'auteur joue sur les différents sens du terme – enseigne des tavernes, ou feuillage abritant les amours au printemps, ou feuilles d'un livre ; enfin les élucubrations d'un fou, qui se révèle plus sage qu'il n'y paraît… Ce « jeu » dénonce avec verve les notables de la ville d'Arras, qui sont cités nommément. Le rire, dans cette pièce, s'exerce autant aux dépens du poète lui-même qu'à ceux des autres personnages et s'invite dans de truculentes scènes de taverne.

Le Jeu de Robin et Marion (v. 1285) d'Adam de la Halle* est comme la mise en scène d'une pastourelle (voir p. 35). C'est le plus ancien exemple connu d'opéra-comique, divertissement mêlé de comédie, de chants et de danses. La bergère Marion repousse les avances d'un chevalier car elle aime Robin. Le chevalier se venge en rouant de coups Robin sous prétexte qu'il a malmené son faucon. Mais la mésaventure est oubliée dès que Robin retrouve Marion, et tout se termine par une grande farandole…

La Farce du cuvier (anonyme, v. 1450) est une habile variation sur le thème de la « femme qui porte la culotte ». Elle narre les mésaventures conjugales de Jacquinot, affligé d'une épouse acariâtre et d'une belle-mère autoritaire qui lui font noter sur un « rôlet » toutes les tâches ménagères qu'il a à accomplir.

> La femme : Eh bien ! écrivez de façon qu'on puisse vous lire. Marquez que vous m'obéirez et que vous ne désobéirez jamais à faire ma volonté.

Le mari sera bien sûr vengé à la fin de la farce…

La Farce de maître Pathelin (anonyme, v. 1465), donnée comme une farce, est en réalité la première comédie de la littérature française de par son action complexe, ses personnages vivants et nuancés et la qualité de sa verve. Elle conte les mésaventures de l'avocat Pathelin aux prises avec le drapier Guillaume, berné d'abord par Pathelin puis par son berger Agnelet… qui, à son tour, trompe Pathelin. C'est la logique très connue de l'arroseur arrosé. La friponnerie est le trait commun de tous les personnages mais Agnelet, le berger, dissimule une grande astuce sous sa grossièreté ; Guillaume, le marchand cupide, n'est au contraire que sottise sous une apparence rusée ; Pathelin, l'avocat véreux, est un habile

Pathelin et le drapier Guillaume.
Gravure sur bois du xve siècle, BNF.

bonimenteur qui invente sans cesse des expédients, et Guillemette est la digne auxiliaire de son mari.

La scène se passe en Normandie, au XIVe siècle. Au début de la pièce, Pathelin cherche un moyen de gagner de l'argent car il ne plaide plus. Ce sera par l'éloquence de sa parole. Sa femme Guillemette le met en garde, mais il semble sûr de lui. Il se rend chez le drapier acheter des aunes de tissu pour se faire des vêtements neufs. Chacun pense avoir berné l'autre : Pathelin en ne payant pas comptant le tissu, le drapier en lui faisant un prix exorbitant.

Maître Guillaume : Ma foi, j'ai fait une belle affaire ; je l'ai mis dedans. A-t-on jamais vu un nigaud pareil ! Payer vingt-quatre sous du drap qui n'en vaut pas vingt ! Maître Pathelin a beau passer pour un fin renard, il n'est si fin qui ne trouve plus fin que lui !

Quand Guillaume arrive chez lui pour être payé, Pathelin feint d'être malade et simule la folie.

Le berger Agnelet, assigné en justice par Guillaume pour avoir détourné ses bêtes les plus grasses, choisit Pathelin pour le défendre. Le juge, qui ne comprend goutte à cette affaire de drap et de moutons, pousse des cris ; le marchand, à trop vouloir expliquer, s'embrouille et donne le spectacle d'une vaine indignation ; Pathelin intervient vertueusement en faveur de l'innocence, tandis qu'Agnelet ne répond que par l'onomatopée *Bée !* Une fois le procès gagné, il continue la comédie pour éviter d'avoir à payer Pathelin. Ce dernier en tire la leçon :

Pathelin, *seul* : Me voilà bien ! Je crois être le plus habile trompeur de tous les trompeurs, et voilà que je suis refait par un simple berger des champs ! Il n'y a si fin qui ne trouve plus fin que lui. Ma femme a raison. Le dupeur est souvent dupé.

La célébrité de *La Farce de maître Pathelin* fut d'emblée considérable. L'adjectif « patelin » désigne encore aujourd'hui un personnage aux manières doucereuses et hypocrites. Et la formule « Revenons à nos moutons », prononcée par le jugé excédé, est devenue une expression courante…

Le Dit de l'herberie (s.d.) de Rutebeuf*, chef-d'œuvre du genre bouffon, est un monologue extravagant qui caricature le boniment d'un « herbier », c'est-à-dire d'un apothicaire. Pour mieux séduire son auditoire, celui-ci évoque ses voyages mirifiques à travers le monde, avant d'énumérer les maux qu'il guérit, l'efficacité de ses remèdes, et d'en préciser le mode d'emploi :

Ces herbes, vous ne les mangerez pas… Vous me les mettrez trois jours dormir en bon vin blanc ; si vous n'avez blanc, prenez-le vermeil ; si vous n'avez vermeil, prenez de la belle eau fraîche…

La littérature édifiante

Moine copiste enlumineur. Miniature des *Miracles de Notre Dame* de Jean Méliot, 1455, BNF.

La littérature didactique représente plus de la moitié des textes médiévaux conservés. La majeure partie est inspirée d'œuvres latines, traduites et réinterprétées selon le goût du jour. Aux textes de dévotion et aux manuels de pénitence, de charité et de vertu s'ajoutèrent, au XIIIe siècle, des manuels de bonne conduite, de chevalerie, de chasse, de cuisine, d'art du jardin et des gloses sur toutes sortes de sujets profanes. Outre les **bestiaires**, **lapidaires** et **plantaires** (traités allégoriques sur les animaux, les pierres et les plantes), les encyclopédistes médiévaux rédigent des **computs** sur le sens symbolique des jours et des mois du calendrier ; des **mappemondes**, traités géographiques sur les mondes connus avec, à leurs confins, des régions imaginaires peuplées d'êtres monstrueux ; des **histoires universelles**, qui combinent Histoire biblique, antique et nationale et incorporent de nombreuses légendes ; des **traités alchimiques**, notamment sur la Pierre philosophale, la fontaine de Jouvence et la Panacée ; ou encore des **traités astrologiques**, sur l'horoscope et les planètes…

La plus grande encyclopédie du Moyen Âge, le *Grand Miroir du monde* (*Speculum Majus*), a été rédigée dans la première moitié du XIIIe siècle par le frère dominicain Vincent de Beauvais et a été rééditée pendant quatre siècles. Cette vaste compilation, commandée par le roi Saint Louis et son épouse Jeanne de Bourgogne, est constituée de trois parties : le *Miroir de la nature*, divisé en 32 livres, qui résume les connaissances d'histoire naturelle de l'époque ; le *Miroir de la doctrine*, constitué de 17 livres, qui traite de mécanique, de droit, de scolastique, de tactique militaire, de logique, de rhétorique, de poésie, de géométrie, d'astronomie, d'éducation, d'anatomie, de chirurgie et de médecine ; et le *Miroir de l'histoire*, composé de 31 livres, qui répertorie les événements historiques depuis la Création jusqu'aux années 1250.

Vincent de Beauvais rédigeant le *Grand Miroir du monde*, XIVe siècle, Bibliothèque vaticane.

Le monde extérieur étant un « miroir de l'âme », les auteurs étudient l'univers non pas en soi, mais toujours sous l'angle des leçons allégoriques qu'il contient pour l'homme – d'où la réelle valeur littéraire de ces textes.

Vies de saints, contes dévots et poèmes de la mort

Dans une société où l'imaginaire et la culture sont régis par les hommes d'Église, la littérature est d'abord religieuse. Mais peu à peu, avec le passage à la langue romane, le simple commentaire des textes sacrés se transforme en une tentative indépendante d'appréhender le monde.

LES VIES DE SAINTS

Les récits hagiographiques, qui traitent de la vie et des actions des saints en les embellissant systématiquement, fleurissent dès le IXe siècle et sont pour la plupart rédigés en latin. Mais, très vite, de courts textes d'inspiration chrétienne sont rédigés en langue romane pour être compris de tous. Ces saints, quoique d'origine souvent douteuse, sont les meilleurs avocats de la foi chrétienne dans l'esprit populaire. Les récits de leurs vies, de leurs miracles et de leurs martyres sont les tout premiers chefs-d'œuvre de la littérature française.

La ***Cantilène de sainte Eulalie*** (v. 880), court poème de 29 vers décasyllabes, est le plus ancien texte littéraire en langue romane qui nous soit parvenu. Elle aurait été composée sous Lothaire II, arrière-petit-fils de Charlemagne, et faisait partie de la liturgie grégorienne. La cantilène raconte le martyre de sainte Eulalie de Mérida et se termine par une prière.

Eulalie était une bonne jeune fille.
Elle avait le corps beau et l'âme plus belle encore.
Les ennemis de Dieu voulurent la vaincre;
Ils voulurent lui faire servir le Diable.
Elle n'écoute pas les mauvais conseillers
Qui lui demandent de renier Dieu qui demeure au ciel là-haut,
Ni pour de l'or, ni pour de l'argent, ni pour des bijoux,
Ni par la menace ni par les prières du roi.
Rien ne put jamais la faire plier ni amener
La jeune fille à ne pas aimer toujours le service de Dieu.
Et pour cette raison elle fut présentée à Maximien,
Qui était en ces temps-là le roi des païens.
Il lui ordonna, mais peu lui chaut,
De renoncer au titre de chrétienne.
Elle rassemble sa force.
Elle préfère subir la torture
Plutôt que de perdre sa virginité.
C'est pourquoi elle mourut avec un grand honneur.
Ils la jetèrent dans le feu pour qu'elle brûlât vite.
Elle n'avait pas commis de faute, aussi elle ne brûla point.
Le roi païen ne voulut pas accepter cela.

Avec une épée, il ordonna de lui couper la tête.
La jeune fille ne protesta pas contre cela.
Elle veut quitter le monde ; elle prie le Christ.
Sous la forme d'une colombe, elle s'envole au ciel.
Prions tous qu'elle daigne intercéder pour nous,
Afin que le Christ ait pitié de nous
Après la mort et nous laisse venir à lui
Par sa clémence.

Trad. Philippe Walter

Martyre de saint Léger. BNF.

La ***Vie de saint Léger*** (seconde moitié du xe siècle), court poème de 240 octosyllabes assonancés, compte parmi les premiers monuments de la langue française. Léger, évêque d'Autun et conseiller du roi Chilpéric, est arrêté par Ébroïn, qui était jaloux de lui depuis toujours. Les yeux crevés, les lèvres et la langue coupées, saint Léger ne peut plus servir Dieu. Mais Dieu lui rend la parole, et une foule nombreuse vient écouter sa prédication. Irrité, Ébroïn le fait décapiter, mais le saint continue de se tenir debout…

La ***Vie de saint Alexis*** (v. 1040), attribuée à Thibaut de Vernon, fait partie des textes les plus anciens de la littérature française. Ce poème en laisses régulières de 5 décasyllabes assonancées est une œuvre littéraire remarquable par sa concision, sa rigueur, son intensité dramatique et la noblesse de sa langue. Alexis, fils du sénateur romain Euphémien, quitte son épouse pour aller vivre en Syrie parmi les mendiants. Au bout de dix-sept ans, le peuple syrien veut l'honorer comme un saint. Alors Alexis s'enfuit et retourne à Rome. Sans se faire reconnaître, il vit comme un mendiant sous l'escalier du palais de son propre père. Sentant sa dernière heure arriver, il écrit son histoire, que l'on ne retrouve qu'après sa mort. La ville de Rome l'acclame comme saint et l'inhume en grande pompe dans l'église Saint-Boniface. Voici un extrait de la déploration funèbre de sa femme :

« Sire Alexis, je t'ai regretté durant tant de jours,
Et j'ai tant pleuré de larmes pour ton corps,
Et j'ai tant de fois regardé au loin en te cherchant,
Pour voir si tu revenais conforter ton épouse,
Sans volonté de trahison jamais ni sans lassitude !
[…]
Si j'avais su que tu étais là sous l'escalier,
Où tu es resté longtemps malade,
Le monde entier n'aurait pu me détourner
D'aller avec toi habiter :
Si j'en avais eu le loisir, je t'aurais bien gardé.

Désormais je suis veuve, sire, dit la vierge,
Jamais je n'aurai de joie, car ce ne peut être,
Et je n'aurai jamais sur cette terre d'époux charnel.
Je servirai Dieu, le roi qui gouverne tout :
Il ne me faillira pas, s'il voit que je le sers. »

Trad. Anne Berthelot

La Légende dorée (1261-1266) de l'Italien Jacques de Voragine, qui raconte la vie de 180 saints et martyrs chrétiens, et explique les fêtes religieuses principales en suivant le calendrier liturgique, fut traduite en France au début du XIVe siècle par Jean de Vignay à la demande de Jeanne de Bourgogne. Très rapidement, elle devint avec la Bible l'œuvre la plus lue et la plus copiée. *La Légende dorée* influence également de manière très significative l'art du Moyen Âge, et permet « bien souvent d'expliquer à elle seule la plupart des bas-reliefs d'une cathédrale » (Émile Mâle).

Les contes dévots

La ***Vie des Pères*** (entre 1215 et 1230), constituée de 30 000 vers octosyllabiques à rimes plates, est un recueil de contes pieux mettant en scène les Pères du désert en Égypte au VIIIe siècle, mais le texte est profondément ancré dans le XIIIe. Si les ermites figurent souvent au cœur de la narration, leur rôle dans la vie spirituelle des protagonistes n'est que fonctionnel. L'auteur prêche la confession et souligne l'importance de la charité. Son texte parle d'un monde contemporain peuplé de gens reconnaissables; cet auteur « humaniste » cherche à concilier bonheur et salut : les personnages les plus importants, les plus heureux, ne sont pas les ermites, mais plutôt ceux qui arrivent à accomplir cette quête à la fois contradictoire et réalisable.

Le moine bénédictin Gautier de Coinci* (v. 1177-1236) écrivit en français un recueil de 58 ***Miracles de Notre Dame*** au début du XIIIe siècle. Ces contes rimés de 30 000 vers, qui célèbrent le culte de la Vierge, sont inspirés de mélodies et de schémas poétiques traditionnels, adaptés de façon très personnelle en leur donnant un décor régional. Cette œuvre a notamment inspiré Rutebeuf* dans son *Miracle de Théophile* (voir p. 46). La Vierge Marie y intervient afin de récompenser ou punir, mais tout péché peut être pardonné si le pécheur s'en repent sincèrement. L'aspect moralisateur est toujours présent, pourtant certains passages qui érotisent le sacré pourraient choquer bien des croyants contemporains, tel celui-ci :

Tandis que l'ange parlait,
Au chevet du malade
Descendit une jeune fille.
Elle était si belle et élégante

Qu'aucune langue ne saurait la décrire.
Elle paraissait de haute race.
Doucement elle prit la parole.
« Mon bon ami, tiens, je t'apporte
Ce que j'ai tant tardé à te donner.
Tu as tant honoré mon saint ventre
Et tu l'as si souvent béni
Qu'il n'est ni raisonnable ni juste
Que je n'aie pas pitié de toi. »
Alors elle se pencha sur le lit
Et gentiment sortit un sein
Si doux, caressant et beau,
Pour le lui donner à téter.
Puis doucement le toucha partout
Et l'arrosa de son doux lait.

« Comment Notre Dame guérit un prêtre gravement malade », trad. Pascal Bacro

Miniature de *La Vie et les Miracles de Notre Dame* de Gautier de Coinci, XIIIe siècle, BNF.

Raoul de Houdenc (v. 1170-v. 1230), jongleur au service des Grands sans doute devenu moine, est l'auteur de ***Songe d'Enfer*** (premier quart du XIIIe siècle), un poème moraliste en octosyllabes qui raconte un voyage allégorique dans l'au-delà. En voici le début :

Bien que les songes soient pleins de fables, pourtant parfois un songe peut devenir vrai : je sais bien, à ce sujet, qu'il m'arriva qu'en songeant un songe, j'eus l'idée de devenir pèlerin. Je me préparai et me mis en route, tout droit vers la cité d'Enfer. [...] ceux qui vont en quête d'enfer trouvent belle voie et plaisant chemin ; quand je partis de ma terre, pour ne pas allonger le conte, je m'en vins la première nuit à la cité de Convoitise. En terre de Déloyauté se trouve la cité dont je vous parle [...]. Envie me logea bien : à l'hôtel avec nous mangea Tricherie, la sœur de Rapine ; et Avarice sa cousine l'accompagna...

Trad. Anne Berthelot

Le Chevalier au barizel (XIIIe siècle) est un petit poème mystique profondément touchant du moine bénédictin Gautier de Coinci*. Un chevalier doit expier ses crimes en remplissant d'eau un « barillet » (*barizel*) qui demeure toujours vide. Un jour enfin, touché par la Grâce, le pénitent se repent et commence à pleurer. Le barillet se remplit aussitôt de ses larmes sincères et son châtiment prend fin.

Le Tombel de Chartrose (1337-1339) rassemble 31 « contes du salut » rimés, adressés à une communauté cartusienne (ordre des Chartreux) du diocèse de Soissons. Citons parmi ces contes *Le Duc de Sardaine* (476 vers), *Sainte Gale qui ne voulut pas se remarier* (454 vers) et *Saint Paulin de Nole qui fut en servage pour autrui comme bon pastour* (720 vers). Ce recueil offre une grande diversité de genres littéraires et de sources exploitées par l'auteur (anonyme) : Bible, traités théologiques, littérature classique, philosophique, historique et scientifique, mais aussi sentences et proverbes, qui mobilisent l'attention du destinataire en lui donnant une image pratique de la leçon délivrée par le conte salutaire.

Les poèmes de la mort

Hélinand de Froidmont (v. 1160-1197), trouvère à la cour du roi Philippe Auguste, mène une vie désordonnée avant de se faire moine de l'ordre de Cîteaux à l'abbaye de Froidmont en Beauvaisis. Ses célèbres ***Vers de la Mort*** (v. 1195), en douzains d'octosyllabes sur deux rimes – structure poétique inédite et puissante –, connurent un grand succès dans le nord de la France jusqu'à la fin du Moyen Âge. Pour la première fois, le poète n'interpelle plus *un* mort mais *la* mort, thématique désormais autonome qui sera illustrée un siècle et demi plus tard, et jusqu'au XVIe siècle, par les « danses macabres ». Avec un talent exceptionnel et une férocité inégalée, le poète met en scène la Mort, chargée de rappeler à tous qu'il ne faut songer qu'au salut de l'âme.

Danse macabre du cloître des Saints-Innocents à Paris (détail), gravure sur bois de 1485, BM de Grenoble. Le cimetière des Innocents était la fosse commune.

À la suite d'Hélinand de Froidmont, de nombreux poèmes porteront le titre de ***Vers de la Mort***, tels ceux de Robert d'Arras (v. 1265) et d'Adam de la Halle* (v. 1270). Jehan Le Fèvre*, auquel on doit l'expression « danse macabre », est quant à lui l'auteur d'un ***Respit de la Mort*** (1376) moral et didactique, sorte de *Roman de la Rose* non pas de l'amour, mais de la mort…

La mort fait à chacun sa justice
La mort fait à tous une juste mesure,
La mort pèse tout à son juste poids,
La mort venge chacun de son injure,
La mort met l'orgueil à la pourriture,
La mort fait manquer la guerre aux rois,
La mort fait garder les décrets et les lois,
La mort fait abandonner l'usure et le profit,
La mort fait de la suavité une vie dure
[…]
Mort, honni soit qui ne te craint
[…]
S'il n'est pas d'autre monde, […]
Que l'homme vive comme un pourceau
Puisque tout péché est bon et beau.

L'Enfer. Enluminure d'un manuscrit du XVe siècle, BNF.

S'il n'y a point de mérite à la vertu,
Eh ! que feront donc ces ermites
Qui ont dompté leur chair
Et bu tant d'amers breuvages ?
Après la mort sont quitte-quitte
Ceux qui ont choisi la pire vie,
Tous ceux de l'ordre de Cîteaux.

Vers de la Mort d'Hélinand de Froidmont,
trad. Jean-Marcel Paquette

Baudoin de Condé (fin du XIIIe siècle), ménestrel à la cour de Marguerite II de Flandre, composa une vingtaine de dits ou de contes moraux. Son ***Dit des trois vifs et des trois morts*** (v. 1295) instaure – grande nouveauté – un dialogue entre des vivants et des défunts. Il en existe différentes versions, ainsi qu'un mystérieux *Dit des trois vives et des trois mortes* dont il ne reste qu'un fragment.

Ils étaient, qui duc, qui comte,
Trois hommes nobles de grand prestige
En riche équipage, comme il convient à des fils de roi,
Et en plus très jolis et pleins de gentillesse.
Ils étaient durs envers tout le monde
Qui voisinait leurs terres.
Un jour, pour éprouver leur orgueil,
Leur apparaît une vision venant de Dieu,
Troublante et effrayante à voir des yeux,
Et terrifiante ; je ne vous mens pas là-dessus :
C'étaient trois morts mangés par les vers,
Aux corps enlaidis et défigurés.
[…]
Le troisième mort dit : « Frères et amis, […]
Revenir à la vie, pour rien au monde
Je ne veux ; il y a plus de douleur que de joie
À ce morceau qu'est l'attente de la mort
Où il y a trop à tendre sans rompre ;
Ah ! quel dur et pénible passage !
Contre la mort il n'y a qu'un remède,
C'est de se tenir soir et matin
En bonne conduite et se comporter ainsi
Comme si l'on devait vivre toujours ou tout à l'heure
Mourir, et qu'on n'ose surtout pas
Demeurer une heure en état de péché.
[…]
Pour nous priez notre Père,
Dites-lui une patenôtre ;
Tous trois, de bon cœur et d'intention,
Que Dieu vous conduise à une bonne mort. »

Trad. Jean-Marcel Paquette

Sagesse profane et recueils allégoriques

PROVERBES, SENTENCES ET MAXIMES

Les proverbes sont omniprésents dans la culture du Moyen Âge. Ils reflètent les rapports de force, les tensions et les conflits de la société féodale ou évoquent des rivalités entre régions. Les *exempla*, contes exemplaires souvent pittoresques, font même autorité dans les sermons, à côté de la Bible. À la fin du XIIe siècle, Mathieu de Vendôme en propose une définition qui rend justice à leur place essentielle : « Le proverbe est une sentence commune à laquelle l'usage accorde foi, que l'opinion publique adopte et qui correspond à une vérité confirmée. »

Les proverbes émanent d'anciens recueils de dictons savants du monde antique, comme ceux de Sénèque, de Diogène Laërte et d'Ésope. Mais la tradition populaire a également fourni au Moyen Âge un trésor de proverbes et de récits populaires.

Illustration du proverbe : « Pour faire peur à ton ennemi, bats ton chien. » *Album* de Villard de Honnecourt, 1225-1235, BNF.

Le plus souvent, les proverbes sont de forme elliptique :

De nuit tout blé semble farine.

L'allitération ou l'assonance permet de mieux marquer l'idée :

Qui se ressemble s'assemble.
À chaque oiseau son nid est beau.

Terre à terre, les proverbes expriment des lieux communs de pensée :

Qui bien chasse bien trouve.
Plus sont de compères que d'amis.
Qui a assez d'argent a assez de parents.

Et ils reflètent la dure existence des « vilains » :

Il n'a droit à sa peau qui ne la défend.

Les 280 ***Proverbes au vilain*** ont été réunis en 1175 par un protégé de Philippe de Flandre. « Le proverbe du vilain nous enseigne que souvent chose qu'on dédaigne vaut mieux qu'on ne le pense », écrit Chrétien de Troyes*. Chaque proverbe, rimé, est clos par la phrase : *Ainsi dit le vilain*. La langue est souvent triviale et les sujets très prosaïques, mais ces proverbes offrent une série de tableaux pour le moins colorés de la France du XIIe siècle.

Soi-même déçoit
Et dommage reçoit
Celui qui trop honore le félon ; [...]
Oignez le cul au mâtin [valet], il vous chiera dans la main.
Ainsi dit le vilain.

Les ***Proverbes ruraux et vulgaux***, compilés en 1317, se situent dans la même veine :

Faites du bien au vilain et il vous fera du mal.
Graissez les bottes d'un vilain, il dira qu'on les lui brûle.
Quand le cheval est volé, le fou ferme l'étable.

Dans la ***Ballade des proverbes*** (1460), Villon* s'amuse à remanier des proverbes en les juxtaposant, faisant ainsi voler leur sens en éclats. Ce poème fut composé pour regagner les faveurs de Charles d'Orléans* et, au-delà de son aspect ludique, la demande de réconciliation apparaît évidente...

Tant raille-t-on que plus on n'en rit,
Tant dépend-on qu'on n'a chemise,
Tant est-on franc que tout y frit,
Tant vaut « Tiens ! » que chose promise,
Tant aime-t-on Dieu qu'on fuit l'église,
Tant donne-t-on qu'emprunter convient,
Tant tourne vent qu'il chet en bise,
Tant crie-t-on Noël qu'il vient.

Prince, tant vit fol qu'il s'avise,
Tant va-t-il qu'après il revient,
Tant le mate-t-on qu'il se ravise,
Tant crie-t-on Noël qu'il vient.

Bestiaires, lapidaires et plantaires

Le **bestiaire** est un recueil de moralités mettant en action des animaux. Les sources les plus anciennes des bestiaires sont la Bible et des fables grecques du *Physiologus* (IIe siècle). Traduites en de nombreuses langues, ces histoires fabuleuses auront un succès considérable et seront diffusées de l'Orient jusqu'en Irlande. Décrivant les caractéristiques d'animaux réels ou légendaires, elles sont destinées à l'édification morale ou religieuse. Elles mettent en scène une véritable ménagerie de l'imaginaire qui inspirera notamment les sculpteurs des cathédrales. Les animaux fabuleux y tiennent une grande place, comme le griffon, la harpie, l'hydre, le centaure, le dragon, le phénix, la sirène ou la licorne.

Dans le même esprit allégorique que le bestiaire, le **volucraire** regroupe exclusivement des oiseaux.

La tradition du **lapidaire** – du latin *lapis*, « pierre » – remonte à l'encyclopédiste Pline l'Ancien. Il s'agit d'un traité énumérant les vertus magiques et médicinales des pierres précieuses, les plus prisées étant l'agate, l'améthyste, la chrysolite, le cristal, l'émeraude, le jaspe, l'onyx, l'opale, le saphir, la topaze et le zircon. Philippe de Thaon* et Vincent de Beauvais* en composèrent.

Tropaire de Saint-Martial de Limoges, XIe siècle, BNF.

Le **plantaire** ou **herbier** est quant à lui un catalogue symbolique de plantes, magiques et médicinales, souvent inspiré de l'herbier illustré de Dioscoride (Ier siècle), le meilleur traité de botanique jusqu'à la Renaissance.

Le premier ***Bestiaire*** en langue romane est celui de Philippe de Thaon (v. 1120). Manichéiste, il dépeint le combat permanent entre Dieu et le Diable, les vices et les vertus.

Un siècle plus tard, le ***Bestiaire*** de Pierre de Beauvais est le principal représentant des bestiaires à finalité didactique et morale. Il donne une interprétation religieuse des comportements des animaux (réels ou imaginaires). Ainsi, la licorne, ou unicorne, possède un corps de cheval, une tête de bouc, souvent des pieds fourchus, et une longue corne au milieu du front, qui neutralise le poison. Seule une pucelle peut la capturer, car elle symbolise la virginité… Le phénix, lui, symbolise l'éternité. Allégorie de la survie de l'âme après la mort, cette créature unique ne peut pas se reproduire mais vit plusieurs siècles. Lorsqu'il sent sa fin venir, il se confectionne un nid de branches aromatiques et d'encens, l'enflamme et s'immole par le feu. Un nouveau phénix surgit alors des cendres…

Le ***Bestiaire d'Amour*** de Richard de Fournival (v. 1250), parodie courtoise du bestiaire moralisé, marque la fin du genre. Le nom de l'animal est accompagné de la description de ses principales caractéristiques – souvent enrichie d'une interprétation religieuse – et d'une illustration car, selon Richard de Fournival : « La mémoire a deux portes, la vue et l'ouïe ; et chacune ouvre sur un chemin qui y conduit, la peinture et la parole. »

Philippe de Mézières, *Songe du Vieil Pèlerin*, v. 1390, bibliothèque de l'Arsenal, Paris.

Les chroniques historiques

Arrivée des croisés à Constantinople en 1147. BNF.

Au Moyen Âge, une chronique est un ouvrage, parfois écrit collectivement, relatant une série de faits chronologiquement (du grec *khrônos*, « temps »). Les évêchés et presque toutes les grandes abbayes tiennent des chroniques pour conserver la généalogie des rois, des nobles et des abbés, surtout s'ils furent saints ou conquérants. Les chroniques ont également pour vocation de permettre la datation des événements. Elles sont rédigées par un lettré de confiance, qui se fait un devoir d'embellir, de purifier et de sanctifier toutes les actions des personnages. Les événements d'Orient suscitent naturellement de nombreux textes historiques, racontant telle croisade ou les hauts faits de tel prince. À partir de la IVe croisade, les chroniques commencent à être rédigées en langue romane afin d'être accessibles à un plus grand nombre. Partisanes et partiales, elles s'attachent à l'étude d'un moment historique sans plus ressentir le besoin de remonter à la Création du monde avant de relater la période intéressante.

Outre les quatre grandes chroniques du Moyen Âge – celles de **Villehardouin**, **Froissart**, **Joinville** et **Commynes** –, citons également les *Chroniques du temps de Philippe le Bel* de **Geoffroi de Paris** (1306), les *Vraies Chroniques de Jean le Bel* (anonyme, fin du XIVe siècle), l'*Histoire du règne de Charles VI* de **Jean Juvenal des Ursins** (début du XVe siècle), le *Journal d'un bourgeois de Paris* (anonyme, première moitié du XVe siècle) et *Le Livre des faits et bonnes mœurs du sage roi Charles V* de **Christine de Pisan***.

VILLEHARDOUIN

Geoffroy de Villehardouin (1154?-1213?) est le premier à raconter l'histoire de son temps en prose et en français. Maréchal du comte de Champagne, il rédige ses mémoires intitulés ***Histoire de la conquête de Constantinople*** où il relate dans un style remarquable les événements survenus entre 1198 et 1207 : la IVe croisade, qui aboutit non pas à la prise de Jérusalem mais à celle de Constantinople, prestigieuse capitale de l'Empire byzantin, en 1204. Son ouvrage est en quelque sorte un plaidoyer en faveur des décisions prises à l'époque. Son point de vue est donc partial : c'est un récit de grand seigneur aux intentions édifiantes. Dans un passage, il expose sobrement l'état d'âme des assaillants de tout grade :

Ceux qui n'avaient jamais vu Constantinople la contemplèrent longuement, car ils ne pouvaient imaginer qu'une ville aussi puissante pût exister dans le monde entier. Quand ils virent ces hautes murailles et ces puissantes tours dont elle était enclose dans tout son pourtour, et ces magnifiques palais, et ces hautes églises qui étaient si nombreuses que personne ne pourrait le croire sans le voir de ses propres yeux, et la longueur et la largeur de la ville qui de toutes les autres était la reine. Et sachez qu'il n'y eut homme si hardi dont la chair ne frémît, et ce n'était pas extraordinaire, car jamais si grande expédition ne fut entreprise contre tant de gens depuis la création du monde.

Trad. Jean Dufournet

Une autre *Conquête de Constantinople* fut rédigée par Robert de Clari entre la fin du XIIe et le début du XIIIe siècle. C'est le témoignage d'un petit seigneur qui vit les événements au jour le jour. Moins informé que Villehardouin, il ne perçoit pas l'ampleur et la signification des actions engagées mais en donne des descriptions plus précises et plus vivantes.

Joinville

Sénéchal de Champagne, compagnon de croisade de Saint Louis, Jean de Joinville (v. 1224-1317) rédigea à plus de 80 ans un récit sur « les saintes paroles et les bons faits de Saint Louis » à la demande de la reine Jeanne de Navarre, épouse de Philippe le Bel. Il fut également l'un des principaux témoins lors de son procès en canonisation. Son ***Histoire de Saint Louis*** (1305-1309) est un document précieux sur la VIe croisade. Mais c'est aussi un monument à la gloire de Louis IX, célèbre pour son amour de la justice et de la vérité, sa tempérance, sa bonté et son inébranlable foi. La narration, plus hagiographique qu'historique, est pleine de digressions et d'anecdotes. Sympathique, Joinville évoque le grand homme avec naïveté, spontanéité et naturel. Ainsi, lorsque Saint Louis lui enjoint de laver les pieds des pauvres le Jeudi saint, s'exclame-t-il :

Saint Louis lavant les pieds d'un pauvre. *Grandes Chroniques de France*, XIVe siècle, BNF.

« Sire, hé ! malheur ! les pieds de ces vilains ! jamais je ne les laverai.
– Vraiment, dit le roi, c'est mal répondu, car vous ne devez point dédaigner ce que Dieu fit pour notre enseignement. Je vous prie donc, pour l'amour de Dieu d'abord, de prendre l'habitude de les laver. »

Et c'est bien sûr Joinville qui a décrit Saint Louis rendant la justice sous son chêne du bois de Vincennes :

Il arriva bien des fois qu'en été il allait s'asseoir au bois de Vincennes, après sa messe, et s'adossait à un chêne et nous faisait asseoir autour de lui. Et tous ceux qui avaient une affaire venaient lui parler, sans être gênés par des huissiers ou par d'autres gens. Et alors il leur demandait de sa propre bouche : « Y a-t-il ici quelqu'un qui ait une affaire ? » Et ceux qui avaient une affaire se levaient, et il leur disait : « Taisez-vous tous, et l'on réglera vos affaires l'une après l'autre. » Et alors il appelait messire Pierre de Fontaine et messire Geoffroi de Villette et il disait à l'un d'eux : « Réglez-moi cette affaire. » Et quand il voyait quelque chose à corriger dans les propos de ceux qui parlaient pour lui ou de ceux qui parlaient pour un autre, il le corrigeait lui-même de sa propre bouche.

Trad. Jacques Monfrin

FROISSART

Charles IV le Bel accueillant Isabelle de France. Enluminure des *Chroniques* de Froissart, XVe siècle, BNF.

Originaire de Valenciennes, chanoine de son état et grand voyageur, Jean Froissart (v. 1333-1400) eut la chance de vivre dans la société de plusieurs grands seigneurs directement impliqués dans la guerre de Cent Ans. Poète, il est surtout connu pour ses ***Chroniques*** *de France, d'Angleterre, d'Écosse, d'Espagne, de Bretagne, de Gascogne, de Flandre et lieux d'alentour* (1374 à 1400), fort documentées, qui relatent la première moitié du conflit sous l'angle déjà un peu désuet des idéaux féodaux et courtois. Froissart consacra sa vie à passer d'un camp à l'autre, interrogeant, confrontant et reconstituant les faits avec patience.

Partout où j'allais, je faisais enquête aux anciens chevaliers et écuyers qui avaient été en faits d'armes et qui savaient en parler correctement, et aussi à des hérauts de confiance pour vérifier et justifier toutes matières. Ainsi ai-je rassemblé la haute et noble histoire et matière [...] ; et tant que je vivrai, par la grâce de Dieu, je la continuerai ; car plus j'y travaille, plus elle me plaît.

Page d'ouverture du livre IV des *Chroniques*

Se divisant en quatre livres, les *Chroniques* couvrent la période qui s'étend de 1325 à 1400. Grand prosateur, Froissart ne se contente pas de rapporter des faits mais s'attache à leur donner vie, brossant des tableaux riches en couleurs, truffés de détails savoureux et pittoresques.

Avant que les corps de bataille fussent rangés et disposés convenablement, le jour commença de paraître. Les Anglais se mirent alors à chevaucher sans ordre, parmi les bruyères, les montagnes, les vallées, il y avait des fondrières et de grands marais, et des passages si difficiles que c'était merveille que chacun n'y demeurât point, car on chevauchait toujours de l'avant, sans attendre seigneur ni compagnon. [...]
On cria souvent en ce jour « À l'arme ! » et l'on disait que les premiers rangs étaient aux prises avec l'ennemi, si bien que chacun, croyant que c'était vrai, se hâtait le plus possible [...] Et quand on avait ainsi couru une demi-heure ou davantage, l'on arrivait au lieu d'où venait ce bruit ou ces clameurs, et l'on se trouvait tout déçu ; car c'étaient cerfs ou biches, ou autres bêtes sauvages [...] Chacun alors de crier après ces bêtes, ayant cru que c'était tout autre chose.

Mémoire établissant les droits de Louis XI sur le duché de Bourgogne, fin du XVe siècle, BNF.

COMMYNES

Fils d'une grande famille de Flandre, Philippe de Commynes (1447-1511) fut chambellan et conseiller du duc de Bourgogne Charles le Téméraire; il fut par la suite l'un des négociateurs préférés de Louis XI jusqu'à la fin de son règne. C'est pendant ses années de captivité pour avoir pris le parti du duc d'Orléans contre la régente qu'il rédigea ses ***Mémoires***, recueil de documents qui n'étaient pas destinés à être publiés. Il se compose de deux parties : « Histoire de Louis XI » (1489-1493) et « Histoire de Charles VIII » (1495-1497), précieux témoignages historiques sur cette époque. Commynes excelle dans les portraits des Grands. Voici par exemple celui qu'il brosse du roi Louis XI :

J'ai vu beaucoup de tromperies en ce monde, et de beaucoup de serviteurs envers leurs maîtres, et plus souvent tromper les princes et seigneurs orgueilleux, qui veulent peu écouter parler les gens, que les humbles qui volontiers les écoutent. Et entre tous ceux que j'ai jamais connus, le plus sage pour se tirer d'un mauvais pas en temps d'adversité, c'était le roi Louis XI, notre maître, le plus humble en paroles et en habits, et qui travaillait beaucoup à gagner un homme qui pouvait le servir, ou qui pouvait lui nuire [...] en lui promettant largement, et en lui donnant argent et états qu'il savait lui plaire. Et quant à ceux qu'il avait chassés et déboutés en temps de paix et de prospérité, il les rachetait bien cher, quand il en avait besoin, et s'en servait, et ne les avait en nulle haine pour les choses passées. Il était naturellement ami des gens de moyen état, et ennemi de tous les grands qui pouvaient se passer de lui. Nul homme ne prêta jamais tant l'oreille aux gens, ni ne s'enquit de tant de choses, comme il faisait, ni qui voulût jamais connaître tant de gens [...] Mais surtout lui a servi sa grande largesse : car ainsi il conduisait sagement l'adversité.

Chroniqueur scrupuleux et objectif, psychologue averti, Commynes s'autorise des digressions sur divers sujets, comme l'utilité de l'histoire dans l'éducation des princes :

L'un des grands moyens de rendre un homme sage est d'avoir lu les histoires anciennes et d'apprendre à se conduire et se garder et entreprendre sagement par les histoires et exemples de nos prédécesseurs. Car notre vie est si brève qu'elle ne suffit pas à avoir l'expérience de tant de choses.

Commynes réfléchit aux effets de la justice de Dieu envers les princes, tente de définir le caractère du peuple français ou essaie d'établir les lois générales de l'histoire. Ses récits, directs et vivants, très évocateurs, brossent un tableau incomparable des mœurs politiques et des mentalités de son temps.

Le renouveau poétique

La poésie lyrique des troubadours et des trouvères décline au XIIIe siècle. Elle cède la place aux « dits », des poésies didactiques ou morales qui abordent tous les sujets. Parallèlement se développe une nouvelle poésie lyrique, qui parle de l'individu et de l'angoisse qu'il éprouve devant les mutations de la société…

Rutebeuf et Villon, poètes engagés

Au XIIIe siècle, la poésie personnelle et politique de Rutebeuf témoigne de l'apparition d'un nouveau genre poétique que nous dirions « engagé ». Doué pour l'invective autant que pour la complainte, il annonce la verve de François Villon, deux siècles plus tard.

Rutebeuf

Rutebeuf* (v. 1230-v. 1285), Parisien probablement d'origine champenoise, est l'auteur de poésies populaires, satiriques et lyriques ainsi que de pièces de théâtre. Son œuvre, par la multiplicité de ses formes et de ses intentions, reflète la complexité de l'époque. Dans ***Le Dit de l'herberie***, on apprend que Rutebeuf est « vilain d'origine, clerc par le savoir, laïque par l'habit et pauvre comme Job ». Fuyant les collèges qui ne dégoisent que « verbocination latiale » (mauvais latin), il choisit la profession aventureuse de jongleur. Accompagné de sa vielle, il se présente dans les demeures seigneuriales de Paris où il interprète d'abord des chansons de geste, puis ses propres œuvres. Il y raconte sa vie, ses misères et la dureté des temps. Dans ***Le Mariage Rutebeuf***, il évoque sa lamentable union avec une femme de 50 ans qui « n'est ni gente ni belle » mais qui, « maigre et sèche », est « blessée d'enfants » dont il faut payer les nourrices…

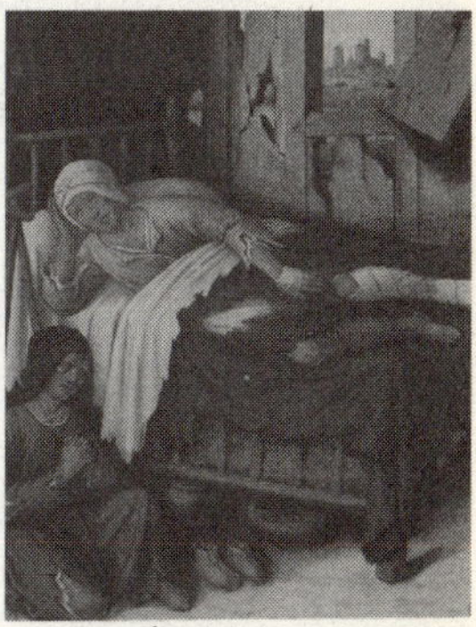

Les Quatre États de la société : la pauvreté.
Jean Bourdichon, XVe siècle,
École nationale des beaux-arts, Paris.

Dans ***La Complainte Rutebeuf*** (v. 1261), le poète dit avoir perdu son œil droit et son cheval. Il est terrassé par la misère et, en hiver, son malheur est pire. Sans feu dans la cheminée, on va chercher la chaleur dans les cabarets où l'on joue aux dés le peu que l'on possède… Heureusement, toutefois, il y a la consolation de la poésie, et la prescience de sa gloire. Rutebeuf soutient les croisades de Saint Louis et flétrit avec véhémence la cupidité, l'hypocrisie et la lâcheté, notamment des moines. L'amertume et l'humiliation de sa condition le portent à l'autodérision. Mais Rutebeuf exprime aussi ses sentiments d'une manière étonnamment intemporelle, comme dans ce célèbre passage :

Que sont mes amis devenus
Que j'avais tant cultivés,
Et tant aimés ?
[...]
L'amitié est morte :
Ce sont amis que le vent emporte,
Et il ventait devant ma porte,
Ainsi le vent les emporta,
Car jamais aucun ne me réconforta.

Trad. Anne Berthelot

Un itinérant à l'image de Villon. *Chants royaux sur la conception*, XVe siècle, BNF.

François Villon

En révolte contre la société et l'ordre établi, François Villon est hanté par le temps qui passe, la mort, la détresse et la faiblesse humaines ; ses poésies lyriques sont empreintes de piété et de compassion pour les pauvres. Né à Paris en 1431, il est licencié à la faculté des Arts (lettres) en 1452. Il peut donc enseigner et recevoir des bénéfices. Mais en 1455, il tue un prêtre au cours d'une rixe et doit quitter Paris. S'ensuit une errance de quatre années à travers la France, avec pour toile de fond les lendemains de la guerre de Cent Ans et son cortège de brutalités, de famines et d'épidémies. Villon est reçu chez Charles d'Orléans*, mais commet de nouveaux méfaits pour lesquels il est emprisonné. Récidiviste impénitent, entouré de mauvais garçons, il reste cependant toujours en contact avec les hautes sphères, qui le protègent et lui obtiennent des « lettres de rémission ». Relâché par Louis XI, Villon revient à Paris en 1462 où il compose son *Testament.* Condamné en 1463 à « être pendu et étranglé », il rédige sa *Ballade des pendus.* Le jugement est annulé après appel, mais Villon est banni de Paris pour dix ans. On perd alors sa trace...

Dans ses poèmes, Villon observe avec humour les vices et travers de ses contemporains et les siens propres. Il prend à contre-pied l'idéal courtois, renverse les valeurs admises en célébrant les gueux promis au gibet, cède volontiers à la description burlesque ou à la paillardise et multiplie les innovations de langage. Mais surtout il dote l'octosyllabe et le décasyllabe d'une harmonie nouvelle, avec une langue simple et naturelle que l'on comprend aujourd'hui sans traduction. En outre, dédaignant l'accompagnement musical traditionnel, il consacre la poésie comme un genre autonome. Au XIXe siècle, les romantiques feront de Villon le précurseur des poètes maudits.

Les ***Lais*** (1456) puis le ***Testament*** (1462) de Villon sont les recueils qu'il désirait léguer à la postérité. Ses *Lais*, regroupant 40 huitains d'octosyllabes, sont un testament spirituel et poétique constitué d'une cascade de legs fantaisistes et satiriques. Ses cibles favorites sont les autorités, la maréchaussée, les ecclésiastiques trop bien nourris, les bourgeois, les usuriers.

Dans son *Testament*, de plus de 2 000 vers, la gravité se mêle à la bouffonnerie, l'émotion à la raillerie, la tristesse à la débauche. Âgé de 30 ans, las, Villon a peur de la mort et de la damnation éternelle. Il évoque sa vie errante, confesse ses péchés et se plaint d'avoir été victime de sa mauvaise fortune :

Hé, Dieu ! si j'avais étudié
Au temps de ma jeunesse folle
Et m'étais à bonnes mœurs dédié,
J'aurais maison et couche molle.
Mais quoi ? Je fuyais l'école
Comme fait le mauvais enfant.
En écrivant cette parole,
À peu que le cœur ne me fend.

Il regrette sa jeunesse envolée, consacrée à aimer en vain, la vieillesse qui déforme les corps, la mort qui les pourrit…

Ainsi le bon temps regrettons
Entre nous, pauvres vieilles sottes,
Assises bas, à croupetons,
Tout en tas comme des pelotes,
À petit feu de chènevottes,
Tôt allumées, tôt éteintes ;
Et jadis nous fûmes si mignotes !…
Ainsi arrive-t-il à maints et maintes.

Les Regrets de la Belle Heaulmière

Un temps viendra qui fera dessécher,
Jaunir, flétrir votre épanouie fleur,
Vieux je serai, vous, laide, sans couleur…

Ballade à s'amie

Le recueil comporte des ballades aux tons prodigieusement variés, tour à tour mélancoliques (*Ballade des dames du temps jadis*, reprise par Georges Brassens), doctrinales (*Ballade de bon conseil*, où il se présente comme délinquant amendé), narquoises (*Ballade des femmes de Paris*, au refrain « Il n'est bon bec que de Paris »), patriotiques, parodiques (*Ballade en vieux langage français*, au célèbre refrain « Autant en emporte le vent »), désespérées (*Ballade des seigneurs du temps jadis*), cyniques (*Double Ballade*), résignées ou amères (*Ballade de Fortune*), satiriques et argotiques (*Ballade de la Grosse Margot* ou *de la Belle Heaulmière*, qui mettent en scène des prostituées), religieuses (*Ballade pour prier Notre Dame*), ou tout simplement virtuoses

(*Ballade des proverbes*, voir p. 57)... Les plaisanteries grossières et irrespectueuses sont contrebalancées par les émotions vives et poignantes, en un savant mélange de formes poétiques.

Dites-moi où, en quel pays,
Est Flora la belle Romaine,
Archipiades, ni Thaïs,
Qui fut sa cousine germaine,
Écho, parlant quand bruit on mène
Dessus rivière ou sur étang,
Qui beauté eut trop plus qu'humaine?
Mais où sont les neiges d'antan?

Où est la très sage Héloïse,
Pour qui fut châtré et puis moine
Pierre Abélard à Saint-Denis?
Pour son amour eut cette essoine.
Semblablement, où est la reine
Qui commanda que Buridan
Fût jeté en un sac en Seine?
Mais où sont les neiges d'antan?

La reine Blanche comme un lis
Qui chantait à voix de sirène,
Berthe au grand pied, Bietrix, Aliz,
Haramburgis qui tint le Maine,
Et Jeanne, la bonne Lorraine
Qu'Anglais brûlèrent à Rouen;
Où sont-ils, où, Vierge souveraine?
Mais où sont les neiges d'antan?

Prince, n'enquerrez de semaine
Où elles sont, ni de cet an,
Que ce refrain ne vous remaine :
Mais où sont les neiges d'antan?

Ballade des dames du temps jadis

L'***Épitaphe Villon***, dit ***Ballade des pendus*** (1463), a été composée alors que Villon était condamné à mort. Elle contient des paroles de pitié si pathétiques qu'elle a grandement contribué à sa légende.

Frères humains qui après nous vivez,
N'ayez les cœurs contre nous endurcis,
Car, si pitié de nous pauvres avez,
Dieu en aura plus tôt de vous merci.
Vous nous voyez ici attachés, cinq, six :
Quant à la chair, que trop avons nourrie,

Elle est depuis longtemps dévorée et pourrie,
Et nous, les os, devenons cendre et poudre.
De notre mal personne ne s'en rie;
Mais priez Dieu que tous nous veuille absoudre!
[...]
La pluie nous a débués et lavés,
Et le soleil desséchés et noircis;
Pies, corbeaux, nous ont les yeux cavé,
Et arraché la barbe et les sourcils.
Jamais nul temps nous ne sommes assis;
Puis çà, puis là, comme le vent varie,
À son plaisir sans cesser nous charrie,
Plus becquetés d'oiseaux que dés à coudre.
Ne soyez donc de notre confrérie;
Mais priez Dieu que tous nous veuille absoudre!

Manuscrit de Guillaume de Machaut du XVe siècle, BNF.

Une nouvelle poésie lyrique

La poésie des troubadours et des trouvères survit jusqu'à la fin du XIIIe siècle. **Adam de la Halle***, poète et dramaturge connu sous le pseudonyme d'Adam le Bossu, en sera l'un des derniers représentants. Jusqu'alors, romans et poèmes étaient rédigés en vers. Ce n'est qu'à partir du XIVe siècle que la distinction entre la poésie et la prose va voir le jour. Cette poésie récitée, le « dit », par opposition au chant, s'éloigne des conventions courtoises pour devenir une forme d'expression particulière, caractérisée par l'emploi du vers et la peinture du moi. Le terme de poète, réservé jusque-là aux auteurs de l'Antiquité, apparaît alors, donné pour la première fois à **Guillaume de Machaut** par son disciple **Eustache Deschamps.** Le poète est celui qui propose sa vision du monde, se libérant peu à peu de l'inspiration religieuse et morale, en exploitant les ressources formelles de la langue et de la composition. Comme l'écrit Jacqueline Cerquiglini : « Le dit est un discours qui met en scène un *je*, le dit est un discours dans lequel un *je* est toujours représenté. Par là le texte dit devient le mime d'une parole. » C'est la véritable naissance de la poésie telle qu'on l'entend aujourd'hui.

Guillaume de Machaut, musicien poète

Guillaume de Machaut (1300-1377), chanoine à Reims, laisse une œuvre importante dans le domaine des lettres et de la musique. Poussant à leur ultime épanouissement les tendances du lyrisme médiéval de la voix pour l'ouvrir au champ de l'écriture, il a su articuler art ancien et art nouveau dans des pièces où s'entremêlent poésie et musique : ses dits comportent des morceaux chantés et ses petites poésies à forme fixe (rondeaux, lais, virelais et ballades) sont inséparables de leur support musical. À côté de nombreux motets et mélodies, il compose la première messe polyphonique (la *Messe de Notre-Dame à quatre voix*), et près de 400 poèmes lyriques !

Son chef-d'œuvre, ***Le Livre du Voir Dit*** (v. 1364), présente une alternance de passages narratifs, de poèmes lyriques et de lettres, dans lesquels l'écrivain apparaît sous toutes ses facettes littéraires : le poète réfléchissant sur son art, l'amant s'adressant à celle qu'il aime, le clerc cherchant à transmettre son savoir. Ce recueil poétique complexe tient sa cohérence de la trame narrative qui rapporte une histoire d'amour, à la fois très concrète et allégorique, entre une jeune dame et un vieux poète.

Ici commence le livre du Voir Dit.
À la louange et en l'honneur de très parfaite Amour, que j'aime et dont je suis le très obéissant et le très respectueux serviteur, ayant placé en elle toute ma pensée ; pour ma dame gracieuse, à qui je me suis donné corps et âme, et que j'aime d'un cœur d'ami véritable, et incomparablement plus que moi-même ; et en l'honneur d'Espérance la valeureuse, qui jamais ne me faillit au besoin, je veux commencer une œuvre nouvelle.

Trad. Paul Imbs

Eustache Deschamps

Disciple de Guillaume de Machaut*, Eustache Deschamps (v. 1346-v. 1407) a produit une œuvre poétique gigantesque de 1 500 poèmes, soit près de 82 000 vers. Il écrit aussi un grand nombre de fables, dont La Fontaine* s'est inspiré. Dans ses pièces lyriques comprenant ballades, rondeaux et virelais, il aborde des thèmes variés (sujets amoureux, satires, pièces didactiques, réflexions morales) en mêlant termes familiers et mots rares. Conscient de la décadence de l'idéologie courtoise, il lui substituera une philosophie proche du *carpe diem*, rapportant des anecdotes réalistes avec verve et ironie.

Son œuvre de grande ampleur, ***Le Miroir de mariage*** (v. 1392), est une allégorie inachevée de plus de 11 000 vers dans laquelle il traite de l'amour, de la mort et du patriotisme. Par l'emploi du *je*, la personnalité du poète intervient pour la première fois, faisant la morale ou se moquant du monde qui l'entoure.

Christine de Pisan écrivant.
1407, British Library, Londres.

Christine de Pisan

Christine de Pisan (v. 1364-v. 1430) est considérée comme la première femme de lettres française ayant vécu de sa plume. À 26 ans, contrainte de travailler, elle choisit ce métier. D'une grande érudition, elle compose entre 1400 et 1418 des œuvres de commande variées, d'abord des pièces lyriques qui obtiennent un franc succès. Puis, prenant de l'assurance, elle signe des traités de politique, de morale et de philosophie, voire de droit militaire. Elle s'engage parallèlement dans un combat en faveur des femmes et de leur représentation dans la littérature, forçant l'admiration de ses collègues masculins par son obstination. À la fin de sa vie, elle se retire dans un couvent où elle écrit un *Ditié de Jeanne d'Arc*.

Son recueil ***Cent Ballades d'Amant et de Dame*** (1410) se présente sous la forme d'un dialogue amoureux émouvant, fidèle aux thèmes courtois, où la Dame meurt après avoir été délaissée par l'Amant. Son œuvre a des accents prophétiques, comme dans cet extrait du *Chemin de longue étude*, d'une étonnante actualité :

Je me prends à songer
Combien ce monde n'est que vent :
De peu de durée, plein de tristesse,
Sans certitude ni bonne foi ;
Les plus grands ne peuvent se prémunir
Contre Fortune et Malheur,
Et il y a tant de corruption
Qu'à peine voit-on des gens purs.
Je pensais aux ambitions,
Aux guerres, aux épreuves,
Aux trahisons, aux embûches qui y règnent,
Et aux graves fautes que l'on y commet ;
Quel grand malheur
Que l'on craigne si peu les péchés.
Je m'étonnais – d'où vient
Qu'on ne peut se tenir en paix ?
Sous le firmament, tout se livre la guerre ;
Pas seulement sur la terre,
Où les hommes se combattent tant,
Mais même dans l'air il y a conflit…

Trad. Andrea Tarnowski

Charles d'Orléans, le « prince poète »

Charles d'Orléans (1394-1465) est le fils de Louis d'Orléans, frère de Charles VI. Emprisonné après la défaite d'Azincourt en 1415, il restera vingt-cinq ans dans les geôles anglaises, où il écrit des poèmes en français et en anglais. Libéré contre une forte rançon, il épouse la jeune Marie de Clèves et renonce aux luttes politiques pour s'adonner à la poésie dans son château de Blois, entouré de ses amis poètes tels Olivier d'Anjou et Jean Meschinot*. Dans ses poèmes regroupés en un recueil, *Œuvres poétiques* (1450-1455), il renouvelle le lyrisme amoureux en utilisant les formes fixes que sont ballades et rondeaux :

Ma seule amour, ma joie et ma maîtresse,
Puisqu'il me faut loin de vous demeurer,
Je n'ai plus rien à me réconforter,
Qu'un souvenir pour retenir liesse.
En allégeant, par Espoir, ma détresse,
Me conviendra le temps ainsi passer,
Ma seule amour, ma joie et ma maîtresse,
Puisqu'il me faut loin de vous demeurer.
Car mon las cœur tout garni de tristesse,
S'en est voulu avecques vous aller ;
Ne je ne puis jamais le recouvrer
Jusque verrai votre belle jeunesse,
Ma seule amour, ma joie et ma maîtresse.

Trad. Anne Berthelot

Toute la poésie de Charles d'Orléans est fondée sur une réflexion sur le temps et le moi, à la fois le temps qu'il fait (« Le temps a laissé son manteau / De vent, de froidure et de pluie »), le temps qui passe et le temps qui modèle le moi, un moi marqué par la tristesse et le « nonchaloir », pris dans les aléas de la vie :

Je n'ai plus soif, tarie est la fontaine ;
Je suis bien échauffé, mais sans le feu amoureux ;
Je vois bien clair, mais il n'en faut pas moins que l'on me guide ;
Folie et sens me gouvernent tous les deux ;
Je m'éveille ensommeillé en Nonchaloir ;
C'est de ma part un état mêlé,
Ni bien, ni mal, au gré du hasard.

Ballade CXX, trad. Anne Berthelot

Le XVIe siècle

Atelier d'un imprimeur.
Recueil des chants royaux, 1520, BNF.

Le XVIe siècle est celui de la **Renaissance**, période de transition entre le Moyen Âge et les Temps modernes qui est marquée par des bouleversements importants : une nouvelle vision de l'homme avec l'**humanisme**, de la chrétienté avec la **Réforme** (Luther, Calvin), du monde avec les **grandes découvertes** (Christophe Colomb, Vasco de Gama, Magellan), de l'univers avec les **progrès scientifiques** (anatomie, chirurgie, révolution copernicienne). Enfin, l'invention de l'**imprimerie** par Gutenberg permet la diffusion beaucoup plus rapide des idées et des savoirs.

Ce sont les guerres contre l'Italie du début du siècle qui, en encourageant les contacts avec la « patrie du savoir et des Muses », vont insuffler à la France un esprit nouveau. François Ier s'érige en protecteur des arts, des sciences et des lettres. Il fait venir en France de grands artistes italiens (Léonard de Vinci, le Titien, le Primatice) et crée le Collège des lecteurs royaux, futur Collège de France, qui enseigne les langues anciennes. Par la double influence du génie italien et de la redécouverte des arts antiques, cet esprit nouveau va toucher l'architecture (nouveau Louvre, Tuileries), la sculpture (nus), la peinture (sujets profanes, portraits, paysages, perspective), la musique (polyphonies) et bien sûr la littérature.

Parallèlement, la langue française s'homogénéise et conquiert progressivement les domaines jusque-là réservés au latin, à tel point qu'en 1539 l'ordonnance de Villers-Cotterêts impose le français comme langue administrative, juridique et diplomatique. Les écrivains, de leur côté, ne cessent de débattre sur les possibilités du français, d'où une floraison d'arts poétiques et la création de formes poétiques nouvelles : épîtres, odes, élégies, et surtout le sonnet, inspiré par l'Italien Pétrarque.

Car le XVIe siècle est d'abord le siècle de la poésie. Après les grands rhétoriqueurs, qui jouent avec tout le potentiel de la langue, **Clément Marot** s'affranchit des règles et implique le poète sur la scène politique. Deux grandes écoles poétiques s'imposent par la suite : l'« école lyonnaise », autour de **Maurice Scève** et de **Louise Labé** ; et la Pléiade, autour de **Ronsard** et **Du Bellay**, qui prennent la défense de la langue française et traduisent les Anciens pour chanter l'amour et le *carpe diem*.

L'humanisme prend sa source à cette joie de vivre et à cet **amour des Anciens.** Caractérisé par un immense appétit de savoir et une grande effervescence intellectuelle, il cherche à restaurer les lettres et la culture face à la sclérose de l'enseignement. Sous son impulsion, la littérature élargit son territoire en s'ouvrant à la pensée philosophique, politique et religieuse. Mais l'essor de l'esprit critique et la Réforme se heurtent à l'autorité de la Sorbonne et de l'Église. Huit guerres de Religion fratricides déchirent la France à partir de 1562. Les écrivains prennent position : si certains prônent la modération et la tolérance, comme **Rabelais** ou **Montaigne**, d'autres vont sur le terrain de l'engagement, tel **Agrippa d'Aubigné**.

Le dernier tiers du siècle voit disparaître l'optimisme originel de l'humanisme. La littérature devient baroque, laissant libre cours à la sensibilité, et la traduction du théâtre antique engendre un théâtre tragique français qui trouvera ses lettres de noblesse au siècle suivant.

Amour sacré, amour profane. Le Titien, 1514, galerie Borghese, Rome.

De la grande rhétorique à la Pléiade

La grande rhétorique

La « grande rhétorique » est un mouvement d'écrivains qui marque la transition entre le XVe et le XVIe siècle, sur un plan à la fois politique (par leur proximité avec le pouvoir) et esthétique (par leurs jeux langagiers). Ces poètes érudits ont choisi d'écrire dans la langue vulgaire, mais en faisant appel de manière ludique aux figures de style de la rhétorique traditionnelle. Fidèles aux allégories du *Roman de la Rose* (voir p. 28), les rhétoriqueurs se soucient plus de la forme que du fond. Eux-mêmes s'appelaient plutôt « rhétoriciens », c'est-à-dire praticiens habiles des deux rhétoriques : oratoire et poétique.

Des poètes de cour au service des princes

À la fin du xve siècle, les grands rhétoriqueurs produisent une littérature de cour, en particulier dans le nord et le centre de la France : la cour d'Anne de Bretagne, pour **Lemaire** et **Marot**, ou bien celle de Bourgogne, pour **Molinet**. Mais il existe aussi des cercles littéraires qui organisent des concours de poésie, comme le Puy des palinods à Rouen, où l'on trouve **Jean Marot** (père de Clément*), **Guillaume Crétin** et **Jean Parmentier**. Si les puys gardent un aspect bourgeois, les rhétoriqueurs installés près des Grands ont une fonction sociale liée à la famille qu'ils servent. **Molinet** et **Lemaire** sont « indiciaires », c'est-à-dire historiographes. Leur fonction consiste à louer les personnages auxquels ils sont attachés et à mettre en place cet idéal de gloire qui servira la monarchie du xviie siècle. **Pierre Gringore** est entretenu par Louis XII à des fins de propagande et **Jean Marot** tient le même rôle auprès de François Ier.

La complainte funèbre

Parmi les nombreuses « pièces de circonstance » qu'ils doivent produire lors des événements affectant les familles princières, le genre de la « plainte funèbre » leur permet de manifester leur talent. Ainsi, Jean Molinet* a composé entre autres complaintes une belle « Épitaphe de Simon Marmion, peintre » (1489) :

Je suis Simon Marmion vif et mort,
Mort par nature et vif entre les hommes ;
Après le vif, moi vif, peignis la mort,
Qui durement m'a point et qui s'amort
À mordre tous, comme nous qui morts sommes.
Quand j'ai les morts, dormants les pesants sommes,
Ressuscité par vif art de peinture,
Aux vivants suis de la mort portraiture.

La déploration amoureuse

Il peut aussi arriver que la complainte soit la déploration d'un amant déçu. Citons la très drôle « Complainte d'un gentilhomme vérolé à sa dame » de Molinet*, à laquelle l'emploi du calembour donne un ton burlesque :

Ah ! Ma belle, pour qui plus de maux je comporte
Que pour femme aujourd'hui qui sur terre con porte,
Oyez les grands regrets, que faire me convient,
Pour le mal que sur moi par votre seul con vient ;
Je suis bien malheureux, il faut que le confesse,
Quand oncques vous touchai tétins, cuisses, con, fesses,
Et m'est cher le banquet, la fête et le convive,
Qui fut la première voie par quoi votre con vive ;
Car j'endure grands maux, sans espoir de confort,
Seulement pour avoir aimé votre con fort.

La remontrance

Par leurs fonctions, les rhétoriqueurs s'expriment au nom de princes. En parallèle de cette fonction officielle, ils n'hésitent pas à dénoncer les abus : abus de cour (voir *Les Lunettes des princes* de Meschinot*) ou abus du clergé, comme dans les « Grâces » de Molinet* ou le *Traité des schismes* (1510) de Lemaire*.

Des érudits qui jouent avec la langue

Derrière leur fonction politique, les rhétoriqueurs se reconnaissent à une esthétique commune : les manipulations langagières, systématisées et poussées jusqu'à leurs limites. Poésie et prose subissent ainsi une transformation qui apparaît comme un brouillage sur plusieurs plans :

• **Brouillage de la lecture**, par la nécessité de parcourir verticalement certains textes en complément d'une lecture horizontale (poèmes acrostiches de Molinet* ou Lemaire*), ou bien lecture palindromique (à l'envers), ou lecture en rébus… Tous ces jeux langagiers créent des poèmes-énigmes, qui ont besoin d'être décryptés, comme certains tableaux de l'époque.

• **Brouillage du sens**, par le mélange des langues, mais aussi par le biais de l'érudition ou le recours à l'allégorie ou la mythologie.

• **Brouillage de la syntaxe**, comme dans les « fatras » de Crétin*, où la recherche de l'homophonie conduit à des effets de coq-à-l'âne.

Jean Molinet (1435-1507), historiographe de la maison de Bourgogne, est l'auteur d'une œuvre très diverse, comprenant des poèmes de circonstance, des poésies religieuses, mais aussi des parodies de textes sacrés, de prières liturgiques ou de sermons, ainsi que des poésies familières ou politiques. C'est lui qui ira le plus loin dans le style de la « remontrance » en prenant la défense du peuple avec son *Testament de la guerre* (1481-1482) et sa *Ressource du petit peuple*, marqués par l'influence de Villon*.

Princes puissants qui trésors affinez
Et ne finez [cessez] de forger grands discors,
Qui dominez, qui le peuple aminez [détruisez],
Qui ruminez, qui gens persécutez,
Et tourmentez les âmes et les corps,
Tous vos recors sont de piteux ahors [cris de détresse] ;
Vous êtes hors d'excellence boutés :
Pauvres gens sont à tous les [côtés] reboutés.

« Discours de Vérité »

Neveu de Molinet*, qui se chargea de son éducation, **Jean Lemaire de Belges** (1473-v. 1525) devient « clerc de finances » du duc de Bourbon, dont il célèbre la mémoire dans un poème allégorique, *Le Temple d'honneur et de* *vertu* (1504). Il passe ensuite au service de Louis de Luxembourg, puis à la cour de Marguerite d'Autriche. Durant cette période, il écrit *La Couronne margaritique* (1504-1505) et les *Épîtres de l'amant vert* (1505-1512) dans lesquelles il met en scène le perroquet de Marguerite. Son naturel annonce celui qui sera son grand admirateur : Ronsard*.

Anne de Bretagne (1477-1514), protectrice de Lemaire, Marot et Gringore. *Grandes Heures d'Anne de Bretagne* (détail), 1508, BNF.

Gentes bergerettes,
Parlant d'amourettes
Dessous les coudrettes,
Cueillent fleurs jolies :
Framboises, mûrettes,
Pommes et poirettes
Rondes et durettes,
Fleurons et fleurettes
Sans mélancolie.

Puis Lemaire se tourne vers la cour de France. Les *Illustrations de Gaule et singularités de Troie*, son œuvre majeure, exalte les origines et destinées de la France. En 1511, dans le *Traité de la différence des schismes et des conciles*, il soutient la politique gallicane de Louis XII contre le pape Jules II. *La Concorde des deux langages* (français et toscan) flatte les ambitions italiennes du roi de France. C'est une *Défense de la langue française* avant la lettre. Lorsque la reine Anne de Bretagne meurt en 1514, on perd sa trace.

Jean Meschinot (1420-1491), issu d'une famille de petite noblesse, a d'abord suivi les ducs de Bretagne en qualité d'écuyer. En tant que poète de la cour ducale, il a composé rondeaux et ballades. Ses *Lunettes des princes* (1493) constituent une sorte d'autobiographie allégorique. On retrouve sa marque dans le caractère satirique et le pessimisme de ses œuvres, volontiers moralisatrices et parfois sévères à l'égard des princes.

Par déplaisir, faim et froidure,
Les pauvres gens meurent souvent,
Et sont, tant que chaud et froid dure,
Aux champs nus, sous pluie et sous vent ;
Puis ont en leur pauvre convent
Nécessité qui les bat tant,
Quant seigneurs vont s'ébattant.
Ô inhumains et dommaigeux,
Qui nom portez de seigneurie,
Vous prenez les pleurs d'homme à jeux ;
Mais pas n'est temps que seigneur rie,
Quand on voit charité périe,
Qui est des vertus la maîtresse.
Pauvres gens ont trop de détresse.

Jean Marot (1450-1525) est, lui, originaire de Caen. Après diverses pérégrinations, il se fixe à Cahors où naît son fils Clément*. Il obtient ensuite une charge de secrétaire auprès de la duchesse Anne de Bretagne, devenue reine de France par son mariage avec Louis XII. Il se fait dès lors le chantre de la cour de France : *La Vrai-Disant Avocate des dames* (1506), *Le Voyage de Gênes* (1507), *Le Voyage de Venise* (1509). À la mort d'Anne de Bretagne, il retrouve une position de propagandiste à la cour de François Ier.

Comme les vents cinglant en voile et tref
Font naufrager souvent la pauvre nef,
Oisiveté a vent tant importun
Que, si elle atteint les membres de quelqu'un,
Perclus les rend par un coup rude et grief
Plus que poison.

Guillaume Crétin (1461-1525) fait une carrière ecclésiastique puis est nommé aumônier royal en 1514 par François Ier. Virtuose de la rime équivoquée (fondée sur un calembour, par exemple *c'est assez / cétacé*), il composa des chants royaux qui suscitèrent l'admiration de Jean Lemaire* et Clément Marot*. Le renom de ses poèmes de circonstance durera jusqu'à l'avènement de la Pléiade (voir p. 88).

De tout mon cœur humblement te salue,
Pour la grandeur de ta haute value,
Reine du ciel, de la terre et la mer,
Pardonne-moi si j'ose réclamer,
Ton saint nom mettre en ma bouche pollue,

Délaissant vie étrange et dissolue,
Veux par pensée honnête et résolue
Te bien servir, et loyalement aimer
De tout mon cœur.

Citons aussi **Octavien de Saint-Gelais** (1468-1502), poète de cour auprès de Charles VIII, et **Pierre Gringore** (1475-1538), auteur de soties, de moralités et de pièces satiriques qui doit sa réputation au rôle que lui a donné Victor Hugo* dans son roman *Notre-Dame de Paris* sous le nom de Gringoire.

La seconde génération

Si les grands rhétoriqueurs ont su manier le langage de façon ludique mais en mettant en avant leur travail, la seconde génération, celle des années 1520-1540 – Victor Brodeau, Hugues Salel, François Habert… – essaiera de donner une plus grande impression de facilité. Il s'agit encore d'une littérature de cour, mais qui perd son aspect de conseil pour devenir plus festive, plus légère, brève, circonstancielle. Écrire sur des événements princiers reste cependant une forme de contrainte à laquelle se plient des écrivains comme Bertrand de la Borderie ou Mellin de Saint-Gelais, non sans ironie. Entrées royales, fêtes de cour : l'écrivain est l'œil du spectacle et donne à la fête son éclat. Les jeux de société suscitent ainsi toute une littérature sans engagement réel : demandes d'amour, devinettes fondées sur des métaphores ingénieuses ou paradoxes.

Dans cette atmosphère se développe une nouvelle poésie amoureuse dont **Mellin de Saint-Gelais** (1491-1558) est l'un des plus galants représentants. Mellin serait le neveu d'Octavien de Saint-Gelais*. Cet humaniste très érudit finit par se tourner vers la poésie et devient l'ami intime de Clément Marot*. Jouant des instruments à cordes et bon chanteur, spirituel, il plaisait, jusqu'au roi François Ier dont il corrigeait les vers. Poète aimable et libertin, il eut quelques démêlés avec Ronsard*.

Clément Marot.
Bibliothèque du protestantisme, Paris.

Tu te plains ami grandement
Qu'en mes vers j'aie loué Clément,
Et que je n'aie rien dit de toi.
Comment veux-tu que je m'amuse
À louer ni toi ni ta muse ?
Tu le fais cent fois mieux que moi.

« À un importun »

Clément Marot, l'affranchi

L'itinéraire littéraire du fils de Jean Marot* va le mener des jeux complexes de la grande rhétorique au « marotisme » proprement dit, « élégant badinage » qui subordonne la technique au naturel.

Une poésie simple, naturelle, plaisante…

Clément Marot naît à Cahors en 1496. Dès 1515, il publie ses premiers vers dans la tradition du *Roman de la Rose* et des rhétoriqueurs* : *Le Temple de Cupido*, suivi de rondeaux, de ballades et de chants royaux.

En 1518, pour s'attirer les faveurs royales, il envoie à François Ier – qui connaît bien son père – une ***Petite Épître*** pleine de calembours, formée de rimes équivoquées à partir du mot « rime » et de ses dérivés :

En m'ébattant, je fais rondeaux en rythme
Et en rythmant bien souvent je m'enrime ;

Bref, c'est pitié d'entre nous rimailleurs,
Car vous trouvez assez de rime ailleurs,
Et quand vous plaît, mieux que moi rimassez.
Des biens avez et de la rime assez :
[...]
Si vous supplie qu'à ce jeune rimeur
Fassiez avoir un jour par sa rime heur,
Afin qu'on dise, en prose ou en rimant :
« Ce rimailleur qui s'allait enrimant,
Tant rimassa, rima et rimonna,
Qu'il a connu quel bien par rime on a. »

Marguerite de Navarre par Jean Clouet, XVIe siècle, Walker Art Gallery, Liverpool.

Cette épître amuse le roi, qui recommande le jeune poète à sa sœur Marguerite, future reine de Navarre. Marot accompagne ainsi quelques années ses protecteurs, écrivant pour eux des pièces de circonstance qui couvrent leurs activités politiques. Dans cette première période, c'est la simplicité de ses chansons, le pétrarquisme discret de ses rondeaux, le ton plaisant de ses épitaphes satiriques qui retiennent l'attention. La voix d'un poète s'y affirme, caractérisée par le naturel et l'authenticité.

De la prison à la gloire

En 1526, Marot connaît ses premiers déboires, en raison de ses positions religieuses ambiguës : catholique de formation, il a sans doute été influencé par les idées de la Réforme, en vigueur dans l'entourage de Marguerite de Navarre*. Toujours est-il que, accusé d'avoir mangé du lard en carême, il connaît son premier séjour au Châtelet. Il attend la grâce royale en écrivant ***L'Enfer***, une violente satire de 488 vers contre le Châtelet qui ne paraîtra qu'en 1534. Par une ironie mordante mêlée à une véritable indignation, Marot préfigure ici le style de Voltaire* :

Les passe-temps, et consolations,
Que je reçois par visitations
En la prison claire et nette de Chartres,
Me font records des ténébreuses chartres,
Du grand chagrin, et recueil ord, et laid,
Que je trouvai dedans le Châtelet.
Si ne crois pas, qu'il y ait chose au monde,
Qui mieux ressemble un Enfer très immonde :
Je dis Enfer, et Enfer puis bien dire :
Si l'allez voir, encor le verrez pire.
Aller hélas! ne vous y veuillez mettre :
J'aime trop mieux le vous décrire en mètre,
Que pour le voir aucun de vous soit mis
En telle peine. Écoutez donc, Amis.

À sa sortie de prison, Marot s'éprend d'Anne d'Alençon, nièce de Marguerite, et chante son « amour d'alliance », tout littéraire semble-t-il, dans son ***Second Livre d'épigrammes***. La même année, son père meurt et Marot lui succède comme valet de chambre du roi.

De 1528 à 1534, Marot connaît de fécondes années de gloire littéraire, et son crédit à la cour de France va grandissant. Avec la ***Déploration de la mort de Florimond Robertet***, long poème funéraire, il rend hommage à l'ancien trésorier de France et s'impose comme poète officiel du roi. Durant ces années où il domine incontestablement la poésie de son temps, Marot compose des **pièces de circonstance** qui scandent la vie quotidienne de François Ier – mariage, libération de ses fils prisonniers, mort de la reine mère Louise de Savoie… –, des **ballades** (avec trois strophes dont le nombre de vers correspond au « mètre » choisi), des **épitaphes** (poèmes destinés aux inscriptions funéraires qui évoluent vers le *triomphe*), des **complaintes** (poèmes de déploration qui font l'éloge funèbre d'une personne de haut rang). Mais ce sont ses **épîtres** qui demeurent les plus intéressantes et les plus personnelles.

En 1532, Marot réunit ses œuvres dans le recueil ***L'Adolescence clémentine***, clos par cette chanson :

Mon cœur se recommande à vous,
Tout plein d'ennui, et de martyre :
Au moins en dépit des jaloux
Faites qu'à Dieu vous puisse dire.
Ma bouche, qui vous soulait rire,
Et compter propos gracieux,
Ne fait maintenant que maudire
Ceux qui m'ont banni de vos yeux.
Banni j'en suis par faux-semblant :
Mais pour nous voir encor ensemble,
Faut que me soyez ressemblant
De fermeté : car il me semble
Que quand Faux Rapport désassemble
Les Amants qui sont assemblés,
Si ferme amour ne les rassemble
Sans fin seront désassemblés…

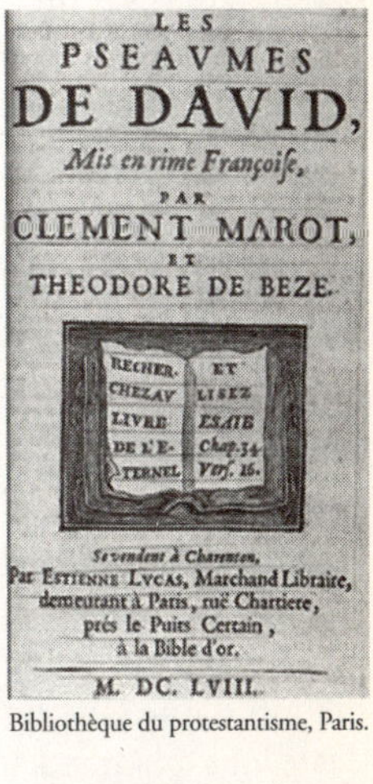
LES
PSEAVMES
DE DAVID,
Mis en rime Françoise,
PAR
CLEMENT MAROT,
ET
THEODORE DE BEZE.

RECHER-CHEZ AV LIVRE DE L'E-TERNEL ET LISEZ ESAIE Chap. 34. Vers. 16.

Se vendent à Charenton,
Par ESTIENNE LVCAS, Marchand Libraire, demeurant à Paris, ruë Chartiere, prés le Puits Certain, à la Bible d'or.
M. DC. LVIII.

Bibliothèque du protestantisme, Paris.

Le vif succès du recueil l'incita à écrire une *Suite à l'Adolescence*, parue en 1534. En 1533, il avait également publié les poésies de Villon* et traduit le *Psaume VI de David*. Mais de nouveaux déboires religieux ternissent son succès. En 1532, on l'accuse une nouvelle fois d'avoir mangé du lard en carême, et l'affaire des Placards, en 1534, accélère les choses : François Ier étant décidé à pourchasser les hérétiques, une liste de suspects est dressée. Marot y figure, et doit quitter le royaume de France.

L'exil

Marot se réfugie d'abord à Nérac, chez Marguerite de Navarre, puis à Ferrare, en 1535, où Renée de France, fille de Louis XII et d'Anne de Bretagne, accueillait les réfugiés protestants (dont Calvin*). Il y écrit une longue ***Épître au roi*** pour se justifier, avant de s'exiler à Venise. Nostalgique de la Cour, sa « maîtresse d'école », il finit par obtenir la permission de rentrer en France. Il abjure le protestantisme à Lyon et offre son *Dieu gard* (bonjour) à la Cour en 1537. Mais ses ennuis continuent : une querelle personnelle l'oppose au poète Sagon et tourne vite à l'affrontement religieux par poèmes satiriques et libelles interposés. Marot aura finalement l'avantage.

Enfin rentré en grâce, il reprend ses activités de poète officiel, dédie au roi une *Églogue* et publie en 1538, chez son ami Étienne Dolet*, une nouvelle édition de ses œuvres. En 1541, sa traduction des ***Trente Psaumes de David*** n'est pas condamnée ; elle est même offerte à l'empereur catholique Charles Quint… avant d'être reprise par les calvinistes ! Mais la réédition de *L'Enfer* réveille l'hostilité du Parlement. Réfugié à Genève, Marot traduit vingt nouveaux psaumes sous la direction de Calvin. En 1543, il publie ainsi un recueil de ***Cinquante Psaumes***. Il espérait un nouveau retour en grâce, mais il dut se réfugier en Italie où il mourut en 1544, l'année même où paraissait à Lyon, l'autre capitale intellectuelle de la France, la grande édition de ses *Œuvres complètes*…

L'« école lyonnaise »

Une ville cosmopolite, indépendante et tolérante

Au XVIe siècle, Lyon est un carrefour économique et culturel important : par sa taille et sa population, c'est la deuxième ville du royaume, et sa situation géographique en fait un lieu de passage et d'échanges avec l'Italie, l'Allemagne et la Suisse. Ainsi, ses foires réputées ont attiré des banquiers, qui travaillent avec les artisans et les commerçants spécialisés dans le textile de luxe, et la formation d'une élite bourgeoise dans la ville incite au développement culturel : des salons apparaissent, où l'on joue du luth, on écrit des poèmes, on échange des idées. Parallèlement, Lyon devient une grande ville pour l'édition. Elle compte près de 200 imprimeries vers le milieu du XVIe siècle, ce qui attire les écrivains : **Marot*** et **Rabelais*** y font imprimer leurs œuvres. **Marguerite de Navarre*** y séjourne, des Italiens s'y installent. En 1530, c'est au tour d'**Étienne Dolet*** de venir s'établir à Lyon : grand humaniste, défenseur de la langue française, il confère à l'écriture une fonction élevée. Si la langue vulgaire avait été façonnée oralement durant tout le Moyen Âge, l'écrit, grâce au développement de l'imprimerie, va permettre de pérenniser les œuvres.

Plan de Lyon au XVIe siècle, in *Civitates orbis terrarum* de G. Braun et F. Hogenberg, Hebrew University, Jérusalem.

La production d'écrits connaît une évolution intéressante : il s'agit moins désormais de trouver des protecteurs pour rendre possible l'édition des œuvres que de trouver un public. L'écrivain devient alors porteur d'un message politique ou poétique, et des cercles vont se créer autour d'auteurs reconnus afin de leur rendre hommage, chacun espérant être reconnu à son tour. Ce phénomène est particulièrement flagrant à Lyon, c'est pourquoi l'on parle de « Renaissance lyonnaise ».

Outre sa situation de carrefour, Lyon a su profiter d'une grande liberté face à Paris : sans parlement – contrairement à Bordeaux – et loin de la capitale, elle fait montre d'une tolérance indéniable face aux idées nouvelles. L'absence d'universités, loin d'être un inconvénient, donne naissance à des œuvres moins empreintes de mythologie et d'érudition pédante, moins sclérosées par la scolastique, dont elles se libèrent progressivement.

Le milieu lyonnais va développer la poésie amoureuse, sous l'influence d'Italiens qui véhiculent le *néoplatonisme* (du Grec Platon, qui pense que le monde sensible est le reflet imparfait du monde des Idées) et le *pétrarquisme* (de l'Italien Pétrarque, à qui l'on doit la forme du sonnet). Cette poésie amoureuse renouvelle la tradition courtoise avec une dimension métaphysique ; les femmes, qu'elles tiennent salon ou prennent la plume, vont y jouer un rôle essentiel. Une autre caractéristique de l'« école lyonnaise », c'est qu'elle accorde une place importante aux sciences. Ainsi, l'alliance des lettres et des chiffres, des mots et de la musique – conçue comme vecteur de l'harmonie terrestre et céleste – va créer des productions originales, dont le chef de file est sans conteste Maurice Scève.

MAURICE SCÈVE

Maurice Scève (v. 1500-v. 1564), né dans une vieille famille de notables aisés, reçoit une solide formation. Vers 1530, en Avignon, il croit découvrir le tombeau de la mythique Laure de Pétrarque, prélude à son identification au célèbre poète italien. Il exhume un sonnet qu'il attribue au maître, ce qui lui vaut la célébrité et les félicitations de François Ier. En 1535, de retour à Lyon, Scève fait la connaissance d'Étienne Dolet* et lui donne à publier son premier ouvrage, *La Déplorable Fin de Flamete*. En 1536, il participe au concours de

« blasons » du corps féminin lancé par Marot* depuis son exil à Ferrare avec son épigramme du « Beau Tétin ». Il compose alors cinq blasons, et c'est lui qui remporte le prix décerné par Renée de France avec « Le Sourcil ». La même année, il publie une églogue (forme héritée de l'Antiquité, choisie pour déplorer la mort des Grands) lors des funérailles du dauphin de France.

L'œuvre majeure de Maurice Scève, ***La Délie***, paraît en 1544. C'est une composition complexe de dizains en décasyllabes entremêlés d'« emblèmes », suivant une répartition mathématique enrichie de significations symboliques (liées à l'hermétisme et à la Cabale). À partir d'un lieu commun, la devise, s'élabore une poésie allusive et suggestive fondée sur l'ellipse et l'ambiguïté, comme le sera trois siècles plus tard la poésie de Mallarmé*. Scève y chante la femme aimée – la poétesse lyonnaise Pernette du Guillet* –, mais cette liaison semble être restée platonique comme le laissent à penser le sous-titre « Objet de plus haute vertu » et le titre même de *Délie*, anagramme de « l'Idée » chère à Platon. En voici l'exorde, qui exprime un cheminement amoureux au sein d'une structure cyclique où se répondent les *étincelles* initiales et les *flammes* finales :

Non de Vénus les ardentes étincelles,
Et moins les traits desquels Cupidon tire,
Mais bien les morts qu'en moi tu renouvelles
Je t'ai voulu en cet Œuvre décrire.
Je sais assez que tu pourras y lire
Mainte erreur, même en si durs Épigrammes :
Amour, pourtant, les me voyant écrire
En ta faveur, les passa par ses flammes.
SOUFFRIR NON SOUFFRIR

Vénus endormie. Giorgione et le Titien, 1510, Gemäldegalerie, Dresde.

Cette œuvre majeure, par sa forme et son projet, a fortement impressionné les contemporains de Scève avant que son obscurité recherchée ne se retourne contre lui. Ce sont le mouvement symboliste du XIXe siècle et les recherches poétiques du XXe qui lui ont redonné sa place dans l'histoire de la poésie.

À la mort de Pernette du Guillet* en 1545, il lui rend un dernier hommage en faisant publier ses œuvres, accompagnées d'une épitaphe tout emplie de simplicité et de solennité :

L'heureuse cendre autrefois composée
En un corps chaste où vertu reposa,
Est en ce lieu, par les Grâces posée,
Parmi ses os, que beauté composa.
Ô terre indigne ! en toi son repos a
Le riche étui de cette âme gentille,
En tout savoir sur tout autre subtil,
Tant que les cieux, par leur trop grande envie,
Avant que ses jours l'ont d'entre nous ravie,
Pour s'enrichir d'un tel bien méconnu,
Au monde ingrat laissant bien courte vie,
Et longue mort à ceux qui l'ont connue.

En 1547, il compose ***La Saulsaye***, églogue pastorale sur la vie solitaire où il met en présence deux interlocuteurs, l'un défendant les attraits de la vie urbaine et sociale, l'autre faisant l'éloge de la vie champêtre et solitaire. Il écrit aussi un grand poème cosmologique, ***Microcosme***, qui ne paraîtra qu'après sa mort en 1562. Cette œuvre, qui s'inscrit dans la tradition de la poésie scientifique, chante les réalisations de l'homme à travers les siècles depuis la Création. Adam est le héros de cette épopée où l'homme tient désormais la place centrale : grâce à sa liberté, il peut déployer toute son énergie au profit des générations à venir – une conception très optimiste proche du mouvement des idées qu'on a appelé humanisme. Figure de premier plan dans la vie culturelle lyonnaise et chef d'un cénacle d'érudits qui travaillent à promouvoir de nouvelles formes poétiques, Maurice Scève sera considéré comme un maître par les poètes de la Pléiade (voir p. 88).

Pernette du Guillet, muse et poétesse

Pernette du Guillet (1520-1545) ne se contenta pas d'être l'inspiratrice du prince des poètes lyonnais. Morte à 25 ans d'une épidémie de peste sans avoir pu mener à son terme la publication de ses œuvres – qui paraîtront l'année de sa mort sous le titre de ***Rymes*** –, elle représente ces femmes lyonnaises éprises de savoir, ayant une culture des langues anciennes et modernes, jouant du luth et débattant de maints sujets dans les salons. Élève de Maurice Scève* dès 1536 – elle n'a que 16 ans ! –, elle fera apparaître le nom du poète dans ses propres œuvres, de manière directe ou cryptée, car elle est mariée au sieur du Guillet et l'on ne saura jamais clairement la nature des relations entre les deux poètes, pour lesquels amour de la poésie et poésie de l'amour sont intimement liés. Voici le premier dizain de ses *Rymes*, qui révèle délicatesse, grâce et harmonie dans un dialogue avec Scève par poèmes interposés :

Par ce dizain clairement je m'accuse
De ne savoir tes vertus honorer
Fors [hors] du vouloir qui est bien maigre excuse :
Mais qui pourrait par écrit décorer
Ce qui, de foi, se peut faire adorer ?
Je ne dis pas si j'avais ton pouvoir
Qu'à m'acquitter ne fisse mon devoir,
À tout le moins du bien que tu m'avoues.
Prête-moi donc ton éloquent savoir,
Pour te louer ainsi que tu me loues.

Dans cette stance très musicale, elle répond aux vers de son poète-amant pour construire avec lui un espace poétique propice à recevoir leur amour :

Qui dira que d'ardeur commune,
Qui les jeunes gens importune,
De toi je veux, et puis holà :
Je ne sais rien moins que cela.

Mais qui dira que la vertu
Dont tu es richement vêtu,
En ton amour m'étincela.
Je ne sais rien moins que cela.

Ces poèmes, nés d'une voix féminine revendiquant sa position de poète, vont ouvrir la voie à Louise Labé.

Gravure de Pierre Woeiriot (détail), 1555, BNF.

Louise Labé,
la voix de la passion

Louise Labé (v. 1524-1566) est la seule poétesse de basse condition qu'ait connue le XVIe siècle, ce qui rend encore plus étonnantes sa culture, vaste et éclectique, puis sa réussite dans le domaine des lettres.

Par sa beauté et sa sociabilité, elle crée rapidement autour d'elle un cercle d'admirateurs, réactualisant ainsi le mythe de Sapho, la poétesse de Lesbos, très en vogue durant la Renaissance ; elle entre dans la catégorie des « courtisanes honnêtes », sous le titre de « la Belle Cordière ». En 1540, elle épouse un notable de la ville, un cordier semble-t-il illettré, et se lie au poète Olivier de Magny*, qui participera au cortège d'hommages accompagnant la publication de ses œuvres. C'est l'un des plus grands imprimeurs de Lyon, Jean de Tournes, qui s'en charge en 1555. Pour cette parution, Louise bénéficie d'un privilège royal de cinq ans établi à son nom – fait exceptionnel, car d'habitude les privilèges sont accordés à l'éditeur. Cette œuvre, d'une qualité égale d'un bout à l'autre, reprend les thèmes de la rhétorique amoureuse et mêle avec virtuosité une sensualité toute féminine et une grande profondeur intellectuelle. Outre sa valeur littéraire, l'amour se vit et se dit cette fois au féminin, cc qui renverse les règles de la tradition occidentale et crée un certain scandale dans les milieux rigoristes.

Dès l'épître dédicatoire, adressée à Clémence de Bourges, jeune fille de dix ans sa cadette, Louise affirme d'ailleurs son statut de femme écrivain et revendique sa place dans un domaine jusque-là réservé aux hommes, avec un élan qu'on pourrait qualifier de féministe :

> Étant le temps venu, Mademoiselle, que les sévères lois des hommes n'empêchent plus les femmes de s'appliquer aux sciences et disciplines, il me semble que celles qui ont la commodité doivent employer cette honnête liberté, que notre sexe a autrefois tant désirée, à apprendre et montrer aux hommes le tort qu'ils nous faisaient en nous privant du bien et de l'honneur qui nous en pouvait venir ; et si quelqu'une parvient en tel degré que de pouvoir mettre ses conceptions par écrit, le faire soigneusement et non dédaigner la gloire, et s'en parer plutôt que de chaînes, anneaux et somptueux habits, lesquels ne pouvons vraiment estimer nôtres que par usage. [...]. Ne pouvant moi-même satisfaire au bon vouloir que je porte à notre sexe de le voir non en beauté seulement, mais en science et vertu passer ou égaler les hommes, je ne puis faire autre chose que prier les vertueuses Dames d'élever un peu leur esprit par-dessus leurs quenouilles et fuseaux.

Louise Labé fait suivre cette revendication d'égalité et de partage entre les sexes d'un autre texte en prose : ***Le Débat de Folie et d'Amour***, où deux allégories se confrontent. La présence de Folie fait bien sûr écho au texte d'Érasme paru en 1511, *Éloge de la folie*. À mi-chemin entre conte et comédie, débat et dialogue, ce texte révèle la grande culture littéraire et philosophique de Louise Labé.

Les trois ***Élégies*** qui suivent, aux accents autobiographiques, se placent dans la tradition des *Héroïdes* d'Ovide ; la première et la troisième s'adressent aux Dames lectrices, la deuxième à l'Amant absent. S'ensuit la célèbre série des vingt-quatre ***Sonnets*** qui traduit au féminin le chant de la passion, à la fois salvatrice et dévastatrice. Le sonnet VIII, appelé « sonnet des contraires », dévoile le trouble et l'agitation de l'être soumis à la passion :

> Je vis, je meurs : je me brûle et me noie.
> J'ai chaud extrême en endurant froidure :
> La vie m'est et trop molle et trop dure.
> J'ai grands ennuis entremêlés de joie :

Tout en un coup je ris et je larmoie,
Et en plaisir maint grief tourment j'endure :
Mon bien s'en va, et à jamais il dure :
Tout en un coup je sèche et je verdoie.

Ainsi Amour inconstamment me mène :
Et quand je pense avoir plus de douleur,
Sans y penser je me trouve hors de peine.

Puis quand je crois ma joie être certaine,
Et être au haut de mon désiré heur,
Il me remet en mon premier malheur.

Nymphe de Jean Goujon sur la fontaine des Innocents à Paris, 1547-1550.

On trouve dans ces sonnets un amour de la vie qui fit scandale et le souci d'une écriture poétique précieuse.

Écrits à la louange de Louise

Vingt-quatre poèmes, écrits anonymement par des amis, sont publiés à la suite des *Œuvres* de Louise Labé dès la première édition de 1555, constituant ainsi un florilège d'hommages.

Avec le poète **Olivier de Magny**, Louise Labé établit un dialogue poétique semblable à celui qu'avaient entretenu Maurice Scève* et Pernette du Guillet*. Au sonnet II de Louise répond un sonnet (tiré du recueil *Les Soupirs* paru en 1556) d'Olivier, dans lequel il modifie les deux derniers tercets. À gauche la fin de Louise, à droite celle d'Olivier :

Ô beaux yeux bruns, ô regards détournés,
Ô chauds soupirs, ô larmes répandues,
Ô noires nuits vainement attendues,
Ô jours luisants vainement retournés :

Ô tristes plaintes, ô désirs obstinés,
Ô temps perdu, ô peines dépendues,
Ô mille morts en mille rets tendues,
Ô pires maux contre moi destinés.

Ô ris, ô front, cheveux, bras, mains et doigts : Ô luth plaintif, viole, archet et voix : Tant de flambeaux pour ardre une femelle!	Ô pas épars, ô trop ardente flamme, Ô douce erreur, ô pensées de mon âme, Qui çà, qui là, me tournez nuit et jour
De toi me plains, que tant de feux portant, En tant d'endroits d'iceux mon cœur tâtant, N'en est sur toi volé quelque étincelle.	Ô vous mes yeux, non plus yeux mais fontaines Ô dieux, ô cieux et personnes humaines, Soyez pour Dieu témoins de mon amour.

Antoine Héroët

Antoine Héroët (1492-1568) fut introduit dans l'entourage de Marguerite de Navarre* avant de poursuivre une carrière ecclésiastique qu'il acheva en tant qu'évêque de Digne. Il popularisa la philosophie platonicienne avec *L'Androgyne de Platon* (1536) et surtout ***La Parfaite Amie*** (1542), hymne au vrai amour dont le succès fut si considérable que l'ouvrage connut plus de vingt éditions.

[L'amour] veut régner seul et sans compagnie.
Ô bon tyran! ô douce tyrannie!
Et, si c'est mal, ô heureuse malice,
Qui ne reçoit avec elle aucun vice!

Pontus de Tyard

Pontus de Tyard (1521-1605) est souvent considéré comme l'intermédiaire entre le milieu lyonnais et les poètes de la Pléiade*. D'une famille riche et distinguée de Bourgogne, il finit ses études à Paris où il compose, à partir de 1543, ses ***Erreurs amoureuses***. Ce recueil de plusieurs livres regroupe des sonnets adressés à la dame de ses pensées, qu'il célèbre sous le nom de Pasithée et qui pourrait être Louise Labé*. Parallèlement, il s'intéresse aux sciences et à la philosophie, et il publie entre 1552 et 1558 cinq dialogues en prose, réunis plus tard sous le titre de *Discours philosophiques* (1587). Mais, comme Héroët*, il devint évêque. Ce sonnet, consacré aux auteurs de la Pléiade, montre son détachement à l'égard du groupe et des honneurs :

Divin Ronsard, qui de plume gentille
Mignarde mieux les amoureux écrits,
Un mol chapeau des rameaux de Cypris
Entre ton front mollement entortille.

Gentil Bellay, de qui le divin style
Fait étonner les plus braves esprits,
Couronne-toi, ton plus désiré prix,
De la faveur de ta branche tranquille.

Orne ton chef, orne, Des Autels,
De cent honneurs, cent honneurs immortels,
Qui chanteront ton nom pour tout le monde.

Mais suis-je point de votre heur envieux?
Non, non; car j'ai un autre heur plus heureux,
L'aspect bénin de mon Étoile blonde.

La Pléiade

La Pléiade marque le sacre de la poésie du XVIe siècle. Mais qui se cache derrière cette appellation, que l'on connaît pour désigner une constellation de sept étoiles ? Un groupe de poètes changeant au gré des rencontres et des départs, mais constitué d'un noyau stable : **Ronsard**, qui s'érige en chef de file, **Du Bellay**, **Baïf**, **Jodelle** et **Pontus de Tyard**, auquel on ajoute **La Péruse**, remplacé à sa mort en 1556 par **Belleau**, et **Des Autels**, évincé ensuite au profit de **Peletier du Mans**. Par bien des aspects, ce groupe pourrait mériter le nom d'école :

• l'unité de temps : une quinzaine d'années, de 1549 – date de parution de la *Défense et Illustration de la langue française* de Du Bellay – jusqu'au début des guerres de Religion, qui suscitent l'éclosion de nouvelles mentalités, de nouvelles modes, même si certains d'entre eux continuent d'écrire passé cette date ;

• l'unité de lieu : le noyau initial est de formation parisienne, chaque membre venant du collège de Coqueret (sur la montagne Sainte-Geneviève), dirigé par l'éminent helléniste **Jean Dorat** (1508-1588), ou du collège voisin de Boncourt ;

• l'unité sociale : pour la plupart, ils appartiennent à la noblesse et ont une haute opinion de l'art et de la poésie en particulier, qui ne doit plus être de circonstance ou courtisane, mais apporter la gloire et l'immortalité ;

• l'unité de principes concernant les théories poétiques (les *Arts poétiques* sont foison au XVIe, tradition antique reprise par chacun des poètes dans son propre traité ou dans la préface de ses recueils poétiques), les choix culturels (le modèle des Anciens, grecs et latins, et l'influence de nouveaux modèles, comme Pétrarque pour la poésie amoureuse), et la revendication du français comme seule langue poétique, nourrie d'emprunts aux langues anciennes ou à l'italien, de néologismes ou de la réhabilitation de vieux mots, afin d'être plus expressive ;

• l'unité d'objectifs : il s'agit de rénover les formes poétiques et de réactiver les mythes par la réinterprétation – Du Bellay parle d'*innutrition* – des

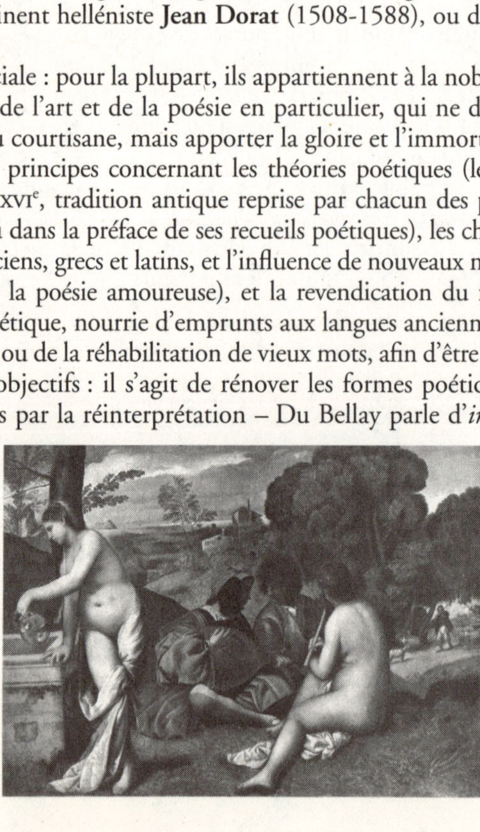

Concert champêtre, Giorgione et le Titien, 1508-1509, musée du Louvre, Paris.

Anciens et des Modernes afin que la poésie devienne la clé de voûte de la culture et apporte la gloire aux poètes par l'inspiration (la *fureur divine*, selon les néoplatoniciens), le style et le travail ;

• une unité d'hommes, enfin, derrière Ronsard, chef de file incontesté même si chacun des poètes garde son autonomie et sa voix propre. C'est de lui qu'est partie l'idée d'un groupe, d'abord appelé la **Brigade**, dont l'objectif était de rivaliser avec les poètes italiens et de les dépasser.

PIERRE DE RONSARD, LE « PRINCE DES POÈTES »

Ronsard et Cassandre, première édition des *Amours*, 1552, BNF.

Né dans une famille de petite noblesse, Ronsard (1524-1585) est destiné à la carrière des armes et de la Cour. Atteint de surdité partielle, ce qui l'empêche de porter les armes, il reçoit les ordres mineurs, tout en suivant des études de droit sous la pression de son père. En 1543, tournant décisif : il rencontre Peletier du Mans*, et se lie ensuite au jeune Baïf*. Quand le précepteur de ce dernier, Jean Dorat, est nommé principal du collège de Coqueret à Paris, ils le suivent. Ronsard et ses condisciples s'imprègnent alors de poésie grecque et latine.

En 1550, un an après la *Défense* de Du Bellay*, il se fait remarquer en publiant les quatre premiers livres de ses *Odes*, placés sous l'influence de Pindare et Horace. C'est une poésie savante, à vocation lyrique, recourant au mythe qui permet de dispenser une vérité voilée. L'ode s'adresse aux Grands de la Cour et se donne pour mission de célébrer son destinataire, ou alors elle choisit ses interlocuteurs dans la Nature (fontaines, forêts…), qui devient à la fois une source d'inspiration et une chambre d'échos de l'activité poétique.

Dans sa célèbre ***Ode à Cassandre*** (1552), Ronsard reprend un thème cher au poète Horace (65-8 av. J.-C.) : le *carpe diem*, littéralement « Cueille le jour », qui signifie « Profite du temps présent ». Ronsard et les autres poètes de la Renaissance vont se saisir de ce thème épicurien pour l'intégrer à leur discours amoureux et mettre en garde leurs maîtresses contre la brièveté de la vie ainsi que de leurs beautés. « Tout passe », il s'agit donc d'en profiter :

Mignonne, allons voir si la rose
Qui ce matin avait déclose
Sa robe de pourpre au soleil
A point perdu cette vesprée
Les plis de sa robe pourprée
Et son teint au vôtre pareil.

Las ! voyez comme en peu d'espace,
Mignonne, elle a dessus la place
Las ! las ! ses beautés laissé choir !
Ô vraiment marâtre Nature,
Puisqu'une telle fleur ne dure
Que du matin jusques au soir !

Donc, si vous me croyez, mignonne,
Tandis que votre âge fleuronne
En sa plus verte nouveauté,

Cueillez, cueillez votre jeunesse :
Comme à cette fleur la vieillesse
Fera ternir votre beauté.

Les Âges de la vie, Hans Baldung Grien, v. 1510, Kunsthistorisches Museum, Vienne.

En 1552, ***Les Amours de Cassandre*** sont le premier recueil de sa poésie amoureuse, dont chaque étape correspond à une femme : Cassandre, Marie, Hélène. Ronsard y célèbre à la fois Cassandre Salviati, jeune fille noble d'ascendance italienne rencontrée à Blois, et la Cassandre mythique, prophétesse de la guerre de Troie, tout en reprenant le rôle de la Laure chère à Pétrarque. Ces 182 sonnets décasyllabiques forment une sorte de *Canzoniere* à la française où Ronsard, poète heureux, s'adonne à une rêverie sensuelle en songeant à l'immortalité.

Une vertu de telle beauté digne,
Un col de neige, une gorge de lait,
Un cœur jà mûr en un sein verdelet,
En Dame humaine une beauté divine.

En 1555, la ***Continuation des Amours*** et la ***Nouvelle Continuation*** constituent un adieu au pétrarquisme : le poète choisit l'alexandrin et un « beau style bas » pour célébrer Marie Dupin, jeune paysanne de Bourgueil. La syntaxe est plus souple, la mythologie s'efface au profit d'une poésie simple et claire où Ronsard évoque ses propres contradictions et son inconstance ; derrière ses amours, on peut lire sa conception de la poésie.

Marie, qui voudrait votre beau nom tourner,
Il trouverait Aimer : aimez-moi donc, Marie,
Faites cela vers moi dont votre nom vous prie,
Votre amour ne se peut en meilleur lieu donner ;

S'il vous plaît pour jamais un plaisir démener,
Aimez-moi, nous prendrons les plaisirs de la vie,
Pendus l'un l'autre au col, et jamais nulle envie
D'aimer en autre lieu ne nous pourra mener.

En 1578, ***Les Sonnets pour Hélène*** sont l'ultime étape de sa poésie amoureuse, où l'amour sert de prétexte à un discours sur la poésie, et où le vieil amant compte sur ses vers pour séduire. L'amante, c'est à la fois la réelle Hélène de Surgères, mais aussi la mythique Hélène de Troie, dans un perpétuel va-et-vient entre mythe et réalité. On y retrouve le thème du *carpe diem* :

Quand vous serez bien vieille, au soir, à la chandelle,
Assise auprès du feu, dévidant et filant,
Direz, chantant mes vers, en vous émerveillant :
Ronsard me célébrait du temps que j'étais belle.
[...]
Regrettant mon amour et votre fier dédain.
Vivez, si m'en croyez, n'attendez à demain :
Cueillez dès aujourd'hui les roses de la vie.

À côté de sa poésie amoureuse, Ronsard s'illustre dans d'autres genres : les ***Folastries*** (1553), d'inspiration parodique et paillarde, et les ***Mélanges et Hymnes*** (1555-1556), d'inspiration cosmique et mythique. Ronsard entend par « hymne » un long poème à rimes plates qui fait l'éloge d'une personne ou d'une notion avec une portée universelle. Ainsi, dans l'« Hymne de la justice », il montre la décadence de l'humanité en s'adressant directement à Dieu.

Par la variété de son style et le rythme de ses publications, Ronsard incarne la Pléiade à lui seul. Dès 1560, il fait paraître la première édition collective de ses ***Œuvres***. Cinq autres suivront entre 1567 et 1584 : l'auteur ne cesse de corriger ses vers et de revoir la composition de ses recueils.

L'année 1562 marque le début des guerres de Religion. Ronsard s'engage pour condamner la prise d'armes des protestants et défendre le roi : c'est la poésie politique des ***Discours***, qui circulent dans tout le royaume sous la forme de petites plaquettes. S'adressant à tous, du noble au paysan, Ronsard y manie la satire et l'invective. Leur succès est considérable. En 1565, il publie des ***Élégies***. En 1572 paraît enfin son épopée, ***La Franciade***, qui est un échec cuisant... Deux ans plus tard, Ronsard se retire dans son Vendômois natal, où il meurt en 1585. Il recevra un hommage officiel deux mois plus tard au collège de Boncourt, et ses ***Derniers Vers*** seront publiés en 1586 :

Je n'ai plus que les os, un squelette je semble
Décharné, dénervé, démusclé, dépoulpé,
Que le trait de la mort sans pardon a frappé,
Je n'ose voir mes bras que de peur je ne tremble.

Apollon et son fils, deux grands maîtres ensemble,
Ne me sauraient guérir, leur métier m'a trompé,
Adieu plaisant soleil, mon œil est étoupé,
Mon corps s'en va descendre où tout se désassemble.

Quel ami me voyant en ce point dépouillé
Ne remporte au logis un œil triste et mouillé,
Me consolant au lit et me baisant la face,

En essuyant mes yeux par la mort endormis?
Adieu chers compagnons, adieu mes chers amis,
Je m'en vais le premier vous préparer la place.

JOACHIM DU BELLAY

Joachim du Bellay. Portrait au crayon de Jean Cousin le Jeune, BNF.

Avec Ronsard*, Du Bellay est des poètes de la Pléiade celui qui nous parle le plus aujourd'hui. Né à Liré, en Anjou, en 1522, il appartient à une illustre famille de militaires et de dignitaires ecclésiastiques. Il se destine donc tout naturellement à la carrière des armes. En 1545, il étudie le droit à Poitiers, où il rencontre Peletier du Mans* et Ronsard*. Il les suit à Paris, au collège de Coqueret dirigé par Jean Dorat, et il fonde avec d'autres amis comme Baïf* le premier groupe, la Brigade. C'est lui qui rédige en 1549 le célèbre manifeste littéraire du groupe, ***Défense et Illustration de la langue française***, qui vise à présenter la poésie comme le meilleur moyen de hisser le français au niveau des langues anciennes. En parallèle, il publie ses premiers poèmes en français, *Vers lyriques*, et un recueil de poésie amoureuse, *L'Olive*, réédité et augmenté dès l'année suivante, en 1550.

L'Olive, recueil de sonnets d'influence pétrarquiste, réunit 115 poèmes décasyllabiques. Plus qu'une longue déclaration d'amour à Olive, il s'agit de célébrer la grandeur de la poésie, qui doit mener à l'immortalité. Olive n'est donc qu'un voile, une toile blanche, un texte sur lequel le poète-amant, qui n'existe d'ailleurs que par les mots, vient tisser son amour.

Déjà la nuit en son parc amassait
Un grand troupeau d'étoiles vagabondes,
Et, pour entrer aux cavernes profondes,
Fuyant le jour, ses noirs chevaux chassait;

Déjà le ciel aux Indes rougissait,
Et l'aube encor de ses tresses tant blondes
Faisant grêler mille perlettes rondes,
De ses trésors les prés enrichissait;

Quand d'occident, comme une étoile vive,
Je vis sortir dessus ta verte rive,
Ô fleuve mien! une nymphe en riant.

Alors, voyant cette nouvelle Aurore,
Le jour honteux d'un double teint colore
Et l'Angevin et l'indique orient.

En 1552, atteint de surdité comme Ronsard, il publie un recueil d'***Inventions*** et une traduction de Virgile avant de suivre comme secrétaire son oncle Jean du Bellay à Rome. Bien loin de l'enchanter, ce séjour romain de quatre longues années va le remplir d'ennui et de désespoir. Il écrit énormément, et sa production ne sera publiée qu'à son retour, en 1558.

Dans son plus célèbre recueil, ***Les Regrets***, composé de 191 sonnets, Du Bellay mêle plainte personnelle à la première personne et satire féroce de la vie à Rome. Imitant Horace, il attaque avec verve et efficacité les vices de la Rome moderne et de la cour pontificale, où tout n'est que lustre, flatterie et vanité. En ce lieu, si riche pourtant de son héritage historique et culturel, Du Bellay se sent comme abandonné des Muses. Dans son plus célèbre sonnet, il éprouve avec simplicité et humilité la nostalgie de son pays :

Heureux qui, comme Ulysse, a fait un beau voyage,
Ou comme celui-là qui conquit la Toison,
Et puis est retourné, plein d'usage et raison,
Vivre entre ses parents le reste de son âge !

Quand reverrai-je, hélas, de mon petit village
Fumer la cheminée, et en quelle saison
Reverrai-je le clos de ma pauvre maison,
Qui m'est une province, et beaucoup davantage ?

Plus me plaît le séjour qu'ont bâti mes aïeux,
Que des palais romains le front audacieux,
Plus que le marbre dur me plaît l'ardoise fine :

Plus mon Loir gaulois, que le Tibre latin,
Plus mon petit Liré, que le mont Palatin,
Et plus que l'air marin la douceur angevine.

Autre recueil paru en 1558, ***Les Antiquités de Rome*** se présentent comme une méditation sur la grandeur et la décadence de Rome, dans un style élevé aux accents pathétiques et solennels :

Rome de Rome est le seul monument,
Et Rome Rome a vaincu seulement.
Le Tibre seul, qui vers la mer s'enfuit,

Reste de Rome. Ô mondaine inconstance !
Ce qui est ferme, est par le temps détruit,
Et ce qui fuit, au temps fait résistance.

Les Massacres du triumvirat,
Antoine Caron, 1566, musée du Louvre, Paris.

Dans son troisième recueil de 1558, ***Divers Jeux rustiques***, Du Bellay choisit une autre voie, celle de genres mineurs hérités de l'Antiquité : vœux rustiques, baisers, épitaphes… dans un style léger et familier. Dans le dernier poème du recueil, l'« Hymne sur la surdité », adressé à Ronsard*, Du Bellay parodie les *Hymnes* solennels de son ami, mêlant hommage et légère ironie. La surdité les handicapant tous deux, il en fait le signe et le symbole de la vocation poétique :

Pour ton nom seulement, et le bruit qui en court :
Dois-tu doncques, Ronsard, te plaindre d'être sourd ?

À la fin de sa courte vie, Du Bellay est gêné par la maladie et des difficultés familiales. Il compose encore quelques poèmes lyriques et une satire condamnant le poète oisif qui se contente de flatter : *Le Poète courtisan*. Il meurt en 1560, à 37 ans, mais ses poèmes ne cesseront d'être publiés pour parvenir jusqu'à nous et nous parler encore aujourd'hui.

Jacques Peletier du Mans

Peletier du Mans (1517-1582) fut l'intermédiaire entre Ronsard*, Baïf* et Du Bellay*. Principal du collège de Bayeux à Paris, il publie en 1547 ses ***Œuvres poétiques***, qui rassemblent des pièces très diverses, nourries par ses voyages et sa curiosité universelle. Entre 1553 et 1557, il s'installe à Lyon où il se lie d'amitié avec les représentants de l'école lyonnaise et rédige un traité de poésie française, *L'Art poétique*, qui reprend les idées de la *Défense* de Du Bellay.

Qui d'un poète entend suivre la trace
En traduisant, et proprement rimer,
Ainsi qu'il faut la diction limer,
Et du français garder la bonne grâce,
Par un moyen lui conviendra qu'il fasse
Égale au vif la peinture estimer
L'art en tout point la Nature exprimer
Et d'un corps naître un corps de même face.

Après avoir regagné Paris en 1557, il s'occupera presque exclusivement de médecine et de mathématiques.

Jean Bastier de La Péruse

Né à La Péruse dans le Vendômois, Jean Bastier (1529-1554) devint membre de la Brigade. Il est l'auteur d'une tragédie, ***Médée***, inspirée de la *Médée* de Sénèque, qui eut un grand succès. Mais une terrible maladie emporta précocement celui que ses amis poètes surnommaient « l'Euripide français ».

Dis-moi, Vénus, pourquoi as-tu permis
Que celle-là que tant j'aime et pourchasse,
Que celle-là où j'ai tout mon cœur mis,
Cruellement me tienne telle audace?

Fais, Vénus, fais que son beau teint s'efface,
Puisqu'alléger ne veut ma maladie,
Courrouce-toi, rends-la-moi enlaidie,
Tant qu'à aucun ne plaise à l'avenir.

Hélas! Vénus n'en fais rien, je te prie :
Elle pourra plus douce revenir.

La Naissance de Vénus. Botticelli, v. 1485, galerie des Offices, Florence.

RÉMY BELLEAU

Rémy Belleau (1528-1577) se lie vers 1553 avec les membres de la Brigade pour parfaire sa connaissance de la poésie grecque. En 1556, il publie une traduction des *Odes* d'Anacréon et de l'*Ode à l'aimée* de Sapho. Le succès de ce lyrisme léger est immédiat. Il compose alors des « blasons » (***Les Petites Inventions***) qui célèbrent fruits, fleurs et animaux avec une simplicité et un don d'observation qui préfigurent la poésie de Francis Ponge*.

Jamais ne se puisse lasser
Ma Muse de chanter la gloire
D'un ver petit, dont la mémoire
Jamais ne se puisse effacer :

D'un ver petit, d'un ver luisant,
D'un ver sous la noire carrière
D'un ciel qui rend une lumière,
De son feu le ciel méprisant.

« Le ver luisant de nuit »

Il publiera ensuite *La Bergerie* (1565-1572), chef-d'œuvre de la poésie pastorale, puis *Les Amours* et surtout ***Nouveaux Échanges de pierres précieuses***, qui se place dans la tradition des lapidaires du Moyen Âge. La poésie se fait à la fois éloge, description et récit pour approcher au plus près le mystère de la pierre…

Jean Antoine de Baïf

Né à Venise, Jean Antoine de Baïf (1532-1589) est le fils du grand humaniste Lazare de Baïf, alors ambassadeur de François Ier dans la Cité des Doges. Il a comme précepteur Jean Dorat et le suit à Paris où il rencontre Ronsard* et Du Bellay*. En 1552, il publie ***Les Amours de Méline***, puis ***Les Amours de Francine*** (1555) et ***Les Diverses Amours*** (1573). Mais il s'adonne aussi à d'autres genres : des éloges officiels, des poèmes mythologiques, scientifiques (***Les Météores***, 1567), de petits poèmes dans l'esprit des *Jeux rustiques* de Du Bellay* (***Les Passe-temps***, 1573), et des poèmes inspirés de proverbes (***Les Mimes***, 1576).

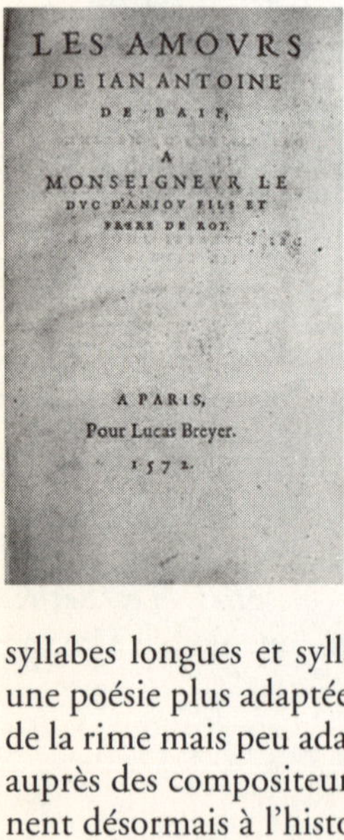
LES AMOVRS
DE IAN ANTOINE
DE BAIF,
A
MONSEIGNEVR LE
DVC D'ANIOV FILS ET
FRERE DE ROY.
A PARIS,
Pour Lucas Breyer.
1572.

Durant cette saison belle
Du renouveau gracieux,
Lorsque tout se renouvelle
Plein d'amour délicieux,
Ni par la peinte prairie,
Ni sur la haie fleurie,
Ni dans le plus beau jardin,
Je ne vois fleur si exquise
Que plus qu'elle je ne prise
La rose au parfum divin.

« La Rose », in *Les Passe-temps*

Son entreprise la plus originale fut de composer des vers déterminés non par la rime, mais par le rythme, à la manière antique, en faisant alterner syllabes longues et syllabes brèves. Son but était de fournir aux musiciens une poésie plus adaptée au langage musical. Ses vers, libérés de la contrainte de la rime mais peu adaptés à une simple lecture, remporteront un vif succès auprès des compositeurs comme Lassus, Lejeune ou Mauduit, et appartiennent désormais à l'histoire de la musique de la Renaissance.

Étienne Jodelle

Né à Paris dans une famille bourgeoise, Étienne Jodelle (1532-1573) s'est initié très tôt à la poésie, sous l'influence de Marot*. En 1552, on le retrouve au collège de Boncourt, où il se lie avec Belleau* et La Péruse* et joue sa comédie *L'Eugène*. En 1553, la représentation devant le roi de *Cléopâtre captive* (voir p. 119) provoque un grand enthousiasme. Mais ensuite, il mène une vie plutôt mouvementée. Poète mercenaire, il mourra dans la misère. Sa poésie lyrique, regroupée dans les ***Œuvres et Mélanges*** (1574), a longtemps été méconnue ; seul d'Aubigné* a salué en son temps ce poète original et par certains côtés prophétique.

J'aime le vert laurier, dont l'hiver ni la glace
N'effacent la verdeur en tout victorieuse,
Montrant l'éternité à jamais bienheureuse
Que le temps, ni la mort ne change ni efface.

J'aime du houx aussi la toujours verte face,
Les poignants aiguillons de sa feuille épineuse :
J'aime le lierre aussi, et sa branche amoureuse
Qui le chêne ou le mur étroitement embrasse.

J'aime bien tous ces trois, qui toujours verts ressemblent
Aux pensers immortels, qui dedans moi s'assemblent,
De toi que nuit et jour idolâtre, j'adore :

Mais ma plaie, et pointure, et le Nœud qui me serre,
Est plus verte, et poignante, et plus étroite encore
Que n'est le vert laurier, ni le houx, ni le lierre.

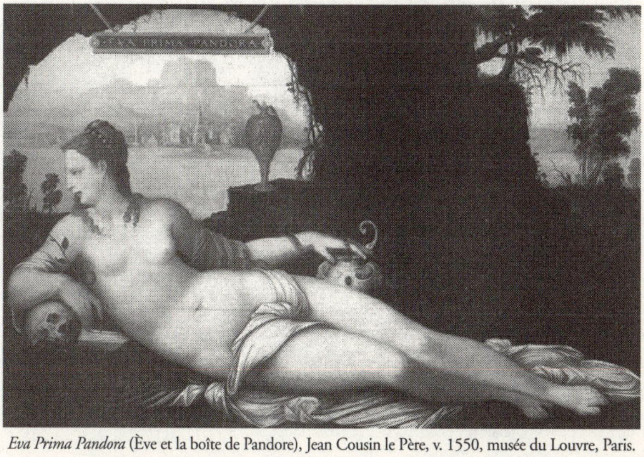

Eva Prima Pandora (Ève et la boîte de Pandore), Jean Cousin le Père, v. 1550, musée du Louvre, Paris.

L'humanisme

L'humanisme est un mouvement de **restauration des lettres et de la culture** face à la sclérose de l'enseignement. Son essor est lié à l'influence de l'Italie, aux travaux de traduction des grands rhétoriqueurs du XVe siècle et à la diffusion des livres grâce à l'imprimerie. D'une curiosité encyclopédique, les humanistes souhaitent un retour authentique aux textes, qu'ils soient religieux ou profanes. Ils étudient donc les langues anciennes (latin « pur », grec, hébreu, arabe) et redécouvrent avec passion les œuvres de l'Antiquité. On les nomme « humanistes » car ils se penchent sur les lettres « humaines », c'est-à-dire les disciplines laïques (rhétorique, philosophie, arithmétique, astronomie, histoire, philologie, médecine, droit), par opposition à l'enseignement religieux dispensé dans les facultés de théologie. Ils ne cherchent pas à imiter les Anciens, comme au Moyen Âge, mais à comprendre leur message et à prolonger leur art. Ils en retiennent l'exigence de perfection formelle, mais surtout la leçon de sagesse : un art de vie fondé sur l'harmonie de l'homme avec le monde.

Par leurs traductions, leurs commentaires et leur enseignement, de brillants hellénistes comme **Guillaume Budé**, **Jean Dorat**, **Henri Estienne**, **Jacques Lefèvre d'Étaples** ou **Étienne Pasquier** propagent la connaissance des Anciens. Ils souhaitent aussi développer la langue française et réformer l'enseignement. C'est donc pour eux une grande victoire contre la Sorbonne quand François Ier accepte de créer le Collège des lecteurs royaux, où sont enseignés le latin, le grec et l'hébreu. Les humanistes accordent en effet une importance capitale à l'éducation, qui doit former harmonieusement l'esprit et le corps – thème qui sera développé par **Rabelais** et **Montaigne**. Convaincus que l'homme est perfectible, ils appellent de leurs vœux un enseignement nouveau fondé sur l'ouverture au monde, la réflexion, l'examen critique, l'équilibre de l'individu, pour définir une sagesse à taille humaine et former les esprits universels modernes.

La Tour de Babel. Pieter Bruegel l'Ancien, v. 1563, Kunsthistorisches Museum, Vienne.

Sur le plan politique, les humanistes sont des réformateurs pacifistes, favorables à une monarchie modérée. Leur désir de renouveau les pousse cependant à rêver de sociétés idéales, conformes à la fois à l'Évangile et à la sagesse antique, comme celles édifiées par l'Anglais **Thomas More** dans *L'Utopie* (1516), par le Hollandais **Érasme** dans *Éloge de la folie* ou par **Rabelais** dans *Gargantua* avec l'abbaye de Thélème (1534). Les humanistes pensent que l'homme est capable de comprendre le monde sans préjugé et de vivre librement, sous la double tutelle de la raison et de la foi. Ce culte de la liberté prend même parfois la forme d'une pensée politique avant-gardiste, comme en témoignent en Italie *Le Prince* de **Nicolas Machiavel** (1513) ou, en France, *La République* de **Jean Bodin** (1576) et le *Discours de la servitude volontaire* d'Étienne de **La Boétie** (1578).

Sur le plan religieux, les humanistes prônent le **retour à l'Évangile** et aux sources mêmes de la foi – ce qu'on appelle l'« évangélisme » –, désirant mettre la Bible à la portée de tous. Leur démarche est donc directement à l'origine de la Réforme, bien que celle-ci aboutisse à une conception pessimiste et austère de l'homme fort éloignée de l'optimisme humaniste. Les guerres de Religion, engendrées par l'esprit de libre examen humaniste, consacreront sa défaite comme idéal de tolérance et de paix.

Les modérés

Marguerite de Navarre, protectrice des écrivains évangélistes, a joué un rôle capital dans la diffusion des idées humanistes. Mais les deux grandes figures de l'humanisme modéré de la Renaissance sont bien sûr **Rabelais** et **Montaigne**, incarnant, l'un, l'humanisme joyeux et enthousiaste du début du siècle, l'autre, un humanisme plus critique, ébranlé par les guerres civiles qui déchirent la France.

MARGUERITE DE NAVARRE

Sœur de François Ier, Marguerite de Navarre naît en 1492 à Angoulême. Délicate et cultivée, elle est ouverte aux idées nouvelles et protège les poètes évangélistes, notamment Clément Marot*. En 1531, son *Miroir de l'âme pécheresse* est censuré par la Sorbonne; elle est même obligée de se retirer à Nérac après l'affaire des Placards, en 1534. Là, elle se consacre à la méditation et à l'écriture, rédigeant des comédies, sacrées ou profanes, et surtout son *Heptaméron*, inspiré du *Décaméron* de Boccace, et son recueil de poésies dit des ***Marguerites de la Marguerite des princesses***, dont voici un passage :

Nos deux corps sont en toi, je ne sers plus que d'ombre;
Nos amis sont à toi, je ne sers que de nombre.
Las! puisque tu es tout et que je ne suis rien,
Je n'ai rien, ne t'ayant, ou j'ai tout au contraire.
Avoir et tout et rien, comment se peut-il faire?
C'est que j'ai tous les maux et je n'ai point de bien. [...]

Je vis par et pour toi, ainsi que pour moi-même ;
Je vis par et pour moi, ainsi que pour toi-même ;
Nous n'aurons qu'une vie et n'aurons qu'un trépas.
Je ne veux pas ta mort, je désire la mienne,
Mais ma mort est ta mort et ma vie est la tienne ;
Ainsi je veux mourir, et je ne le veux pas !

Le recueil de nouvelles ***L'Heptaméron*** paraît en 1559, dix ans après la mort de Marguerite. Il met en scène dix voyageurs, cinq hommes et cinq femmes, retenus sept jours par le mauvais temps dans une abbaye des Pyrénées. Pour tromper leur ennui, après une méditation religieuse, chacun raconte une histoire authentique, qui fait ensuite l'objet d'un débat. L'amour sous toutes ses formes – paillard ou courtois, affiché ou clandestin, rusé ou sot – est le point central de ces nouvelles qui, par la multiplicité des points de vue des intervenants, définissent ce que peut être la passion.

Rabelais. Portrait anonyme du XVIe siècle, musée national du château de Versailles.

FRANÇOIS RABELAIS

François Rabelais est né vers 1494 près de Chinon où son père, avocat, était un assez gros propriétaire. Il est instruit selon les méthodes scolastiques – qu'il a en horreur – dans un couvent près d'Angers. Devenu moine, il poursuit ses études : outre le latin, il se passionne pour le grec, traduit Hérodote et fréquente un groupe de juristes humanistes. Mais à la fin de 1523, il se voit retirer ses chers livres grecs par la Sorbonne, qui lutte contre les évangélistes étudiant l'Écriture sainte dans les textes originaux. Rabelais s'attache alors à l'évêque du Poitou, qu'il suit dans ses déplacements, observant le peuple et les paysans. Il rencontre un poète qui l'initie à l'art de la rhétorique, puis complète à la faculté de Poitiers sa connaissance du droit. Désormais défroqué, il passe les trois années suivantes à étudier à Bordeaux, Toulouse, Orléans et Paris. Enfin en 1530, à 36 ans, il s'inscrit à la faculté de médecine de Montpellier, où la médecine est enseignée par l'intermédiaire des auteurs grecs. Par la suite, et jusqu'à sa mort en 1553, Rabelais gagnera sa vie comme médecin, en France et en Italie. Parallèlement, il se consacre à l'écriture, publiant les aventures cocasses du géant Gargantua et de son fils Pantagruel.

Ces histoires font rire, mais aussi réfléchir, en dénonçant les travers des hommes et de l'époque. Ce sont des récits **réalistes**, qui peignent la réalité avec une grande vérité d'observation. Mais ce réalisme est additionné d'une

fantaisie débridée. Les aventures de Gargantua et Pantagruel sont narrées avec virtuosité dans un style très souple et un vocabulaire extrêmement riche qui puise dans toutes les langues (vivantes et anciennes) et connaissances. Rabelais utilise par ailleurs un éventail complet d'**effets comiques**, de la gauloiserie la plus grossière à la comédie de caractère la plus fine. Cependant ces histoires sont avant tout **symboliques**, car sous la plaisanterie se dissimulent des pensées importantes. Grâce à sa fantaisie et sa drôlerie, l'œuvre extraordinairement érudite de Rabelais est accessible au plus grand nombre, afin de mieux transmettre les valeurs de l'**humanisme** : curiosité insatiable, soif immense de savoir – représentée par celle du buveur de vin –, rêve d'une connaissance universelle et totale, amour de la nature, de la vie, réhabilitation du corps (*mens sana in corpore sano*), confiance en l'homme…

Rabelais a 38 ans lorsqu'il publie à Lyon, en 1532, ***Les Horribles et Épouvantables Faits et Prouesses du très renommé Pantagruel, roi des Dipsodes, fils du grand géant Gargantua***, sous le pseudonyme de feu maître Alcofribas Nasier (anagramme de François Rabelais), « abstracteur de quinte essence ». Dans cette œuvre bouffonne, il mêle merveilleux gigantesque et réalité historique, et il ajoute aux effets comiques mille détails tirés de la vie réelle et de ses vastes connaissances.

Gargantua, en son âge de quatre cent quatre-vingt quarante-quatre ans, engendra son fils Pantagruel de sa femme, nommée Badebec, fille du roi des Amaurotes en Utopie, qui mourut en couches : car il était si prodigieusement grand et lourd qu'il ne put voir le jour sans étouffer sa mère.

Gargantua ne sait plus s'il doit pleurer sa femme ou fêter la naissance de son fils :

« Ah, Badebec, ma mignonne, m'amie, […], ma tendrette, ma braguette, ma vergette, ma chaussette, jamais je ne te reverrai ! […] » Et en disant cela il pleurait comme une vache. Mais tout aussitôt il riait comme un veau, quand Pantagruel lui venait en mémoire. « Ho, mon petit fils, disait-il, mon couillon, mon peton, que tu es joli, et comme je suis reconnaissant à Dieu de m'avoir donné un si beau fils, si joyeux, si rieur, si joli. Ho, ho, ho, ho, je suis bien aise. Buvons, ho ! »

Gargantua « pleure comme une vache ». Gravure de Gustave Doré, XIXe siècle, BNF.

Pantagruel grandit, engloutissant à chaque repas le lait de 4 600 vaches. Puis son père l'envoie étudier à Poitiers et, de là, Pantagruel visite toutes les universités de France. Après son tour de France, Pantagruel arrive à Paris. Là, il reçoit une lettre de son père, véritable manifeste humaniste en matière d'études :

Prologue de *Pantagruel*.
Gravure de Gustave Doré, XIXe siècle, BNF.

[Je n'ai] d'autre trésor en ce monde que l'espérance de te voir une fois dans ma vie accompli et parfait, aussi bien en vertu, en noblesse de cœur et en sagesse, qu'en tout savoir digne d'un homme libre et noble de cœur [...]
J'entends et je veux que tu apprennes parfaitement les langues [...]
Des arts libéraux : géométrie, arithmétique et musique, je t'en ai donné le goût quand tu étais encore jeune, à 5 ou 6 ans ; achève le cycle ; en astronomie, apprends toutes les règles, mais laisse-moi l'astrologie et l'art de Lulle, comme autant de supercheries et de futilités.
Du droit civil, je veux que tu saches par cœur les beaux textes, et que tu me les mettes en parallèle avec la philosophie. Et quant à la connaissance de l'histoire naturelle, je veux que tu t'y adonnes avec zèle [...].
Puis relis soigneusement les livres des médecins grecs, arabes et latins, sans mépriser les talmudistes et les cabalistes et, par de fréquentes dissections, acquiers une connaissance parfaite de cet autre monde qu'est l'homme. Et pendant quelques heures du jour, va voir les saintes Lettres : d'abord, en grec, le Nouveau Testament et les Épîtres des apôtres puis, en hébreu, l'Ancien Testament.
En somme **que je voie en toi un abîme de science** car, maintenant que tu deviens homme et te fais grand, il te faudra quitter la tranquillité et le repos de l'étude pour apprendre la chevalerie et les armes afin de défendre ma maison, et de secourir nos amis dans toutes leurs difficultés causées par les assauts des malfaiteurs. [...]
Mais – parce que, selon le sage Salomon, sagesse n'entre pas en âme malveillante et que **science sans conscience n'est que ruine de l'âme** – tu dois servir, aimer et craindre Dieu, et mettre en lui toutes tes pensées et tout ton espoir [...]. Révère tes précepteurs, fuis la compagnie des gens à qui tu ne veux pas ressembler, et ne reçois pas en vain les grâces que Dieu t'a données. Et, quand tu t'apercevras que tu as acquis au loin tout le savoir humain, reviens vers moi, afin que je te voie et que je te donne ma bénédiction avant de mourir.

Dès lors, Pantagruel se plonge avec acharnement dans l'étude. Il rencontre Panurge, qu'il prend sous sa protection après un dialogue cocasse où Panurge lui répond dans une dizaine de langues avant d'en venir au français.

Apprenant que le royaume d'Utopie a été attaqué, Pantagruel quitte Paris précipitamment avec ses compagnons et vainc les Dipsodes et les Géants au cours d'aventures loufoques. Rabelais intervient alors dans l'histoire : il chemine « bien deux lieues » sur la langue de Pantagruel et entre dans sa bouche. Là, il découvre une ville, des paysans, des forêts... – signifiant par là que l'univers du mythe n'est guère différent de notre monde –, avant de conclure :

Si vous me dites : « Maître, il semblerait que vous n'avez pas été très sage de nous écrire ces balivernes et ces plaisantes moqueries », je vous réponds que vous ne l'êtes guère plus de vous attarder à les lire. Toutefois, si vous les lisez comme un joyeux passe-temps, de même que je les écrivais pour me passer le temps, vous et moi nous sommes plus dignes de pardon qu'un grand tas de faux ermites, de cagots, d'escargots, d'hypocrites, de cafards, de frocards, de déchaux, et d'autres telles sortes de gens qui se sont déguisés et ont pris un masque pour tromper le monde. [...]

Fuyez ces gens, abhorrez-les et haïssez-les autant que je le fais, vous vous en trouverez bien, sur ma foi, et, si vous désirez être de bons pantagruélistes (c'est-à-dire **vivre en paix, joie, santé, en faisant toujours grande chère**), ne vous fiez jamais aux gens qui regardent par un trou.

Pantagruel ayant rencontré un assez grand succès, Rabelais publie ***La Vie très horrifique du grand Gargantua, père de Pantagruel*** au retour de son premier séjour à Rome, en 1534. Ce n'est plus un conte populaire mais un véritable récit symbolique et satirique, truffé d'allusions, d'allégories et de conseils aux Grands. Qui plus est, ses revendications humanistes et évangélistes sont encore plus osées. Les deux livres de Rabelais sont donc condamnés par le Parlement après l'affaire des Placards, François Ier ayant donné carte blanche à la Sorbonne contre les hérétiques.

Dans l'avertissement en vers de *Gargantua*, Rabelais commence par proclamer son intention d'écrire une œuvre comique :

Il vaut mieux traiter du rire que des larmes,
Parce que **rire est le propre de l'homme.**

Mais dans le prologue, il invite aussitôt le lecteur à se méfier des apparences :

Il faut ouvrir le livre et soigneusement peser ce qui y est exposé. [...] À l'exemple de ce chien, il vous convient d'avoir, légers à la poursuite et hardis à l'attaque, le discernement de humer, sentir et apprécier ces beaux livres de haute graisse; puis, par une lecture attentive et une réflexion assidue, **rompre l'os et sucer la substantifique moelle** [...] : vous y trouverez un goût plus subtil et une philosophie cachée qui vous révélera de très hauts arcanes et d'horrifiques mystères, en ce qui concerne tant notre religion que, aussi, la situation politique et la gestion des affaires.

Gargantua, fils de Grandgousier et de Gargamelle, vient au monde au milieu d'une formidable beuverie. Le jeune géant se développe à merveille et, à 6 ans, son éducation est confiée à un grand « sophiste en lettres latines ». Rabelais raille ici ces longues études ingrates, faisant appel à la mémoire mécanique et non à l'intelligence.

Maître Thubal Holoferne lui apprit si bien son abécédaire qu'il le récitait par cœur, à l'envers, ce qui lui prit cinq ans et trois mois. [...] Alors son père put voir que, sans aucun doute, il étudiait très bien et y consacrait tout son temps; malgré tout, il ne progressait en rien et, pis encore, il en devenait fou, niais, tout rêveur et radoteur.

Grandgousier décide alors d'envoyer son fils étudier à Paris, sous la tutelle du sage Ponocrates (« laborieux », en grec). Harcelé par les badauds parisiens, Gargantua se réfugie à Notre-Dame et profite de l'occasion pour emporter les cloches de la cathédrale, afin qu'elles servent de clochettes au cou de sa jument.

Gargantua et son fils Pantagruel.
Gargantua, édition de 1537, BNF.

Toute la ville entra en sédition : vous savez qu'ils sont si enclins à de tels soulèvements que les nations étrangères s'ébahissent, vu les perturbations qui en découlent quotidiennement, de la patience des rois de France, qui ne répriment pas plus que cela par voie de justice.

Le plus vieux et compétent sophiste de la Faculté est envoyé auprès de Gargantua pour récupérer les cloches. Notre héros s'amuse à le faire boire avant qu'il ne débute sa harangue : la Sorbonne est tournée en ridicule. Après ces aventures, Gargantua se remet au travail. Il sera désormais éduqué « selon une méthode telle qu'il ne perd pas une heure de sa journée », alternant études, jeux culturels, observations de la nature et des astres, activités sportives et musicales, visites instructives en tout genre.

Mais voici que Picrochole met à sac le royaume de Grandgousier. Le clos (vignoble) de l'abbaye est menacé. Heureusement, Frère Jean met vaillamment en déroute les assaillants. Las ! Picrochole n'en reste pas là et prend d'assaut La Roche-Clermault. Alors, avec regret et réticence, Grandgousier se résout à la guerre.

Rabelais s'indigne ici contre la guerre de conquête, et souligne que le bon prince doit être pacifique et charitable envers ses voisins. Voici la lettre que Grandgousier envoie à Gargantua pour qu'il revienne l'aider :

Mon intention n'est pas de provoquer mais d'apaiser, ni d'attaquer mais de défendre, ni de conquérir mais de garder mes loyaux sujets et mes terres héréditaires sur lesquelles, sans cause ni raison, est entré en ennemi Picrochole [...] Le résultat sera atteint avec la moindre effusion de sang possible et, si c'est réalisable, grâce à des moyens plus efficaces, des pièges et des ruses de guerre, nous sauverons toutes les âmes et renverrons tout ce monde joyeux en ses demeures.

Gargantua revenu, la guerre se déclenche pour de bon. Après diverses péripéties, Gargantua détruit le château de Vède, occupé par l'ennemi.

Frère Jean, fêté pour ses prouesses, se comporte en bon noceur, jurant et ripaillant avec les autres. L'assistance s'étonnant de la chose, Gargantua lui répond :

« [Les moines] disent force patenôtres entrelardées de longs Ave Maria sans y penser, sans comprendre et je n'appelle pas cela prier, mais se moquer de Dieu. [...] Mais maintenant, voici quel est notre bon Frère Jean ; voici pourquoi chacun recherche sa compagnie : il n'est point bigot ; ce n'est point une face de carême ; il est franc, joyeux, généreux, bon compagnon ; il travaille ; il peine à la tâche ; il défend les opprimés ; il console les affligés ; il secourt ceux qui souffrent ; il garde les clos de l'abbaye. »

La guerre Picrocholine se poursuit. Frère Jean est capturé par une patrouille ennemie, et Gargantua décide de ne pas la poursuivre :

« En bonne règle militaire, **il ne faut jamais acculer son ennemi au désespoir**. Une telle extrémité multiplie ses forces et accroît son courage. »

Heureusement le moine se défait de ses gardes. Il ramène les pèlerins qu'avait failli dévorer Gargantua avec sa salade lors de la fête, ainsi qu'un prisonnier, le capitaine Toucquedillon. Le roi interroge les pèlerins :

« Mais qu'alliez-vous faire à Saint-Sébastien ?
– Nous allions, dit Lasdaller, lui offrir nos invocations contre la peste.
– Oh ! dit Grandgousier, pauvres gens, estimez-vous que la peste vienne de Saint-Sébastien ?
– Oui, assurément, répondit Lasdaller, nos prédicateurs nous l'affirment.
– Oui ? dit Grandgousier. Les faux prophètes vous annoncent-ils de telles bourdes ? [...]
La peste ne tue que les corps, mais de tels imposteurs empoisonnent les âmes. »

Grandgousier traite humainement son prisonnier Toucquedillon, qui lui apprend que Picrochole a pour dessein de conquérir tout le pays.

« C'est trop d'ambition, dit Grandgousier : **qui trop embrasse mal étreint**. [...]
Bien gouverner les eût enrichis, me piller les détruira. »

Toucquedillon, qui partage l'avis de Grandgousier, est libéré. Il tente de convaincre Picrochole de conclure un arrangement avec Grandgousier, mais son maître le fait mettre en pièces avec sauvagerie. Grandgousier donne alors l'assaut à son ennemi. Picrochole le colérique est vaincu, et Gargantua, lors d'une magnifique harangue, pardonne et délivre les vaincus.

Grandgousier récompense avec largesse les compagnons et Gargantua donne à Frère Jean le pays de Thélème. Là, il lui fait bâtir une abbaye idéale :

Toute leur vie était régie non par des lois, des statuts ou des règles, mais selon leur volonté et leur libre arbitre. [...] Et toute leur règle tenait en cette clause : **FAIS CE QUE VOUDRAS.**
Parce que les gens libres, bien nés, bien éduqués, vivant en bonne société, ont naturellement un instinct, un aiguillon qu'ils appellent honneur et qui les pousse toujours à agir vertueusement et les éloigne du vice. Quand une vile et contraignante sujétion les abaisse et les asservit, pour déposer et briser le joug de servitude ils détournent ce noble sentiment qui les inclinait librement vers la vertu, car c'est toujours ce qui est défendu que nous entreprenons, et c'est ce qu'on nous refuse que nous convoitons.

Rabelais lisant. Portrait de Lagneau, musée Carnavalet, Paris.

Par l'exemple de cette utopie, Rabelais incite directement le souverain à transformer la société politique, économique et religieuse...

Pantagruel portant une bouteille symbolisant la connaissance. *Pantagruel*. gravure de l'édition de 1537, BNF.

Le ***Tiers Livre des faits et dits héroïques du bon Pantagruel*** paraît en 1546, douze ans après *Gargantua*. Entre-temps, Rabelais s'est fait prudemment oublier en se consacrant à la médecine en Italie. Réhabilité auprès du roi en 1543, il obtient un privilège royal pour l'impression du *Tiers Livre*. Mais l'ouvrage sera censuré comme les deux précédents. Le *Tiers Livre*, au ton beaucoup plus sérieux que *Pantagruel* et *Gargantua*, est essentiellement consacré à la question de savoir si Panurge doit se marier. Inapte au dialogue, Panurge apparaît incapable de participer à l'échange qu'est l'Amour. Et Pantagruel, qui n'est plus un géant, tient le rôle du sage érudit qui considère avec indulgence les folies humaines.

Dans le prologue, Rabelais se compare à Diogène, proposant aux lecteurs de venir boire à son tonneau. Puis l'histoire reprend : Pantagruel, après avoir conquis la Dipsodie, y installe des colons utopiens afin de régénérer le pays.

Panurge, quitte de ses dettes, ayant troqué sa braguette de guerrier contre une robe de bure, souhaite convoler. Car l'homme marié est plus épanoui que l'homme seul ; une épouse est aimante ; elle vous soigne en cas de maladie ; elle vous donne des enfants… Et, puisqu'il ne peut pas se passer de femme,

> « n'est-il pas préférable que je prenne pour compagne quelque honnête et vertueuse femme plutôt que d'en changer tous les jours, et de risquer constamment d'attraper quelque coup de bâton, ou la vérole, pour mettre les choses au pis ? »

Mais il y a aussi le risque d'être cocu, battu, ou volé… La question sera longuement débattue, puis jouée aux dés. Panurge recourra à la divination par les songes, ira voir une sibylle, un sourd-muet, un vieux poète aux portes de la mort, un devin spécialiste en sciences occultes ; il consultera un moine (Frère Jean), un théologien, un médecin, un philosophe sceptique, un jurisconsulte, un fou (« un fol enseigne bien un sage »)… mais demeurera « plus englué dans le doute » que jamais.

Son dernier recours est donc d'aller consulter l'**oracle de la Dive Bouteille** – bouteille qui symbolise bien sûr la connaissance. Gargantua autorise son fils à organiser l'expédition. Le voyage se prépare : les navires sont équipés et abondamment chargés de « **pantagruélion** ». Cette herbe – le chanvre –, longuement décrite par Rabelais, possède d'extraordinaires propriétés, médicinales, gastronomiques, utilitaires, magiques… Elle représente le savoir qui ouvre la voie du progrès et protégera les compagnons dans la suite de leurs aventures.

De nouveau bien en cour, Rabelais obtient en 1550 l'autorisation de réimprimer ses ouvrages et se remet au travail. Exploitant l'intérêt du public pour les voyages (Jacques Cartier vient de découvrir le Canada) et revenant à un comique plus populaire, il décrit l'odyssée bouffonne de Panurge en route vers l'oracle de la Dive Bouteille. Comme à cette époque le roi s'oppose au pape, Rabelais en profite pour défendre la cause gallicane. Malheureusement, le ***Quart Livre*** paraît en 1552 au moment où roi et pape se réconcilient : il est donc condamné par le Parlement, comme tous les précédents…

Pantagruel embarque avec tous ses compagnons et, le quatrième jour, ils font une halte sur l'île de Médamothi. Là, l'écuyer de Gargantua leur apporte une invention merveilleuse permettant de s'envoyer des messages. Pantagruel restera donc en communication avec son père par-delà les mers, correspondance symbolisant l'échange généreux entre les continents et les générations.

Le cinquième jour, nos compagnons croisent un navire. Panurge, après avoir subi un boniment d'anthologie du marchand Dindenault et tenté en vain de négocier, semble se résigner et acquiert au prix fort un de ses moutons.

> Panurge choisit dans tout le troupeau un beau et grand mouton, et il l'emportait criant et bêlant […] Subitement, je ne sais comment – l'incident fut soudain, je n'eus loisir de l'analyser –, Panurge, sans en dire davantage, jette en mer son mouton criant et bêlant. Tous les autres moutons, criant et bêlant sur le même ton, se mirent à se jeter et à sauter en mer après lui, à la file.

Nos compagnons voguent ensuite d'île en île, chacune caricaturant un type d'activité humaine. Ainsi, dans l'île de Tapinois règne **Carêmeprenant**, ennemi juré des Andouilles de l'île Farouche (Rabelais raille ici le jeûne catholique et l'ascétisme). Nos voyageurs parviennent enfin à l'île des **Papefigues** (protestants) puis à celle de leurs bourreaux, les **Papimanes**. Rabelais dénonce ici les catholiques, qui prennent les textes sacrés à la lettre sans en comprendre l'esprit, et qui se prévalent de Dieu pour massacrer les hérétiques. Il se gausse également des superstitions, des prétentions de la Curie romaine, de l'adoration rendue au pape :

> « En voyant seulement son portrait nous gagnons pleine rémission de tous les péchés dont nous gardons le souvenir, et en même temps, le tiers plus dix-huit quarantaines de nos péchés oubliés. »

Pour toutes les citations de Rabelais : adaptation de Guy Demerson

Nos compagnons visitent enfin une île « admirable entre toutes autres », celle de Messer Gaster (le ventre), « premier maître ès arts du monde »…

Le ***Cinquième Livre*** paraît en 1564, soit une dizaine d'années après la mort de Rabelais. L'auteur conduit Panurge jusqu'à l'oracle de la Dive Bouteille, mais le recours systématique à l'allégorie et la violence des attaques contre l'Église tendent à faire attribuer la majeure partie de l'ouvrage à un protestant inconnu.

Michel de Montaigne

Montaigne par Delpech, bibliothèque universitaire de Neuchâtel.

Michel Eyquem (1533-1592), né au château de Montaigne, dans le Périgord, complète sa formation humaniste par l'étude de la philosophie à Bordeaux et du droit à Toulouse. Nommé à 24 ans au parlement de Bordeaux, il y rencontre en 1558 La Boétie*, qui le formera au stoïcisme. Huit ans plus tard, la mort de son ami sera pour Montaigne une perte inestimable.

Après un séjour à Paris, il renonce à sa charge de conseiller au parlement en 1570 et se retire dans son château pour se consacrer à l'étude et à la réflexion. Il lit Sénèque, Plutarque et commence à rédiger ses *Essais*, dont la première édition paraît à Bordeaux en 1580. Souffrant cruellement de la « maladie de la pierre » (coliques néphrétiques), il entreprend un long voyage de santé dans les villes d'eaux de France, d'Allemagne et d'Italie. Élu maire de Bordeaux en 1581, réélu en 1583, il se montre habile diplomate : il rapproche le protestant Henri de Navarre, futur Henri IV, du catholique gouverneur de Guyenne, et avec ce dernier il empêche la Ligue de prendre le contrôle de Bordeaux. Retrouvant enfin le calme en 1586, il se replonge dans ses lectures et fait paraître une seconde édition des *Essais*. Sa mort, qu'il avait appris à ne pas craindre, survient alors qu'il travaille toujours à ses *Essais*, en 1592. Il aura toujours dénoncé le rôle joué par les passions humaines dans les guerres de Religion et prêché la tolérance à une époque où il était particulièrement difficile de le faire.

Pendant vingt ans, Montaigne aura passé le plus clair de son temps à lire, anciens et modernes confondus, et à rédiger ses ***Essais***, qu'il ne cesse de reprendre. Ils paraîtront sous leur forme définitive en 1595, en trois tomes. C'est une œuvre expérimentale, ouverte à tous les sujets de réflexion, qui n'a aucun précédent dans la littérature. Toujours en mouvement, la pensée de Montaigne rebondit d'une idée à une autre pour arriver à son but, s'autorisant des digressions sur les sujets les plus variés ; toutefois il s'attache essentiellement à tenter de définir la nature humaine. Truffés de citations érudites, les *Essais* sont tout sauf doctrinaux : rien n'est définitif, le jugement peut se reprendre à tout instant, en une quête inlassable de la vérité.

Dès l'avertissement au lecteur, Montaigne expose son projet :

> C'est ici un livre de bonne foi, lecteur. Il t'avertit dès l'entrée que je ne m'y suis proposé aucune fin que domestique et privée. Je n'y ai eu nulle considération de ton service ni de ma gloire. [...] Je veux qu'on m'y voie en ma façon simple, naturelle et ordinaire, sans contention et artifice : car c'est moi que je peins. Mes défauts s'y liront au vif,

et ma forme naïve, autant que la révérence publique me l'a permis. [...]
Ainsi, lecteur, **je suis moi-même la matière de mon livre.**

Montaigne va donc parler longuement de lui – de son tempérament, de ses sentiments, de ses idées, de ses expériences –, avec modestie et lucidité, sans épanchement lyrique. Car il est en effet essentiel de se connaître soi-même pour accepter les contraintes de la vie humaine. Et Montaigne considère que son cas a valeur d'exemple car :

Chaque homme porte la forme entière de l'humaine condition.

Montaigne accorde une grande importance à la vie intérieure, « l'arrière-boutique ». Dans les *Essais*, il explore un moi en constante évolution.

C'est un sujet merveilleusement vain, divers et ondoyant, que l'homme.

En dépeignant avec honnêteté ses propres contradictions, il témoignera de la complexité de la condition humaine. Il confesse donc ses défauts – lourdeur, maladresse, indolence, tendance à suivre la foule en raison de l'incertitude de son jugement, etc. En parallèle, il souligne quelques qualités : une imagination hardie, un sens critique aiguisé, peu d'estime pour lui-même, peu de préjugés envers les autres, et surtout l'art de se contenter sagement de son sort.

Montaigne invente une écriture particulière pour transcrire les mouvements de l'esprit. De digression en digression (« j'aime l'allure poétique, à sauts et à gambades »), il se laisse aller au fil de sa pensée et de son humeur, mettant en lumière la façon dont une idée naît et se développe dans la conscience.

Je ne peins pas l'être. Je peins le passage : non un passage d'âge en autre, ou comme dit le peuple, de sept en sept ans, mais de jour en jour, de minute en minute.

Montaigne déteste la rhétorique, l'éloquence et l'affectation. Son style naturel, spontané, vif, savoureux, traduit l'imprévu et le charme de la vie.

Le parler que j'aime, c'est un parler simple et naïf, tel sur le papier qu'à la bouche ; un parler succulent et nerveux, court et serré, non tant délicat et peigné comme véhément et brusque.

Montaigne le modéré redoute l'amour et ses fièvres ; il lui préfère la plénitude de l'amitié, le seul lien entre les êtres qui échappe au besoin et à l'intérêt. Son amitié avec La Boétie* avait produit la fusion de deux *moi* :

Ce que nous appelons ordinairement amis et amitié, ce ne sont qu'accointances et familiarités nouées par quelque occasion ou commodité, par le moyen de laquelle nos âmes sont liées l'une à l'autre. En l'amitié dont je parle, elles se mêlent et confondent l'une en l'autre, d'un mélange si universel qu'elles effacent et ne retrouvent plus la couture qui les a jointes. Si on me presse de dire pourquoi je l'aimais, je sens que cela ne se peut exprimer qu'en répondant : « **Parce que c'était lui, parce que c'était moi.** »

[...] Depuis le jour que je le perdis [...], je ne fais que traîner languissant; et les plaisirs mêmes qui s'offrent à moi, au lieu de me consoler, me redoublent le regret de sa perte. Nous étions à moitié de tout; il me semble que je lui dérobe sa part.

Comme tous les humanistes, Montaigne est passionné par les questions pédagogiques. Il condamne l'éducation collective des collèges et préconise un précepteur, plus sage que savant, qui forme avec douceur le jugement de son élève. Contrairement à Rabelais*, qui rêvait d'un savoir encyclopédique, Montaigne ne prône pas tant l'accumulation de connaissances qu'une éducation qui apprenne à apprendre, qui développe l'intelligence, le discernement et la personnalité, avec « la tête bien faite plutôt que bien pleine ».

Le gain de notre étude, c'est en être devenu meilleur et plus sage. [...]
L'enfant n'est pas un vase qu'on remplit, mais un feu qu'on allume.

Ennemi de la contrainte sous toutes ses formes, Montaigne propose de présenter la vertu sous un jour riant pour la rendre attrayante.

[La sagesse] a pour but la vertu, qui n'est pas, comme dit l'école, plantée à la tête d'un mont coupé, raboteux et inaccessible. [...] [on peut y arriver] par des routes ombrageuses, gazonnées et doux fleurantes, plaisamment et d'une pente facile et polie, comme est celle des voûtes célestes.

L'enseignement ne doit pas reposer uniquement sur les livres, mais aussi sur l'expérience réelle du monde, les jeux et l'exercice physique. Pour Montaigne, il est même indispensable d'endurcir l'enfant :

Endurcissez-le à la sueur et au froid, au vent, au soleil et aux hasards qu'il lui faut mépriser; ôtez-lui toute mollesse et délicatesse au vêtir et coucher, au manger et au boire; accoutumez-le à tout.

Enfin, idée très moderne, les voyages font pleinement partie de l'éducation :

Il faut voyager pour limer et frotter sa cervelle à celle d'autrui.

Mesure de l'inclinaison des rayons du soleil.
Manuscrit de Jacques de Vaulx, 1583, BNF.

Montaigne voyage certes pour se soigner, mais surtout pour son plaisir et son instruction, cherchant à comprendre les mœurs des gens qu'il rencontre. Il prône l'ouverture d'esprit, se moquant des Français :

Où qu'ils aillent, ils se tiennent à leurs façons et abominent les étrangères. [...] Au rebours, je pérégrine très saoul de nos façons [...] Et qui plus est, il me semble que je n'ai rencontré guère de manières qui ne vaillent les nôtres.

Du stoïcisme, Montaigne retient la nécessité d'**apprivoiser la douleur et la pensée de la mort**. Cette grandeur d'âme stoïcienne face à la douleur, il doit l'expérimenter quand se déclare sa maladie ; l'important est alors de ne pas laisser la souffrance anéantir son esprit.

Vanité. Jan Sanders Van Hemessen, v. 1540, palais des Beaux-Arts, Lille.

Qu'importe que nous tordions nos bras, pourvu que nous ne tordions nos pensées ?

Pour les stoïciens comme pour Montaigne, philosopher, c'est apprendre à mourir. Plutôt que de craindre la mort, tâchons de la regarder en face, habituons-nous à y penser calmement.

Le but de notre carrière, c'est la mort : c'est l'objet nécessaire de notre visée.
Si elle nous effraie, comment est-il possible d'aller un pas avant sans fièvre ?
Le remède du vulgaire, c'est de n'y penser pas. Mais de quelle brutale stupidité lui peut venir un si grossier aveuglement ? […]
Il est incertain où la mort nous attende ; attendons-la partout. La préméditation de la mort est préméditation de la liberté. **Qui a appris à mourir, a désappris à servir** ; le savoir mourir nous affranchit de toute sujétion et contrainte. Il n'y a rien de mal en la vie pour celui qui a bien compris que la privation de la vie n'est pas un mal.

L'orgueilleuse doctrine stoïcienne est toutefois mal adaptée à la faiblesse humaine. Montaigne se tourne donc vers le **scepticisme**, pratique systématique du doute qui met en cause jusqu'à la possibilité pour l'homme de raisonner. En cela, il annonce Pascal*. Le doute est un stimulant qui maintient la pensée toujours en éveil et qui permet aussi de défendre la tolérance dans une époque de fanatisme.

Parmi les puissances qui trompent l'homme, celle de l'**imagination** n'est pas la moindre, comme en témoigne le vertige :

Qu'on jette une poutre entre ces deux tours, d'une grosseur telle qu'il faut pour nous promener dessus : il n'y a sagesse philosophique de si grande fermeté qui puisse nous donner courage d'y marcher comme nous ferions si elle était à terre.

Il en va de même pour l'**amour-propre** :

C'est une affection inconsidérée, de quoi nous nous chérissons, qui nous représente à nous-mêmes autres que nous ne sommes. […] Il y a deux parties en cette gloire, à savoir de s'estimer trop, et n'estimer pas assez autrui.

Pour Montaigne, notre raison est incapable de connaître Dieu et de prouver l'immortalité de l'âme. Agnostique, il conclut que toutes les religions se valent, et qu'elles ne sont le plus souvent qu'un prétexte aux passions et aux convoitises humaines.

L'obstination et ardeur d'opinion est la plus sûre preuve de bêtise.

Les Trois Philosophes. Giorgione, v. 1510, Kunsthistorisches Museum, Vienne.

Montaigne observe avec curiosité l'extrême variété des coutumes humaines. Il en conclut qu'elles reposent sur le hasard et qu'il n'existe pas de loi commune aux hommes.

Il n'est rien sujet à plus continuelle agitation que les lois. Depuis que je suis né, j'ai vu trois et quatre fois rechanger celles des Anglais, nos voisins, non seulement en sujet politique, qui est celui qu'on veut dispenser de constance, mais au plus important sujet qui puisse être, la religion. […] Et chez nous ici, j'ai vu telle chose, qui nous était capitale [punie de mort], devenir légitime ; et nous, qui en tenons d'autres, sommes à même, selon l'incertitude de la fortune guerrière, d'être un jour criminels de lèse-majesté, notre justice tombant à la merci de l'injustice. […] **Quelle vérité que ces montagnes bornent, qui est mensonge au monde qui se tient au-delà ?**

Respectueux des lois et coutumes de son pays, Montaigne considère l'ordre établi comme un moindre mal par rapport à la violence. Toutefois, il défend farouchement la liberté individuelle et le droit à la critique. Et ses prises de position en faveur des « sauvages » – même cannibales –, des pauvres, sa révolte contre l'esclavage, la torture ou les méfaits de la justice font de lui un réformiste.

La sagesse est pour Montaigne un art de vivre proche de ce qui sera, au XVIIe siècle, l'idéal de l'honnête homme. Le souverain bien réside dans la vertu, qui exige un effort de l'âme pour vivre en harmonie avec le monde et la raison, tout en restant soi-même :

Il faut jouer dûment notre rôle, mais comme rôle d'un personnage emprunté. […] Un honnête homme n'est pas comptable du vice ou sottise de son métier.

Montaigne se reconnaît deux passions : la liberté et la vérité, qui forment un idéal de dignité humaine. Cette vérité ne peut être approchée que par le dialogue, ce plaisir d'une intelligence qui ne se satisfait jamais de certitudes :

Le plus fructueux et naturel exercice de notre esprit, c'est à mon gré la conférence.

La sagesse commence par la modération et la tolérance. C'est une sagesse modeste, humaniste, à la taille de l'homme : il s'agit de se réaliser pleinement à l'intérieur de ses limites.

La sagesse a ses excès et n'a pas moins besoin de la modération que la folie.

Épicurien, Montaigne pense enfin que le bonheur consiste à aimer la vie et à la goûter pleinement, en accord avec la nature. Sachons nous détendre et nous distraire, ne méprisons pas les plaisirs simples.

Pour moi donc, j'aime la vie et la cultive telle qu'il a plu à Dieu de nous l'octroyer. [...] **Nature est un doux guide**, mais non pas plus doux que prudent et juste. [...] C'est une absolue perfection, et comme divine, de savoir jouir loyalement de son être. [...] Les plus belles vies sont, à mon gré, celles qui se rangent au modèle commun et humain, avec ordre, mais sans miracle et sans extravagance.

Pour toutes les citations de Montaigne : adaptation de Pierre Michel

Étienne de La Boétie

Étienne de La Boétie (1530-1563) fait ses études à Bordeaux au prestigieux collège de Guyenne. À 16 ans, il traduit déjà Xénophon et Plutarque. Et c'est à 18 ans qu'il écrit son *Discours de la servitude volontaire*, contre la tyrannie, qui fait de lui un précurseur des philosophes des Lumières. Nommé à 22 ans conseiller au parlement de Bordeaux, il y rencontre Montaigne*, auquel le liera bientôt une indissoluble amitié. Stoïcien convaincu, La Boétie meurt à 32 ans de la dysenterie avec un courage admirable, et c'est son ami qui publiera son œuvre.

La version définitive du ***Discours de la servitude volontaire*** paraît en 1576 sous le titre de *Contr'Un*. Il est écrit avec éloquence dans un style impétueux, généreux, qui reste toujours simple et naturel. Inspiré par la passion antique de la liberté, La Boétie cherche à définir les frontières que Dieu et la Nature assignent à la tyrannie, et surtout il légitime la révolte lorsque ces limites sont franchies. Or le peuple cède devant la force, devant les promesses, mais aussi par habitude, alors que c'est contraire à la nature humaine : la tyrannie provoque la dénaturation des gouvernants comme des gouvernés.

C'est un extrême malheur que d'être assujetti à un maître, dont on ne peut être jamais assuré qu'il soit bon, puisqu'il est toujours en sa puissance d'être mauvais quand il voudra.

Comme Montaigne, La Boétie fait appel au bon sens, à la tolérance qui « donne tout son prix à l'humaine condition ». Il est contre la violence mais pour la réforme, du politique comme du religieux. Et celle-ci est possible dès que le peuple cesse d'appuyer le tyran par sa soumission.

Soyez résolus de ne servir plus, et vous serez libres...

Les engagés

Le massacre de Wassy en 1562 marque le début des guerres de Religion, qui dureront jusqu'à la fin du siècle. Cette guerre civile engendre en littérature des formes inédites, des textes partisans, vibrants de passion tels le **discours politique** (Bodin ou Du Vair), le **pamphlet** (d'Aubigné), la **satire** (*Satire Ménippée*, œuvre collective de bourgeois parisiens), les **chroniques** ou **mémoires** (Montluc, d'Aubigné)... En parallèle, un véritable courant poétique naît des conflits religieux : une poésie combattante que ne dédaigneront ni Du Bellay ni Ronsard, mais qui sera essentiellement illustrée par trois poètes protestants, Théodore Agrippa d'Aubigné, Guillaume du Bartas et Jean de Sponde. Si les poètes humanistes imitent l'Antiquité, les poètes protestants vont quant à eux puiser leur inspiration directement dans la Bible. Ils créent ainsi tout un courant nouveau, épique, ardent, passionné, baroque, très différent de ce qui sera l'idéal classique.

Le Massacre de la Saint-Barthélemy à Paris (24 août 1572). Détail d'une peinture de F. Dubois, musée cantonal des Beaux-Arts, Lausanne.

Théodore Agrippa d'Aubigné

Théodore Agrippa d'Aubigné (1552-1630), fils d'un gentilhomme calviniste, ne cessera de lutter pour sa foi, l'arme ou la plume à la main. Une accalmie cependant : en 1572, épris de Diane Salviati – nièce de la Cassandre de Ronsard* –, il écrit pour elle des poèmes qu'il réunira dans le recueil *Le Printemps*. De 1573 à 1594, d'Aubigné accompagne Henri de Navarre (futur Henri IV) dans tous ses combats, et il ne lui pardonnera jamais sa conversion au catholicisme. Il meurt à Genève, où il s'était réfugié après avoir repris les armes sous Louis XIII, laissant une œuvre considérable et variée, témoin de son érudition et de sa nature généreuse et ardente. Ses ouvrages les plus importants sont une *Histoire universelle*, très documentée mais partisane, et *Les Tragiques*, épopée en alexandrins sur les guerres de Religion vues du côté protestant.

Dans ***Les Tragiques***, rédigés en 1577 mais publiés seulement en 1616 et sous l'anonymat, d'Aubigné brosse un tableau violent et saisissant des désastres liés aux persécutions religieuses. Parue au moment du triomphe de Malherbe* et du classicisme, cette œuvre militante et polémique, tour à tour pamphlétaire, lyrique, réaliste ou visionnaire, n'eut sur le moment aucun succès. Ce sont les romantiques qui redécouvrirent au XIXe siècle ce chef-d'œuvre de la littérature baroque.

Dans le livre I, *Misères*, le poète annonce solennellement son intention :

Je veux peindre la France une mère affligée,
Qui est, entre ses bras, de deux enfants chargée.
Le plus fort, orgueilleux, empoigne les deux bouts
Des tétins nourriciers; puis, à force de coups
D'ongle, de poing, de pied, il brise le partage
Dont la nature donnait à son besson [jumeau] l'usage;
[...]
Adonc se perd le lait, le suc de sa poitrine;
Puis, aux derniers abois de sa proche ruine,
Elle dit : « Vous avez, félons, ensanglanté
Le sein qui vous nourrit et qui vous a portés;
Or, vivez de venin, sanglante géniture,
Je n'ai plus que du sang pour votre nourriture! »

L'inspiration biblique – comme ici la rivalité d'Ésaü et de Jacob – confère aux événements la valeur de mythes. Dieu est partout présent et agissant tandis que la Nature assiste, désolée, aux abominations de la guerre civile... D'Aubigné s'en prend avec férocité à Catherine de Médicis et à ses fils, Charles IX et Henri III, ainsi qu'au cardinal de Lorraine, au pape, aux courtisans qui égarent les rois par leurs mensonges, aux débauches de la Cour, au Parlement, à l'Inquisition...

Mais d'Aubigné est aussi le disciple déclaré de Ronsard*, comme en témoigne ce célèbre extrait du livre IV où le poète s'adresse aux martyrs :

Une rose d'automne est plus qu'une autre exquise,
Vous avez éjoui [joui de] l'automne de l'Église.

La poésie visionnaire, brûlante d'Agrippa d'Aubigné fait montre d'une imagination puissante et d'une verve qui annoncent celles de Victor Hugo*. Ainsi ce passage sur l'Enfer du livre VII :

Ô enfants de ce siècle, ô abusés moqueurs,
Imployables esprits, incorrigibles cœurs,
Vos esprits trouveront en la fosse profonde
Vrai ce qu'ils ont pensé une fable en ce monde.
[...]
Mais n'espérez-vous point fin à votre souffrance?
Point n'éclaire aux enfers l'aube de l'espérance.
Dieu aurait-il sans fin éloigné sa merci?
Qui a péché sans fin souffre sans fin aussi.
[...]
Criez après l'enfer : de l'enfer il ne sort
Que l'éternelle soif de l'impossible mort.

Mais si l'Enfer attend les pécheurs, les Justes en revanche seront pardonnés et mériteront le Paradis. Dans le livre VII, d'Aubigné offre une peinture saisissante de la résurrection des victimes :

La terre ouvre son sein ; du ventre des tombeaux
Naissent des enterrés les visages nouveaux :
Du pré, du bois, du champ, presque de toutes places
Sortent les corps nouveaux et les nouvelles faces.
Ici, les fondements des châteaux rehaussés
Par les ressuscitants promptement sont percés ;
Ici, un arbre sent des bras de sa racine
Grouiller un chef [tête] vivant, sortir une poitrine ;
Là, l'eau trouble bouillonne, et puis, s'éparpillant,
Sent en soi des cheveux et un chef s'éveillant. [...]
Les corps par les tyrans autrefois déchirés
Se sont en un moment en leurs corps asserrés [...]
Les cendres des brûlés volent de toutes parts ;
Les brins, plus tôt unis qu'ils ne furent épars,
Viennent à leur poteau, en cette heureuse place,
Riant au ciel riant, d'une agréable audace.

Guillaume du Bartas

Guillaume de Salluste, seigneur du Bartas (1544-1590), étudie le droit à Toulouse, participe aux Jeux floraux de cette ville et remporte la « Violette » en 1565. Jeanne d'Albret commande à ce calviniste convaincu fidèle de la cour de Navarre un grand poème épique, *La Judith*, qui paraît en 1574 dans le recueil intitulé *La Muse chrétienne* et qui fait penser au *Salammbô* de Flaubert*. Judith, belle veuve juive qui trancha la tête du général assyrien Holopherne parce qu'il menaçait son peuple, fut naturellement prise pour emblème par les Réformés.
Proche d'Henri de Navarre, Du Bartas remplit diverses missions diplomatiques, notamment auprès de Jacques VI d'Angleterre. Il laisse une œuvre conséquente, où il transforme les mythes bibliques en fresques baroques à grand spectacle.

Il est surtout connu pour son poème encyclopédique ***La Semaine, ou la Création du monde*** (1579), inspiré de la science antique et de la Bible, qui fut traduit et édité dans toute l'Europe. *La Seconde Semaine* (1584), inachevé, se proposait de décrire l'Enfance du monde.

Ce premier monde était une forme sans forme,
Une pile confuse, un mélange difforme,
D'abîmes un abîme, un corps mal compassé,
Un chaos de chaos, un tas mal entassé
Où tous les éléments se logeaient pêle-mêle,
Où le liquide avait avec le sec querelle,

L'Enfer du musicien (détail), panneau droit du triptyque du *Jardin des délices* de Jérôme Bosch, v. 1500, musée du Prado, Madrid.

Le rond avec l'aigu, le froid avec le chaud,
Le dur avec le mol, le bas avec le haut,
L'amer avec le doux : bref, durant cette guerre
La terre était au ciel, et le ciel en la terre.

Sa poésie, ample et pleine de souffle, connut un immense succès au XVIIe siècle en Angleterre, en Hollande, en Italie et jusqu'en Amérique.

Jean de Sponde

Élevé dans un milieu protestant et austère, Jean de Sponde (1557-1595) acquiert une parfaite connaissance du grec et de la théologie auprès de Théodore de Bèze*. À partir de 1585, il travaille comme agent politique pour Henri de Navarre. Emprisonné à Paris puis à Tours comme hérétique, il se convertit au catholicisme en suivant l'exemple de son maître, ce qui lui vaut la haine des protestants. Les catholiques rejettent également ses écrits, trop marqués par le calvinisme. Sponde mourra dans la misère, après une vie entièrement marquée par les guerres de Religion.

Son œuvre, redécouverte au milieu du XXe siècle, comprend un recueil d'*Amours*, des *Stances de la Cène* et surtout d'admirables ***Stances de la mort*** (1588) qui vibrent d'accents ardents. Poète de la tentation repoussée et de la quête fiévreuse de la sérénité, Sponde oppose à l'attrait du monde inconstant et fragile – thème privilégié de la littérature baroque – l'aspiration à la stabilité hors du temps que procurera la mort.

Tout s'enfle contre moi, tout m'assaut, tout me tente,
Et le Monde et la Chair, et l'Ange révolté
Dont l'onde, dont l'effort, dont le charme inventé
Et m'abîme, Seigneur, et m'ébranle, et m'enchante.

La Satire Ménippée

En 1593, Paris est livrée aux « Seize », les chefs ligueurs des seize quartiers de la capitale, qui font régner la terreur sous la protection d'une garnison espagnole. Lorsque Henri IV assiège la ville, des états généraux sont convoqués pour nommer un autre roi, mais l'assemblée s'y refuse. Henri IV abjure alors le protestantisme et entre dans Paris. L'année suivante paraît la ***Satire Ménippée***, œuvre collective d'un groupe de bourgeois parisiens (dont l'érudit et poète **Jean Passerat**). Cette parodie bouffonne des états généraux de 1593 fête le retour à la raison du pays groupé autour de son roi légitime, contre les convoitises de l'étranger et les abus de la Ligue. Le titre fait allusion au philosophe cynique Ménippe (IIIe siècle av. J.-C.) : il s'agit de ridiculiser les Ligueurs en leur prêtant un langage cynique ou niais. Ils tiennent donc l'un après l'autre des harangues qui les accablent – procédé qui provoque un éclat de rire salutaire et qui sera notamment repris par Voltaire*.

De cette œuvre patriotique clairvoyante pleine de verve, de malice et d'éloquence, citons la célèbre harangue de M. d'Aubray, représentant du tiers état, qui incarne la voix de la raison :

> « Ô Paris, qui n'es plus Paris, mais une caverne de bêtes farouches, une citadelle d'Espagnols, Wallons et Napolitains, un asile et sûre retraite de voleurs, meurtriers et assassinateurs, ne veux-tu jamais retrouver le sentiment de ta dignité, et te souvenir de qui tu as été, en comparaison de ce que tu es ?
> Ne veux-tu jamais te guérir de cette frénésie qui, au lieu d'un légitime et gracieux roi, t'a engendré cinquante roitelets et cinquante tyrans ?
> Te voilà aux fers ! Te voilà en l'Inquisition d'Espagne ! »

La tragédie humaniste

Au XVIe siècle, le théâtre suit avec un temps de retard le renouveau humaniste. Les genres de la fin du Moyen Âge – mystères, farces, soties, moralités – restent largement à l'honneur pendant la première moitié du siècle. Cependant les érudits traduisent le théâtre antique, suscitant la naissance d'un théâtre tragique français. Aucune comédie digne de la *Farce de maître Pathelin* n'émerge pendant la Renaissance, malgré quelques tentatives comme l'*Eugène* de **Jodelle**. Les pièces ne connaissent d'ailleurs qu'un tout petit nombre de représentations, devant un public de lettrés très restreint.

C'est le protestant **Théodore de Bèze** qui publie en 1550 la première tragédie de langue française, *Abraham sacrifiant*. Le genre de la « tragédie humaniste » sera ensuite repris pendant trois générations, dont les principaux représentants seront **Jodelle**, **Garnier** et **Montchrestien**. Selon Jean de La Taille, auteur huguenot engagé dans les guerres civiles, ces œuvres, reflets du tragique ambiant, ne traitent « que de piteuses ruines de grands seigneurs, que des inconstances de Fortune, que bannissements, guerres, pestes, famines, captivités, exécrables cruautés des tyrans ; en bref que larmes et misères extrêmes » (*De l'art de la tragédie*, bref traité précédant sa tragédie *Saül le Furieux*, 1572). L'issue, dévoilée à l'avance, est inévitable. Le pathétique est le ressort principal, avec de longs monologues déplorant les malheurs endurés. La tragédie, toujours écrite en vers, relève de la poésie, et des chœurs à la grecque lui confèrent un caractère musical.

THÉODORE DE BÈZE

Théodore de Bèze (1519-1605), orphelin de mère, est élevé par un helléniste protestant. Docteur en droit, il rejoint Calvin à Genève où il devient professeur de grec et théologien. Il prend part aux guerres de Religion dans l'armée huguenote et joue un rôle de premier plan au colloque de Poissy en 1560. C'est lui qui convertit au protestantisme Jeanne d'Albret, fille de Marguerite de Navarre* et mère du futur Henri IV. À la mort de Calvin, il deviendra le chef du protestantisme français.

Il publie en 1550 à Genève la première tragédie de langue française, ***Abraham sacrifiant***. Il s'inspire des tragédies grecques pour la structure (alternance des scènes dramatiques et des scènes de chœur) et la longueur (1 200 vers), et il choisit tout naturellement son sujet dans l'Ancien Testament. Mais c'est aussi une œuvre de propagande calviniste : Abraham [Bèze] obéit aveuglément aux commandements de Dieu, Isaac est le futur Henri IV, Sarah est Jeanne d'Albret, le berger est le prince protestant Louis de Condé tandis que Satan est personnifié par le très catholique cardinal de Bourbon… Interdite en France, la pièce circule sous le manteau jusqu'à la fin des guerres civiles ; elle est régulièrement représentée dans les temples protestants depuis le XVIe siècle.

Cléopâtre se donnant la mort. Guido Reni, 1598, Bildergalerie Sanssouci, Potsdam.

ÉTIENNE JODELLE

Jodelle* connaît la gloire à 20 ans lorsqu'il fait jouer la première tragédie française à sujet profane, ***Cléopâtre captive***, en 1553. L'événement sera salué avec enthousiasme par Ronsard* et les poètes de la Pléiade. Cette pièce se termine par le suicide de la reine d'Égypte après la mort d'Antoine : la rupture est complète avec la tradition médiévale. Essentiellement lyrique – avec de longues plaintes de l'héroïne et des chœurs aux entractes –, elle annonce cependant le théâtre classique par sa composition en cinq actes et par l'apparition des trois unités (de temps, de lieu et d'action). À la fin, le chœur annonce la mort de Cléopâtre, déplorant qu'une destinée si tragique ait été réservée à une femme si belle et si puissante :

Tout n'est qu'un songe, une risée,
Un fantôme, une fable, un rien
Qui tient notre vie amusée
En ce qu'on ne peut dire sien.

Robert Garnier

Avec Robert Garnier (1545-1590) s'affirme un véritable talent tragique. De par sa formation d'avocat, il possède l'éloquence et l'art du débat, mais il a aussi le sens du lyrisme et de la mise en scène. Ses premières tragédies sont inspirées du Latin Sénèque. Les suivantes sont dans la veine du théâtre grec. Mais ce sont surtout les deux dernières pièces de Garnier qui sont passées à la postérité : *Bradamante* (1582), où il crée le genre de la tragicomédie (tragédie dont l'action est romanesque et le dénouement heureux), et enfin la tragédie ***Les Juives*** (1583), son chef-d'œuvre, empruntée à l'histoire du peuple hébreu.

Nabuchodonosor fait tuer les enfants de Sédécias sous les yeux de leur père. F.-X. Fabre, 1787, École nationale supérieure des Beaux-Arts, Paris.

C'est LA tragédie lyrique par excellence : une longue lamentation très émouvante, des cris du cœur saisissants de spontanéité. Ce lyrisme est soutenu par d'éloquentes tirades en alexandrins, par des débats oratoires animés, des dialogues serrés, et une intrigue qui souligne avec ironie les vains espoirs de certains personnages... Toute la pièce est scandée par le chœur des Juives. La tragédie, de plus de 2600 vers, débute sur la mise à sac de Jérusalem par le roi assyrien Nabuchodonosor, au VIe siècle av. J.-C. Quel sort va-t-il réserver à Sédécie, roi vaincu de la Ville sainte, et au peuple hébreu ? Ce dernier plaide pour son peuple avec grandeur :

Ma vie est en vos mains, vengez-vous dessus elle ;
Passez-moi votre estoc jusques à la pommelle,
Et ce peuple sauvez, qui n'a fait autre mal
Sinon de se défendre et de m'être loyal.

Mais Nabuchodonosor reste intraitable, et Sédécie laisse éclater son mépris pour ce tyran incapable de comprendre que l'honneur du vaincu est de savoir pardonner. Le chœur évoque avec nostalgie sa liberté perdue, puis chante la puissance de Dieu face aux vicissitudes de la destinée.

Notre orgueilleuse Cité,
Qui les cités de la terre
Passait en félicité,
N'est plus qu'un monceau de pierres.

Dessous ses murs démolis,
Comme en communs cimetières,
Demeurent ensevelis
La plus grand'part de nos frères.

Et nous, malheureux butin,
Allons soupirer captives,
Bien loin dessous le matin [l'orient],
Sur l'Euphrate aux creuses rives,

Où confites en tourments,
Toute liberté ravie,
En pleurs et gémissements
Nous finirons notre vie.

Sédécie devra regarder ses enfants périr avant qu'on ne lui crève les yeux… Au milieu des lamentations, le roi martyr confesse ses torts et dit sa confiance en Dieu, puis le Prophète annonce la venue de jours meilleurs pour Jérusalem, et celle du Messie…

Aucune tragédie du XVIe siècle n'eut autant de succès et ne fut aussi imitée que *Les Juives*, en France mais aussi en Hollande et en Allemagne (pays protestants). Garnier est d'ailleurs le seul catholique à être parvenu à restituer le souffle tragique et prophétique de la Bible.

Antoine de Montchrestien

Antoine de Montchrestien (1575-1621) eut une vie mouvementée. Il publiera cinq tragédies avant de délaisser la poésie pour se consacrer à l'économie. Chez Montchrestien comme chez Garnier, le lyrisme prédomine sur l'action dramatique. Sa pièce majeure, ***L'Écossaise***, évoque la mort de Marie Stuart. C'est un poème élégiaque, plein d'admirables passages, qui abonde en monologues, en lamentos et en interventions du chœur. Mais surtout, son style est d'une beauté et d'une délicatesse qui annoncent Corneille* et Racine* :

Et que par mes malheurs, comme par un degré
Il a daigné monter sur le trône sacré.

Le XVIIe siècle

Le XVIIe siècle se place sous le signe de la grandeur : autant par l'éclat des lettres et des arts que par celui des armes, la France domine le monde. Mais c'est en fait un siècle double, marqué par deux règnes bien distincts sur les plans politique et esthétique, celui de Louis XIII puis celui de Louis XIV – le baroque contre le classicisme.

Le siècle de Louis XIII, époque bigarrée de crise et de mutation, obéit à l'esthétique **baroque** ; c'est une période de défoulement après le choc des grandes découvertes, de la Réforme et des guerres de Religion. Les baroques, pessimistes, donnent libre cours à leur imagination et prennent de grandes libertés avec le style. Leur sensibilité est caractérisée par le goût du changement et des métamorphoses, la conviction que tout est instable et éphémère. Il s'agit de rendre perméable la frontière entre apparence et réalité en jouant sur la diversité, la fantaisie et les raffinements du style. Cette esthétique aux images brillantes voit le triomphe du contraste entre une pensée subtile et des notations violemment réalistes (Viau, Saint-Amant).

Le baroque connaîtra deux dérives : le **burlesque** d'une part, fondé sur un réalisme exacerbé afin de dénoncer les travers de la société ; et la **préciosité** d'autre part, qui s'inspire de l'idéal courtois du Moyen Âge pour faire l'apologie des sentiments nobles et raffinés dans les salons mondains. Ces dérives vont susciter, en réaction, le retour à l'ordre du classicisme.

À partir de 1660, on parle du « Grand Siècle » : c'est le règne du Roi-Soleil, état d'équilibre, d'harmonie et d'ordre qui voit le triomphe du **classicisme**. À l'exubérance du baroque répondent la clarté, la rigueur et la régularité classiques. Louis XIV protège Molière, Racine, Boileau, Bossuet. Ce souverain épris de gloire a compris que la postérité l'admirerait d'avoir favorisé les arts et les lettres. Les salons mondains perdent de l'importance par rapport à la Cour, qui véhicule l'idéal de l'honnête homme.

Portrait de Louis XIV en costume royal.
H. Rigaud, 1701, musée du Louvre, Paris.

Comme les humanistes, les classiques croient en la grandeur de l'homme, qui doit savoir dominer ses passions par la raison. Ils réfléchissent aux faiblesses de la condition humaine et aux travers de la société par la voie de la raison (Descartes), de la métaphysique (Gassendi) ou de la religion (Pascal).

Les écrivains se font théoriciens pour fixer les règles de bienséance et de style à respecter. Ainsi Malherbe, puis Boileau dans son *Art poétique*, imposent-ils les règles de la poésie classique en réaction à l'esthétique baroque. On voit s'épanouir les **genres mondains**, comme la fable (La Fontaine), le conte (Perrault), la maxime (La Rochefoucauld, La Bruyère), la lettre (Mme de Sévigné) et les mémoires (Retz, Saint-Simon), qui sont le reflet des mœurs du Grand Siècle. Le roman prend de multiples formes – héroïque, picaresque, comique, réaliste ou psychologique – et s'érige enfin comme genre à part entière. *La Princesse de Clèves* de Mme de La Fayette ouvre la voie du roman moderne.

Mais le XVIIe siècle reste avant tout l'âge d'or du **théâtre** : Corneille et Racine vont donner ses lettres de noblesse à la tragédie, genre majeur du classicisme hérité de l'Antiquité. Et Molière va déployer son génie dans la comédie afin de toucher un plus grand nombre de spectateurs. Les théâtres fleurissent, les troupes itinérantes se stabilisent pour offrir un spectacle total parvenant à réconcilier le dynamisme baroque et l'exigence classique.

Baroque, préciosité et burlesque

L'Extase de sainte Thérèse. Le Bernin, 1652, église Santa Maria della Vittoria, Rome.

Au dernier tiers du XVIe siècle et dans la première moitié du XVIIe, le mouvement **baroque** naît de la remise en question de l'optimisme humaniste et de l'esprit de la Pléiade. À cette période qui sépare la Renaissance du classicisme correspond d'abord un mouvement esthétique lié à l'architecture, la peinture et la sculpture avant de concerner la musique et la littérature. Le terme, qui désigne à l'origine, dans le vocabulaire de la joaillerie, une perle de forme irrégulière, définit un style caractérisé par l'exubérance, le bizarre, le mélange des lignes et des formes, dans une recherche affirmée et assumée de l'ostentatoire : jeux de miroirs, métamorphoses, hyperboles et antithèses. Si le classicisme est un art de la convergence qui recherche l'unité, le milieu, la mesure, ce qu'on appelle « bon goût », « discrétion », « honnêteté », le baroque, lui, est un art de la divergence, construit sur les apparences et les contraires, qui recherche l'excès, s'éparpille et se multiplie, poussant l'esprit jusqu'aux extrêmes. L'art classique est synonyme de perfection, alors que le baroque est du côté de l'imparfait, de l'inachevé…

Burlesque et **préciosité** seront les dérives du baroque, vers plus de galanterie osée, de raffinement ou au contraire de raillerie réaliste.

Malherbe par Robert Lefebvre. Bibliothèque Sainte-Geneviève, Paris.

MALHERBE, UN CAS D'ÉCOLE

Le nom de Malherbe n'évoque pas seulement un poète mais toute une doctrine poétique qui fait le lien entre le XVIe et le XVIIe, entre la Pléiade et le classicisme : Malherbe réforma en effet le langage poétique et domina la vie littéraire de son temps. Comme tout maître, il eut ses disciples (Mainard, Racan) et ses détracteurs, parmi lesquels Régnier*, Viau*, Saint-Amant* et L'Hermite*. Boileau*, au début de son *Art poétique*, a su lui rendre hommage en des vers bien connus :

Enfin Malherbe vint, et, le premier en France,
Fit sentir dans les vers une juste cadence,
D'un mot mis en sa place enseigna le pouvoir,
Et réduisit la muse aux règles du devoir.

Né à Caen, François de Malherbe (1555-1628) fait des études de droit et suit le duc d'Angoulême à Aix. C'est là, au contact de la poésie méridionale et des magistrats humanistes, qu'il prend conscience de sa vocation poétique. Il devient en 1605 le poète officiel pensionné du roi Henri IV et le restera sous la régence de Marie de Médicis, puis sous Louis XIII, jusqu'à sa mort.

Pour Malherbe, la technique compte avant tout ; ne croyant ni à l'inspiration, ni au lyrisme personnel, il s'oppose aux poètes de la Pléiade, qui avaient cherché à enrichir la langue. Lui va l'épurer, refusant les archaïsmes, les provincialismes, les mots dérivés ou composés. Il proscrit également l'excès de figures de rhétorique : l'expression doit être soumise à la pensée. De même, toute licence poétique est bannie.

La plupart de ses œuvres sont des pièces de circonstance : odes, stances ou sonnets d'une facture impeccable, traitant de la mort ou des bienfaits de la paix dans une froideur toute stoïcienne. Il sera partiellement responsable du déclin de la poésie jusqu'aux romantiques.

J'aurai donc nommé ces beaux yeux
Tant de fois mes rois et mes dieux !
Pour aujourd'hui n'en tenir compte,
Et permettre qu'à l'avenir
On leur impute cette honte
De n'avoir su me retenir !

Le baroque

S'opposant à la rigueur et à l'épure de Malherbe*, les œuvres baroques sont caractérisées par un lyrisme libre, des images brillantes, des contrastes violents et des enchaînements déroutants. Les grands thèmes baroques seront le mouvant et le changeant, l'éphémère, la métamorphose, l'illusion, les jeux de miroirs, l'amour et la mort…

MATHURIN RÉGNIER

C'est Régnier le satirique (1573-1613) qui va le plus violemment s'opposer aux règles imposées par Malherbe*. Né à Chartres, il devient l'un des poètes attitrés du roi Henri IV, dont il chante dans ses vers la maîtresse, Gabrielle d'Estrées. Mais il est surtout connu pour ses satires, qui paraissent l'année de sa mort. C'est un genre à la mode au début du XVIIe siècle, qui permet à Régnier de donner libre cours à son don d'observation et à sa verve réaliste digne d'un Rabelais*, afin de dénoncer les mœurs de son temps et les vices de la Cour. Ces satires préfigurent certains personnages des comédies de Molière*, certains portraits des *Caractères* de La Bruyère* ou bien les satires de Boileau*.

> Suivant mon naturel, je hais tout artifice ;
> Je ne puis déguiser la vertu, ni le vice,
> Offrir tout de la bouche, et, d'un propos menteur,
> Dire : « Pardieu, monsieur, je suis votre serviteur. »
>
> Satire III, « La vie de cour »

THÉOPHILE DE VIAU

Théophile de Viau (1590-1626) rend hommage à Malherbe*, mais il refuse de se soumettre à son dogmatisme et reste toute sa vie fidèle à sa liberté d'inspiration. Jeune épicurien, il évolue vite vers la libre-pensée et le libertinage. Entré à la Cour en 1615 après sa conversion au catholicisme, il est banni en 1619, mais revient en grâce en 1621. Cette même année, une première publication de ses œuvres et la représentation de sa tragédie, ***Pyrame et Thisbé***, le rendent célèbre. Cependant les jésuites travaillent à sa perte : en 1623, on lui impute la publication du *Parnasse satirique*, et il est incarcéré dans le cachot de Ravaillac et condamné à être brûlé vif. En 1625, le Parlement prononce un simple bannissement mais, de santé fragile, Viau meurt peu de temps après sa libération.

Théophile de Viau va peu à peu rejeter toute croyance chrétienne pour tendre vers un naturalisme épicurien. Son credo est clair : « **J'approuve qu'un chacun**

suive en tout la nature. » Il en sera de même pour sa poétique, qui refuse toute règle préétablie. En tête de son premier recueil, il place l'« Élégie à une Dame », qui reflète bien son état d'esprit poétique :

Imite qui voudra les merveilles d'autrui,
Malherbe a très bien fait, mais il a fait pour lui,
Mille petits voleurs l'écorchent tout en vie :
Quant à moi ces larcins ne me font point d'envie,
J'approuve que chacun écrive à sa façon,
J'aime sa renommée et non pas sa leçon.

Le Tricheur à l'as de carreau.
Georges de La Tour, 1630, musée du Louvre, Paris.

Son œuvre compte des sonnets, des odes, des épigrammes ou des satires qui revendiquent tous sa liberté de mœurs et d'expression.

Beaux esprits si chers à la gloire,
Et sans qui l'œil de la mémoire
Ne saurait rien trouver de beau,
Écoutez la voix d'un Poète
Que les alarmes du tombeau
Rendent à chaque fois muette.
[…]
S'il arrive que mon naufrage
Soit la fin de ce grand orage
Dont je vois mes jours menacés,
Je vous conjure ô troupe sainte
Par tout l'honneur des trépassés,
De vouloir achever ma plainte.

« Prière de Théophile aux poètes de son temps »

Marc-Antoine de Saint-Amant

Marc-Antoine Girard, sieur de Saint-Amant (1594-1661), est né à Rouen dans une famille de marchands bourgeois protestants. Il voyage en Afrique et aux Antilles, où le paysage lui inspire son premier poème, aux accents lyriques : « La Solitude ».

Oh ! que j'aime la solitude !
Que ces lieux sacrés à la nuit,
Éloignés du monde et du bruit,
Plaisent à mon inquiétude !

Il séjourne à Paris, où il se lie avec Viau*, et publie le premier recueil de ses *Œuvres* en 1629. Il participe aux expéditions contre les Espagnols et s'acquitte de missions diplomatiques, puis fait un séjour à Rome d'où il rapporte *La Rome* *ridicule*, poème satirique dans la lignée des *Regrets* de Du Bellay*. Il publiera encore une idylle héroïque, le *Moïse sauvé* (1653), et son *Dernier Recueil* (1658).

À l'imitation des Anciens qu'il proscrit, Saint-Amant préfère l'imagination et la verve. Son inspiration variée le mène des poèmes mythologiques aux vers amoureux en passant par des épigrammes satiriques ou des pièces bachiques et gastronomiques tel « Le Melon », à la manière des natures mortes flamandes :

Quelle odeur sens-je en cette chambre?
Quel doux parfum de musc et d'ambre
Me vient le cerveau réjouir
Et tout le cœur épanouir? [...]
A-t-on brûlé de la pastille?
N'est-ce point ce vin qui pétille
Dans le cristal, que l'art humain
A fait pour couronner la main,
Et d'où sort, quand on en veut boire,
Un air de framboise à la gloire
Du bon terroir qui l'a porté
Pour notre éternelle santé? [...]
Qu'est-ce donc? Je l'ai découvert
Dans ce panier rempli de vert :
C'est un MELON, où la nature,
Par une admirable structure,
A voulu graver à l'entour
Mille plaisants chiffres d'amour.

Saint-Amant excelle dans les sujets du quotidien mais aussi dans des thèmes plus mystérieux, comme dans ces vers du « Contemplateur » :

J'écoute, à demi transporté,
Le bruit des ailes du silence,
Qui vole dans l'obscurité.

Tristan L'Hermite

Comme Viau*, Tristan L'Hermite (1600-1655) a pratiqué tous les genres d'écriture : romancier autobiographique avec le comique *Page disgracié* (1642), épistolier (*Lettres mêlées*, 1642), dramaturge avec *La Mariane* (1636, tragédie un temps en concurrence avec *Le Cid* de Corneille*), et enfin poète, pour chanter la solitude consolatrice ou les éternelles métamorphoses de l'eau dans l'ode « La Mer ».

Le soleil à longs traits ardents
Y donne encore de la grâce
Et tâche à se mirer dedans
Comme on ferait dans une glace;
Mais les flots de vert émaillés
Qui semblent des jaspes taillés

S'entredérobent son visage ;
Et par de petits tremblements
Font voir au lieu de son image
Mille pointes de diamants.

En 1630, il compose *Les Plaintes d'Acante*, une pastorale aux tonalités élégiaques et mélancoliques. Suivent deux recueils poétiques, *Les Amours* et *La Lyre*, ainsi que deux tragédies, une tragicomédie et une comédie. Tristan L'Hermite sera élu en 1649 à l'Académie française.

PIERRE DE MARBEUF

Marbeuf (1590-1626) étudie le droit en compagnie de Descartes* avant de devenir maître des Eaux et Forêts. Auteur de sonnets baroques et d'un *Recueil de vers*, publié à Rouen en 1628, il traite les thèmes de la nature, de la fragilité de la vie et de l'amour. Ainsi, le sonnet « À Philis » associe avec virtuosité la double thématique baroque de l'eau et de l'amour :

L'Union de la terre et de l'eau. Rubens, v. 1620, musée de l'Ermitage, Saint-Pétersbourg.

Et la mer et l'amour ont l'amer pour partage,
Et la mer est amère, et l'amour est amer,
L'on s'abîme en l'amour aussi bien qu'en la mer,
Car la mer et l'amour ne sont point sans orage.

Celui qui craint les eaux qu'il demeure au rivage,
Celui qui craint les maux qu'on souffre pour [aimer,
Qu'il ne se laisse pas à l'amour enflammer,
Et tous deux ils seront sans hasard de naufrage.

La mère de l'amour eut la mer pour berceau,
Le feu sort de l'amour, sa mère sort de l'eau,
Mais l'eau contre ce feu ne peut fournir des armes.

Si l'eau pouvait éteindre un brasier amoureux,
Ton amour qui me brûle est si fort douloureux,
Que j'eusse éteint son feu de la mer de mes larmes.

JEAN DE SCHÉLANDRE

Jean de Schélandre (1585-1635) connaît une carrière militaire fulgurante. Poète très original, disciple de Ronsard* et Du Bartas*, il laisse une tragicomédie, *Tyr et Sidon*, son œuvre maîtresse jouée en 1608 et remaniée en 1628, mais aussi un recueil de poèmes, *Mélanges poétiques* (1608) et un ouvrage de piété, *Les Sept Excellents Tableaux de la pénitence de saint Pierre* (1636), paru un an après sa mort.

La préciosité

Le triomphe de la préciosité au début du xviie siècle est un phénomène européen, qui touche l'Angleterre avec John Lily, l'Italie avec Gianbattista Marino, ou l'Espagne avec Luis de Góngora. En France, cette esthétique s'inspire du pétrarquisme ainsi que des allégories du *Roman de la Rose* et de l'idéal courtois du Moyen Âge. Mais elle suit également une évolution sociale : le xviie siècle voit en effet l'affirmation d'une société mondaine qui se développe dans les salons aristocratiques – comme l'hôtel de Rambouillet, à Paris, où **Mme de Rambouillet** recevait ses invités triés sur le volet – ou bourgeois, tel le salon de **Mlle de Scudéry***. Cette société précieuse, éprise de conversations raffinées et de mœurs galantes, a trouvé refuge dans les salons pour fuir la vie de cour, devenue très grossière sous Henri IV. Les mondains improvisent des vers dans une poésie éclectique où se ressent l'influence de Malherbe* dans la recherche d'une langue pure, et qui célèbre leur petite société et non plus les Grands du royaume.

Le style précieux se caractérise par la volonté de se distinguer du vulgaire et le désir de donner du prix à sa personne, à ses actes et à son langage. Il faut montrer que l'on a de l'esprit en pratiquant les genres à la mode, l'impromptu, l'épître en vers, le sonnet, l'épigramme ou le blason pour consacrer les beautés des dames. **Le sujet principal des précieux sera l'amour**, un amour pur, respectueux des convenances, proche de l'amour courtois, dont on cherchera à exprimer toutes les nuances. Cette pratique du bon goût, liée à l'art de la métaphore, peut parfois atteindre au ridicule par une recherche de l'effet systématique : cette dérive sera condamnée par Molière* dans ses pièces *Les Précieuses ridicules* et *Les Femmes savantes*.

Honoré d'Urfé

Honoré d'Urfé. Gravure d'après un tableau de Van Dyck, BNF.

Honoré d'Urfé (1567-1625), chevalier de Malte, participe aux combats de la Ligue contre les troupes royales. Fait prisonnier et relâché grâce à une rançon payée par sa belle-sœur (qu'il épousera en 1600), il commence à publier *L'Astrée*. En 1613, les époux se séparent et Honoré reprend la route et les combats tout en écrivant la suite de *L'Astrée*. Il mourra à Gênes d'une pneumonie sans avoir terminé son roman et sans savoir qu'il marquera toute la sensibilité du xviie siècle.

L'Astrée, gros roman de près de 5000 pages, paru en 5 volumes entre 1607 et 1625, connut tout de suite un très grand succès. C'est une pastorale qui a pour cadre la Gaule du Ve siècle et qui conte les amours du berger Céladon et de la belle Astrée malgré les rivalités des deux familles. Banni par Astrée, placée sous la mauvaise influence du perfide Sémire, Céladon se jette dans la rivière, mais il est recueilli par trois nymphes qui s'occupent de lui et en tombent amoureuses. Céladon, rempli du souvenir d'Astrée, résiste et parvient à s'échapper. Pour approcher sa promise, il se déguise en jeune fille. Astrée va se lier d'amitié avec « elle » et Céladon ne déclinera son identité qu'une fois reconnu…

Autour de ces personnages principaux gravite toute une série de personnages secondaires dont les histoires se mêlent pour créer nombre d'aventures et d'intrigues. L'intérêt de l'œuvre réside surtout dans l'analyse subtile et précise des sentiments, et tout particulièrement les manifestations de l'amour. Pour Honoré d'Urfé, l'amour est lié à l'estime de l'autre, comme plus tard chez Corneille*. Ainsi, les héros de *L'Astrée* ne perdent jamais la faculté d'analyser avec lucidité ce qui leur arrive, et leur volonté combat toujours une trop forte passion. Voici le début du livre II :

> La lune était déjà pour la deuxième fois sur le milieu de son cours depuis que Céladon échappé des mains de Galathée et, n'osant se présenter devant les yeux de la bergère Astrée, pour obéir au commandement qu'elle lui en avait fait, s'était renfermé dans sa caverne. Et quoique trois mois fussent déjà presque écoulés depuis le jour de sa perte, le déplaisir que sa bergère en ressentait était encore si vif en son âme que, quelque prudence qui fût en elle, elle ne pouvait toutefois le cacher à ceux qui voulaient y prendre garde. Et il semblait que le ciel, par juste punition, refusât à sa douleur le remède que le temps a coutume de rapporter à tous ceux qui ont de sujet que de souffrance ; car, au lieu d'adoucir les aigreurs de ses ennuis, tous les jours elle découvrait de nouvelles occasions de regret.

Madeleine de Scudéry

Ancienne habituée de l'hôtel de Rambouillet, Madeleine de Scudéry (1607-1701) est une demoiselle romanesque et cultivée. À partir de 1652, elle reçoit tous les samedis, dans son salon du Marais, des bourgeoises entichées de romans et des gens de lettres. Ce salon a des activités littéraires, scandées chaque année par la publication d'un tome des romans-fleuves de Mlle de Scudéry. On y chante des chansons, on s'exerce aux sonnets, épigrammes et blasons, on y organise des tournois poétiques sur un sujet choisi, on commente la vie littéraire…

À la suite de *L'Astrée*, de très longs romans ont vu le jour et conquis le public des salons. C'est le cas des deux romans que Madeleine de Scudéry publia sous le nom de son frère : ***Le Grand Cyrus*** (10 volumes parus entre 1649 et 1653), roman héroïque situé en plein Empire perse sur les traces de Cyrus en lutte contre les barbares, et ***La Clélie*** (10 volumes composés entre 1654 et 1661), qui transpose l'univers des salons mondains dans la Rome

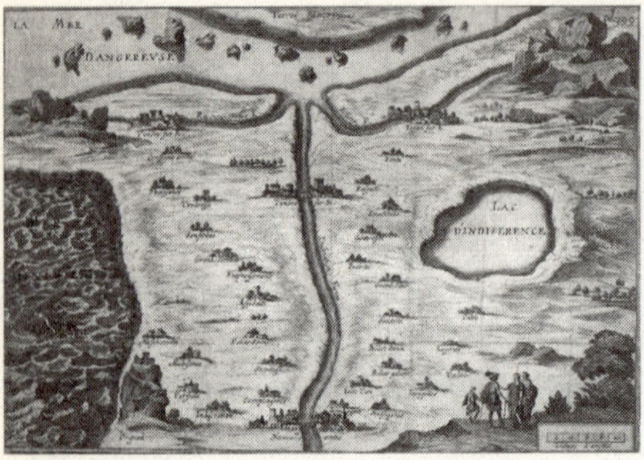

La Carte du Tendre, par Chauveau, in *Clélie, histoire romaine* de Madeleine de Scudéry, 1654, BNF.

antique. Dans ce roman précieux, Clélie, entourée de ses amis, disserte sur l'amour et l'amitié, dressant ainsi une « Carte du Tendre » qui présente les différentes étapes du parcours amoureux.

Ces deux romans sont en fait des constructions en tiroirs : sous des noms persans ou romains, Mlle de Scudéry dresse le portrait des gens de son entourage, assorti d'une analyse psychologique approfondie. Ils révèlent également une éthique où la première des vertus est l'amour, seul capable d'élever l'individu, et qui revendique l'émancipation des femmes, la tolérance en matière de religion et l'indépendance dans le domaine politique.

Voici un extrait de la conversation entre Horace et Aronce, deux amis qui cherchent à définir la tendresse et ses bienfaits en amour :

« Ainsi je soutiens que, pour bien aimer, il faut que l'Amant ait de la tendresse naturelle, devant que d'avoir de l'amour ; et cette précieuse et rare qualité qui est nécessaire à bien aimer, a même cet avantage qu'elle ne s'acquiert point, et que c'est véritablement un présent des dieux, mais ils ne sont jamais prodigues. On peut en quelque façon acquérir plus d'esprit qu'on en a ; on peut presque se corriger de tous les vices, et acquérir toutes les vertus ; mais on ne peut jamais acquérir de la tendresse. »

Vincent Voiture

Fils d'un riche marchand de vins, Vincent Voiture (1597-1648) se lance dans le monde dès la fin de ses études. En 1626, il est accueilli à l'hôtel de Rambouillet, et il restera jusqu'à sa mort le plus brillant représentant de ce salon. Son œuvre réunit tous les genres à la mode du temps et il a su remettre au goût du jour le rondeau, genre médiéval délaissé depuis Marot*. Ses œuvres ont été publiées après sa mort, en 1649.

Pleurez mes yeux, et vous fondez en eau,
Toute ma joie est enclose au tombeau.
Un jeune enfant, ma chère nourriture
Vient d'être mis dans cette sépulture.
Qui le croirait ! C'est le petit Rondeau.
Je fus son père, et sa mère Isabeau.
Ô vous jadis qui le vîtes si beau,
Chaste Julie, après cette aventure,
Pleurez.

« Regrets sur la mort du Rondeau »

Le burlesque

Le burlesque – ou picaresque – dérive du baroque, dont il est une forme plus réaliste, d'inspiration bourgeoise ou populaire dans la lignée de Rabelais*. La grossièreté est exhibée pour dénoncer les travers de la société et de la Cour, en réaction aux dérives et aux excès de la préciosité.

C'est par la voie du roman que les « libertins » (voir p. 165) vont faire passer leur message. Car, au début du XVIIe siècle, le roman s'est affirmé comme un véritable genre littéraire. Après le roman héroïque et précieux, le roman comique s'est donné pour but de montrer la réalité telle qu'elle est, sans l'écran de la fiction enjolivante. C'est la voie de la dissidence à tendance satirique que vont prôner nos auteurs libres-penseurs, faisant de leurs écrits à la fois un laboratoire esthétique ouvrant la voie à d'autres genres (le conte philosophique, l'autobiographie) et un foyer idéologique. Ainsi le projet comique est-il un projet philosophique.

CHARLES SOREL

Charles Sorel (1599-1674), issu d'une famille d'hommes de loi établie à Paris, affiche dès 1628 une ambition d'historien avec la publication de l'*Avertissement sur l'histoire de la monarchie française*, qui dénonce les légendes remplissant les histoires de France aux siècles précédents. Sorel continuera d'écrire tout au long de sa vie des traités historiques ainsi que des pièces de circonstance et des nouvelles dans la tradition des fabliaux médiévaux et du *Décaméron* de Boccace.

Son œuvre la plus connue, ***L'Histoire comique de Francion***, paraît en 1623. Dans ce roman picaresque en 12 livres, Sorel veut « montrer aux hommes les vices auxquels ils se laissent insensiblement emporter » en usant d'un style comique, loin de tout artifice et de tout calcul. De ces récits enchâssés se dégage une peinture des mœurs de son temps fourmillant de petits faits vrais, de portraits, de bons mots. Sorel pense que l'observation du réel doit renouveler le roman.

Cette réflexion sur l'écriture et l'esthétique romanesques sera développée dans ***Le Berger extravagant***, paru en 1627 et sous-titré *Anti-roman* en 1633 : cette vision du roman très moderne met en scène le fils d'un marchand parisien perturbé par la lecture excessive de « bergeries » inspirées de *L'Astrée*. Enfin, dans *Polyandre* (1648, inachevé), Sorel dépeint la société parisienne à travers des personnages typés.

La maîtresse du poète. Gravure du *Berger extravagant* de Charles Sorel, édition de 1654, Londres.

Paul Scarron. Portrait anonyme du XVIIe siècle, musée de Tessé, Le Mans.

Paul Scarron

Paul Scarron (1610-1660) est contraint par sa belle-mère d'embrasser une carrière ecclésiastique mais continue à fréquenter les milieux mondains et libertins. Bossu et impotent, pensionné comme « malade de la reine », il trouve sa revanche dans la rédaction d'œuvres burlesques à l'écriture réaliste et crue : des *Vers burlesques* qui lui valent le succès, des comédies, des farces et *Le Virgile travesti* (1649-1659), parodie des épopées antiques (la reine Didon, aimée d'Énée, devient « la grosse dondon » !). En 1652, il épouse la petite-fille d'Agrippa d'Aubigné*, future Mme de Maintenon, favorite de Louis XIV. Son épitaphe traduit les souffrances qui l'ont poursuivi sa vie durant :

Celui qui ci maintenant dort
Fit plus de pitié que d'envie,
Et souffrit mille fois la mort
Avant que de perdre la vie.

Son chef-d'œuvre reste ***Le Roman comique*** (1651-1657), qui mêle burlesque et romanesque pour suivre les aventures d'une troupe de comédiens ambulants dans la ville du Mans et ses environs. Les personnages, hauts en couleur, sont devenus pour certains des types littéraires : le vieux comédien aigri, la Rancune, la vieille la Caverne et sa fille Angélique, le valet Léandre, jeune bourgeois entré dans la troupe par amour pour Angélique, ou Ragotin, le nain pédant et ridicule, épris de l'Étoile. La réalité joue avec l'imaginaire et l'auteur se moque de son roman en s'immisçant dans le récit et en prenant à partie le lecteur, procédé qui annonce Diderot* dans *Jacques le fataliste*.

Savinien de Cyrano de Bergerac

Savinien de Cyrano de Bergerac. Gravure du XVIIe siècle, BNF.

Le héros de la célèbre pièce d'Edmond Rostand* a réellement existé ! Savinien de Cyrano de Bergerac (1619-1655) commence sa vie dans la carrière des armes et participe au siège d'Arras (comme dans la pièce de Rostand), s'illustrant par sa bravoure et ses coups d'éclat. À la suite de graves blessures, il s'installe à Paris, où il fréquente le milieu libertin. Disciple du philosophe épicurien Gassendi*, ami du libertin La Mothe Le Vayer, il fréquente Tristan L'Hermite* et acquiert de vastes connaissances scientifiques et philosophiques. Cyrano verse désormais dans les duels et polémiques littéraires et se fait l'ardent défenseur de la paix sociale.

Après le succès de sa tragédie à scandale, *La Mort d'Agrippine*, Cyrano développe sa pensée philosophique dans *L'Autre Monde*, l'un des premiers ouvrages français de science-fiction. Puis il laisse libre cours à sa fantaisie burlesque dans deux textes qui ne seront publiés qu'après sa mort, ***Histoire comique ou États et Empires de la Lune*** (1657) et ***Histoire comique des États et Empires du Soleil*** (1662). Ces aventures drolatiques sont remplies d'idées scientifiques et politiques novatrices qui font de Cyrano de Bergerac un précurseur des philosophes du XVIIIe siècle. On y trouve notamment le principe de la rotation de la Terre sur elle-même et autour du Soleil, une satire acerbe de la royauté et une critique de la religion chrétienne et des miracles.

Cyrano s'envole vers la Lune avec une ceinture de fioles de rosée. D'après une gravure de 1709, BNF.

Dans le premier volet, le narrateur entreprend de se rendre sur la Lune à l'aide de fioles de rosée attachées à sa ceinture. Il y parvient et les habitants de cet autre monde le prennent pour un animal et le mettent en cage. Il devient alors l'objet d'un débat politique et moral. Toutes les thèses avancées mettent en doute l'existence de Dieu. Le récit s'achève sur le retour du narrateur sur Terre.

Dans *Les États et Empires du Soleil*, une partie essentielle se déroule dans la République des Oiseaux, comme dans la pièce du même nom d'Aristophane. Le narrateur est condamné à mort pour s'y être introduit sous un étrange aspect. Il sera défendu par une pie et un perroquet qui l'avaient connu sur Terre. Ce passage permet à Cyrano une vive critique de l'absolutisme et une belle leçon de démocratie :

> [La pie] achevait ceci quand nous fûmes interrompus par l'arrivée d'un aigle qui se vint asseoir entre les rameaux d'un arbre assez proche du mien. Je voulus me lever pour me mettre à genoux devant lui, croyant que ce fût le roi, si ma pie de sa patte ne m'eût contenu en mon assiette. « Pensiez-vous donc, me dit-elle, que ce grand aigle fût notre souverain ? C'est une imagination de vous autres hommes qui, à cause que vous laissez commander aux plus grands, aux plus forts et aux plus cruels de vos compagnons, avez sottement cru, jugeant de toutes choses par vous, que l'aigle nous devait commander. Mais notre politique est bien autre car nous ne choisissons pour notre roi que le plus faible, le plus doux, et le plus pacifique [...] Chaque semaine, il tient les États, où tout le monde est reçu à se plaindre de lui. S'il se rencontre seulement trois oiseaux mal satisfaits de son gouvernement, il en est dépossédé, et l'on procède à une nouvelle élection. »

Antoine Furetière

Antoine Furetière (1619-1688) fait d'excellentes études classiques. Reçu avocat en 1645, il devient abbé dans le diocèse de Bourges. Parallèlement, il se met à écrire des poésies satiriques et burlesques. En 1653, il publie *Le Voyage de Mercure*, où il règle ses comptes aux pédants et autres littérateurs. Ami de La Fontaine*, estimé de Molière* et Racine*, il est élu à l'Académie française en 1662, mais il en sera exclu en 1685 pour avoir rivalisé avec le *Dictionnaire de l'Académie*, qu'il juge incomplet, en rédigeant son ***Essai d'un dictionnaire universel*** (encore appelé « le Furetière », posth., 1690).

Il faut attendre 1666 pour que paraisse son œuvre la plus célèbre, ***Le Roman bourgeois***, critique des romans précieux en même temps que satire de la bourgeoisie parisienne. Il insiste ainsi sur la trivialité de personnages pris dans leur quotidien le plus réaliste. C'est donc à la fois une entreprise esthétique de remise en cause des conventions du genre romanesque (interventions directes du narrateur, choix du désordre pour la composition, style parodique…) et une critique sociale acerbe de la bourgeoisie – qui inspirera *Le Bourgeois gentilhomme* de Molière*. Cet antiroman, trop novateur et critique, est un échec à l'époque, mais il ouvre la voie du réalisme en littérature.

Le classicisme

Mouvement esthétique et littéraire inspiré de l'Antiquité et de l'humanisme, le classicisme atteint son apogée en France entre 1661 (début du règne personnel de Louis XIV) et 1685 (révocation de l'édit de Nantes). Comme Montaigne* ou Descartes*, les auteurs classiques analysent les sentiments humains et croient en la grandeur de l'homme. Leur idéal de vie est l'« honnête homme », qui domine ses passions par la raison.

À l'opposé de l'esthétique baroque, qui prône la démesure et l'exubérance, **le classicisme aime l'ordre, l'équilibre, l'unité**. Cet idéal se révèle dans tous les arts, ainsi dans la musique avec François Couperin, ou en peinture avec Nicolas Poussin, qui affirme dès 1642, alors que la France est encore partagée entre le goût du baroque et la sévérité classique : « Mon naturel me contraint de chercher et aimer les choses bien ordonnées, fuyant la confusion qui m'est aussi contraire et ennemie comme la lumière des obscures ténèbres. » Les paroles de Bossuet* célébrant le prince de Condé dans une oraison funèbre peuvent être appliquées à cette nouvelle ère : « Tout tendait au beau et au grand. »

Louis XIII, Richelieu et Anne d'Autriche à la représentation de *Mirame* de Desmarets de Saint-Sorlin en 1641. D'après un tableau d'Abraham Bosse.

Ordre et clarté, recherche de perfection à la fois dans les sujets traités et dans les formes adoptées : ainsi naît l'équilibre intérieur des œuvres classiques, qui trouvent leurs lettres de noblesse dans les genres mondains, fables ou contes de La Fontaine*, lettres de Mme de Sévigné*, maximes de La Rochefoucauld* ou *Caractères* de La Bruyère*, et bien sûr au théâtre.

L'âge d'or du théâtre

Le XVIIe siècle est souvent considéré comme l'âge d'or du théâtre : tous les grands genres y sont représentés (comédie, tragédie, tragicomédie) ; c'est une période de réflexion et de théorisation sur les formes et les effets de l'art dramatique ; et enfin de grands noms, tous voués à la postérité, y sont rattachés : Corneille, Molière, Racine.

Corneille, dans *L'Illusion comique* (1636), fait tenir au magicien Alcandre des propos révélateurs sur la portée du théâtre :

> […] à présent le théâtre
> Est en ce point si haut que chacun l'idolâtre,
> Et ce que votre temps voyait avec mépris
> Est aujourd'hui l'amour de tous les bons esprits,
> L'entretien de Paris, le souhait des provinces,
> Le divertissement le plus doux de nos princes,
> Le délice du peuple, le plaisir des Grands.

Si le théâtre prend cette importance au XVIIe siècle, c'est également par sa **dimension sociale et politique**. En effet, la notion de spectacle a été progressivement associée à l'exercice du pouvoir, et le règne fastueux de Louis XIV, le Roi-Soleil, a su jouer sur la représentation et la mise en scène pour asseoir le pouvoir royal.

C'est Richelieu, ministre de Louis XIII de 1624 à 1642, qui a largement contribué au développement du théâtre. Lui-même amateur, il a vite considéré le genre comme un moyen privilégié d'éduquer le peuple et d'être la vitrine du pouvoir en place : le théâtre devient dès lors à la fois un instrument de propagande politique et le moyen de distraire le peuple en période de difficultés économiques. En 1641, Richelieu obtient de Louis XIII une ordonnance

Le Serment des Horaces. Jacques-Louis David, 1784, musée du Louvre, Paris.

réhabilitant le métier de comédien, jusqu'alors déconsidéré. Leur mauvaise réputation, de gens immoraux et désargentés, était très tenace aux yeux de l'Église et de la société tout entière, ce qui obligea notamment le jeune Jean-Baptiste Poquelin à prendre le pseudonyme de Molière pour éviter de salir le nom de son père. Mais le cardinal garde la mainmise sur les auteurs en fondant en 1633 la « Société des Cinq Auteurs », chargée de composer des œuvres selon ses directives. Puis, en 1635, Richelieu crée également l'Académie française.

À sa mort, en 1642, le mécénat prend fin et Mazarin ne favorisera que l'opéra italien. Il faut attendre le règne personnel de Louis XIV, à partir de 1661 – après les troubles de la Fronde (1648-1653) qui ont ralenti la production et la diffusion littéraires –, pour voir revenir la centralisation des arts. Le spectacle tend alors au grandiose, à la surenchère, et se doit de mettre en valeur la figure royale par le biais de comédies-ballets, de défilés et autres « mascarades ». La troupe de Monsieur, frère du roi, joue des pièces du jeune Molière. La Cour est donc à la fois actrice et spectatrice, et le mécène de son propre éclat.

Le statut de comédien tend alors à s'améliorer, et si les troupes continuent à sillonner la province, emportant avec elles décors, costumes et même leur propre scène composée de tréteaux, certaines commencent à se sédentariser à Paris, dans des lieux consacrés aux représentations théâtrales dont les plus illustres sont l'hôtel de Bourgogne, le théâtre du Marais, le Louvre et le Petit-Bourbon. À la fin du siècle, l'emprise de l'État sur le théâtre se traduit par une concentration des troupes et des salles de spectacles : la fusion de la troupe de Molière avec les comédiens de l'hôtel de Bourgogne donne naissance en 1680 à la Comédie-Française.

Du baroque au classicisme

Avant les années 1630, le théâtre est dominé par l'esthétique baroque, fondée sur l'exubérance et le mouvement, le jeu des apparences qui mêle à l'envi péripéties et effets de surprise. Parmi les principaux représentants de cette esthétique, qui fait d'ailleurs écho aux instabilités politiques du moment, notons la production d'**Alexandre Hardy** (*La Force du sang*, 1625), la tragédie *Tyr et Sidon* (1608) de **Jean de Schélandre***, *Sophonisbe* (1634) de **Jean Mairet** ou les tragédies de **Jean de Rotrou** comme *Le Véritable Saint Genest* (1646) et la pastorale de **Théophile de Viau*** *Pyrame et Thisbé* (1621).

Les années 1630-1660 constituent une période de transition. C'est la tragicomédie de **Corneille*** *Le Cid*, jouée en 1637 au théâtre du Marais, et la querelle qui en découlera, qui marqueront une première rupture, car cette pièce classique se joue des nouvelles règles en vigueur. Corneille, marqué par cette querelle, n'écrit pas pendant trois ans, et revient avec une série de tragédies qui se placent dans une droite ligne classique (*Horace*, *Cinna*, *Polyeucte*, *Rodogune*). Mais à leurs côtés persistent toujours des œuvres qui tendent à confondre réalité et illusion et bouleversent les repères en créant un effet de théâtre dans le théâtre, comme *La Comédie des comédiens* de **Scudéry*** (1635), *L'Illusion comique* de **Corneille*** (1636) ou *La Comédie sans comédie* de **Quinault** (1655).

Le classicisme au théâtre s'épanouit dans les années 1660-1680, et les dramaturges, pour s'adapter aux attentes d'un public instruit qui cultive l'honnêteté et la politesse, respectent désormais les règles en vigueur.

Une réflexion sur le théâtre

Les règles qui régissent le théâtre classique sont l'aboutissement d'une intense réflexion menée conjointement par les théoriciens et les auteurs dans leurs préfaces. Ainsi **Jean Chapelain**, qui connaît bien *La Poétique* d'Aristote, fondement de toute esthétique, écrit une *Lettre sur les vingt-quatre heures* (1630) et *Les Sentiments de l'Académie française sur la tragicomédie du Cid* (1638) pour montrer la nécessité d'obéir à des règles afin de garantir la qualité des œuvres. L'accent est mis sur la volonté d'imiter la nature, la *mimesis* antique, et l'idée de vraisemblance pour ne pas heurter le public. Après la querelle du *Cid*, c'est Richelieu lui-même qui charge l'**abbé d'Aubignac*** de codifier les fondements de la nouvelle dramaturgie, ce qu'il fera avec *La Pratique du théâtre* (1657).

Parallèlement à ces travaux, la multiplication des préfaces, des examens ou épîtres accompagnant les pièces révèle les propres interrogations et réflexions des auteurs, qui s'efforcent d'intégrer ces contraintes. Notons les *Discours* de **Corneille***, parmi lesquels *Le Discours sur la tragédie* qui aborde la question de la *catharsis*, c'est-à-dire la purgation des passions.

Molière*, de son côté, a plutôt usé d'ironie dans sa préface des *Précieuses Ridicules*, avant de préciser sa conception de la dramaturgie dans des œuvres polémiques comme *La Critique de L'École des femmes* ou *L'Impromptu de Versailles* (1663). Dans le premier placet au roi sur la comédie du *Tartuffe*, il précise le double objectif du théâtre, **faire rire et faire réfléchir** :

> Le devoir de la Comédie étant de corriger les hommes en les divertissant, j'ai cru que, dans l'emploi où je me trouve, je n'avais rien de mieux à faire que d'attaquer par des peintures ridicules les vices du siècle.

C'est dans ses préfaces que **Racine*** choisit d'essaimer ses réflexions. Dans celle d'*Andromaque* (1667), il explique qu'il a modifié ses sources par souci de vraisemblance ; dans la préface de *Britannicus* (1670), il estime avoir suivi

« une action simple, chargée de peu de matière » ; dans celle, essentielle, de *Bérénice* (1671), il affirme que « **la principale règle est de plaire et de toucher** » ; celle de *Phèdre* (1677) lui permet d'insister sur les exigences d'Aristote, qui voulait des personnages « ni tout à fait bons, ni tout à fait méchants ». Il ne manque pas de souligner la portée morale de ses pièces : ainsi, dans *Phèdre*, le vice est châtié de façon exemplaire pour réconcilier religion et théâtre.

Les principes du théâtre classique

De ces réflexions nourries de références à l'Antiquité et des influences italienne et espagnole (comme le goût marqué pour le romanesque et l'héroïsme) vont naître les règles du théâtre classique.

La règle des trois unités

• **Unité d'action** : une action principale ayant un début, un milieu et une fin, sur laquelle peuvent venir se greffer des actions secondaires toujours liées à la première, sans arbitraire et avec la nécessité d'une progression de l'intrigue depuis la scène d'exposition jusqu'au dénouement.

• **Unité de temps** : les événements représentés doivent se dérouler sur une période limitée à vingt-quatre heures.

• **Unité de lieu** : un seul lieu (une même ville par exemple) mais des espaces symboliquement différents selon les scènes, entre l'intimité d'une chambre et la solennité d'une salle des conseils ou le caractère ouvert d'une place publique.

Comme le rappelle **Boileau** dans son *Art poétique* :

> Qu'en un lieu, en un jour, un seul fait accompli,
> Tienne jusqu'à la fin le théâtre rempli.

La règle de vraisemblance

C'est elle qui sert de fondement à la règle des trois unités. Pour l'**abbé d'Aubignac***, c'est « l'essence même du poème dramatique, sans laquelle il ne se peut rien faire ni dire de raisonnable sur la scène ». Elle consiste à faire primer l'impression de vérité sur la réalité pour permettre l'adhésion des spectateurs, ce que résume à merveille **Boileau** dans son *Art poétique* :

> Jamais au spectateur n'offrez rien d'incroyable
> Le vrai peut quelquefois n'être pas vraisemblable.
> Une merveille absurde est pour moi sans appas :
> L'esprit n'est point ému par ce qu'il ne croit pas.

Ainsi, les actions et la psychologie des personnages doivent susciter l'illusion théâtrale et être conformes aux attentes du public, d'où le refus du merveilleux propre au baroque.

La règle de bienséance

Le but du dramaturge étant de plaire à son public, il doit se garder de heurter le goût et la sensibilité des spectateurs, nourris par la morale chrétienne et les préceptes d'honnêteté et d'élégance. Il s'agit donc de bannir de l'espace scénique toute marque de violence (duel, meurtre...) et toute représentation des réalités corporelles, qui sont prises en charge par des objets symboliques ou des métaphores. Ces contraintes ont poussé les auteurs à recourir à toutes les nuances du langage et ont également eu pour effet d'élargir le public habitué aux théâtres : ainsi, les femmes et la noblesse se sont rendues plus facilement au spectacle.

Pierre Corneille. Peinture anonyme du XVIIe siècle, musée national du château de Versailles.

Pierre Corneille

Né dans une famille bourgeoise de Rouen, Pierre Corneille (1606-1684) fait de brillantes études de droit et obtient un office d'avocat du roi, qu'il exerce jusqu'en 1651.

En 1629, il confie le manuscrit d'une comédie, *Mélite*, à la future troupe du Marais, de passage à Rouen. Jouée à Paris, la pièce remporte un succès suffisant pour que Corneille continue à écrire pour le théâtre : la tragicomédie *Clitandre* (1630), puis des comédies, *La Veuve* et *La Galerie du palais* (1633), *La Suivante* et *La Place royale* (1634). Corneille est pensionné et enrôlé dans le groupe des Cinq Auteurs géré par Richelieu. Sa tragédie *Médée* (1635) est donnée au Marais, et dans sa comédie *L'Illusion comique* (1636), il fait l'apologie du théâtre.

L'année 1637 voit le triomphe du ***Cid*** : les amours de Rodrigue et Chimène, pris dans le dilemme inextricable de l'honneur et de l'amour, mettent Paris à ses pieds. Le jeune Rodrigue vengera-t-il l'honneur blessé de son père, Don Diègue, alors que l'assaillant, le fougueux Don Gomès, n'est autre que le père de celle qu'il aime, Chimène ?

Alors que le père se lamente sur son sort dans un célèbre monologue :

Ô rage, ô désespoir, ô vieillesse ennemie,
N'ai-je donc tant vécu que pour cette infamie ? (I, 4)

le fils, dans des stances non moins célèbres, envisage les possibilités qui s'offrent à lui. Dans tous les cas, il est perdu (c'est le **dilemme cornélien**) :

Que je sens de rudes combats !
Contre mon propre honneur mon amour s'intéresse :
Il faut venger un père, et perdre une maîtresse :

L'un m'anime le cœur, l'autre retient mon bras.
Réduit au triste choix ou de trahir ma flamme,
Ou de vivre en infâme,
Des deux côtés mon mal est infini.
Ô Dieu, l'étrange peine !
Faut-il laisser un affront impuni ?
Faut-il punir le père de Chimène ? (I, 6)

Rodrigue finit par accepter le duel pour laver l'honneur bafoué de son père ; il tue Don Gomès, et ne reçoit que les foudres de Chimène, elle-même prise dans un dilemme : peut-elle aimer l'assassin de son père ?

Pleurez, pleurez, mes yeux et fondez en eau !
La moitié de ma vie a mis l'autre au tombeau. (III, 3)

De son côté, l'Infante, fille du Roi, aime en secret Rodrigue, mais son rang ne lui permet pas cet amour. Pour l'éloigner quelque temps, le Roi confie à Rodrigue la défense du royaume contre un assaut des Maures : en une nuit, ce dernier parvient à renverser toute une armée, et mérite désormais le surnom de Cid, le Vainqueur. Toute à sa peine, Chimène réclame la tête de Rodrigue, mais le Roi ne peut tuer un héros national, et de plus Chimène en est toujours éprise…

Cette pièce rencontre un immense succès, entaché par la querelle du *Cid*, rançon de la gloire, à cause des entorses faites aux règles du théâtre classique.

Corneille se retire trois ans de la scène littéraire pour revenir avec sa première tragédie, ***Horace*** (1640), affrontement héroïque entre Horace et son beau-frère Curiace, qui situe le conflit entre l'individu et les intérêts de la collectivité.

Cinna (1642) propose une interprétation humaniste de l'héroïsme en la personne de l'empereur Auguste. Celui-ci, après avoir découvert la trahison des siens, Émilie et Cinna en tête, parvient à renoncer à la violence, à tuer en lui l'ancien tyran pour inventer une nouvelle politique fondée sur le pardon.

CINNA
OV
LA CLEMENCE
D'AVGVSTE
TRAGEDIE
Horat. —— cui lecta potenter erit res
Nec facundia deseret hunc, nec lucidus ordo.
A PARIS,
Chez TOVSSAINCT QVINET, au Palais, soubs la montée de la Cour des Aydes.
M. DC. XLIII.
AVEC PRIVILEGE DV ROY.

Page titre de l'édition de 1643.

Polyeucte (1643) transpose cet héroïsme dans le domaine religieux en respectant fidèlement la tradition du théâtre religieux : Polyeucte, jeune seigneur arménien, n'hésite pas à se convertir au christianisme, malgré son beau-père Félix, gouverneur romain de la province, et son épouse Pauline qui tente en vain de le pousser au parjure ; touché par la Grâce, il subit le martyre que les Romains réservent aux chrétiens… Érigé en héros, il devient une figure exemplaire que sa femme et son beau-père finiront par imiter.

Rodogune (1645) met en scène Cléopâtre au moment où elle doit céder son trône à l'un de ses fils, Antiochus ou Séleucus. Elle l'offrira à celui qui tuera la princesse Rodogune, qu'elle hait. Aucun de ses fils ne se résout à ce marché, car ils sont amoureux de la princesse. « Un jeu de sanglantes enchères » se met en place car Rodogune se donnera à celui qui assassinera Cléopâtre. La reine tue de ses mains son premier fils mais meurt du poison qu'elle destinait au second…

Le nouveau cardinal, Mazarin, pensionne désormais l'illustre auteur, qui entre à l'Académie française en 1647. En 1650, pendant une accalmie de la Fronde, Corneille fait jouer ***Andromède***, première tragédie à machines, commandée par Mazarin et inspirée des *Métamorphoses* d'Ovide : décors fastueux, chœurs et musiques tendent à magnifier le pouvoir royal mis à mal durant cette période de troubles.

En 1651, après la Fronde, Corneille rencontre le succès avec ***Nicomède*** mais la pièce, qui apparaît comme l'éloge des princes révoltés contre la Couronne, déplaît au pouvoir ; l'auteur se voit privé de sa pension et de sa charge.

Après l'échec de *Pertharite* (1652), Corneille se retire à Rouen et garde le silence jusqu'en 1658, se consacrant à la traduction en vers de l'*Imitation de Jésus-Christ*, texte du XVe siècle qui fait figure de best-seller religieux. Mais en 1658, Fouquet, surintendant général des Finances et nouveau mécène, le rappelle sur le devant de la scène : Corneille fait jouer *Œdipe* (1659) et publie ses trois *Discours sur le théâtre*. En 1661, *La Toison d'Or* est jouée un an durant au théâtre du Marais.

L'arrestation de Fouquet prive Corneille de son protecteur, mais dès 1663 il est pensionné par Louis XIV en personne. Installé à Paris, il offre à la scène une série de pièces que la postérité a moins retenues. Il faut désormais compter avec la concurrence d'un jeune auteur dramatique, Jean Racine*. L'échec de *Suréna* (1674) le pousse à une retraite définitive.

> Je veux, sans que la mort ose me secourir,
> Toujours aimer, toujours souffrir, toujours mourir.
> (Eurydice à Suréna, in *Suréna*, I, 3)

Corneille aura dominé toute une époque et influencé les siècles à venir par une production abondante, où il a su varier les genres (comédies, tragédies, tragicomédies, tragédies à machines, pièces religieuses, comédies héroïques…), proposer un modèle littéraire, « l'honnête homme » et laisser à la postérité la notion de « dilemme cornélien ».

Son frère **Thomas Corneille** (1625-1709), de dix-neuf ans son cadet, a lui aussi connu le succès en 1656 avec sa pièce *Timocrate*, dont les 80 représentations successives en font le plus grand triomphe du siècle !

Molière par Charles-Antoine Coypel, XVIIIe siècle, Comédie-Française, Paris.

Molière

Rien ne prédisposait Jean-Baptiste Poquelin (1622-1673), né dans la bourgeoisie parisienne d'un père tapissier du roi, à embrasser une carrière théâtrale. Après des études au prestigieux collège de Clermont à Paris (aujourd'hui lycée Louis-le-Grand), il part étudier le droit à Orléans. Mais en 1643, il annonce à son père qu'il renonce à la charge de tapissier du roi et il parfait auprès de sa maîtresse Madeleine Béjart sa formation d'acteur commencée chez les jésuites, qui avaient fait du théâtre (en langue latine) un instrument pédagogique. Avec elle, il fonde l'Illustre-Théâtre et signe très vite les actes concernant la troupe du pseudonyme de Molière, nom de scène qui le démarque à jamais de son milieu d'origine.

La troupe, qui rêvait de concurrencer l'hôtel de Bourgogne et le Marais, connaît des difficultés financières dues non à la qualité des acteurs ou des pièces jouées, mais à l'implantation déjà solide des deux autres théâtres permanents de la capitale. Elle se voit obligée de faire ses preuves en province. Treize années de vie provinciale vont suivre sa déroute. De 1646 à 1658, la troupe itinérante joue avec succès comédies et farces, dans des conditions plutôt agréables en raison de la générosité de mécènes.

C'est à Lyon que la troupe crée sa première pièce conservée, *L'Étourdi* (1653), et fait une recrue qui deviendra célèbre dans des rôles tragiques, la comédienne Du Parc. Suit *Le Dépit amoureux*, créé à Béziers en 1656 : Molière, acteur, metteur en scène et chef de troupe, est désormais auteur. En 1658, il est de retour à Paris et va chercher à séduire la capitale. Pourvu du patronage de Monsieur, frère du roi, l'Illustre-Théâtre peut jouer devant la Cour : après avoir interprété *Nicomède* de Corneille*, Molière présente une farce de son invention, *Le Docteur amoureux*, qui conquiert Louis XIV et permet à la troupe de s'établir à Paris dans la salle du Petit-Bourbon, qu'elle partage avec les comédiens-italiens.

En 1659, ***Les Précieuses ridicules*** inaugurent une série de chefs-d'œuvre qui vont asseoir la réputation de Molière. La pièce, en un acte et 17 scènes, mêle la farce à la comédie de mœurs pour faire la satire des salons précieux, alors nombreux dans la capitale, en caricaturant leur langage ampoulé et leurs manières affectées.

Dans la scène 11, remplie de sens seconds, les laquais ont pris la place de leurs maîtres pour séduire les jeunes précieuses. Scène 17, conclusion de Gorgibus, battant les valets et donnant la leçon aux précieuses ridicules :

> Oui, oui, je vous vais contenter, et voici la monnaie dont je vous veux payer. Et vous, pendardes, je ne sais qui me tient que je ne vous en fasse autant, nous allons servir de fable, et de risée à tout le monde, et voilà ce que vous vous êtes attiré par vos extravagances. Allez vous cacher, vilaines, allez vous cacher pour jamais. Et vous, qui êtes cause de leur folie, sottes billevesées, pernicieux amusements des esprits oisifs, romans, vers, chansons, sonnets et sonnettes, puissiez-vous être à tous les diables.

En 1660, le succès se confirme avec ***Sganarelle ou le Cocu imaginaire*** et Molière obtient de Louis XIV le droit de s'installer dans la salle du Palais-Royal, construite par Richelieu vingt ans plus tôt, et que Molière ne quittera plus.

L'École des maris, comédie en trois actes et en vers, est construite autour du personnage de Sganarelle et se place dans la double tradition de la comédie italienne et de la farce médiévale. Deux frères, Ariste et Sganarelle, sont tous deux tuteurs de sœurs orphelines mais, si Ariste fait preuve de tolérance et de compréhension, laissant Léonor libre de ses choix, son cadet Sganarelle, lui, se montre rébarbatif à l'encontre d'Isabelle, qui est amoureuse de Valère. Ariste se verra récompensé de sa largeur d'esprit en épousant sa jeune pupille.

« [...] les verrous et les grilles
Ne font pas la vertu des femmes ni des filles. »
(Ariste, I, 2, repris par Sganarelle, III, 5)

Quelques mois après *L'École des maris*, en 1661, est créée à Vaux-le-Vicomte, lors d'une fête somptueuse donnée par Fouquet, une comédie-ballet : ***Les Fâcheux***. Le succès considérable des deux pièces fait du Palais-Royal le rendez-vous du Tout-Paris ; Molière devient à la mode. Dans *Les Fâcheux*, Éraste parviendra à épouser Orphise malgré les obstacles infligés par une dizaine d'importuns (« les fâcheux ») et les menaces du tuteur de la jeune fille.

En 1663, le succès sans précédent de ***L'École des femmes*** déclenche de vives réactions. Molière y dénonce en effet les mariages arrangés dans le milieu bourgeois, la tyrannie des vieux maris et se fait le défenseur des droits de la femme.

« Le petit chat est mort ! »

Cette réplique équivoque et faussement naïve d'Agnès a fait couler beaucoup d'encre et Molière doit répondre à des attaques de toutes parts, d'autant qu'il vient d'épouser Armande, très jeune sœur (ou fille !) de son ancienne maîtresse Madeleine Béjart...

Dans *La Critique de L'École des femmes* et *L'Impromptu de Versailles*, Molière explique ses principes esthétiques et défend ses positions, mais l'appui du roi lui-même ne peut enrayer les hostilités qui vont redoubler au lendemain de la première de ***Tartuffe*** en 1664. Cette pièce, qui met en scène un faux dévot usant de la religion pour s'accorder les faveurs d'une femme mariée, Elmire, sous le regard incrédule de son mari Orgon, éveille les foudres des milieux religieux.

Pour prouver la duplicité de Tartuffe, Elmire cache son mari sous la table. Gravure de Carl Hoff, édition de 1892, BNF.

« Couvrez ce sein que je ne saurais voir ! » (Tartuffe à Dorine, la servante, III, 2)
« Ah ! pour être dévot, je n'en suis pas moins homme » (Tartuffe à Elmire, III, 3)
« Mais comment consentir à ce que vous voulez
Sans offenser le Ciel, dont toujours vous parlez ? »
(Elmire à Tartuffe, IV, 5)

La pièce est interdite par le roi sur requête de l'archevêque de Paris.

Molière s'attaque alors à un coûteux spectacle à machines et à décors multiples qu'il crée en 1665 : ***Dom Juan ou le Festin de pierre***. Véritable provocation pour ses ennemis, cette pièce sur les affres sentimentales et métaphysiques d'un grand séducteur, accompagné de son valet Sganarelle, connaît cinq semaines de triomphe. À la fin de la pièce, la statue du Commandeur – qui représente Dieu, la morale, la vertu… – le convie à un dîner et l'entraîne avec elle dans les flammes (enfer ou rédemption ?) :

« Dom Juan, l'endurcissement au péché traîne une mort funeste, et les grâces du Ciel que l'on renvoie ouvrent un chemin à sa foudre. » (V, 6)

Le mot de la fin est laissé à Sganarelle qui, beaucoup plus terre à terre, réclame ses gages. Sur un plan social, la pièce révèle également la montée en puissance de la bourgeoisie laborieuse, représentée par Sganarelle, et le déclin de l'aristocratie, sous les traits d'un Dom Juan usé, mouvement qu'illustreront un siècle plus tard les œuvres de Beaumarchais*. La pièce, finalement interdite, ne sera plus ni montée ni publiée du vivant de son auteur.

Dans ***Le Misanthrope*** (1666), Alceste, qui refuse les plaisirs de la Cour et en dénonce l'hypocrisie et les faux-semblants, est cependant amoureux de la très coquette Célimène, qui a tous les hommes à ses pieds. Dans cette pièce qui condamne les excès de la Cour et des mœurs par le jeu des portraits, s'opposent deux conceptions de l'amour : l'amour-passion, impossible et destructeur, et l'amourestime, représenté par le couple Philinte-Éliante. Alceste (double de Molière ?) finit par renoncer au monde sous les yeux de ses amis. Le succès est mitigé.

Le Médecin malgré lui (1666) est une comédie endiablée héritée de la farce médiévale où Molière attaque l'ordre des médecins, cuistres et incapables, et qu'il tient pour responsables de la mort de sa mère quand il avait 10 ans.

Amphitryon (1668), la plus gracieuse pièce de Molière et l'un de ses plus beaux succès, est une comédie-ballet centrée autour du quiproquo engendré par la ressemblance entre Jupiter et Amphitryon, où alternent les thèmes de l'aliénation et de l'amour.

« Mais enfin coupons aux discours,
Et que chacun chez soi doucement se retire.
Sur telles affaires, toujours
Le meilleur est de ne rien dire. » (Sosie, III, 10)

Dans ***L'Avare*** (1668), le célèbre Harpagon, piètre père aliéné par sa passion pour l'argent, accuse tout son monde d'en vouloir à sa cassette remplie d'or.

« Au voleur ! au voleur ! à l'assassin ! au meurtrier ! Justice, juste ciel ! Je suis perdu, je suis assassiné ! On m'a coupé la gorge, on m'a dérobé mon argent ! Qui peut-ce être ? Qu'est-il devenu ? Où est-il ? Où se cache-t-il ? Que ferai-je pour le trouver ? Où courir ? Où ne pas courir ? […] » (Harpagon, IV, 7)

Le Bourgeois gentilhomme (1670) est une comédie-ballet composée d'une suite de « sketchs » qui tournent en ridicule un bourgeois parvenu cherchant à apprendre les bonnes manières, M. Jourdain. Ainsi, après avoir reçu les enseignements de son maître à danser puis de son maître de musique, M. Jourdain accueille son maître de philosophie qui, faute de lui inculquer les rudiments de la morale ou de la physique, lui a appris à bien prononcer les voyelles.

M. Jourdain : Au reste, il faut que je vous fasse une confidence. Je suis amoureux d'une personne de grande qualité, et je souhaiterais que vous m'aidassiez à lui écrire quelque chose dans un petit billet que je veux laisser tomber à ses pieds.
Maître de philosophie : Fort bien.
M. Jourdain : Cela sera galant, oui.
Maître de philosophie : Sans doute. Sont-ce des vers que vous lui voulez écrire ?
M. Jourdain : Non, non, point de vers.
Maître de philosophie : Vous ne voulez que de la prose ?
M. Jourdain : Non, je ne veux ni prose ni vers.
Maître de philosophie : Il faut bien que ce soit l'un, ou l'autre.
M. Jourdain : Pourquoi ?
Maître de philosophie : Par la raison, monsieur, qu'il n'y a pour s'exprimer que la prose, ou les vers.
M. Jourdain : […] Et comme l'on parle qu'est-ce que c'est donc que cela ?
Maître de philosophie : De la prose.

M. Jourdain : Quoi? quand je dis : « Nicole, apportez-moi mes pantoufles, et me donnez mon bonnet de nuit », c'est de la prose?
Maître de philosophie : Oui, monsieur.
M. Jourdain : Par ma foi! Il y a plus de quarante ans que je dis de la prose sans que j'en susse rien, et je vous suis le plus obligé du monde de m'avoir appris cela. Je voudrais donc lui mettre dans un billet : « Belle marquise, vos beaux yeux me font mourir d'amour »; mais je voudrais que cela fût mis d'une manière galante, que cela fût tourné gentiment. (II, 4)

Tout fier de son apprentissage, il veut en faire profiter sa femme et sa servante, Nicole, pour se mettre en avant; mais celles-ci se moquent de lui. Alors qu'il se croit parfait gentilhomme, M. Jourdain reçoit son futur gendre, Cléonte (acte III, scène 12) : la lutte des classes est ouverte!

M. Jourdain : Touchez là, monsieur : ma fille n'est pas pour vous.
Cléonte : Comment?
M. Jourdain : Vous n'êtes point gentilhomme, vous n'aurez pas ma fille.

Covielle, valet de Cléonte, se présente sous les traits du Grand Turc et, après une cérémonie burlesque d'anoblissement, Jourdain finit par offrir sa fille au fils du Grand Turc, soit Cléonte lui-même.

Les Fourberies de Scapin (1671) se situent dans la double tradition de la farce médiévale (déguisements, quiproquos, coups de bâton) et de la *commedia dell'arte* italienne (personnages types, scènes d'improvisation). Pendant un voyage d'affaires, deux amis, Argante et Géronte, ont confié leurs fils à Scapin. Plutôt que de veiller sur eux, il les laisse faire à leur guise, et il se fera leur allié pour assurer leur bonheur contrarié par la cupidité des pères.

À cette même époque, la tragédie-ballet ***Psyché*** est créée dans un faste extraordinaire : jeu de machines impressionnant, 70 maîtres à danser et un orchestre de 300 musiciens dirigé par Lulli. Quatre-vingt-deux représentations en dix-huit mois! Molière semble avoir atteint son idéal de spectacle total, mêlant action dramatique, chant, danse et musique. Il cherche à s'associer à Lulli pour se consacrer à l'opéra, mais ce dernier obtient pour lui seul le privilège royal de l'Académie de musique. À cela s'ajoute la mort, fin 1671, de Madeleine Béjart, l'amie de toujours. Mais Molière se relève une fois de plus.

Avec ***Les Femmes savantes*** (1672), Molière renoue avec la tradition de la grande comédie pour s'attaquer une fois de plus à la préciosité attardée, à la vanité ridicule des poètes mondains et aux excès du féminisme. La prétention de Philaminte, la bêtise de Bélise, l'orgueil d'Armande ou le ridicule pédant de Trissotin font encore rire aujourd'hui, et révèlent une nouvelle fois les talents satiriques de Molière. Au début de la pièce, Armande tente de dissuader sa sœur Henriette de se marier :

Mariez-vous, ma sœur, à la philosophie,
Qui nous monte au-dessus de tout le genre humain,
Et donne à la raison l'empire souverain,
Soumettant à ses lois la partie animale,
Dont l'appétit grossier aux bêtes nous ravale.

À la scène 6 de l'acte II, Philaminte veut congédier sa cuisinière Martine :

Philaminte : Elle a, d'une insolence à nulle autre pareille
Après trente leçons, insulté mon oreille […]
Martine : Mon Dieu ! je n'avons pas étugué comme vous,
Et je parlons tout droit comme on parle cheux nous.
Philaminte : Ah ! peut-on y tenir ?
Bélise : Quel solécisme horrible !
Philaminte : En voilà pour tuer une oreille sensible.
Bélise : Ton esprit, je l'avoue, est bien matériel.
Je n'est qu'un singulier, *avons* est pluriel.
Veux-tu toute ta vie offenser la grammaire ?
Martine : Qui parle d'offenser grand-mère ni grand-père ?

À la fin de la pièce, le dilemme entre le père et la mère, entre le corps et l'esprit, entre le faux bel esprit Trissotin et le sage Clitandre est résolu devant le notaire : le bon sens et les sentiments auront raison de la sottise du pédant, et Clitandre épousera Henriette.

En 1673, malade, usé, Molière veut tout de même jouer le rôle d'Argan dans ***Le Malade imaginaire.*** Mais le 17 février, il se trouve mal sur scène et succombera chez lui quelques heures plus tard, sans avoir eu le temps d'abjurer la profession de comédien pour être enterré religieusement. Armande Béjart, sa femme, va se jeter aux pieds du roi qui, pour éviter un scandale de plus, intercède auprès de l'archevêque. Molière aura des funérailles religieuses quatre jours plus tard. Ultime revanche pour ses ennemis, en 1680, la troupe royale fusionne avec celles du théâtre du Marais et de l'hôtel de Bourgogne pour donner naissance à la Comédie-Française. Entre succès et scandales, Molière aura marqué son temps et les siècles à venir par la variété de ses pièces, jouant sur tous les registres. Reconnu par tous, admiré du Roi-Soleil, il s'est fait le peintre acerbe des défauts de l'homme et des excès de la société et de la Cour, fustigeant médecins, hommes de loi, faux dévots et bourgeois.

Molière (en bas à gauche) et les personnages de ses comédies.
Edmond Geffroy, Comédie-Française, Paris.

JEAN RACINE

Né en 1639 à La Ferté-Milon dans une famille de petits notables, Racine se retrouve orphelin à 4 ans. Il est élevé par sa grand-mère qui l'emmène avec elle à l'abbaye Notre-Dame-des-Champs, où il reçoit l'enseignement janséniste des « Petites Écoles ». Cette solide éducation façonne en lui une sensibilité littéraire précoce, et il termine ses études par un an de philosophie au collège d'Harcourt. Grâce à son cousin, secrétaire-intendant de la puissante famille de Chevreuse, il est introduit dans les milieux aristocratiques et littéraires.

À 20 ans, il a déjà composé une tragédie, *Amasie* (perdue), et une ode remarquée pour le mariage de Louis XIV, *La Nymphe de la Seine*. En 1663, après un séjour à Uzès, il revient à Paris pour réussir son entrée dans le monde. Grâce à d'autres poèmes en hommage au roi, il est présenté à la Cour et inscrit sur la liste des gratifications royales dès 1664. Il rencontre Boileau* et Molière*, dont la troupe accepte de jouer sa première pièce conservée, *La Thébaïde*. Mais le succès n'est pas au rendez-vous.

En 1665, *Alexandre* est une réussite mais occasionne une brouille avec le milieu de Port-Royal, hostile au théâtre, et une rupture avec Molière*. Les succès vont ensuite s'enchaîner à raison d'une pièce par an. Contrairement aux intrigues complexes de Corneille*, les tragédies de Racine reposent sur une action plus simple, d'où peuvent éclater les passions : amours impossibles, jalousies féroces, luttes contre l'être aimé, conflits impitoyables… Racine aura fait passer à la postérité le nom de grandes héroïnes antiques.

Le succès d'***Andromaque*** (1667) est aussi éclatant que celui du *Cid* de Corneille* trente ans plus tôt. Mettant en scène les héros de la guerre de Troie, la pièce tend à démystifier la guerre et l'amour pour atteindre des situations tragiques sans aucune issue possible.

Andromaque auprès du corps d'Hector. J.-L. David, École nationale supérieure des Beaux-Arts, Paris.

Avec ***Britannicus*** (1669) qui suit le succès des *Plaideurs* (1668), comédie qui amuse la Cour, Racine se pose comme le sérieux rival de Corneille*. Après s'être libéré de la tutelle de sa mère Agrippine, l'empereur Néron s'engage sur la voie du crime et du despotisme. Il avoue à son confident Narcisse son amour pour Junie, promise au jeune Britannicus, fils de l'empereur Claude écarté du pouvoir par Agrippine :

BRITANNICUS : « Narcisse, c'en est fait,
Néron est amoureux. » (II, 2)

Jean Racine. Peinture de l'école de Pierre Mignard, XVIIe siècle, musée national du château de Versailles.

Même année (1670), même sujet que Corneille*, pour évincer le maître : ***Bérénice***, qui met en scène les amours impossibles entre Bérénice, reine de Palestine, et Titus, empereur romain – qui doit sacrifier son amour à son devoir – fait pleurer tout Versailles…

BÉRÉNICE : « Adieu, seigneur, régnez,
je ne vous verrai plus. » (V, 7)

Bérénice s'achève sur le mot « Hélas ! », prononcé par Antiochus, rival de Titus, qui reçoit de sa main Bérénice sacrifiée.

Dans ***Bajazet*** (1672), Racine s'inspire d'un drame qui s'est déroulé dans l'entourage du sultan en 1635 pour construire un huis clos où trois êtres passionnés, prisonniers du sérail, finissent par s'entre-tuer.

Mithridate (1673), pièce préférée du Roi-Soleil, allie des qualités toutes cornéliennes – héroïsme et générosité – à la passion racinienne. Le vieux roi Mithridate, battu par Pompée, se réfugie sur les bords de la mer Noire, à Nymphée, où il retrouve sa fiancée, Monime, et ses deux fils, Xipharès et Pharnace. Or Monime et Xipharès s'aiment en secret, comme le révèle cette douloureuse confidence :

MONIME : « Ma douleur pour se taire a trop de violence.
Un rigoureux devoir me condamne au silence.
Mais il faut bien enfin, malgré ses dures lois,
Parler pour la première et la dernière fois.
Vous m'aimez dès longtemps. Une égale tendresse
Pour vous depuis longtemps m'afflige et m'intéresse. » (II, 6)

Mithridate mettra fin à ses jours après avoir uni les deux amoureux.

En 1673, Racine est élu à l'Académie française. L'année suivante est jouée sa pièce ***Iphigénie*** : l'histoire du sacrifice humain par excellence, ou comment les dieux exigent du roi Agamemnon qu'il sacrifie sa fille Iphigénie pour aider les Grecs dans leur lutte contre Troie. Malgré la fureur de sa mère et de son prétendant, Iphigénie implore son père de faire son devoir…

IPHIGÉNIE : « Mon père,
Cessez de vous troubler, vous n'êtes point trahi.
Quand vous commanderez, vous serez obéi.
Ma vie est votre bien. Vous voulez la reprendre ;
Vos ordres sans détour pouvaient se faire entendre. » (IV, 4)

En 1677, au faîte de sa gloire, Racine obtient le titre d'historiographe du roi. Mais il continue à écrire et donne encore trois chefs-d'œuvre à la postérité.

Phèdre (1677) : LA tragédie! Son héroïne est devenue un mythe, un monstre sacré. Phèdre, épouse de Thésée et belle-mère d'Hippolyte, attend à Athènes le retour de son époux et finit par avouer à sa confidente Œnone le mal qui la ronge : elle aime… Hippolyte! Dans cette scène, Racine nous offre une des plus belles et déchirantes descriptions de la passion destructrice :

Œnone et Hippolyte. *Phèdre* (II, 5), illustration de A.-L. Girodet de Roussy-Trioson, édition de 1824, BNF.

PHÈDRE : « Je le vis, je rougis, je pâlis à sa vue;
Un trouble s'éleva dans mon âme éperdue;
Mes yeux ne voyaient plus, je ne pouvais parler,
Je sentis tout mon corps et transir et brûler.
Je reconnus Vénus et ses feux redoutables,
D'un sang qu'elle poursuit tourments inévitables. » (I, 3)

À l'annonce de la mort de Thésée, elle ose avouer à Hippolyte son amour interdit :

PHÈDRE : « Je t'en ai dit assez pour te tirer d'erreur.
Eh bien! Connais Phèdre et toute sa fureur.
J'aime. […] » (II, 5)

Mais Thésée finit par revenir : il chasse son fils et Phèdre cherche à l'innocenter, lui annonçant avec désespoir qu'Hippolyte aime Aricie, sa rivale. Sa « jalouse rage » éclate, et les morts se succèdent : d'abord la fidèle Œnone, puis Hippolyte, enfin Phèdre, dans la scène finale, après avoir avoué ses fautes.

« Et la mort, à mes yeux dérobant la clarté,
Rend au jour, qu'ils souillaient, toute sa pureté. » (Phèdre, V, 7)

À la demande de Mme de Maintenon, maîtresse du roi, Racine donne encore deux pièces bibliques qui traduisent sa foi de plus en plus prégnante.

Esther (1689) retrace la persécution des Juifs et s'achève sur le triomphe du peuple élu. L'intrigue, qui oppose les justes et les impies, est scandée par les chœurs qui chantent la grandeur de Dieu.

Pour ***Athalie*** (1691), l'action se situe à Jérusalem, où Athalie a tué tous les prétendants au trône pour s'emparer du royaume de Juda et instaurer le culte de Baal. Mais le jeune Joas, aidé du prêtre Joad, a échappé à la tuerie, tout en restant fidèle à Dieu. Il est présenté au peuple hébreu, qui lui jure fidélité et met à mort Athalie. La pièce s'achève sur ces mots de Joad :

« Par cette fin terrible, et due à ses forfaits,
Apprenez, peuple juif, et n'oubliez jamais
Que les rois dans le ciel ont un juge sévère,
L'innocence un vengeur, et l'orphelin un père. » (V, 8)

Racine, mort en 1699, aura marqué la littérature des plus belles pages de la passion en faisant jouer à chaque pièce le drame de la condition humaine.

Les genres mondains

Les auteurs de théâtre, même liés de près à la noblesse, restent des bourgeois. En parallèle, l'aristocratie s'ouvre à d'autres genres littéraires classiques. Les **fables**, **contes** et **maximes**, divertissements de cour ou de salon, sont caractérisés par leur brièveté et leur piquant. Les **lettres** et les **mémoires** sont quant à eux le fait de grands personnages, qui s'érigent en témoins de leur temps en chroniquant la petite ou la grande Histoire.

Très à l'honneur à l'époque, ces genres mondains permettent aux aristocrates de participer à la création littéraire sans être pour autant assimilés à de vulgaires écrivains. Cependant, sous le couvert de ces « mondanités », de grands écrivains se sont révélés : La Fontaine pour les fables, Perrault pour les contes, La Rochefoucauld et La Bruyère pour les maximes, Mme de Sévigné pour les lettres, Retz pour les mémoires.

De hautes dames s'illustreront aussi dans le **roman** et la **nouvelle**, genres méprisés au XVIIe siècle – en particulier Mme de La Fayette, à qui l'on doit le premier roman psychologique de la littérature française : *La Princesse de Clèves*.

La fable et le conte

Pour les classiques, la poésie est un genre mineur. Fontenelle* n'y voit qu'un ornement du discours rationnel. Toutefois, l'inimitable **La Fontaine** révolutionne le genre de la fable, et à la fin du siècle, le merveilleux fait irruption dans la haute littérature avec les contes de fées de **Perrault** et de **Mme d'Aulnoy**.

Jean de La Fontaine

La Fontaine par Nicolas de Largillière, XVIIe siècle, musée national du château de Versailles.

La Fontaine (1621-1695), né dans une famille bourgeoise de Champagne, fait son droit à Paris où il rencontre un cercle de jeunes poètes, dont Furetière*. Devenu maître des Eaux et Forêts du duché de Château-Thierry, il consacre ses loisirs à lire : Anciens, romans médiévaux, contes italiens et français, auteurs de la Renaissance, romans précieux... Lié à de nombreux écrivains, peintres, sculpteurs et musiciens, il se fixe à Paris en 1658 et se sépare de son épouse. Remarqué par Fouquet, qui lui accorde une pension, La Fontaine multiplie les poésies de cour et fréquente Scarron*, Racine*, Mme de Sévigné*. Lorsque son protecteur est jeté en prison, en 1661, il s'obstine à demander sa grâce à Louis XIV :

Il est assez puni par son sort rigoureux;
Et c'est être innocent que d'être malheureux.

« Élégie aux nymphes de Vaux », 1661

Désormais mal en cour, La Fontaine devient gentilhomme de Madame, au palais du Luxembourg, et fréquente les salons les plus brillants. À partir de 1664, il publie avec succès des ***Contes et nouvelles en vers***, inspirés de nombreux auteurs. Ces histoires parfois licencieuses ont pour thèmes la piètre vertu des femmes, la naïveté des filles, les mésaventures de nonnes ou d'ecclésiastiques, etc. Ces jeux annoncent les conteurs libertins du XVIIIe siècle.

« Le Corbeau et le Renard », illustration de F. Chauveau, édition de 1668, BNF.

En 1669, il fait paraître un récit mythologique, *Les Amours de Psyché et de Cupidon*, dont le personnage de Polyphile lui ressemble étrangement. Mais surtout, en 1668, La Fontaine publie six livres de ***Fables choisies et mises en vers*** illustrées par François Chauveau. C'est un triomphe! Inspirées de l'Antiquité grecque, latine et orientale, ces 124 fables dépassent leurs modèles par leur pittoresque, leur gaieté, leur virtuosité poétique, la variété des tons et des rythmes. Dans ce premier recueil, dédié au Dauphin, La Fontaine insiste sur ses intentions morales : « **Je me sers d'animaux pour instruire les hommes.** »

Une morale nue apporte de l'ennui :
Le conte fait passer le précepte avec lui.
En ces sortes de feinte il faut instruire et plaire,
Et conter pour conter me semble peu d'affaire. (« Le Pâtre et le Lion »)

Parmi les « moralités » les plus fameuses des Fables, citons :

Apprenez que tout flatteur
Vit aux dépens de celui qui l'écoute. (« Le Corbeau et le Renard »)

La raison du plus fort est toujours la meilleure. (« Le Loup et l'Agneau »)

Rien ne sert de courir, il faut partir à point. (« Le Lièvre et la Tortue »)

Mais, en réalité, La Fontaine n'est pas un moraliste. Épicurien, libertin, il est indulgent aux faiblesses humaines. La morale de ses fables relève simplement de la **sagesse populaire** – se contenter de son sort, se tenir sur ses gardes, rester modéré, s'entraider… Satiriques, les fables s'attachent essentiellement à critiquer la justice, la Cour, la monarchie « de droit divin », les abus des privilégiés, la domestication des courtisans.

Amusez les rois par des songes,
Flattez-les, payez-les d'agréables mensonges,
Quelque indignation dont leur cœur soit rempli,
Ils goberont l'appât, vous serez leur ami.

« Les Obsèques de la lionne »

Le monde animal est présenté de façon amusante : La Fontaine a l'art de choisir le **détail expressif** qui évoque la silhouette, la démarche, la physionomie de l'animal (« le héron au long bec emmanché d'un long cou »). Et, s'il recourt au symbolisme populaire – les ruses du renard, l'orgueil du lion, la sottise de l'âne, l'étourderie du lapin, la fourberie du chat, la rudesse de l'ours… –, c'est pour entretenir savamment la confusion entre l'univers des animaux et celui des hommes.

La Fourmi n'est pas prêteuse :
C'est là son moindre défaut.
– Que faisiez-vous au temps chaud ?
Dit-elle à cette emprunteuse.
– Nuit et jour à tout venant
Je chantais, ne vous déplaise.
– Vous chantiez ? j'en suis fort aise :
Eh bien ! dansez maintenant.

« La Cigale et la Fourmi »

« Le Chêne et le Roseau », illustration de F. Chauveau, édition de 1668, BNF.

Avec La Fontaine, la fable devient un univers de fantaisie mettant en scène des animaux doués de parole, des dieux joviaux, des charlatans, des sages et des fous… Mais le **sentiment de réalité** reste vif grâce à la présence de personnages types (le vieillard, l'enfant, le veuf…), de métiers familiers, d'objets quotidiens, et aussi de la nature, qui crée une atmosphère…

L'onde était transparente ainsi qu'aux plus beaux jours. (« Le Héron »)

Le dénouement, souvent inattendu, parle à l'imagination. La langue et le style, extraordinairement variés, traduisent toutes les nuances de la pensée et de la sensibilité, avec des tours savoureux et évocateurs. En **conteur malicieux**, La Fontaine vit familièrement avec ses personnages et porte la sympathie du lecteur tantôt vers l'un, tantôt vers l'autre.

« Va-t'en, chétif insecte, excrément de la terre ! »
C'est en ces mots que le Lion
Parlait un jour au Moucheron.
« Penses-tu, lui dit-il, que ton titre de roi
Me fasse peur ni me soucie ?
Un bœuf est plus puissant que toi :
Je le mène à ma fantaisie. »

« Le Lion et le Moucheron »

À la suite du succès de son premier recueil, La Fontaine ne cessera plus d'écrire des fables. Sous la protection de Mme de La Sablière, il en publie en 1678-1679 un deuxième, qui ajoute cinq livres aux précédents. Le ton est différent, l'écrivain multipliant les réflexions personnelles sur l'amitié, le repos, la méditation solitaire, la vieillesse… Les sujets deviennent plus complexes, la fable ressemble davantage à une comédie, une nouvelle ou un conte. Les êtres humains interviennent plus fréquemment, et la morale s'élargit volontiers vers les questions sociales ou politiques.

Selon que vous serez puissant ou misérable,
Les jugements de cour vous rendront blanc ou noir.

« Les Animaux malades de la peste »

Son dernier recueil, en 1694, se clôt par une seule nouvelle fable, qui célèbre la retraite du monde, unique moyen pour l'homme de découvrir qui il est. La Fontaine aura révolutionné le genre de la fable en lui conférant une autonomie et une variété sans précédent dans la littérature.

CHARLES PERRAULT

Issu d'une riche famille bourgeoise parisienne, Charles Perrault (1628-1703) se lance dans la poésie. Colbert le charge de chanter les louanges du Roi-Soleil et le fait entrer à l'Académie française, où la lecture de son poème *Le Siècle de Louis le Grand* (1687) déclenche la « querelle des Anciens et des Modernes » (voir p. 175). Dès lors, retraité de l'Académie, Perrault décide de se consacrer à l'éducation de ses enfants. Le genre des contes de fées étant à la mode dans les salons mondains, il se met à collecter les contes de la tradition populaire et publie l'œuvre qui le rendra célèbre : *Les Contes de ma mère l'Oye*, « mère l'oie » désignant la nourrice qui raconte des histoires aux enfants.

Les ***Contes de ma mère l'Oye*** *ou Histoires et contes du temps passé avec des moralités* (1697), ce sont « La Belle au bois dormant », « Le Petit Chaperon rouge », « La Barbe bleue », « Le Chat botté », « Les Fées », « Cendrillon », « Riquet à la houppe », « Le Petit Poucet », « Peau d'Âne »… Perrault les a rédigés en les édulcorant un peu, car souvent les versions orales étaient plus crues, et en rajoutant une moralité à la fin de chaque conte pour en faire des outils « à l'enseignement des jeunes enfants ». Ses contes, qui enchantent et fascinent par leur mystère et leur ambiguïté, ont été repris et mis en images sous d'innombrables formes.

« La Barbe bleue », édition de 1697, BNF.

Frontispice des *Contes du temps passé* de Perrault, édition de 1777, BNF.

Marie-Catherine d'Aulnoy

Marie-Catherine Le Jumel de Barneville (1651-1705), de la petite noblesse normande, est mariée de force à 16 ans. Exilée à la suite de fausses accusations proférées contre son mari, elle rentre en grâce auprès de Louis XIV en 1685. À partir de 1690, elle commence à publier des récits historiques dans le goût du temps. Mais ce sont ses contes qui vont lui assurer la postérité.

Mme d'Aulnoy fait paraître ***Les Contes des fées*** (1697), en 4 volumes, suivis des *Contes nouveaux ou les Fées à la mode* (1698). Parmi eux, « L'Oiseau bleu » ou « La Belle aux cheveux d'or »… Construits comme des aventures romanesques, ces chefs-d'œuvre de la littérature féerique mêlent allégrement romanesque précieux, naturel désinvolte, mais aussi réalisme et cruauté – Mme d'Aulnoy n'hésitant pas à utiliser l'allégorie pour dénoncer notamment les mariages forcés. Ils reflètent l'évolution littéraire du genre, désormais destiné au lectorat adulte de la société galante.

La maxime

Le XVIIe siècle a hérité de la Renaissance le goût des traités de morale, des réflexions sur la conduite de l'homme en société. Dans la seconde moitié du siècle, cet intérêt se confirme avec les œuvres du **chevalier de Méré** (*De l'esprit*, *De la conversation*, *De la vraie honnêteté*), le sombre traité *De la fausseté des vertus humaines* de **Jacques Esprit**, ou les réputés *Essais de morale* de **Pierre Nicole**, l'un des théologiens de Port-Royal. La maxime proprement dite, célèbre grâce à La Rochefoucauld, connaît une grande vogue de 1660 à 1680.

François de La Rochefoucauld

Le duc François de La Rochefoucauld (1613-1680) mène une vie pour le moins mouvementée avant de renoncer à l'action après une trentaine d'années de vaines intrigues. Il participe notamment à la Fronde, où il est grièvement blessé par un coup de mousquet qui le laisse presque aveugle. Il finit par se réconcilier avec Louis XIV, fréquente les salons précieux à partir de 1656 et se lie d'une amitié profonde avec Mme de La Fayette*. En 1662 paraissent ses *Mémoires*, dans lesquels le duc pointe avec lucidité les mobiles inavoués derrière les actes individuels.

La Rochefoucauld par Théodore Chassériau, XIXe siècle, musée national du château de Versailles.

C'est dans le salon de Mme de Sablé que s'élabore l'œuvre qui va assurer sa gloire : les ***Réflexions ou Sentences et maximes morales*** (1664). Les 504 maximes du recueil sont le fruit de joutes mondaines où les hôtes de la marquise cherchent à formuler des sentences ayant le maximum de pénétration psychologique en un minimum de mots, selon l'idéal d'élégance de l'époque.

> Peu de gens sont assez sages pour préférer le blâme qui leur est utile à la louange qui les trahit.
>
> L'esprit est toujours la dupe du cœur.
>
> Si nous n'avions pas de défauts, nous ne prendrions pas tant de plaisir à en remarquer dans les autres.

Chef-d'œuvre du genre, ce recueil de maximes à la clairvoyance désabusée connaît un succès foudroyant : cinq éditions se succèdent du vivant de La Rochefoucauld, qui les remanie sans cesse. Elles s'articulent autour d'une idée centrale :

> Les vertus se perdent dans l'intérêt comme les fleuves dans la mer.

La Rochefoucauld, influencé par Pascal*, considère en effet que l'homme est le jouet de son orgueil, de son amour-propre, de ses sensations corporelles. Il fait tomber les masques, dévoilant avec brio les fausses vertus, l'humanisme païen, les passions qui rongent l'homme. En parallèle transparaît une apologie de l'« honnêteté », idéal aristocratique (il s'adresse aux âmes d'élite), chrétien (il est fondé sur l'humilité), classique (il met au premier rang la vertu de lucidité) – bref, un art de vivre dans la comédie du monde…

> L'intérêt parle toutes sortes de langues, et joue toutes sortes de personnages, même celui de désintéressé.
>
> L'amitié la plus désintéressée n'est qu'un commerce où notre amour-propre se propose toujours quelque chose à gagner.
>
> Il y a dans la jalousie plus d'amour-propre que d'amour.
>
> On parle peu, quand la vanité ne fait pas parler.

Ses aphorismes brillants et lapidaires, qui ont une place d'honneur dans tous les dictionnaires de citations, font de La Rochefoucauld un précurseur de l'« écriture fragmentaire » du XXe siècle.

Jean de La Bruyère

Jean de La Bruyère (1645-1696), issu d'une famille aisée et devenu précepteur du duc de Bourgogne – petit-fils du Grand Condé – à Chantilly, entre à l'Académie française en 1693. Lors de son élection, il prend parti pour les Anciens et défend Bossuet*, suscitant une vive opposition de la part des Modernes (voir p. 175). Après avoir traduit les *Caractères* du philosophe grec Théophraste, La Bruyère a publié ***Les Caractères ou les Mœurs de ce siècle*** (1688-1696), recueil de brèves sentences et de portraits satiriques où il cherche à dépeindre la société de son temps.

Dans ses **portraits**, La Bruyère privilégie l'analyse abstraite à la représentation d'exemples concrets « en action ». Le succès est au rendez-vous – chacun cherche à y reconnaître les Grands de l'époque ! – et l'ouvrage est plusieurs fois réédité. Mais, au-delà de la caricature de personnalités du XVIIe siècle, La Bruyère brosse à traits vifs de véritables types sociaux qui n'ont rien perdu de leur actualité :

> [Le bavard prétentieux] Arrias a tout vu, a tout lu, il veut le persuader ainsi ; c'est un homme universel, et il se donne pour tel : il aime mieux mentir que de se taire ou paraître ignorer quelque chose.

> [Le riche] Giton a le teint frais, le visage plein et les joues pendantes, l'œil fixe et assuré, les épaules larges, l'estomac haut, la démarche ferme et délibérée. Il parle avec confiance, il fait répéter celui qui l'entretient.

> [Le pauvre] Phédon a les yeux creux, le teint échauffé, le corps sec et le visage maigre ; il dort peu, et d'un sommeil fort léger ; [...] il oublie de dire ce qu'il sait ou de parler d'événements qui lui sont connus ; et, s'il le fait quelquefois, il s'en tire mal [...] Il est complaisant, flatteur, empressé ; il est mystérieux sur ses affaires, quelquefois menteur ; il est superstitieux, scrupuleux, timide.

On a voulu faire de La Bruyère un précurseur des Lumières.

> Un coupable puni est un exemple pour la canaille ;
> un innocent condamné est l'affaire de tous les honnêtes gens.

Mais, s'il critique les abus, il considère que certains maux sont inévitables. Son grand grief contre la société du XVIIe siècle est de ne pas valoriser le mérite personnel : en tant que domestique des Condé, il a en effet subi la morgue des Grands et leur injustice à l'égard d'hommes « qui les égalent par le cœur et par l'esprit et qui les passent quelquefois »...

Dans ses « **sentences** », véritables maximes, La Bruyère critique les riches parvenus, l'hypocrisie des Grands, la misère du peuple, mais aussi l'athéisme, ou encore les femmes...

> Une femme oublie d'un homme qu'elle n'aime plus jusqu'aux faveurs qu'il a reçues d'elle.

Tout notre mal vient de ne pouvoir être seuls : de là le jeu, le luxe, la dissipation, le vin, les femmes, l'ignorance, la médisance, l'envie, l'oubli de soi-même et de Dieu.

À force de faire de nouveaux contrats, ou de sentir son argent grossir dans ses coffres, on se croit enfin une bonne tête, et presque capable de gouverner.

Les Caractères sont servis par un style incisif, nerveux, avec des effets de rupture saisissants. La phrase, courte et saccadée, annonce celle du XVIIIe siècle ; son réalisme, celui du XIXe. La Bruyère est enfin l'un des premiers à avoir accordé au « style » une valeur en soi, préoccupation qui aura la postérité que l'on sait.

Les lettres et mémoires

Pour les épistoliers et les mémorialistes du XVIIe siècle, il ne s'agit pas de se répandre en confidences ou d'explorer sa personnalité. Les **lettres**, qui colportent des nouvelles concernant la vie mondaine, jouent un rôle de gazette. Quant aux **mémoires**, ce sont avant tout des chroniques sociales et historiques. Les missives étaient rédigées non seulement pour le destinataire, mais pour toutes les personnes auxquelles elles seraient lues. D'où leur retenue, et la recherche d'un art d'écrire.

À partir de la publication des *Lettres* de **Guez de Balzac** en 1624, puis de **Voiture*** en 1649, toutes les femmes du monde aspirent à se faire valoir par leur correspondance. Nulle n'y est mieux parvenue que Mme de Sévigné.

Mme de Sévigné par M.-V. Jaquotot, XIXe siècle, musée du Louvre, Paris.

Marie de Sévigné

Marie de Rabutin-Chantal (1626-1696) fréquente le salon précieux de l'hôtel de Rambouillet, rencontre les écrivains. Veuve sept ans après son mariage, la marquise reporte sa tendresse sur ses deux enfants et surtout sur sa fille, qui épouse en 1669 le comte de Grignan et doit le suivre en Provence. C'est donc essentiellement à sa fille que Mme de Sévigné va écrire, au moins deux missives par semaine. Les éditions de ses ***Lettres***, dont la première date de 1726, n'ont cessé de s'enrichir à mesure qu'on en retrouvait chez ses correspondants. On en dénombre aujourd'hui plus d'un millier, mais certaines ont été perdues, comme celles qui avaient été adressées à sa cousine Mme de La Fayette* ou au cardinal de Retz*.

Cette correspondance extraordinairement variée, chronique d'un quart de siècle, restitue tout le climat de l'époque : le procès de Fouquet, la mort de Turenne, les révoltes en Bretagne, la vie à la Cour ou en province… Ainsi cette lettre du 29 juillet 1676, sur le tout nouveau château de Versailles :

Je fus samedi à Versailles avec les Villars : voici comme cela va. Vous connaissez la toilette

La liseuse à la fenêtre. Vermeer, v. 1657, Staatliche Kunstsammlungen, Dresde.

de la Reine, la messe, le dîner; mais il n'est plus besoin de se faire étouffer, pendant que Leurs Majestés sont à table; car à trois heures, le Roi, la Reine, Monsieur, Madame, Mademoiselle, tout ce qu'il y a de princes et de princesses, Mme de Montespan, toute sa suite, tous les courtisans, toutes les dames, enfin ce qui s'appelle la cour de France, se trouve dans ce bel appartement du Roi que vous connaissez. Tout est meublé divinement, tout est magnifique.

La marquise s'épanche également dans ses lettres : amour filial, amitiés, hantise de la mort, émois devant la nature, méditations religieuses... Sensible, spirituelle, vive et gaie, elle a le don de la mise en scène, de l'anecdote imagée, du détail piquant, du dialogue, de l'imprévu. Son art et son naturel feront l'admiration de Proust*. Voici la célèbre lettre qu'elle adresse à son cousin le marquis de Coulanges, le 15 décembre 1670, pour lui annoncer le mariage de Mademoiselle, duchesse de Montpensier :

Je m'en vais vous mander la chose la plus étonnante, la plus surprenante, la plus merveilleuse, la plus miraculeuse, la plus triomphante, la plus étourdissante, la plus inouïe, la plus singulière, la plus extraordinaire, la plus incroyable, la plus imprévue, la plus grande, la plus petite, la plus rare, la plus commune, la plus éclatante, la plus secrète jusqu'aujourd'hui, la plus brillante, la plus digne d'envie : enfin une chose dont on ne trouve qu'un exemple dans les siècles passés, encore cet exemple n'est-il pas juste, une chose que l'on ne peut pas croire à Paris (comment la pourrait-on croire à Lyon?) [...] Vous n'y êtes pas. Il faut donc à la fin vous le dire : il épouse dimanche, au Louvre, avec la permission du Roi, Mlle, Mlle de... Mlle... devinez le nom : il épouse Mademoiselle, ma foi! par ma foi! ma foi jurée! Mademoiselle, la grande mademoiselle; Mademoiselle, fille de feu Monsieur; Mademoiselle, petite-fille de Henri IV [...] Adieu; les lettres qui seront portées par cet ordinaire vous feront voir si nous disons vrai ou non.

Paul de Retz

Retz par René Lochon, 1663, BNF.

Descendant d'une famille florentine, Paul de Gondi (1613-1679) est orienté vers une carrière ecclésiastique avec « l'âme peut-être la moins ecclésiastique qui fût dans l'univers ». Sous des dehors décents, il a une vie amoureuse très active et intrigue sans cesse. Nommé cardinal de Retz en 1652, il cherche à renverser Mazarin, ce qui l'oblige à s'exiler en 1654. Louis XIV l'autorise à revenir en France en 1662. Il vit dès lors en grand seigneur dans son château de Commercy, où il rédige ses *Mémoires* (posth., 1717), adressés à une mystérieuse dame – Mme de Sévigné* ?... Extrêmement cultivé, Retz ne voyait dans le monde qu'une vaste comédie et se jugeait au-dessus des conventions. Dans ses écrits, il s'affranchit de tout moralisme et analyse les luttes pour le pouvoir en termes de rapports de force.

Dans ses ***Mémoires***, qui s'arrêtent à l'année 1655, le cardinal justifie son passé et expose ses conceptions politiques. L'ouvrage comporte trois parties : la jeunesse, la Fronde et l'exil. Retz excelle à retracer les intrigues individuelles et collectives, brossant un tableau très vivant des remous politiques de la Fronde, pimenté d'anecdotes piquantes et de portraits féroces :

> [Richelieu] a foudroyé plutôt que gouverné les humains.

> [La reine] avait plus d'intention de piété que de piété, plus d'opiniâtreté que de fermeté, et plus d'incapacité que tout ce que dessus.

Le cardinal excelle aussi à peindre les foules, en particulier le mécanisme des émeutes : il pressent les grands courants de l'Histoire sous les agitations de surface et n'oublie pas le rôle du peuple, contrairement à la plupart des mémorialistes de l'époque. Il fait enfin apparaître des lois de la lutte pour le pouvoir, soulignant l'importance de l'irrationnel et de l'imprévu :

> De toutes les passions, la peur est celle qui affaiblit le plus le jugement.

Certaines de ses flèches sonnent comme des maximes :

> On a plus de peine, dans les partis, à vivre avec ceux qui en sont qu'à agir contre ceux qui y sont opposés.

Enfin son style, vivant, brillant, fourmille de trouvailles qui annoncent les *Mémoires* de Saint-Simon* – gigantesque somme historique sur le règne finissant de Louis XIV et la période de la Régence.

Le roman et la nouvelle

À partir de 1660, le goût de la sobriété, de la simplicité et d'un cadre précis s'impose en réaction à *L'Astrée* – la grande pastorale sentimentale du début du siècle –, aux romans-fleuves précieux et aux romans comiques baroques. Le discrédit du genre héroïque conduit au triomphe de la nouvelle, de préférence historique – un récit bref, clair et vraisemblable, selon les principes du classicisme. À la célébration exaltée de l'amour fait place la retenue. L'Histoire n'est plus qu'une toile de fond, les monarques tenant des rôles secondaires. Dans les cours et les salons, on suspecte ces nouvelles historiques de transposer des événements contemporains, et on recherche les « clés » révélant la véritable identité des protagonistes… Les nouvelles connaissent donc une grande vogue; exception à la règle, *La Princesse de Clèves* de Mme de La Fayette est le seul véritable « roman » classique.

MARIE-MADELEINE DE LA FAYETTE

Dès son adolescence, Marie-Madeleine Pioche de La Vergne (1634-1693) fréquente la meilleure société parisienne et se fait remarquer pour sa beauté et son intelligence. Elle épouse en 1655 le comte de La Fayette mais le suit rarement sur ses terres car elle préfère Paris, où elle anime un salon. Intime d'Henriette d'Angleterre, entourée d'hommes de lettres tels que Segrais et surtout La Rochefoucauld*, elle se lance dans l'écriture.

En 1662, elle compose ***La Princesse de Montpensier***, une brève nouvelle historique où l'héroïne connaît, pendant les guerres de Religion,

> la douleur d'avoir perdu l'estime de son mari, le cœur de son amant et le plus parfait ami qui fût jamais.

Remarquable par la sobriété du style, la vérité des sentiments et l'exactitude historique, cette nouvelle met en scène une princesse qui résiste à la tentation de l'adultère ; cependant, incapable de maîtriser son cœur, ses gestes et même ses paroles, elle constate qu'elle a cessé d'être pure…

En 1669 et 1671 paraissent les deux volumes du roman ***Zaïde***, sous le nom d'un de ses amis, l'homme de lettres Segrais. Ce roman à la fois héroïque et poétique marque la transition entre le roman baroque du début du siècle et le roman psychologique moderne.

L'aveu. *La Princesse de Clèves*, édition de 1878, BNF.

À l'opposé du roman-fleuve, ***La Princesse de Clèves*** (publié anonymement en 1678) compte moins de 200 pages. Une jeune beauté, Mlle de Chartres, est présentée à la cour raffinée de Henri II. Le prince de Clèves obtient sa main. Mais la jeune princesse découvre bientôt qu'elle n'éprouve pour son mari que de l'estime, tandis qu'une violente inclination la porte vers M. de Nemours… Voici un extrait de la fameuse scène de la rencontre entre la princesse et le duc :

> M. de Nemours fut tellement surpris de sa beauté que, lorsqu'il fut proche d'elle, et qu'elle lui fit la révérence, il ne put s'empêcher de donner des marques de son admiration. Quand ils commencèrent à danser, il s'éleva dans la salle un murmure de louanges. Le roi et les reines se souvinrent qu'ils ne s'étaient jamais vus, et trouvèrent quelque chose de singulier de les voir danser ensemble sans se connaître.

À la suite de cette rencontre, Mme de Clèves s'éveille à la passion :

> L'inclination qu'elle avait pour ce prince lui donnait un trouble dont elle n'était pas maîtresse. Les paroles les plus obscures d'un homme qui plaît donnent plus d'agitation que des déclarations ouvertes d'un homme qui ne plaît pas. Elle demeurait donc sans répondre, et M. de Nemours se fût aperçu de son silence, dont il n'aurait peut-être pas tiré de mauvais présages, si l'arrivée de M. de Clèves n'eût fini la conversation et sa visite.

Effrayée des progrès de sa passion, torturée par la jalousie, la princesse finit par se réfugier dans sa maison de Coulommiers. Comme son mari lui en fait reproche, elle lui avoue, les yeux remplis de larmes, qu'elle est éprise d'un autre homme et que, pour rester digne de lui, elle doit quitter la Cour. Nemours assiste, caché, à cet aveu. M. de Clèves, d'abord tranquillisé, ressent rapidement une vive jalousie et la presse de questions, mais elle ne lui dévoilera pas le nom de son rival. Cependant le prince enquête et découvre la vérité. Se croyant trahi, il mourra de chagrin après avoir fait à sa femme de tragiques adieux. Et Mme de Clèves, malgré sa passion, se sentira le devoir de repousser Nemours et se retirera dans une maison religieuse…

La Princesse de Clèves est donc l'histoire du déchirement entre le devoir conjugal et la passion, Mme de Clèves incarnant la Vertu douloureuse mais triomphante. Classique par son élégante sobriété, ce roman peut aussi être considéré comme un chef-d'œuvre de la préciosité, étant donné sa conception de l'amour. Il inaugure en tout cas l'ère du roman psychologique moderne.

Gabriel de Guilleragues

En 1669 paraît à Paris un mystérieux petit livre, ***Lettres portugaises*** *traduites en français*. Ce sont cinq lettres écrites par une religieuse portugaise à un officier français revenu en France. Le comte de Guilleragues (1628-1685), diplomate attaché au prince de Conti et directeur de la *Gazette de France*, prétend être entré en possession de ces lettres et les avoir traduites. Or c'est une mystification : les *Lettres portugaises* sont en réalité un roman épistolaire dont il est l'auteur.

Véritable chef-d'œuvre de la littérature amoureuse, ces fausses lettres sonnent vrai ! Par leur description saisissante de la passion amoureuse et leur (prétendue) authenticité, elles font sensation et connaissent cinq éditions dès la première année. Dans ces lettres, la religieuse exprime sa passion, puis ses souffrances devant le silence de son amant, et enfin sa décision de ne plus l'aimer :

> J'ai éprouvé que vous m'étiez moins cher que ma passion.

L'amour y apparaît comme une folie irrésistible, un terrible envoûtement dont l'être sort brisé. Les mouvements de la passion y sont saisis depuis leur naissance jusqu'à leurs oscillations extrêmes… L'expression désordonnée, peu « classique », rend à merveille les affres d'une passion vécue, dans un dépouillement et une immédiateté fascinants.

Nature morte à la chandelle. Lubin Baugin, 1630, Galleria Spada, Rome.

Vous trouverez, peut-être, plus de beauté… mais vous ne trouverez jamais tant d'amour, et tout le reste n'est rien.

Les penseurs

Les classiques, qui accordent une importance extrême à la lucidité et à la raison, sont tout naturellement amenés à réfléchir aux travers de la société et à la façon dont l'« honnête homme » peut surmonter ses mauvais instincts. Au milieu du siècle, c'est la philosophie relativiste du libre-penseur **Gassendi** qui prédomine. Puis deux courants s'affrontent : d'un côté **Descartes**, qui accorde une confiance absolue à la raison humaine; de l'autre **Pascal** et **Bossuet**, convaincus au contraire de l'irrémédiable fragilité de tout raisonnement. Enfin, au tournant du siècle, **Bayle** et **Fontenelle** annoncent les Encyclopédistes des Lumières en combattant les superstitions et en vulgarisant les connaissances scientifiques.

Le « libertinage érudit », ou le clan des libres-penseurs

Dominé par la contre-réforme catholique, le XVIIe siècle voit se développer en parallèle un courant de libre-pensée, appelé alors « libertinage ». Il ne s'agit pas d'un libertinage de mœurs, mais d'un désir de se libérer des religions pour donner à l'existence humaine un sens uniquement terrestre. Sceptiques et épicuriens, les libertins prônent la tolérance et l'indépendance de la raison. Ils vont parfois même jusqu'à contester la validité de la société et du régime.

Hardis au début du siècle, ils sont combattus par Richelieu, puis retrouvent leur audace pendant la Fronde. Malgré la réaction chrétienne de Pascal* et Bossuet*, l'esprit libertin perdure sous Louis XIV et s'affirme de nouveau à l'aube du siècle des philosophes. Des libertins comme Sorel*, Scarron* ou Cyrano de Bergerac* choisissent la forme burlesque pour contester de manière voilée la politique, les valeurs morales ou la religion. Le poète baroque Théophile de Viau* fait également partie de ce mouvement. Simultanément se constitue un cercle d'érudits attachés à l'indépendance de pensée qui rassemble jusqu'en 1655 le sceptique **La Mothe Le Vayer**, le philosophe **Gassendi** et l'humaniste **Naudé**.

Gabriel Naudé

L'humaniste parisien Gabriel Naudé (1600-1653), premier grand bibliothécaire français, attaché à Richelieu puis à Mazarin, recherchera toute sa vie avec passion les éditions rares et les livres audacieux, cataloguant et classant une énorme masse d'ouvrages qui seront la base de la bibliothèque Mazarine. Rationaliste rigoureux, il publie de nombreux ouvrages où il manifeste une vive méfiance à l'égard du surnaturel et dénonce les superstitions et préjugés populaires. Chantre de la tolérance et de la relativité des choses, il pense que religions et miracles ne sont que des supercheries inventées par les puissants pour asservir les peuples. Avec quelques amis, il forme la Tétrade, grand foyer de « libertinage érudit ». En matière de politique il est un disciple de Machiavel, comme en témoignent ses ***Considérations politiques sur les coups d'État*** (1639) :

> Il faut rendre la politique autonome par rapport à la morale,
> souveraine par rapport à la religion.

Par son souci de rassembler avec rigueur toutes les données du savoir et par la liberté de son esprit, Naudé apparaît comme un précurseur de Bayle*, Fontenelle* et des philosophes des Lumières.

Gassendi par Louis-Édouard Rioul, XIXe siècle, musée national du château de Versailles.

Pierre Gassendi

Pierre Gassendi (1592-1655), docteur en théologie, est professeur de mathématiques au Collège royal à Paris. Astronome, il correspond avec Galilée. Dans ***Recherches métaphysiques*** (1642) et ***Vie et mœurs d'Épicure*** (1647-1649), il tente de concilier un épicurisme mesuré avec un christianisme épuré des « superstitions », et il réfléchit à la possibilité d'un modeste bonheur ici-bas, reposant sur l'équilibre intérieur.

> Il est bien révoltant de supprimer tant de bonnes choses à cause de quelques mauvaises, et de couper la roseraie parce qu'au milieu des roses il y a aussi des épines…

Disciple de Montaigne*, il conclut à la vanité de toute tentative d'expliquer le monde. Contrairement à Descartes*, il ne croit pas que l'on puisse prouver rationnellement l'existence de Dieu. Pour lui, tout le savoir provient de l'expérience sensible. Sa théorie « sensualiste » a frayé la voie aux méthodes empiriques modernes.

Le cartésianisme

René Descartes

Gentilhomme de Touraine, René Descartes (1596-1650) fait ses études classiques chez les jésuites de La Flèche. Après une licence de droit à l'université de Poitiers, il sert dans l'armée pendant la guerre de Trente Ans et trouve le temps d'écrire un *Traité de musique* (1618), où il explique la musique par un calcul de proportions. En 1619, il a « l'idée d'une méthode universelle pour la recherche de la vérité ». Après de nombreux voyages, il se retire en Hollande en 1629, où il travaillera librement pendant vingt ans. Ses principales œuvres sont le ***Discours de la méthode*** *[pour bien conduire sa raison et chercher la vérité dans les sciences]* (1637), les ***Méditations métaphysiques*** (1641), les ***Principes de la philosophie*** (1644) et le ***Traité sur les passions de l'âme*** (1649). Appelé en Suède par la reine Christine, il prend froid et meurt sans avoir été reconnu à sa juste valeur en France.

Rejetant toutes les idées acquises, s'affranchissant de toutes les autorités – démarche scandaleuse à l'époque –, Descartes pratique le **doute méthodique** et se sert du raisonnement mathématique pour penser.

Le bon sens est la chose du monde la mieux partagée. La puissance de bien juger et distinguer le vrai d'avec le faux, qui est proprement ce qu'on nomme le bon sens ou la raison, est naturellement égale en tous les hommes ; et ainsi la diversité de nos opinions ne vient pas de ce que les uns sont plus raisonnables que les autres, mais seulement de ce que nous conduisons nos pensées par diverses voies, et ne considérons pas les mêmes choses.

Il démontre que, par l'exercice de la raison, à la suite d'un processus d'analyse puis de synthèse, on peut découvrir les liens de cause à effet qui régissent chaque phénomène. La première des vérités qu'il découvre, c'est :

Je pense donc je suis (*Cogito ergo sum*).

Sur cette base, il rebâtit l'édifice des connaissances et va jusqu'à prouver l'existence de Dieu par la raison :

Comment serait-il possible que je pusse connaître que je doute et que je désire, c'est-à-dire qu'il me manque quelque chose et que je ne suis pas tout parfait, si je n'avais en moi aucune idée d'un être plus parfait que le mien, par la comparaison duquel je connaîtrais les défauts de ma nature ?

Il tire aussi de son cheminement logique des maximes morales :

- Obéir aux lois et aux coutumes de mon pays… me gouvernant, en toute autre chose, selon les opinions les plus modérées ;
- Être le plus ferme et le plus résolu en mes actions que je pourrai ;

• [Tâcher toujours de] changer mes désirs [plutôt] que l'ordre du monde
et généralement de m'accoutumer à croire qu'il n'y a rien
qui ne soit entièrement en notre pouvoir, que nos pensées.

Descartes aura formulé de façon nette les tendances confuses de son temps vers l'ordre et la logique. Admiré de Boileau* et de La Bruyère*, il a contribué à orienter la littérature vers l'expression des idées et l'analyse psychologique et morale. Enfin, il a ouvert la voie aux philosophes du XVIIIe siècle, qui étendront l'examen critique jusqu'aux questions religieuses et politiques.

Pascal et les penseurs chrétiens

À l'aube du XVIIe siècle, un groupe de théologiens et de mystiques va redonner vigueur au catholicisme français, amoindri par les guerres de Religion. Ce renouveau culminera avec l'œuvre de **Pascal**, dont le génie liera les sciences, les arts et la religion dans une même réflexion, par-delà les carcans du cartésianisme.

François de Sales (1567-1622) inaugure cette nouvelle vision chrétienne en publiant deux ouvrages, l'*Introduction à la vie dévote* (1609) et *Le Traité de l'amour de Dieu* (1616) pour montrer que la sainteté se vit dans tous les gestes du quotidien.

Avec lui, **Pierre de Bérulle** (1575-1629) fonde l'Oratoire en 1611, puis rédige un *Discours de l'état et des grandeurs de Jésus* (1622) et une *Vie de Jésus* où transparaît une véritable tendresse pour le Christ, plus humain que divin.

De son côté, **Vincent de Paul** (1580-1660) s'illustre dans sa lutte contre la misère et oriente le discours religieux vers le dépouillement. Il a fortement influencé Bossuet*.

Tous ces noms seront à l'honneur dans l'**abbaye de Port-Royal-des-Champs**, au sud de Paris. Communauté de religieuses fondée en 1204, elle est reprise en main par la jeune abbesse Angélique Arnauld à partir de 1609. D'éminents penseurs comme **Antoine Arnauld** (1612-1694), frère de mère Angélique, s'installent dans une ferme à proximité. Ils dispensent un enseignement de qualité très recherché dans les « Petites Écoles ».

Pour ces penseurs chrétiens, le principal inspirateur reste saint Augustin et ses *Confessions*. Or un certain Cornelius Jansen, ou **Jansénius** (1585-1638), alors évêque d'Ypres, a fait paraître une étude sur la Grâce selon saint Augustin qui va bouleverser le monde chrétien : l'*Augustinus*. En 1644, Arnauld publie une *Apologie pour M. Jansénius* ; le **jansénisme** est né. Selon cette doctrine, le salut de la créature déchue après le péché ne peut résulter que de la Grâce, faveur gratuite et toute-puissante provenant de Dieu, et non des

Abbaye de Port-Royal-des-Champs. Madeleine Boulogne, XVIIe siècle, musée national du château de Versailles.

efforts et des mérites humains. Ce qui soulève une polémique : que devient le libre arbitre de l'homme si le choix dépend de Dieu seul ?

L'abbaye se retrouve alors au cœur d'une bataille politico-religieuse mêlant pouvoir royal et papauté, théologiens et esprits éclairés. La Sorbonne attaque l'*Augustinus*, résumé en cinq propositions hérétiques, et en 1661 le roi Louis XIV lui-même intervient contre les jansénistes : les religieuses de Port-Royal sont persécutées et condamnées, les « Petites Écoles » dispersées en 1664-1665, et l'abbaye détruite en 1710.

Malgré ces conflits et sa défaite finale, le jansénisme a triomphé en tant que vision du monde dans les élites, influençant les moralistes et écrivains du Grand Siècle, et ce en grande partie grâce à son plus fidèle défenseur, **Pascal**.

Blaise Pascal

Né à Clermont-Ferrand, Blaise Pascal (1623-1662) est éduqué par son père et se révèle très jeune un génie des mathématiques. En 1642, pour aider son père dans ses calculs, il invente une machine d'arithmétique. En 1651, il rédige un *Traité du vide*, suivi en 1653 par le *Traité de l'équilibre des liqueurs* et le *Traité de la pesanteur de la masse de l'air*, puis en 1654 par le *Traité du triangle mathématique*. Mais ses nombreuses recherches et expériences altèrent irrémédiablement une santé déjà fragile.

En 1646, sous l'influence des ouvrages de l'abbé de Saint-Cyran, directeur de conscience de Port-Royal, Pascal connaît sa première conversion – ce qui ne l'empêche pas de fréquenter le monde, dans l'entourage de la Cour. Sa sœur Jacqueline, elle, se retire à l'abbaye de Port-Royal, où elle prononce ses vœux en 1653. Un an plus tard, Pascal est pris d'un dégoût du monde. Après le 23 novembre 1654 – la « nuit » de Pascal, date de sa seconde conversion –, il fait sa première retraite à Port-Royal. Partagé entre le monde, les sciences et Dieu, il s'engage en 1656 dans la polémique des *Provinciales*, sa première grande œuvre théologique.

C'est à la demande du Grand Arnauld*, alors mis à mal par la Sorbonne pour son soutien aux idées de Jansénius, que Pascal prend la plume pour écrire ses ***Lettres à un ami provincial*** (ou ***Provinciales***) une œuvre de circonstance composée de 18 lettres ordonnées selon un plan savamment orchestré. Après la question de la Grâce, Pascal condamne la morale relâchée des jésuites et fait l'apologie de Jansénius. Sa démarche est davantage celle d'un pamphlétaire que d'un théologien. Voltaire*, un siècle plus tard, en parlera comme du « premier livre de génie qu'on vit en prose ». Voici un extrait de la deuxième lettre :

> Les jésuites prétendent qu'il y a une Grâce donnée généralement à tous les hommes, soumise de telle sorte au libre arbitre, qu'il la rend efficace ou inefficace à son choix, sans aucun nouveau secours de Dieu [...]. Et les jansénistes, au contraire, veulent qu'il n'y ait aucune Grâce actuellement suffisante, qui ne soit aussi efficace, c'est-à-dire que toutes celles qui ne déterminent point la volonté à agir effectivement sont insuffisantes pour agir, parce qu'ils disent qu'on n'agit jamais sans Grâce efficace. Voilà leur différend.

En 1657, l'œuvre est condamnée par la Congrégation de l'Index. Pascal persiste avec les ***Écrits sur la Grâce***, qui ne seront publiés qu'en 1779. Sa santé se dégrade, il mène une vie solitaire dans la charité, la pénitence et la pauvreté.

En 1660, il se retire près de Clermont, où il commence à mettre par écrit ses ***Pensées*** pour achever son grand dessein, une apologie du christianisme. Mais la mort le cueille à 39 ans, en 1662. Il laissait ses *Pensées* au stade d'ébauche : notes, fragments, réflexions ou textes plus longs, mais organisés selon un classement très clair. Le mouvement général de l'œuvre est net : Pascal veut prouver la misère de l'homme sans Dieu, perdu entre l'infiniment grand et l'infiniment petit, et montrer la grandeur de l'homme avec Dieu, d'où la nécessité de croire en Lui. Quelques morceaux d'anthologie ont fait date, comme le **divertissement** pascalien (ne pouvant éluder leur malheur, conséquence du péché originel, les hommes tentent de s'en détourner par de vaines occupations), la **théorie des deux infinis** ou le **pari pascalien** (s'il est impossible de prouver rationnellement l'existence de Dieu, que risquons-nous à penser qu'Il existe ?) :

> Vous avez deux choses à perdre, le vrai et le bien, et deux choses à engager, votre raison et votre volonté, votre connaissance et votre béatitude, et votre nature a deux choses à fuir, l'erreur et la misère. Votre raison n'est pas plus blessée, puisqu'il faut nécessairement choisir, en choisissant l'un que l'autre. Voilà un point vidé. Mais votre béatitude ? Pesons le gain et la perte en prenant croix que Dieu est. Estimons ces deux cas : si vous gagnez, vous gagnez tout, et si vous perdez, vous ne perdez rien ; gagez donc qu'Il est sans hésiter.

Pascal cherche toujours à concilier la logique (fondée sur une démonstration rationnelle) et la foi (fondée sur la croyance). Toute sa vie, il aura été à la recherche de la vérité, dans tous les domaines de la connaissance :

> J'ai la vérité : c'est toute ma force ; si je la perds, je suis perdu.

Pensée mouvante, foisonnante, qui doit être sans cesse méditée car l'homme, faible et fragile, tire sa seule force de sa faculté à penser :

Madeleine en pénitence.
Georges de La Tour, XVIIe siècle,
Metropolitan Museum of Arts, New York.

L'homme n'est qu'un roseau, le plus faible de la nature; mais c'est un roseau pensant. Il ne faut pas que l'univers entier s'arme pour l'écraser : une vapeur, une goutte d'eau suffit pour le tuer. Mais quand l'univers l'écraserait, l'homme serait encore plus noble que ce qui le tue, parce qu'il sait qu'il meurt, et l'avantage que l'univers a sur lui, l'univers n'en sait rien.

Notre dignité consiste donc en la pensée. Travaillons à bien penser : voilà le principe de la morale.

JACQUES BÉNIGNE BOSSUET

Né à Dijon dans une famille de magistrats, Bossuet (1627-1704) se destine très vite au sacerdoce. Chanoine à 13 ans, il est ordonné prêtre à 25 ans, en 1652, l'année même où il est reçu docteur en théologie. Il fréquente quelque temps le monde, croisant Voiture* à l'hôtel de Rambouillet ou Corneille* au théâtre, avant de rompre avec le siècle : archidiacre à Metz (1652-1659), il se fait très tôt remarquer pour ses talents de prédicateur. Il prêche à la ville et à la Cour, et pour la première fois devant le roi en 1662.

Pendant une dizaine d'années, Bossuet va prononcer une centaine de **sermons**, dont les plus célèbres sont le *Sermon sur la loi* (1653), *sur l'éminente dignité des pauvres dans l'Église* (1659), *sur la parole de Dieu* (1661), *sur le mauvais riche*, *sur l'ambition*, *sur la Providence* et *sur la mort* (1662). Dans le *Sermon du mauvais riche*, il n'hésite pas à interpeller les puissants pour qu'ils prennent conscience de l'extrême misère du petit peuple :

> Se peut-il que vous entendiez la voix languissante des pauvres qui tremblent devant vous, qui, accoutumés à surmonter leur pauvreté par leur travail et par leurs sueurs, se laissent mourir de faim plutôt que de découvrir leur misère? C'est pourquoi ils meurent de faim, oui, messieurs, ils meurent de faim dans les villes, dans les campagnes, à la porte et aux environs de vos hôtels…

Dans le ***Sermon sur la mort***, monument de l'art oratoire, on retrouve les grands traits d'un ouvrage que Bossuet rédigea dès 21 ans, *Méditation sur la brièveté de la vie*, où il invite l'homme à « se mesurer à son cercueil, qui seul le mesure au juste ». Mêlant ainsi des considérations sociales à ses convictions chrétiennes, Bossuet fait de ses sermons une œuvre militante, en disciple de saint Vincent de Paul*.

> C'est une entreprise hardie d'aller dire aux hommes qu'ils sont peu de chose.

Bossuet reçoit en 1669 l'évêché de Condom et devient précepteur du Dauphin (1670-1680). Mais sa voix retentit aussi pour faire l'éloge de hauts personnages du royaume dans ses ***Oraisons funèbres***. Les plus célèbres sont celles d'Henriette de France (1669), d'Henriette d'Angleterre (1670) ou du Grand Condé (1687). Genre ancien, il s'agissait de rendre une vie exemplaire en la transformant en page d'histoire ou en tragédie. Par la qualité de ses discours, Bossuet atteint là au « sublime » dont rêvait Boileau*.

> Nous devrions être assez convaincus de notre néant : mais s'il faut des coups de surprise à nos cœurs enchantés de l'amour du monde, celui-ci est assez grand et assez terrible. Ô nuit désastreuse ! ô nuit effroyable, où retentit tout à coup, comme un éclat de tonnerre, cette étonnante nouvelle : Madame se meurt ! Madame est morte !...
>
> Oraison funèbre d'Henriette d'Angleterre (fauchée à 26 ans)

Élu à l'Académie française en 1671, Bossuet est nommé archevêque de Meaux en 1681. Il continue à s'impliquer dans tous les combats théologiques : contre le cartésianisme, le protestantisme, le théâtre, contre le quiétisme de Fénelon* ou les idées et les mœurs modernes. Quand il meurt, à l'âge de 77 ans, il semble avoir mérité le titre de « père de l'Église » que lui décerne son ami La Bruyère*.

François de Fénelon

Originaire d'une vieille famille aristocratique du Périgord, François de Salignac de La Mothe-Fénelon (1651-1715), proche de Bossuet*, prêche avec éclat et finit par diriger à Versailles la conscience des gens de cour, dont Mme de Maintenon. En 1687, fort de son expérience, il publie le *Traité de l'éducation des filles* et, en 1689, le roi le nomme précepteur de son petit-fils, le duc de Bourgogne. Mais l'affaire du quiétisme va briser son ascension : l'attachement de Fénelon à une mystique suspecte, Mme Guyon, entraîne une semi-disgrâce et sa condamnation par Bossuet*. Il continue cependant à remplir sa tâche de précepteur et rédige pour le duc de Bourgogne un récit destiné à préparer son jeune élève aux plus hautes fonctions de l'État : *Les Aventures de Télémaque*, mais le Grand Dauphin meurt prématurément en 1712.

Les Aventures de Télémaque (1699), roman d'apprentissage inspiré de l'*Odyssée* et de l'*Énéide*, rappelle les œuvres baroques du début du siècle. Fénelon s'y glisse dans la peau de Mentor pour dispenser des leçons de théologie, de politique, de morale ou d'histoire à son élève, le jeune Télémaque, perdu dans les tourmentes de lieux mythiques tels l'île de Calypso, l'Égypte, la Phénicie ou même les Enfers, à la recherche de son père Ulysse. Télémaque semble lui aussi sensible aux charmes de la nymphe Calypso :

> « Que les dieux me fassent périr plutôt que de souffrir que la mollesse et la volupté s'emparent de mon cœur ! Non, non, le fils d'Ulysse ne sera jamais vaincu par les charmes d'une vie lâche et efféminée. Mais quelle faveur du Ciel nous a fait trouver, après notre naufrage, cette déesse ou cette mortelle qui nous comble de biens ?

– Craignez, repartit Mentor, qu'elle ne vous accable de maux ; craignez ses trompeuses douceurs plus que les écueils qui ont brisé votre navire : le naufrage et la mort sont moins affreux que les plaisirs qui attaquent la vertu. Gardez-vous bien de croire ce qu'elle vous racontera. La jeunesse est présomptueuse ; elle se promet tout d'elle-même : quoique fragile, elle croit pouvoir tout et n'avoir jamais rien à craindre ; elle se confie légèrement et sans précaution. Gardez-vous d'écouter les paroles douces et flatteuses de Calypso, qui se glisseront comme un serpent sous les fleurs ; craignez le poison caché ; défiez-vous de vous-même, et attendez toujours mes conseils. » (Livre VI)

Grâce aux conseils avisés de Mentor-Minerve, le jeune homme retrouve le chemin de la vertu.

Vers l'esprit des Lumières

À la fin du siècle, avec les échecs de la guerre de la Succession d'Espagne et la misère du royaume, les problèmes politiques et sociaux que le classicisme avait écartés renaissent : **Bayle** et **Fontenelle** contestent la société et combattent la superstition par la méthode cartésienne.

Pierre Bayle

Le calviniste Pierre Bayle (1647-1706), converti au catholicisme en 1669, revient au protestantisme dès l'année suivante, ce qui fait de lui un « relaps ». Il se réfugie alors à Genève, où il découvre le cartésianisme. Il enseigne ensuite la philosophie à Sedan, puis la philosophie et l'histoire à Rotterdam. Là, il publie en 1682 les *Pensées sur la comète*, qui établissent sa réputation.

Dans les ***Pensées diverses écrites à un docteur de Sorbonne à l'occasion de la comète*** *qui parut au mois de décembre 1680*, Bayle raille le préjugé qui voit dans les comètes un mauvais présage et, à partir de là, toutes les superstitions. Il a également l'audace de légitimer le libre examen, et même de proposer de séparer morale et foi religieuse !

Il n'est pas plus étrange qu'un athée vive vertueusement qu'il n'est étrange qu'un chrétien se porte à toutes sortes de crimes.

Nature morte aux livres et sphère céleste. David Teniers le Jeune, 1635, musées royaux des Beaux-Arts, Bruxelles.

De 1684 à 1687, Bayle rédige à lui seul la revue *Nouvelles de la République des lettres*. Un an après la révocation de l'édit de Nantes, il publie encore un *Commentaire philosophique sur les paroles de Jésus-Christ*, courageux plaidoyer en faveur de la tolérance qui lui vaudra des accusations d'impiété et même d'athéisme. Destitué de sa chaire, vivant pauvrement, le philosophe se consacre alors à son grand œuvre. Le ***Dictionnaire historique et critique*** (1697), conçu pour redresser les erreurs des dictionnaires ou auteurs précédents, va bien au-delà : Bayle y prend position sur de nombreuses autres questions. Dans les innombrables notes – procédé qui sera repris dans l'*Encyclopédie* de Diderot* et d'Alembert* –, il combat la superstition et la crédulité populaires, nie les miracles, critique l'anthropocentrisme, les abus de l'Église romaine, les crimes des rois et des papes, les systèmes absurdes des philosophes ; il réinterprète également la Bible en historien, établissant des parallèles entre le judéo-christianisme et les mythes ou rites païens… Pourtant ces hardiesses ne choqueront que peu ses contemporains, déjà gagnés par l'esprit nouveau. Le succès du *Dictionnaire* est immense, dans toute l'Europe. « Citoyen de la République des idées », Bayle est le père des philosophes du XVIIIe siècle, qui puiseront sans cesse dans son *Dictionnaire*.

Fontenelle par Louis Galloche, XVIIIe siècle, musée national du château de Versailles.

Bernard de Fontenelle

Bernard Le Bovier de Fontenelle (1657-1757), né à Rouen, écrit des poésies précieuses, des opéras et une dizaine de tragédies avant de publier les œuvres de vulgarisation et de critique qui vont le rendre célèbre : *De l'origine des fables* (1684), la *Relation de l'île de Bornéo*, les *Entretiens sur la pluralité des mondes* et l'*Histoire des oracles* (1686). Il a l'art de rendre les connaissances scientifiques accessibles et même attrayantes sans les déformer. Nommé secrétaire perpétuel de l'Académie des sciences en 1697, il se consacre dès lors aux sciences exactes et à la métaphysique. En parallèle, il continue d'écrire des œuvres littéraires : *Vie de Corneille*, *Histoire du théâtre*, *Réflexions sur la poétique* (1742). Brillant causeur, il fréquente les salons parisiens jusqu'à sa mort, à 99 ans. Il appartient à la fois au Grand Siècle par son penchant littéraire et aux Lumières par ses préoccupations philosophiques.

Dans ***De l'origine des fables*** (1684), Fontenelle attribue à l'ignorance des premiers hommes la croyance au surnaturel et aux miracles. À travers les mythes païens, le christianisme est bien sûr visé !

> À mesure que l'on est plus ignorant, et que l'on a moins d'expérience, on voit plus de prodiges. Les premiers hommes en virent donc beaucoup ;

> et comme naturellement les pères content à leurs enfants ce qu'ils ont vu et ce qu'ils ont fait, ce ne furent que prodiges dans les récits de ces temps-là.

L'***Histoire des oracles*** (1686) discrédite elle aussi le merveilleux surnaturel. Fontenelle s'emploie à démontrer que les oracles de Delphes, attribués aux démons par les chrétiens, étaient en fait dus aux artifices des prêtres qui exploitaient la crédulité des fidèles. Attaquer indirectement le christianisme en s'en prenant au paganisme, ce sera aussi la tactique des philosophes des Lumières !

Dans les ***Entretiens sur la pluralité des mondes*** (1686), Fontenelle inaugure le grand mouvement de vulgarisation cher aux Encyclopédistes en mettant à la portée du grand public l'astronomie cartésienne. Il s'adresse à une dame qui n'est pas spécialiste. Ces entretiens aimables et même galants sont divisés en six « soirs » où il est question de la Terre, de la Lune, des planètes, des étoiles et des découvertes récentes. Chemin faisant, Fontenelle distille son scepticisme à l'égard de la métaphysique et du merveilleux, sa foi dans la méthode scientifique, son mépris des hommes qui se croient au centre de l'univers, son relativisme, sa croyance en un progrès qui fera l'homme maître de la nature.

La marquise et le philosophe. Frontispice des *Entretiens sur la pluralité des mondes*, édition de 1728, BNF.

> Il faut ne donner que la moitié de son esprit aux choses… que l'on croit, et en réserver une autre moitié libre où le contraire puisse être admis s'il en est besoin.

La querelle des Anciens et des Modernes

Au tournant du siècle, la querelle dite « des Anciens et des Modernes » marque la fin du règne de Louis XIV et du classicisme. C'est la première d'une longue série de crises entre traditionalistes et avant-gardistes. D'un côté, les Anciens comme **Boileau***, **Racine***, **La Fontaine***, **Bossuet*** ou **La Bruyère*** prônent une littérature de haute tenue esthétique et morale fondée sur l'imitation des textes antiques, dans la lignée de l'humanisme. De l'autre, les Modernes comme **Perrault*** ou **Fontenelle*** revendiquent l'émancipation par rapport à l'Antiquité et défendent progrès et modernité en littérature…

Le XVIIIe siècle

Le XVIIIe siècle est celui des Lumières, une longue fermentation intellectuelle et sociale qui aboutira en 1789 à la Révolution française. En effet, la revendication de libre examen, la confiance dans la raison humaine, la foi en la science et le progrès finiront par se retourner contre le pouvoir monarchique et les autorités religieuses.

Les Lumières sont un mouvement européen, mais **la France y tient une position prépondérante**. Elle sert de modèle à l'Europe entière par sa littérature, ses arts, ses modes, son élégance et son esprit. Toutes les élites du monde occidental parlent français, ce qui incite nos écrivains à se penser comme citoyens du monde et à rêver d'un idéal de paix et de civilisation universel.

En France même, la Cour cesse d'être le centre du pays et la source de l'opinion. **À l'« honnête homme » succède le « philosophe »**. L'aristocratie vacille au contact des idées philosophiques, qui sont passionnément débattues dans les salons (héritiers du XVIIe siècle) puis, dans la seconde moitié du siècle, dans les clubs et les cafés parisiens.

La littérature, militante, se donne pour tâche de diffuser les « lumières » dans des discours, des contes et des traités philosophiques où s'illustreront notamment Voltaire, Rousseau, Condorcet et Montesquieu. L'*Encyclopédie* de Diderot et d'Alembert a même pour ambition de recenser et de vulgariser toutes les connaissances scientifiques afin de mieux lutter contre l'ignorance, les superstitions, l'intolérance, le despotisme et l'injustice sociale, et ainsi contribuer au bonheur de l'humanité…

Toutefois, à partir du milieu du siècle, le règne de la raison s'efface devant une **sensibilité préromantique** qui s'épanouit dans les romans. Vauvenargues réhabilite les sentiments, Diderot et Rousseau exaltent des émotions trop longtemps réprimées. Poétique des ruines et de la nature, rêverie amoureuse, analyse de la mélancolie se retrouvent dès les œuvres de Marivaux, Prévost ou Bernardin de Saint-Pierre, mais aussi dans les correspondances des grandes « salonnières » Mme du Deffand ou Julie de Lespinasse, dans des essais comme celui de

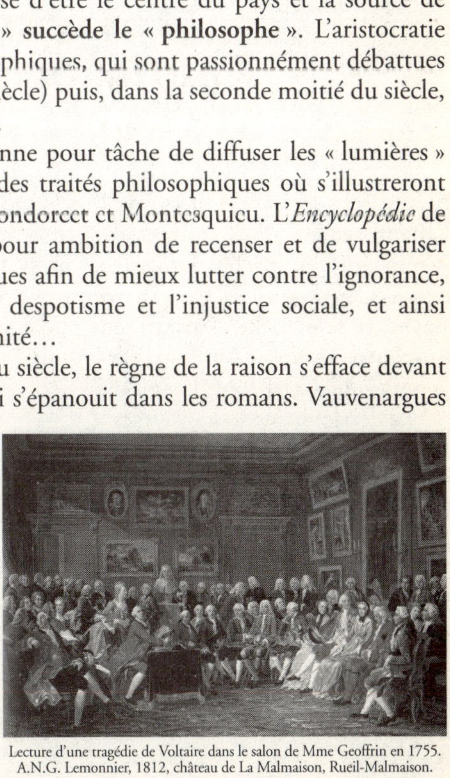

Lecture d'une tragédie de Voltaire dans le salon de Mme Geoffrin en 1755.
A.N.G. Lemonnier, 1812, château de La Malmaison, Rueil-Malmaison.

Mme Roland sur *La Mélancolie* (1771) ou dans les *Salons* (recueils de critiques d'art) de Diderot.

Après avoir fait du bonheur un sujet d'étude dans leurs traités philosophiques, les écrivains le transforment en mode de vie dans leurs romans. Au XVIIIe siècle, on assiste ainsi à une véritable **explosion des formes romanesques** : roman social avec Cazotte, Marivaux ou Prévost, épistolaire avec Montesquieu, Laclos ou Rousseau, exotique avec Bernardin de Saint-Pierre, fantastique avec Lesage, érotique et sadique avec Crébillon, Restif, Sade, autobiographique avec Rousseau, satirique avec Diderot…

Au **théâtre**, après les comédies moralisantes de Regnard et Lesage et les comédies du langage de Marivaux, Diderot invente un genre nouveau, le drame bourgeois, et à l'aube de la Révolution les comédies de Beaumarchais remettent en question l'ordre établi avec une audace inouïe…

Les œuvres « philosophiques »

Le XVIIIe siècle a la passion des idées : les discussions et les thèses envahissent tous les genres littéraires. En France, le phénomène des Lumières est l'aboutissement d'un courant de pensée critique qui remonte à Rabelais*, Montaigne* et aux libres-penseurs du XVIIe. Après un temps d'arrêt lors du classicisme, l'**esprit d'examen** réapparaît à la fin du règne de Louis XIV : Bayle* et Fontenelle* s'aventurent plus loin que Descartes*, examinant à la lumière de la raison des domaines jusque-là intouchables comme la religion et la politique. Cette fois, il s'agit d'en tirer des conclusions éthiques et sociales.

Le développement des voyages, la découverte d'autres modes de vie créent par ailleurs un sentiment de **relativité universelle** qui pousse les intellectuels à remettre en cause les idées reçues en matière de justice, de liberté, de religion. La théorie du « bon sauvage », chère à Rousseau, apparaît. Les textes historiques et sacrés sont soumis à un examen scientifique pour les débarrasser de leurs erreurs. La raison s'attaque à toutes les

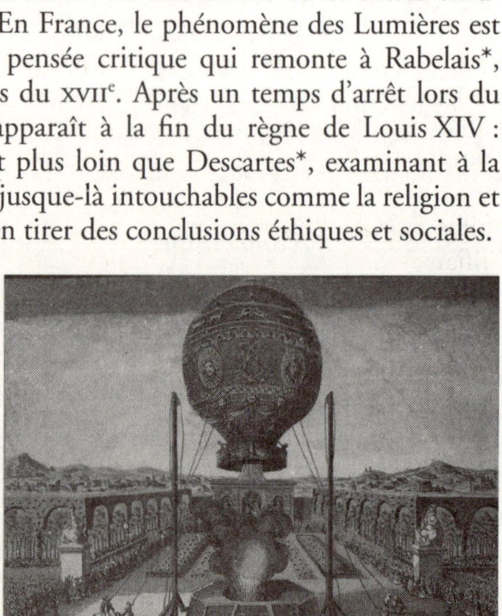

Expériences de la Machine Aéronautique de MM. Montgolfier frères dans le courant de l'été 1783. Eau-forte de C.-L. Desrais, v. 1783, BNF.

sphères de la société pour la libérer de ses préjugés, l'instruire, la réformer et la faire accéder à un progrès qui la rendra plus heureuse. **La science détrône la métaphysique** et exerce une influence considérable sur la littérature.

La philosophie des Lumières appelle le développement d'une prose d'idées au sein de formes littéraires nouvelles, les œuvres dites « philosophiques » : contes à thèse, lettres et pamphlets de **Voltaire**, réflexions morales de **Vauvenargues**, discours politiques et sociaux de **Rousseau**, traités juridiques de **Montesquieu**, *Encyclopédie* de **Diderot** et **d'Alembert**, traités sensualistes de **Condillac**, *Histoire naturelle* de **Buffon**, travaux historiques de **Saint-Simon**, **Voltaire**, **Condorcet**... La production est à son apogée durant la bataille de l'*Encyclopédie*, qui oppose les « philosophes » à l'autorité royale et aux jésuites entre 1750 et 1780. Quatre grandes personnalités rayonnent sur le siècle : Voltaire, Montesquieu, Diderot et Rousseau.

Le conte philosophique

Le conte est très en vogue à la fin du XVIIe siècle et au début du XVIIIe : les œuvres de Charles Perrault* et de Mme d'Aulnoy* connaissent un grand succès, et Galland traduit en 1704 *Les Mille et Une Nuits*, suscitant un engouement sans précédent pour l'Orient.

Pour mieux toucher son public et répandre les « lumières », **Voltaire** se plie à la mode en inventant le genre du « conte philosophique », dont le chef-d'œuvre est *Candide*. Il emprunte au conte traditionnel sa brièveté, sa trame romanesque, ses éléments mythiques et surnaturels, ses héros naïfs et sympathiques. Cependant les protagonistes subissent un parcours initiatique éprouvant qui leur permet d'approfondir leur pensée. Pour les besoins de la cause philosophique, ils sont confrontés à une accumulation absurde d'événements édifiants. Ces incohérences narratives font des contes voltairiens de véritables « antiromans », des parodies d'épopées et de récits d'aventures. La leçon qui s'en dégage est toujours la même : scepticisme envers la Providence, rôle prépondérant du hasard, médiocrité de l'homme, ineptie des dogmes religieux, méfaits du fanatisme. L'ironie, permanente, sert à stimuler la pensée.

Voltaire

Dramaturge, conteur, poète, polémiste, historien, philosophe, défenseur des opprimés... Voltaire domine le siècle par sa longévité et l'étendue de ses talents. François Marie Arouet (1694-1778), bourgeois parisien, fait de solides études chez les jésuites. Il fréquente les libertins de la Société du Temple pendant la Régence, avant d'être embastillé durant onze mois pour ses libelles inju-

Voltaire par Quentin de La Tour, 1736, musée Lecuyer, Saint-Quentin.

rieux contre le pouvoir. À sa sortie en 1718, sa première tragédie (*Œdipe*) le rend célèbre ; il prend dès lors le pseudonyme de Voltaire. En 1726, une altercation avec le chevalier de Rohan l'oblige à s'exiler trois ans en Angleterre, où il se serait enrichi grâce au commerce triangulaire. De retour à Paris, il connaît le succès avec sa tragédie *Zaïre* tandis que ses *Lettres anglaises* sont condamnées par le Parlement. Il se retire alors pendant dix ans chez Mme du Châtelet, première mathématicienne française, qui l'initie aux sciences dans son château de Cirey. Autorisé à revenir à Paris en 1744, Voltaire entre à l'Académie, est nommé historiographe de France… mais il ne peut tenir sa langue et se fait rapidement disgracier par Louis XV. Après avoir composé *Zadig*, son premier conte, en 1747, il regagne Cirey, où il a la douleur de perdre Mme du Châtelet deux ans plus tard.

Voltaire cède alors aux offres de Frédéric II et rejoint la cour de Prusse, où il est accueilli triomphalement. Il y rédige *Le Siècle de Louis XIV* (1751) et *Micromégas* (1752), puis se brouille avec son hôte. Il se fixe alors dans une propriété près de Genève, « Les Délices », où il écrit son *Essai sur les mœurs*. Il acquiert par la suite le château de Ferney, où il passera le reste de sa longue vie. Voltaire développe son domaine en y créant des fabriques, correspond avec toute l'Europe et rédige ses derniers contes, son *Traité sur la tolérance* et son *Dictionnaire philosophique*. Il intervient aussi dans diverses affaires politiques – notamment l'affaire Calas en 1762, Jean Calas ayant été supplicié et mis à mort pour un crime dont il était innocent, et celle du chevalier de La Barre en 1766, ce dernier ayant été torturé, décapité et brûlé pour blasphème. Revenu à Paris en 1778 assister à la représentation de sa tragédie *Irène*, Voltaire y est acclamé triomphalement. Il s'y éteindra quelques mois plus tard, à 83 ans. Ce sera le premier écrivain à entrer au Panthéon, en 1791.

Zadig ou la Destinée (1748), roman d'apprentissage inspiré des *Mille et Une Nuits*, narre les malheurs de Zadig – « celui qui dit la vérité » –, riche et sage Babylonien qui s'interroge sur le sens de sa vie et personnifie évidemment Voltaire. Remarqué par le roi, Zadig devient Premier ministre.

> C'est de lui que les nations tiennent ce grand principe : qu'il vaut mieux hasarder de sauver un coupable que de condamner un innocent.

Zadig commence à se croire heureux. Hélas ! sa tendresse pour la reine Astarté éveille la jalousie du roi et l'oblige à s'exiler, maudissant l'injustice de la destinée. En Égypte, esclave du marchand Setoc, il devient l'ami de son maître.

Il s'oppose aux coutumes barbares locales et démontre à des hommes de religions différentes qu'ils « sont tous du même avis » sur l'Être suprême. Les fanatiques le condamnent au bûcher et de nouveau Zadig doit fuir. Sur la route de Babylone en pleine révolution, il retrouve Astarté esclave, la libère et participe au tournoi qui doit désigner le nouveau roi. Victorieux, il ne peut le prouver car son armure lui a été dérobée – la destinée lui est encore contraire. L'ermite-ange Jesrad l'invite finalement à se soumettre aux décrets de la Providence :

> « Il n'y a point de hasard ; tout est épreuve, ou récompense, ou punition, ou prévoyance… Faible mortel, cesse de disputer contre ce qu'il faut adorer. »

En adoptant cette sagesse à la mesure de l'homme, Zadig devient roi, épouse Astarté et découvre le bonheur. Alors, la Providence mène-t-elle le monde ? Peut-être, mais l'homme ne doit pas s'y soumettre aveuglément. Par son travail et son intelligence « éclairée », il peut changer le cours des choses et vivre heureux.

***Micromégas**, histoire philosophique* (1752) conte l'arrivée sur Terre d'un extraterrestre banni de Sirius pour ses audaces scientifiques. Exilé, le géant Micromégas (« petit-grand ») entreprend un voyage interplanétaire. Il émerveille le secrétaire de l'Académie de Saturne, nain par rapport à lui, en lui démontrant la relativité universelle. Ensemble ils arrivent sur la Terre où une équipe de minuscules savants explore le cercle polaire. Micromégas s'écrie :

> « Vous devez sans doute goûter des joies bien pures sur votre globe ; car, ayant si peu de matière et paraissant tout esprit, vous devez passer votre vie à aimer et à penser. »

Micromégas soulevant délicatement le vaisseau des philosophes sous l'œil du « nain de Saturne ». Gravure d'après Charles Monnet, BNF.

La conversation entre voyageurs et Terriens aboutit à l'idée de la relativité universelle et de la vanité des systèmes philosophiques.

Candide ou l'Optimisme (1759) transpose l'expérience de Voltaire : sa candeur initiale, ses voyages, la maturation de son esprit, et finalement sa retraite à Ferney où il « cultive son jardin ». Le conte relate la formation intellectuelle de Candide, un jeune homme innocent et naïf. Son précepteur, Pangloss, disciple des philosophes allemands Leibniz et Wolf, professe l'optimisme : « tout est au mieux dans le meilleur des mondes possibles ». Malheureusement, Candide est chassé de ce monde par amour pour Cunégonde, sa cousine. Il se retrouve sur les routes et, dès lors, sa vie n'est plus qu'une succession d'épouvantables malheurs. Il est confronté aux horreurs de la guerre de Trente Ans, au tremblement de terre de Lisbonne, à l'arbitraire de l'Inquisition… Après un périple rocambolesque, ayant achevé sa formation intellectuelle, Candide finira par épouser Cunégonde, devenue laide et acariâtre, et s'installera dans une métairie. Morale du conte : à défaut de vivre bien, il faut essayer de vivre le moins mal possible. Candide choisit la retraite, pour se mettre à l'abri des fléaux de ce monde, et le travail, « seul moyen de rendre la vie supportable » :

Candide fuit les horreurs de la guerre.
Édition princeps de 1759, BNF.

[Le Turc] « Le travail éloigne de nous trois grands maux, l'ennui, le vice et le besoin. »

En définitive, abandonnons nos chimères pour l'idéal plus limité du « jardin », et fertilisons ce dernier par notre travail :

Pangloss disait quelquefois à Candide : « Tous les événements sont enchaînés dans le meilleur des mondes possibles; car enfin, si vous n'aviez pas été chassé d'un beau château à grands coups de pied dans le derrière pour l'amour de Mlle Cunégonde, si vous n'aviez pas été mis à l'Inquisition, si vous n'aviez pas couru l'Amérique à pied, si vous n'aviez pas donné un bon coup d'épée au baron, si vous n'aviez pas perdu tous vos moutons du bon pays d'Eldorado, vous ne mangeriez pas ici des cédrats confits et des pistaches. — Cela est bien dit, répondit Candide, mais **il faut cultiver notre jardin.** »

Dans ***L'Ingénu*** (1767), les aventures cocasses d'un « bon sauvage » débarquant en Bretagne permettent à Voltaire de brosser une féroce satire de la société, critiquant la hiérarchie sociale, la noblesse et surtout les jésuites et les jansénistes.

Dans ***L'Homme aux quarante écus*** (1768), Voltaire, riche propriétaire terrien, se fait le porte-parole du ressentiment d'une bourgeoisie entreprenante face aux inégalités et aux pesanteurs économiques du XVIIIe siècle. Voltaire y dénonce le parasitisme des moines, les impôts versés au pape, l'absurdité des procédures judiciaires, les ravages de la vérole, les lents progrès de la raison… L'ouvrage est condamné au feu dès sa parution.

Les discours et traités politiques

Si les discours et traités politiques sont avant tout destinés à diffuser les « lumières », la préoccupation littéraire est loin d'être absente chez leurs auteurs. En témoigne le scientifique Buffon* qui, lors de sa réception à l'Académie en 1753, prononce un « discours sur le style » resté célèbre :

La véritable éloquence suppose l'exercice du génie et la culture de l'esprit. […] Le dessein de l'auteur ne peut faire impression sur l'esprit du lecteur, il ne peut même se faire sentir que par la continuité du fil, par la dépendance harmonique des idées, par un développement successif, une gradation soutenue, un mouvement uniforme que toute interruption détruit ou fait languir. [...] Si l'on s'est élevé aux idées les plus générales, et si l'objet en lui-même est grand, le ton paraîtra s'élever à la même hauteur; et si, en le soutenant à cette élévation, le génie fournit assez pour donner à chaque objet une forte lumière, si l'on peut ajouter la beauté du coloris à l'énergie du dessin, si l'on peut, en un mot, représenter chaque idée par une image vive et bien terminée et former de chaque suite d'idées un tableau harmonieux et mouvant, le ton sera non seulement élevé, mais sublime.

De l'ironie voltairienne à l'éloquence préromantique de Rousseau, de l'esthétique mondaine de Montesquieu à la confrontation d'idées par le dialogue chez Diderot, chaque « philosophe » des Lumières a élaboré un style et un ton propres, un art de séduire et de convaincre afin de transmettre sa pensée.

Charles de Montesquieu

Montesquieu. Portrait anonyme du XVIIIe siècle, musée national du château de Versailles.

Charles de Secondat, baron de La Brède et de Montesquieu (1689-1755), devient président à mortier au parlement de Guyenne. Parallèlement, il poursuit des travaux scientifiques et entre à l'Académie des sciences de Bordeaux en 1716. Cinq ans plus tard, l'immense succès des *Lettres persanes* lui ouvre les portes des salons parisiens. Élu à l'Académie française en 1727, il voyage dans toute l'Europe et revient d'Angleterre séduit par son libéralisme et sa Constitution. Désormais, son œuvre sera surtout philosophique et politique. Après les *Considérations sur les Romains* (1734) paraît en 1748 *De l'esprit des lois*, où Montesquieu définit les grands principes de notre Constitution. À la demande de d'Alembert*, il écrit également l'*Essai sur le goût* pour l'*Encyclopédie*. Il succombera à une épidémie de fièvre maligne en 1755.

Dans les ***Considérations sur les causes de la grandeur des Romains et de leur décadence*** (1734), Montesquieu se penche sur la Rome antique, ses forces politiques, ses abus et les causes de sa chute, donnant une magistrale leçon d'intelligence historique.

Les Romains parvinrent à commander tous les peuples, non seulement par l'art de la guerre, mais aussi par leur prudence, leur sagesse, leur constance, leur amour pour la gloire et pour la patrie. Lorsque, sous les empereurs, toutes ces vertus s'évanouirent, l'art militaire leur resta, avec lequel, malgré la faiblesse de la tyrannie de leurs princes, ils conservèrent ce qu'ils avaient acquis. Mais, lorsque la corruption se mit dans la milice même, ils devinrent la proie de tous les peuples. (XVIII)

Mais son œuvre majeure est ***De l'esprit des lois*** (1748), 31 livres dans lesquels Montesquieu s'interroge sur les fondements des lois à travers les époques. Il part de l'idée que toute loi, même contestable, a sa raison d'être :

Les lois sont les rapports nécessaires qui dérivent de la nature des choses. (Livre I)

Quelles sont les causes qui font varier les lois ?

• La nature du gouvernement : **démocratique** (qui convient seulement à un petit territoire) ; **républicain** (dirigé par l'aristocratie) ; **monarchique** (tempéré par la noblesse, le clergé et le Parlement) ; ou **despotique** (qui convient à un territoire très vaste).

> Dans les démocraties, [les lois] doivent inspirer l'amour de la patrie et établir l'égalité ; dans les monarchies, favoriser le sentiment de l'honneur ; dans le despotisme, imposer la crainte d'une volonté unique. (VIII, 6)

• Le climat et la nature du sol – c'est la « **théorie des climats** ».
• L'**esprit général** d'une nation :

> Plusieurs choses gouvernent les hommes : le climat, la religion, les lois, les maximes du gouvernement, les exemples des choses passées, les mœurs, les manières : d'où il se forme un esprit général qui en résulte. (XIX, 4)

• Le **moment historique**, Montesquieu terminant son ouvrage par l'étude des lois françaises depuis l'Antiquité jusqu'à son temps.

Il y théorise le principe de la **séparation des pouvoirs** – exécutif, législatif, judiciaire – pour qu'ils se fassent mutuellement contrepoids, prônant aussi le renforcement des pouvoirs intermédiaires.

Famille d'esclaves à l'île Bourbon. Gravure de Moreau le Jeune, 1773, BNF.

> Il y a dans chaque État trois sortes de pouvoirs : la puissance législative, la puissance exécutrice des choses qui dépendent du droit des gens, et la puissance exécutrice de celles qui dépendent du droit civil. [...] Tout serait perdu si le même homme, ou le même corps des principaux, ou des nobles, ou du peuple, exerçaient ces trois pouvoirs : celui de faire des lois, celui d'exécuter les résolutions publiques, et celui de juger les crimes ou les différends des particuliers. (XI, 6)

Il est aussi le premier à dénoncer les horreurs du colonialisme (« De l'esclavage des Nègres »). L'ouvrage, mis à l'Index par Rome, connaît dès sa publication un immense succès dans toute l'Europe.

Voltaire

Rédigées durant l'exil britannique de Voltaire* et fruit de son enthousiasme pour l'Angleterre, les 24 ***Lettres anglaises***, ou *Lettres philosophiques* (1734) jettent les bases de l'esprit des Lumières : la religion est une affaire privée, la liberté doit être garantie par des pouvoirs équilibrés, la raison et le progrès mènent au bonheur. Voltaire fait l'éloge du régime anglais où le Parlement sert de contre-pouvoir, tandis que la France est gouvernée par un despote. Il constate aussi qu'en Angleterre les religions coexistent harmonieusement, tandis qu'en France le catholicisme, intolérant, s'oppose au progrès.

C'est ici le pays des Sectes. Un Anglais, comme homme libre,
va au Ciel par le chemin qui lui plaît.

Il juge les Anglais libres de tout préjugé, leur philosophie et leur science réalistes, et il souligne l'esprit de liberté et de considération dans lequel travaillent leurs écrivains. Les *Lettres anglaises* sont bien sûr condamnées pour subversion.

Ayant acquis la conviction que Jean Calas était innocent – ce protestant dont le fils s'était suicidé mais qui avait été accusé de l'avoir tué pour l'empêcher de se faire catholique et avait été rompu vif sur la roue en 1762 –, Voltaire déploie une activité extraordinaire pour obtenir sa réhabilitation. Ayant obtenu un premier arrêt en faveur du malheureux, il clame l'innocence de Calas et stigmatise le fanatisme dans son ***Traité sur la tolérance*** (1763), plaidant la cause des protestants. Il profite aussi de l'occasion pour dresser un historique de l'intolérance à travers les âges. Dans la « Prière à Dieu », Voltaire exprime ses convictions déistes, qui conduisent logiquement à la tolérance.

DENIS DIDEROT

Diderot. Gravure de David d'après une peinture de Van Loo, XVIIIe siècle, BNF.

Fils aîné d'une famille de couteliers de Langres, Denis Diderot* (1713-1784) étudie chez les jésuites mais refuse de devenir ecclésiastique. Il poursuit ses études au collège d'Harcourt à Paris, d'où il sort maître ès arts en 1732. Son père, furieux de le voir abandonner une carrière juridique, lui coupe les vivres et Diderot exerce divers métiers, traduit des ouvrages anglais, donne des leçons – comme Rousseau* à la même époque, qui devient son ami. Il épouse en 1743 une lingère et se lance dans la philosophie avec les *Pensées philosophiques* (1746) et *La Promenade du sceptique* (1747). En 1749, il ose se dire athée et matérialiste dans la *Lettre sur les aveugles*, ce qui lui vaut d'être incarcéré quelques mois au fort de Vincennes. En 1751 enfin paraît le premier volume de l'*Encyclopédie*, projet qu'il dirige depuis 1745 et auquel il va travailler sans relâche pendant plus de vingt-cinq ans.

Malgré son travail d'encyclopédiste, Diderot trouve encore le temps de s'essayer à tous les genres, comme Voltaire*. Sa première œuvre littéraire, publiée en 1748, est un roman libertin. Brillant épistolier, il écrit des centaines de lettres à Sophie Volland, le grand amour de sa vie. En 1757, il invente un nouveau genre théâtral, le « drame bourgeois », avec *Le Fils naturel.* De 1759 à 1781, à la demande de son ami Grimm, il se montre un admirable critique littéraire et artistique dans ses *Salons*, et il réunit ses idées philosophiques dans *Le Rêve de d'Alembert*, paru en 1772. Enfin en 1773, l'*Encyclopédie* terminée, Diderot accepte à 60 ans l'invitation de l'impératrice Catherine – à qui il avait vendu sa bibliothèque pour doter sa fille unique. C'est en Russie qu'il rédige *Le Neveu de Rameau* et *Jacques le fataliste*, romans novateurs qui parodient tous les genres romanesques, ainsi que l'essai *Paradoxe sur le comédien*. Il meurt en 1784 quelques mois après Sophie Volland, qui fut « tout le bonheur de [sa] vie ».

Loin de rechercher un système philosophique cohérent, Diderot est un homme de dialogue, qui rassemble et oppose les idées pour mieux inciter à la réflexion. Cette démarche se retrouve dans la forme dialoguée de ses œuvres principales, qui en fait de véritables armes contre les idées figées.

Dans ***La Promenade du sceptique*** (1747), le philosophe recourt à l'allégorie pour opposer l'Allée aux Épines suivie par les chrétiens à l'Allée aux Fleurs des athées. Il s'engage quant à lui dans l'Allée aux Marronniers, séjour des penseurs libérés du « bandeau » qui leur masquait la vérité…

Juste avant Condillac*, la ***Lettre sur les aveugles à l'usage de ceux qui voient*** (1749) de Diderot développe une théorie proche du « sensualisme » en affirmant que les idées, même morales, dépendent du fonctionnement de nos sens.

> « Ah, madame ! que la morale des aveugles est différente de la nôtre ! Que celle d'un sourd différerait encore de celle d'un aveugle, et qu'un être qui aurait un sens de plus que nous trouverait notre morale imparfaite, pour ne rien dire de pis ! »

Et l'ex-aveugle Saunderson de déclarer sur son lit de mort :

> « Si vous voulez que je croie en Dieu, il faut que vous me le fassiez toucher du doigt. »

L'athéisme et le matérialisme affichés de Diderot lui vaudront la prison !

Le ***Supplément au voyage de Bougainville*** (1772), magnifique réquisitoire contre la colonisation et l'esclavage, est conçu comme un dialogue opposant deux façons de penser, de vivre. Ainsi, un vieux Tahitien prend la parole lors de l'appareillage de Bougainville, mettant ses compatriotes en garde contre les Blancs :

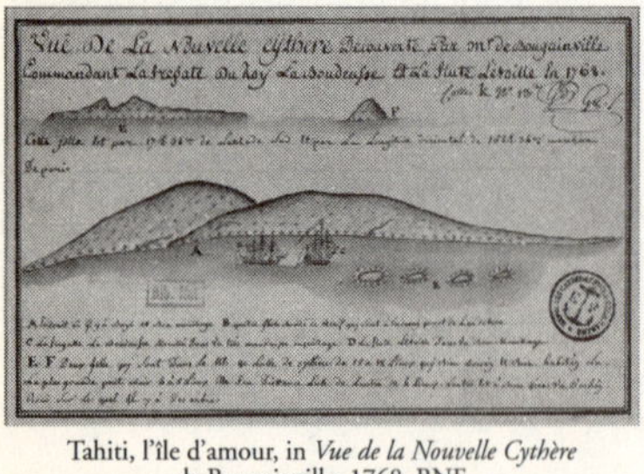

Tahiti, l'île d'amour, in *Vue de la Nouvelle Cythère* de Bougainville, 1768, BNF.

> « Un jour, vous servirez sous eux, aussi corrompus, aussi vils, aussi malheureux qu'eux. »

Célébrant comme Rousseau* la vie naturelle, Diderot utilise toutes les ressources de l'art oratoire pour dénoncer une société immorale et violente face à un monde libre, simple, innocent et tolérant.

LUC DE VAUVENARGUES

Né à Aix-en-Provence, Luc de Clapiers, marquis de Vauvenargues (1715-1747), sert dix ans dans l'armée avant de s'installer à Paris en 1745. Estropié, il y mène une vie retirée, ne fréquentant que quelques amis (dont Voltaire*), avant de s'éteindre prématurément à 32 ans. Il avait publié l'année précédente une *Introduction à la connaissance de l'esprit humain* suivie de *Paradoxes mêlés de réflexions et de maximes*, où il vante les mérites supérieurs de l'instinct et du sentiment sur la raison.

> Les grandes pensées viennent du cœur. […]
> La raison et le sentiment se conseillent et se suppléent tour à tour. Quiconque ne consulte qu'un des deux et renonce à l'autre se prive inconsidérément d'une partie des secours qui nous ont été accordés pour nous conduire.

Contre Pascal* et La Rochefoucauld*, Vauvenargues soutient que les passions ne sont pas néfastes, puisque l'homme a une noble nature, et même qu'elles sont la source de vertus. La morale ne consiste donc pas à étouffer les passions mais à les orienter vers des actes utiles à la société. Cette croyance en la bonté naturelle et en la valeur des sentiments va dominer la seconde moitié du siècle.

JEAN-JACQUES ROUSSEAU

Rousseau par Quentin de La Tour, 1753, musée Jean-Jacques Rousseau, Montmorency.

Né à Genève, orphelin de mère, Jean-Jacques Rousseau (1712-1778) est abandonné par son père à l'âge de 10 ans. Pensionnaire chez un pasteur, il s'enfuit à 16 ans. Un curé l'adresse alors à Mme de Warens à Annecy, qui le convertit au catholicisme, devient sa tutrice et sa maîtresse. Après une période d'errance, on retrouve Rousseau à Paris en 1741, où il gagne sa vie en donnant des leçons de musique – la musique sera toujours sa grande passion. Secrétaire d'ambassade à Venise, il revient à Paris où il participe à l'*Encyclopédie* avec Diderot* et se lie à Mme d'Épinay. Il rencontre Thérèse Levasseur, servante, qui lui donnera cinq enfants – tous abandonnés aux Enfants-Trouvés. En 1750, après avoir rendu visite à Diderot* emprisonné à Vincennes pour sa *Lettre sur les aveugles*, Rousseau rédige un *Discours sur les sciences et les arts* qui le rend célèbre. En 1752, il compose aussi un opéra-comique, *Le Devin du village*, qui plaît au roi et lui aurait valu une pension s'il n'avait refusé de vivre à Versailles, par timidité.

En 1755 paraît le *Discours sur l'origine de l'inégalité*, qui est mal accueilli, notamment par Voltaire* (voir p. 212). Rousseau se réfugie alors pendant deux ans à l'Ermitage, propriété de Mme d'Épinay à Montmorency. Revenu au protestantisme, il répond à l'article « Genève » de l'*Encyclopédie* par une *Lettre à d'Alembert sur les spectacles* (1758) où il accuse le théâtre d'immoralité, ce qui achève de le brouiller avec Voltaire* et les Encyclopédistes.

À l'Ermitage, au milieu de la nature, Rousseau travaille simultanément à la rédaction de l'essai *Émile ou De l'éducation*, du traité politique *Du contrat social* et du roman épistolaire *La Nouvelle Héloïse*. En 1762, l'*Émile* et le *Contrat social* sont interdits en France, aux Pays-Bas, à Genève et à Berne. Rousseau doit s'exiler : d'abord en Suisse, où il est persécuté, puis en Angleterre chez le philosophe Hume. Pauvre et solitaire, il rentre en France en 1770 et commence son œuvre autobiographique : *Confessions*, *Dialogues* et *Rêveries du promeneur solitaire*. Il mènera une vie vagabonde jusqu'à sa mort en 1778, à Ermenonville, où il venait d'être invité par le marquis de Girardin. Ses cendres seront transférées au Panthéon en 1794.

Première œuvre philosophique de Rousseau, le ***Discours sur les sciences et les arts*** (1750) soutient que ces derniers pervertissent les hommes, initialement vertueux et heureux. Néfastes au peuple – mais pas aux grands hommes –, les sciences érodent le sens du religieux et poussent à l'oisiveté, tandis que les arts, associés au luxe, corrompent les mœurs en poussant l'homme à « s'enrichir à quelque prix que ce soit ».

> Ô vertu, science sublime des âmes simples, faut-il donc tant de peines et d'appareil pour te connaître ? Tes principes ne sont-ils pas gravés dans tous les cœurs ? et ne suffit-il pas, pour apprendre tes lois, de rentrer en soi-même et d'**écouter la voix de sa conscience dans le silence des passions** ? Voilà la véritable philosophie...

Les sciences et les arts sont en outre un instrument des tyrans, car ils occupent les hommes à des futilités en leur faisant oublier leur servitude.

> [Ils] étouffent en eux le sentiment de cette liberté originelle pour laquelle ils semblaient être nés, leur font aimer leur esclavage, et en forment ce qu'on appelle des peuples policés...

Dans le ***Discours sur l'origine et les fondements de l'inégalité parmi les hommes*** (1755), Rousseau se penche sur la source du mal. Il présente le mythe du « bon sauvage » dans « l'état naturel » et rejette les péchés sur la société :

> La nature a fait l'homme heureux et bon, mais [...]
> la société le déprave et le rend misérable.

En société, « chacun commence à regarder les autres et à vouloir être regardé soi-même ». Le paraître l'emporte sur l'être, l'harmonie originelle est détruite. Rousseau affirme l'égalité fondamentale des hommes et conteste le

Le bon sauvage retourne « chez les égaux ». Frontispice de l'édition princeps du *Discours sur l'inégalité*, 1755, BNF.

droit de propriété, qui engendre une injuste répartition des fortunes, la convoitise pour le bien d'autrui et finalement la guerre :

> Le premier qui, ayant enclos un terrain, s'avisa de dire : « Ceci est à moi » et trouva des gens assez simples pour le croire, fut le vrai fondateur de la société civile. Que de crimes, de guerres, de meurtres, que de misères et d'horreurs n'eût point épargnés au genre humain celui qui, arrachant les pieux et comblant le fossé, eût crié à ses semblables : « Gardez-vous d'écouter cet imposteur ; vous êtes perdus et vous oubliez que les fruits sont à tous, et que la terre n'est à personne ! »

***Du contrat social** ou Principes de droit politique* (1762) a directement inspiré la Révolution de 1789 et la Déclaration des droits de l'homme et du citoyen. Si les *Discours* montraient la dénaturation de l'homme par la société, le *Contrat social* tente de construire une société politique dans laquelle l'homme jouisse de ses droits et soit garanti contre l'oppression.

Premier constat :

> **L'homme est né libre, et partout il est dans les fers.**

Il faut donc établir un nouveau contrat social où le faible ne soit plus écrasé par le fort. Il s'agit de :

> trouver une forme d'association qui défende et protège de toute la force commune la personne et les biens de chaque associé, et par laquelle chacun, s'unissant à tous, n'obéisse pourtant qu'à lui-même, et reste aussi libre qu'auparavant.

Le contrat social est un pacte entre le peuple et le roi. Le souverain ne tient donc plus sa légitimité de Dieu, mais de la « volonté générale » du peuple.

> Chacun de nous met en commun sa personne et toute sa puissance sous la suprême direction de la volonté générale [...] Chacun se donnant tout entier, et la condition étant égale pour tous, nul n'a intérêt de la rendre onéreuse aux autres.

Le citoyen doit se soumettre à la volonté générale du peuple, mais il a le droit et le devoir de résister à la tyrannie :

> Tout homme étant né libre et maître de lui-même, nul ne peut, sous quelque prétexte que ce puisse être, l'assujettir sans son aveu.

La souveraineté émanant de la volonté générale est inaliénable et indivisible.

> Quand tout le peuple statue sur tout le peuple, c'est cet acte que j'appelle la loi.
> J'appelle donc République tout État régi par des lois.
> Tout gouvernement légitime est républicain.

Enfin, Rousseau dissout les inégalités en proclamant le principe fondamental de l'égalité de tous les citoyens devant la loi :

> Faites-en vos égaux pour qu'ils le deviennent…

La Bonne Éducation. Gravure de Moreau le Jeune et Ingouf, 1766, BNF.

Dans le long traité ***Émile ou De l'éducation*** (1762), Rousseau cherche à définir l'éducation qui dénature le moins l'individu et l'aide à vivre dans une société régie par le contrat social. Il préconise de protéger l'enfant de la civilisation en développant uniquement ses sens jusqu'à l'âge de 12 ans. À l'opposé d'une éducation livresque, l'enfant s'instruira au contact des réalités.

> On se fait une grande affaire de chercher les meilleures méthodes d'apprendre à lire, on invente des bureaux, des cartes, on fait de la chambre d'un enfant un atelier d'imprimerie. […] Quelle pitié ! Un moyen plus sûr que tous ceux-là, et celui qu'on oublie toujours, est le désir d'apprendre. Donnez à l'enfant ce désir, puis laissez là vos bureaux. […] toute méthode lui sera bonne.

À partir de « l'âge de raison et des passions » (15-20 ans), un précepteur prend en charge l'enfant. Il éveille sa curiosité, son goût, forme son jugement, et surtout lui dispense une éducation morale et religieuse. Par la « profession de foi du vicaire savoyard », Rousseau prêche la religion naturelle : après un réquisitoire contre les religions révélées qui fera l'admiration de Voltaire*, il conclut qu'il vaut mieux adorer humblement l'Être suprême. Rousseau nie également le rôle de la Providence : la morale est à rechercher dans la conscience, « juge infaillible du bien et du mal ». Cette « profession de foi » dressera contre Rousseau la quasi-totalité des penseurs et hommes d'Église de l'époque…

> Dirons-nous que l'histoire de l'Évangile est inventée à plaisir ? Mon ami, ce n'est pas ainsi qu'on invente, et les faits de Socrate dont personne ne doute sont moins attestés que ceux de Jésus-Christ. […] Que faire au milieu de toutes ces contradictions ? Être toujours modeste et circonspect, mon enfant ; respecter en silence ce qu'on ne saurait ni rejeter ni comprendre, et s'humilier devant le grand Être qui seul sait la vérité.

La préoccupation majeure de Rousseau est de former un homme libre et un citoyen. Pendant cet « âge de raison », Émile devra donc être traité en personne responsable par son précepteur, avant d'apprendre un métier manuel qui assurera son indépendance, en fera un homme respecté et un citoyen solidaire de son prochain.

Le dernier livre traite de l'éducation des filles à partir du cas de Sophie, élevée pour être l'épouse d'Émile. Contestable sur bien des points, ce traité fourmille cependant de bonnes idées ; il influence encore la pédagogie moderne.

Autour de l'Encyclopédie

Dans la lignée du *Dictionnaire historique et critique* de Pierre Bayle*, l'*Encyclopédie ou Dictionnaire raisonné des sciences, des arts et des métiers* (1751-1772), grande œuvre collective dirigée par **Diderot** et **d'Alembert**, se veut un ouvrage de référence complet de vulgarisation scientifique. Grande nouveauté, elle accompagne les 17 volumes théoriques de 11 volumes de planches techniques. L'entreprise est colossale. Il s'agit rien de moins que de faire le bilan des connaissances humaines, de diffuser les « lumières », de combattre l'intolérance et le despotisme, et ainsi de contribuer au bonheur du genre humain… Il faudra vingt-sept années de travail et de combats acharnés à Diderot et d'Alembert pour venir à bout de ce monument élevé au génie humain.

Jean d'Alembert et Denis Diderot

Fruit des amours illégitimes d'une célèbre salonnière avec le chevalier Destouches, Jean Le Rond d'Alembert (1717-1783) vivra jusqu'à l'âge de 50 ans chez sa nourrice ! Mathématicien, il publie en 1743 un *Traité de dynamique* qui lui ouvre les portes de l'Académie des sciences. Trois ans plus tard, il est recruté par Diderot* pour le projet de l'*Encyclopédie*. Il mènera de front cette entreprise et ses propres recherches en mathématiques, mécanique, hydrodynamique, astronomie, musique, philosophie…

Si Diderot* est le véritable coordinateur de la publication et l'auteur de nombreux articles littéraires et artistiques, d'Alembert est l'âme de l'entreprise puisqu'il rédige la plupart des articles scientifiques, de nombreux articles de fond ainsi que le « Discours préliminaire ». Ce dernier, véritable manifeste de la philosophie des Lumières, affirme l'existence d'un lien direct entre le progrès des connaissances et le progrès social.

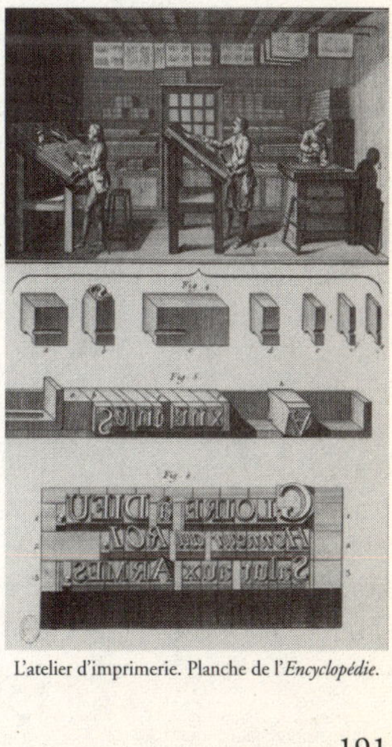
L'atelier d'imprimerie. Planche de l'*Encyclopédie*.

Il manquait à la France un dictionnaire « moderne ». L'épopée de l'***Encyclopédie*** débute lorsque le libraire Le Breton demande à Diderot de traduire l'encyclopédie anglaise de Chambers, la *Cyclopædia*. Mais Diderot décide vite de ne pas en rester là. Après avoir reçu la direction de l'ouvrage en 1746, il s'assure la collaboration de d'Alembert, puis de Voltaire*, Rousseau*, Montesquieu*, Condillac*, Helvétius, Holbach, Turgot, Buffon*, Daubenton… Au plus fort de la rédaction, Diderot sera entouré de plus de 250 contributeurs. Beaucoup d'articles sont de véritables traités.

À la publication du deuxième tome, en 1752, les jésuites obtiennent l'interdiction des deux premiers volumes, jugés « athées et matérialistes ». De 1753 à 1757, la publication des cinq tomes suivants continue cependant grâce au soutien de Mme de Pompadour et de Malesherbes. Mais en 1759, le privilège accordé à Diderot est révoqué. En 1762 paraît le premier volume de planches. En 1764, Diderot découvre avec stupéfaction que son éditeur censure certains articles ! En 1766 paraissent à l'étranger les dix derniers volumes, et en 1772 les dernières planches. L'hostilité que suscite l'*Encyclopédie* tient moins à son inventaire des connaissances qu'à ses attaques contre la religion et la société et à son acte de foi dans la raison humaine, le progrès, la liberté de penser et le plaisir de vivre :

> Aucun homme n'a reçu de la nature le droit de commander les autres.

Étienne de Condillac

Si Condillac n'a pas directement participé à l'*Encyclopédie*, Diderot* lui a fait de larges emprunts. Étienne Bonnot de Condillac (1714-1780), né à Grenoble, renonce au sacerdoce pour se consacrer à la philosophie et mène une vie mondaine. En 1746, son ***Essai sur l'origine des connaissances humaines*** reprend les idées du philosophe anglais Locke : la connaissance a deux sources, la sensation et la réflexion. Dans le ***Traité des systèmes*** (1749), Condillac critique vigoureusement les théories philosophiques fondées sur des principes abstraits ou des présupposés, en particulier l'idéalisme de Descartes*, la psychologie de Malebranche, le monadisme de Leibniz et la notion de substance de Spinoza.

> Voulez-vous apprendre les sciences avec facilité ?
> Commencez par apprendre votre langue.

Son ouvrage majeur reste son *Traité des sensations* (1754), à l'origine de la doctrine du « **sensualisme** » : il n'y a pas d'idée innée, nos facultés et notre morale se forment grâce aux sensations et à l'expérience.

Georges de Buffon

Mathématicien, chimiste, physicien et botaniste, Georges Louis Leclerc, comte de Buffon (1707-1788), devient intendant du Jardin des Plantes à partir de 1739 et se consacre dès lors à son œuvre de naturaliste. Dans son ***Histoire naturelle, générale et particulière*** (36 vol., 1749-1789), il retrace l'origine du Système solaire et la formation de la Terre avant de décrire et de classer tous les minéraux et espèces du monde vivant.

> Le grand ouvrier de la Nature est le Temps.

Frontispice de l'*Histoire naturelle*. Dessin de Scève, 1749, BNF.

Ouvrage de vulgarisation scientifique autant que littéraire et philosophique, son *Histoire* s'inscrit dans l'idéal des Lumières : célébration des sciences, du progrès et des bienfaits de la civilisation.

Voltaire

Œuvre de combat, le ***Dictionnaire philosophique portatif*** *ou la Raison par alphabet* de Voltaire*, dont la première édition paraît en 1764, est composé de 118 articles-pamphlets qui condamnent notamment la superstition, le fanatisme religieux, les erreurs judiciaires, la torture, la guerre, l'injustice sociale. Voltaire pensait cette formule plus adaptée à la lutte philosophique que les gros volumes de l'*Encyclopédie*, jugés par ailleurs trop prudents.

Lorsqu'une fois le fanatisme a gangrené un cerveau, la maladie est presque incurable. [...] Que répondre à un homme qui vous dit qu'il aime mieux obéir à Dieu qu'aux hommes, et qui, en conséquence, est sûr de mériter le ciel en vous égorgeant ?

Les mémoires et essais historiques

Au siècle des philosophes, l'esprit critique remet en cause les préjugés culturels. Les œuvres historiques du XVIIIe siècle cherchent à sortir du carcan de l'universalisme classique. **Saint-Simon** glorifie la grandeur du règne de Louis XIII et fustige la décadence des Temps modernes tandis que, à l'opposé, **Voltaire** et **Condorcet** tentent de retracer l'histoire de la Civilisation et la marche du progrès jusqu'aux Lumières… Tous ont cependant en commun une vision de l'histoire partisane, soumise à la morale.

Louis de Saint-Simon

Né à Paris, Louis de Rouvroy, duc de Saint-Simon (1675-1755), reçoit une éducation soignée. Hostile à la politique royale, il ne pardonnera jamais au Roi-Soleil d'avoir choisi de simples bourgeois pour conseillers. À la mort du roi, son ami d'enfance Philippe d'Orléans devient régent et le nomme conseiller, puis ambassadeur à Madrid. Le Régent s'éteint en 1723 ; Saint-Simon quitte la Cour. Convaincu de la décadence du régime et de son monde, il commence en 1739 la rédaction de ses *Mémoires*, qu'il poursuivra jusqu'en

1749 et qui ne paraîtront qu'après sa mort. La première édition intégrale date de 1856, détrônant le cardinal de Retz* au panthéon des mémorialistes.

En 3 000 pages, les ***Mémoires*** brossent un saisissant tableau de la fin du règne du Roi-Soleil et de la Régence, couvrant les années 1691 à 1723. Observateur pénétrant, Saint-Simon se montre extrême dans ses sympathies comme dans ses haines, à l'opposé de l'idéal « classique » de réserve et de mesure. Il a l'indignation facile, l'insulte retorse et la plume bien aiguisée. Bien peu trouvent grâce à ses yeux. Ainsi Louis XIV apparaît-il comme un esprit « au-dessous du médiocre » qui savoure les flatteries les plus grossières. Quant au Grand Dauphin :

> Monseigneur était sans vice ni vertu, sans lumières ni connaissances quelconques, radicalement incapable d'en acquérir, très paresseux, sans imagination ni production, sans goût, sans choix, sans discernement, né pour l'ennui qu'il communiquait aux autres, et pour être une boule roulant au hasard par l'impulsion d'autrui, opiniâtre et petit en tout à l'excès…

Styliste brillant, Saint-Simon inspirera les plus grands romanciers, en particulier Stendhal*, Balzac* et Proust*. Conteur fougueux, narrant avec minutie des histoires souvent complexes, sachant ménager ses effets, transformant une anecdote mineure en véritable tragicomédie, Saint-Simon offre au lecteur un panorama parfois injuste, mais réjouissant, de la cour de Louis XIV.

Voltaire

Voltaire* s'est révélé un historien soucieux du détail, des faits et des dates. Sa méthode – examen critique d'une abondante documentation, narration dramatique – a contribué à créer la notion de science historique. Mais il ne peut s'empêcher de faire œuvre de propagande en dénonçant le despotisme et les religions. Après une *Histoire du règne de Charles XII* (1731), roi de Suède, qui se lit comme un roman, il étend ses recherches dans *Le Siècle de Louis XIV* (1751), une histoire de la nation française où il mêle narration et réflexion philosophique. Enfin, l'*Essai sur les mœurs et l'esprit des nations* (1756) est une histoire de la civilisation mondiale.

Le Siècle de Louis XIV (1751) allie le souci de l'exactitude à la volonté de démystification. C'est encore aujourd'hui un livre de référence pour l'étude historique du xviie siècle. Voltaire a l'intention d'y peindre :

> non les actions d'un seul homme, mais l'esprit des hommes dans le siècle le plus éclairé qui fût jamais.

En effet, l'histoire du monde ne comprend selon lui que quatre « grands siècles » : ceux de Périclès, d'Auguste, des Médicis et de Louis XIV. Après l'histoire diplomatique et militaire, Voltaire met en lumière ce qui constitue pour lui

Le Dîner des philosophes à Ferney (Voltaire lève la main, Diderot est à sa gauche, Condorcet est de dos, d'Alembert à gauche). Jean Hubert, v. 1772, Voltaire Foundation, Oxford.

la vraie grandeur du règne de ce « despote éclairé » : les progrès de la justice, de la police, de la marine, du commerce, de l'industrie, des finances, des sciences et des beaux-arts.

> Ce temps ne se retrouvera plus, où un La Rochefoucauld, l'auteur des *Maximes*, au sortir de la conversation d'un Pascal et d'un Arnauld, allait au théâtre de Corneille.

Puis Voltaire se penche sur les questions religieuses, grande faiblesse du règne, à laquelle remédiera « l'esprit raisonnable » des Lumières.

Œuvre philosophique, l'***Essai sur les mœurs et l'esprit des nations*** (1756) est une histoire du monde de Charlemagne à Louis XIV. Selon Voltaire, l'Histoire, menée par le hasard, hoquette entre barbarie et progrès social. Ce dernier est à mettre au crédit de « grands hommes » – Charlemagne, Saint Louis, le pape Alexandre III, Henri IV, Louis XIV… –, qui protègent les sciences, les arts et font de leur temps un modèle de civilisation. Les Lumières préparent des temps meilleurs, où les progrès du règne précédent seront complétés par la philosophie libératrice du XVIIIe siècle.

Nicolas de Condorcet

Nicolas de Caritat, marquis de Condorcet (1743-1794), mathématicien, philosophe et grand révolutionnaire, est arrêté sous la Terreur et s'empoisonne dans sa cellule. Traqué par les Conventionnels, il avait rédigé en 1793 son ***Esquisse d'un tableau historique des progrès de l'esprit humain***. Condorcet y retrace l'histoire de la civilisation en dix étapes dont la dernière sera caractérisée par l'égalité des chances, la liberté, le rationalisme, la démocratie et l'instruction pour tous. Cette brillante apologie du XVIIIe siècle est un véritable manifeste des acquis et des idéaux des Lumières, résumable en trois mots : raison, tolérance, humanité.

> Tant qu'il y aura des hommes qui n'obéiront pas à leur raison seule,
> qui recevront leurs opinions d'une opinion étrangère,
> en vain toutes les chaînes auraient été brisées.

L'explosion des formes romanesques

À la fois source d'évasion, propagateur d'émotions et moyen de transmettre les idées philosophiques, le roman prend son essor au XVIIIe siècle. La preuve en est le nombre de tableaux ou de gravures représentant une personne occupée à lire, ou un livre à portée de main. Mais le roman a du mal à forger ses lettres de noblesse. Il est discrédité à la fois par les gens de lettres, qui le considèrent comme un genre à la composition lâche et abandonné aux caprices de l'imagination, par les gouvernants, qui en redoutent la portée satirique et l'influence grandissante sur un public averti, et par les gens d'Église, qui en dénoncent la frivolité et l'immoralité.

La Lectrice. Fragonard, 1776, National Gallery of Arts, Washington.

Comment répondre à toutes ces critiques? Comment dépasser le défaut d'invraisemblance alors que la notion de vraisemblance appartient aux règles de l'esthétique classique? Comment trouver sa place dans la hiérarchie des genres et dépasser son statut de divertissement médiocre? Les romanciers du siècle des Lumières se heurtent à ce dilemme : soit ils tentent de respecter les conventions, mais alors ils sont accusés d'irréalisme; soit ils abandonnent les normes classiques pour peindre les milieux populaires et renouveler le langage, mais alors ils sont taxés d'immoralité…

Pour donner l'illusion du vrai, traiter nombre de sujets sans s'éloigner des attentes d'un public de plus en plus large, élever les esprits tout en les divertissant, le roman va prendre des formes variées, du roman épistolaire au roman social, du roman érotique au roman fantastique, et des philosophes comme Rousseau* ou Diderot* vont en interroger la forme et la portée.

Le roman épistolaire

Le roman épistolaire se situe à la croisée de courants divers : une pratique culturelle solidement implantée, la correspondance privée (dont l'exemple le plus frappant du siècle précédent serait les *Lettres* de Mme de Sévigné*);

une tradition littéraire remontant à l'Antiquité qui traite des souffrances de la passion, l'*héroïde*; et la lettre galante en prose en vigueur à la Renaissance. Au XVIIIe siècle, l'essor du roman épistolaire répond à l'exigence d'une parole vraie, débarrassée de toute convenance littéraire, comme si les lettres regroupées dans les recueils étaient authentiques. Le genre donne l'illusion de la conversation, libre et sans entrave, où tout sujet peut être abordé. Il facilite la variation des points de vue sur les différents sujets traités. De plus, le roman épistolaire laisse une place au lecteur qui, interpellé directement dans les lettres, se sent à la fois destinataire privilégié, complice et même voyeur dans certains cas. Trois grands romans épistolaires ont marqué leur temps.

Charles de Montesquieu

Les ***Lettres persanes*** sont la première œuvre importante de Montesquieu*. Ce petit ouvrage, publié à Amsterdam en 1721 sans nom d'auteur pour éviter la censure, le rend tout de suite célèbre. Les *Lettres persanes* incarnent l'esprit de la Régence, cette période de fêtes et de plaisirs qui suit directement la mort de Louis XIV en 1715. À ce faste que le peintre Watteau a célébré dans ses « fêtes galantes » répondent une curiosité intellectuelle et un intérêt pour les civilisations nouvelles que l'on retrouve dans l'œuvre de Montesquieu. Deux Persans, Usbek et Rica, voyagent en France de 1712 à 1720 et font part de leurs impressions à leurs compatriotes. Ce regard neuf, étranger, ingénu permet à Montesquieu de critiquer à l'envi les mœurs et les institutions françaises. Ce procédé, déjà présent dans l'épisode des *Cannibales* de Montaigne*, sera repris par Voltaire* dans ses contes philosophiques.

La satire est virulente. Amusée ou grinçante, elle n'épargne personne, et le ton est celui de la désinvolture, même pour aborder les sujets les plus sérieux. Ainsi, dans la lettre 24, Rica-Montesquieu attaque directement le roi et accuse les Français de crédulité, mais avec finesse et fausse naïveté :

> Le roi de France est le plus puissant prince de l'Europe. Il n'a point de mines d'or comme le roi d'Espagne, son voisin; mais il a plus de richesses que lui, parce qu'il les tire de la vanité de ses sujets, plus inépuisable que les mines. [...]
> D'ailleurs ce roi est un grand magicien : il exerce son empire sur l'esprit même de ses sujets; il les fait penser comme il veut. S'il n'a qu'un million d'écus dans son trésor, et qu'il en ait besoin de deux, il n'a qu'à les persuader qu'un écu en vaut deux, et ils le croient. S'il a une guerre difficile à soutenir, et qu'il n'ait point d'argent, il n'a qu'à leur mettre dans la tête qu'un morceau de papier (le billet!) est de l'argent, et ils en sont aussitôt convaincus.

Dans la lettre 99, Rica évoque les caprices de la mode pour parler des mœurs versatiles des Français, mais il remonte encore une fois au monarque :

> Il en est des manières et de la façon de vivre comme des modes : les Français changent de mœurs selon l'âge de leur roi. Le monarque pourrait même parvenir à rendre la nation grave,

s'il l'avait entrepris. Le Prince imprime le caractère de son esprit à la Cour ; la Cour, à la Ville ; la Ville, aux Provinces. L'âme du souverain est un moule qui donne la forme à toutes les autres.

La hardiesse dans la critique de la société, qui a fait dire à Voltaire* en 1733 : « Y a-t-il un livre où l'on ait traité le gouvernement et la religion avec moins de ménagement ? », explique le recours au filtre de la fiction et de l'exotisme, au regard neuf de l'étranger.

JEAN-JACQUES ROUSSEAU

Quand il rédige ***La Nouvelle Héloïse***, Rousseau* est déjà un auteur connu et reconnu. Retiré à l'Ermitage chez Mme d'Épinay, il est accusé par les autres Encyclopédistes de déserter, de quitter le terrain social au profit d'une solitude mal perçue. Le succès de ce roman épistolaire ne va pas aider à sa réhabilitation auprès des philosophes mais va lui valoir la reconnaissance du peuple.

Véritable best-seller, la première édition de *Julie ou la Nouvelle Héloïse* atteint en 1761 le chiffre record de 4000 exemplaires et provoque une vague de fond sans précédent. Il s'agit d'un moment important : un public plus large, moins cultivé, va prendre goût à une lecture sentimentale, reposant sur les émois et les transports de Julie et Saint-Preux, principaux correspondants de l'œuvre. Dans sa préface, Rousseau se pose en simple éditeur des lettres et précise les conditions de réception de l'œuvre :

Julie embrasse Saint-Preux. Gravure de Moreau le Jeune, édition de 1764, BNF.

> Ce livre n'est point fait pour circuler dans le monde, et convient à très peu de lecteurs. Le style rebutera les gens sévères ; tous les sentiments seront hors de la nature pour ceux qui ne croient pas à la vertu. Il doit déplaire aux dévots, aux libertins, aux philosophes ; il doit choquer les femmes galantes, et scandaliser les honnêtes femmes.

L'intrigue est très proche du canevas habituel du roman sentimental, dans la tradition de *L'Astrée* d'Urfé* et de *La Princesse de Clèves* de Mme de La Fayette*, tout en reprenant l'histoire médiévale de la passion malheureuse entre Héloïse et Abélard*. Deux jeunes gens, Julie d'Étange et Saint-Preux, s'aiment passionnément, mais le père de la jeune fille s'oppose au mariage car le prétendant n'est pas noble. S'ensuivent les rencontres clandestines, les séparations (le voyage de Saint-Preux), les retrouvailles, la société à trois (Julie, Wolmar son époux, et Saint-Preux qui les a rejoints) et enfin la mort de Julie, qui avoue n'avoir aimé que Saint-Preux. Derrière cette trame sentimentale, Rousseau a su aborder les questions morales, sociales, religieuses et métaphysiques qui intéressent la société de son temps : une analyse de la passion, les difficiles quêtes de la vertu et du bonheur par-delà l'amour coupable, la recherche de la spiritualité, les fondements d'une société idéale, conforme à la nature…

La lettre 14 de la première partie évoque la scène capitale de l'éveil de la sensualité et du désir, l'amour naissant après le premier baiser échangé :

> Qu'as-tu fait, ah ! Qu'as-tu fait, ma Julie ? Tu voulais me récompenser et tu m'as perdu. Je suis ivre, ou plutôt insensé. Mes sens sont altérés, toutes mes facultés sont troublées par ce baiser mortel. Tu voulais soulager mes maux ? Cruelle, tu les aigris. C'est du poison que j'ai cueilli sur tes lèvres ; il fermente, il embrase mon sang ; il me tue, et ta pitié me fait mourir.

Mais cet état d'extase des sens s'évanouit bientôt pour laisser place aux affres de la souffrance, comme nous le révèle Julie dans la lettre 25 :

> Je l'avais trop prévu ; le temps du bonheur est passé comme un éclair ; celui des disgrâces commence, sans que rien m'aide à juger quand il finira. Tout m'alarme et me décourage ; une langueur mortelle s'empare de mon âme.

Julie finit par se résigner et épouse M. de Wolmar. Elle rompt tout commerce, même épistolaire, avec Saint-Preux, qui décide de partir pour un long voyage autour du monde. Avant de mourir, Julie analyse ses sentiments dans une tonalité toute pascalienne :

> Malheur à qui n'a plus rien à désirer ! Il perd pour ainsi dire tout ce qu'il possède. On jouit moins de ce qu'on obtient que de ce qu'on espère, et l'on n'est heureux qu'avant d'être heureux. (VI, 8)

Pierre Choderlos de Laclos

Pierre Choderlos de Laclos (1741-1803), capitaine d'artillerie, s'ennuie parmi ses soldats et occupe son temps libre à écrire des pièces publiées dans *L'Almanach des Muses*. Il commence la rédaction des *Liaisons dangereuses* en 1778. Issu de la petite noblesse, pauvre et vertueux, se venge-t-il par ce roman de l'aristocratie qu'il méprise ? Le succès de l'ouvrage, en tout cas, est immédiat et fulgurant. Et Laclos sera longtemps considéré comme un écrivain aussi sulfureux que Restif* ou Sade*…

Depuis *La Nouvelle Héloïse*, le roman épistolaire remporte les suffrages du public. ***Les Liaisons dangereuses*** (1782) représente le couronnement du genre, puisqu'il exploite toutes les virtualités offertes par la forme épistolaire. Laclos y érige le libertinage des mœurs en un art savant, à l'image de la marquise de Merteuil, froide calculatrice, qui manipule tout son monde par ses lettres et tente de contrôler ses propres sentiments au profit de ses conquêtes, surpassant ainsi son partenaire masculin, le vicomte de Valmont. Ce dernier, pour mériter les honneurs de son ancienne maîtresse, doit séduire la jeune Cécile Volanges pour le bon vouloir de la Merteuil, mais il tombe sous le charme de la très prude présidente de Tourvel. Quand elle a enfin succombé à ses manœuvres, la marquise intime à Valmont l'ordre de rompre, au grand désespoir de ce dernier, tandis qu'elle s'occupe à corrompre le jeune Danceny, promis à Cécile.

Le Verrou. Fragonard, 1777, musée du Louvre, Paris.

L'une des grandes réussites du roman, outre l'analyse poussée de tous les sentiments humains, est le rôle offert au lecteur : partenaire, complice des libertins sans limites morales, il a accès à l'ensemble des correspondances de ce roman polyphonique où le style de chaque lettre correspond à la personnalité de l'épistolier. Laclos parvient ainsi à porter à son comble le désir d'effraction et le voyeurisme du lecteur-spectateur.

Dans sa préface, il rappelle l'utilité morale de son œuvre :

> L'utilité de l'ouvrage, qui peut-être sera encore plus contestée, me paraît pourtant plus facile à établir. Il me semble au moins que c'est rendre service aux mœurs, que de dévoiler les moyens qu'emploient ceux qui en ont de mauvaises pour corrompre ceux qui en ont de bonnes, et je crois que ces lettres pourront concourir efficacement à ce but.

La conclusion du roman semble en effet démontrer le danger des liaisons, qu'elles soient personnelles ou épistolaires, car les coupables, qui ont mené la danse, y sont réduits au silence : Valmont par la mort, Merteuil par le déshonneur et la maladie. Et leurs victimes, devenues complices malgré elles, sont également sanctionnées : Cécile Volanges se retire au couvent, la présidente de Tourvel meurt de honte et de désespoir. Alors, Laclos, défenseur ou détracteur de la vertu ? À chacun de se faire son opinion en se plongeant avec délices dans ce tourbillon des sens révélé par les 175 lettres de l'ouvrage.

Valmont à Merteuil, lettre 4 :

> Vos ordres sont charmants ; votre façon de les donner est plus aimable encore ; vous feriez chérir le despotisme.

Danceny à Merteuil, lettre 150 :

> En attendant le bonheur de te voir je me livre, ma tendre amie, au plaisir de t'écrire ; et c'est en m'occupant de toi, que je charme le regret d'en être éloigné. Te tracer mes sentiments, me rappeler les tiens, est pour mon cœur une vraie jouissance ; et c'est par elle que le temps même des privations m'offre encore mille biens précieux à mon amour. Cependant, s'il faut t'en croire, je n'obtiendrai point de réponse de toi [...] **Une lettre est le portrait de l'âme.** Elle n'a pas, comme une froide image, cette stagnance si éloignée de l'amour ; elle se prête à tous nos mouvements : tour à tour elle s'anime, elle jouit, elle se repose... Tes sentiments me sont tous si précieux ! Me priveras-tu d'un moyen de les recueillir ?

Merteuil à Valmont, au bas de la lettre 153 de Valmont à Merteuil :

> Hé bien ! La guerre.

Le roman social

À la fin des années 1730, le roman est à la mode et n'est plus considéré comme un simple divertissement. Il prend une autre dimension, intégrant au récit d'aventures d'un héros une peinture des mœurs : toutes les classes sociales, tous les milieux y sont représentés, du petit peuple à l'aristocratie. C'est l'esprit du siècle des Lumières que de donner sa place au peuple dans les œuvres et de chercher à les éclairer par des écrits didactiques comme l'*Encyclopédie*.

Une salve de grands romans, tous rédigés à la première personne (d'où leur nom de romans-mémoires), voient le jour, inspirés du roman baroque du XVIIe siècle – enchâssement d'aventures, digressions – et de la veine anglaise (Daniel Defoe ou Jonathan Swift) pour peindre les mœurs de la Régence. Ils traduisent une nouvelle représentation de l'individu dans la société : à mesure que la religion relâche son emprise et qu'elle se détache du pouvoir politique, l'individu gagne en autonomie et en reconnaissance. Par la forme des mémoires, on suit le parcours d'un individu particulier, mais l'intrigue principale est désormais liée à une peinture critique de la société. Ainsi, dans *Gil Blas*, **Lesage** promène son lecteur de la caverne des brigands à la Cour en passant par le palais de l'archevêque, dénonçant les vices qui traversent toutes les couches de la société.

Les grands romanciers **Prévost** et **Marivaux**, par le biais des monologues intérieurs de leurs personnages, mettent en avant une catégorie promise à un bel avenir : l'introspection, qui permet au narrateur de se pencher avec distance sur les événements qu'il a vécus en tant que personnage, instaurant ainsi une nouvelle temporalité fondée sur les récits rétrospectifs.

Romans picaresques, romans-mémoires, romans d'ascension sociale, toutes ces œuvres nous éclairent sur l'évolution de la société française du XVIIIe siècle.

Alain René Lesage

Né dans une famille bretonne de bonne bourgeoisie, Alain René Lesage*, ou Le Sage (1668-1747), plus attiré par la littérature que par le barreau, traduit le théâtre espagnol du Siècle d'Or pour nourrir sa famille. Après quelques pièces qui passent inaperçues, son roman *Le Diable boiteux*, en 1707, est un énorme succès. Il mène désormais de front ses activités de romancier et de dramaturge (voir sa pièce *Turcaret* p. 220) –, mettant à profit ses qualités d'observateur acerbe des mœurs de son temps. Son chef-d'œuvre, l'*Histoire de Gil Blas de Santillane*, paraît en 6 volumes de 1715 à 1735 et lui vaut un succès durable – c'est d'ailleurs l'un des premiers écrivains français à avoir pu vivre de sa plume.

Le Diable boiteux, paru en 1707, est inspiré de l'auteur espagnol Luis Vélez de Guevara. L'écolier don Cléofas délivre Asmodée, le « diable boiteux ». Pour le

Le Diable boiteux, édition de 1747, BNF.

remercier, celui-ci lui permet d'entrer dans l'intimité des habitants de Madrid en soulevant le toit de leurs maisons. C'est l'occasion pour Lesage de dresser une galerie de portraits satiriques et « un petit tableau des mœurs du siècle », comme il l'indique dans la préface.

> [Asmodée] « Ce seigneur rêvait tout à l'heure qu'il était dans la vallée des morts, où tous les Mexicains qui ont été les victimes de son injustice et de sa cruauté sont venus fondre sur lui, en l'accablant de reproches et d'injures [...]
> — Le vilain rêve ! s'écria l'écolier [...]
> — En récompense, dit le boiteux, sa nièce, qui est couchée dans un appartement au-dessus du sien, passe la nuit délicieusement [...]. Elle rêve que son oncle, dont elle est l'unique héritière, ne vit plus, et qu'elle voit autour d'elle une foule d'aimables seigneurs qui se disputent la gloire de lui plaire. »

Sorte de *Don Quichotte* à la française, l'***Histoire de Gil Blas de Santillane*** (1715-1735) est un roman d'apprentissage picaresque qui révèle les relations entre l'individu et la société en suivant le parcours d'un jeune bachelier parti à la ville faire ses études. En chemin, il est capturé par des bandits, mais il parvient à s'enfuir en délivrant une jeune fille noble que les brigands venaient de faire prisonnière. Récompensé pour cet acte de bravoure, il décide de tenter sa chance dans le monde. Mais, dévalisé par deux fripons, il ne lui reste plus qu'à devenir valet ; il sert tour à tour un chanoine, puis un médecin ridicule, un noble oisif et une comédienne. Il connaîtra la Cour, s'y enrichira, mais son sens de la vertu triomphera toujours. Si le récit a pour cadre l'Espagne, c'est bien sûr la société française qui sert de référent à cette peinture des mœurs.

La satire est mordante, mais n'en reste pas moins gaie. Cependant Lesage s'écarte du modèle classique pour s'intéresser aux détails matériels et donner une dimension réaliste à ses écrits : ce ne sont plus des caractères qu'il peint, mais des individus ayant gagné leur autonomie pour suivre leur propre voie à travers les différentes couches de la société.

Abbé Prévost

Antoine Prévost (1697-1763) connaît une existence agitée. Il s'engage dans l'armée mais finit par déserter ; il devient prêtre, mais quitte les ordres à 30 ans ; il voyage, mais doit souvent fuir précipitamment ; et il s'éprendra d'une aventurière qui le ruinera, comme Manon perdra et ruinera Des Grieux. Prévost avait commencé en 1727 les *Mémoires et aventures d'un homme de qualité*. En 1731, il publie à Amsterdam les trois derniers tomes des *Mémoires*, dont *Manon Lescaut*, et les quatre premiers tomes d'un long récit, *Cleveland*. En 1734, il rentre en France et se voit réintégré au sein de l'Église. Aumônier du prince de Conti, il publie en 1736 les derniers volumes de *Cleveland*. En 1741, compromis dans une affaire de gazettes à scandale, il fuit de nouveau (comme Des Grieux), en Belgique et en Allemagne cette fois, puis revient en France où il s'adonne à la traduction de romans anglais. En 1759, il commence un ultime roman qu'il laissera inachevé, *Le Monde rural*; il meurt en 1763 d'une attaque d'apoplexie. De cette vie aventureuse, on retiendra ses longs romans de mœurs aux intrigues enchâssées, qui révèlent des milieux sociaux corrompus où le plaisir et l'argent semblent les seules raisons de vivre.

L'***Histoire du chevalier Des Grieux et de Manon Lescaut*** (1731) est le septième et dernier tome d'un ensemble romanesque plus vaste, les *Mémoires et aventures d'un homme de qualité*. Parmi ses sources, retenons les romans anglais de Richardson et Defoe, et surtout *Les Illustres Françaises* de Robert Challe. Dans son avis au lecteur, Prévost précise la dimension morale de l'œuvre :

> [Le public] verra dans la conduite de M. Des Grieux un exemple terrible de la force des passions. […]
> Outre le plaisir d'une lecture agréable, on y trouvera peu d'événements qui ne puissent servir à l'instruction des mœurs et c'est rendre à mon avis un service considérable au public que de l'instruire en le divertissant.

Des Grieux rencontre Manon à Amiens. Gravure de J.-J. Pasquier, édition de 1753, BNF.

Contrairement aux autres romans de Prévost, qui entrelacent plusieurs drames sentimentaux afin de reproduire les sinuosités de l'âme humaine, ce récit ne s'attache qu'aux moments essentiels pour mettre en évidence le mécanisme tragique qui conduit implacablement les héros à leur destin fatal. Ou comment ce jeune homme de 17 ans, de bonne famille, voué à un avenir radieux va tout perdre par amour pour une jeune fille de petite vertu, Manon, qu'il rencontre à Amiens alors qu'elle s'apprête à entrer au couvent pour calmer ses ardeurs. C'est le coup de foudre :

> Quelque passionné que je fusse pour Manon, elle sut me persuader qu'elle ne l'était pas moins de moi. Nous étions si peu réservés dans nos caresses que nous n'avions pas la patience d'attendre que nous fussions seuls. Nos hôtes et nos postillons nous regardaient avec admiration et je remarquai qu'ils étaient surpris de voir deux enfants de notre âge qui paraissaient s'aimer jusqu'à la fureur. Nos projets de mariage furent oubliés à Saint-Denis. Nous fraudâmes les droits de l'Église, et nous nous trouvâmes époux sans y avoir fait réflexion.

Après trois semaines d'amour fou dans le Paris de la Régence, Manon trompe son jeune amant pour se faire entretenir par un riche fermier général et « vend » Des Grieux à son père furieux. Pour trouver l'apaisement de l'âme et des sens, il entre au séminaire de Saint-Sulpice :

> Je me croyais absolument délivré des faiblesses de l'amour. [...] Cependant, un instant malheureux me fit retomber dans le précipice, et ma chute fut d'autant plus irréparable que, me trouvant tout d'un coup au même degré de profondeur d'où j'étais sorti, les nouveaux désordres où je tombai me portèrent bien plus loin vers le fond de l'abîme.

Des Grieux en est réduit à se faire tricheur professionnel pour répondre au train de vie luxueux de Manon. Celle-ci retombe dans ses travers auprès de vieux et riches aristocrates, et ils fuient pour échapper à des situations de plus en plus délicates – des incendies, des vols, la prison, un meurtre... Manon est finalement déportée à La Nouvelle-Orléans, et une fois de plus son amant se sacrifie pour la suivre. Dans ce pays neuf où personne ne les connaît, Des Grieux reprend espoir : Manon est enfin à lui... jusqu'au moment où le neveu du gouverneur s'éprend d'elle. S'ensuit un duel qui laisse le neveu pour mort; une nouvelle fois, les deux jeunes gens sont obligés de fuir. Mais ce sera leur dernière échappée : dans la nuit, Manon meurt dans les bras de Des Grieux.

> N'exigez point de moi que je vous décrive mes sentiments, ni que je vous rapporte ses dernières expressions. Je la perdis; je reçus d'elle des marques d'amour, au moment même qu'elle expirait. C'est tout ce que j'ai la force de vous apprendre de ce fatal et déplorable événement.

PIERRE DE MARIVAUX

La jeune fille qui pleure son oiseau mort. Greuze, 1765, musée du Louvre, Paris.

À côté de ses illustres comédies qui analysent avec finesse les sentiments humains et révèlent les pouvoirs du langage, Marivaux* a également écrit deux grands romans rédigés simultanément : *La Vie de Marianne* et *Le Paysan parvenu*, qui retracent une ascension sociale à partir d'un même conflit entre l'individu et la société. En suivant ces parcours singuliers, Marivaux dresse un tableau des mœurs de son temps, peint les vices et révèle l'évolution de la société. Les aventures de ses deux héros servent de prétexte à des effets dramatiques et à des analyses psychologiques subtiles : roman social et roman psychologique se confondent ainsi.

Dans ***La Vie de Marianne*** (1731-1741), Marianne, jeune orpheline sensible et fière, revendique par ses qualités personnelles le droit d'être elle-même et d'appartenir à l'aristocratie. Arrivée seule à Paris, elle est recommandée par un religieux à un vieux dévot qui l'installe en pension chez une lingère, Mme Dutour. Elle doit subir les propositions malhonnêtes du vieux libertin dévot, réplique mondaine du *Tartuffe* de Molière*.

À l'église, Marianne remarque un jeune homme et, quand elle est renversée par un carrosse au sortir de l'office, il fait partie des gens venus la secourir.

> De mon côté, je parlai aux autres, et ne lui dis rien non plus ; je n'osais même le regarder, ce qui faisait que j'en mourais d'envie : aussi le regardai-je, toujours en n'osant, et je ne sais ce que mes yeux lui dirent ; mais les siens me firent une réponse si tendre qu'il fallait que les miens l'eussent mérité. Cela me fit rougir, et me remua le cœur à un point qu'à peine m'aperçus-je de ce que je devenais.

Sur le point d'épouser le jeune homme, le séduisant Valville, elle est enlevée d'un couvent, puis accusée d'être une intrigante. Enfin l'inconstant Valville s'éprend d'une autre jeune fille…

Dans ***Le Paysan parvenu*** (1734-1735), Jacob, jeune paysan champenois monté à Paris, est engagé comme domestique par une vieille demoiselle dévote. Grâce à son physique avantageux, il finit par faire fortune car les femmes mûres le trouvent irrésistible. Comme Marianne qui cherche à s'insérer dans l'aristocratie, Jacob veut prouver sa parfaite intégration dans la bourgeoisie d'affaires.

L'érotisme et le sadisme

Dans les années 1740, un autre courant romanesque se développe : le **roman libertin**, encouragé par la libération des mœurs sous la Régence. Ce genre, prisé chez les libraires, dose à merveille les allusions et les obscénités dans un beau style où les pointes d'esprit trouvent leur place pour suggérer toutes les formes d'amour. Dire et faire l'amour, se jouer des tabous et des interdits : tout récit est guidé par la notion de plaisir, celui des mots et celui des sens – éveil des sentiments, scènes d'amour, scènes d'aveu, l'attente d'une jouissance à venir ou le souvenir d'une ancienne… Mais cette visée n'exclut pas une dimension comique, fondée sur l'innocence et la naïveté des jeunes héros, ou sur l'art de l'insinuation et des équivalences qui déploient un érotisme de langue. Là où le roman libertin est le plus audacieux, c'est sur le plan esthétique, quand il choisit la voie du réalisme pour décrire certaines scènes crûment. L'intrigue de ces romans est souvent liée à la perte de la vertu ou de la réputation et aux conséquences morales et sociales qu'elle entraîne. D'où la réflexion critique contenue dans le projet romanesque pour analyser avec subtilité les sentiments, attaquer la philosophie morale et bouleverser les valeurs aristocratiques.

Même le sévère **Montesquieu** s'adonne au genre licencieux avec son *Temple de Gnide*, qui fait scandale en 1725. Le roman galant se déroule souvent dans un Orient fantaisiste, comme *Les Bijoux indiscrets* de **Diderot** ou le célèbre *Sopha* de **Crébillon fils**, grande figure du libertinage avec **Restif de La Bretonne** et **Nerciat**. Mais il faut également citer *Acajou et Zirphile* de **Duclos**

(1744), *Angola*, histoire indienne de **La Morlière** – fort prisée de Nerval* et Gautier* – et les contes érotiques de **Voisenon** (1745-1760).

Nous distinguerons les auteurs libertins de celui qui a mené le genre à son paroxysme à la fin du siècle : **Sade**.

CLAUDE CRÉBILLON FILS

Fils de Crébillon père*, poète tragique membre de l'Académie française, Claude Prosper Jolyot de Crébillon (1707-1777) connaît la prison et l'exil après la parution de *L'Écumoire* (1734), histoire japonaise où Dieu est invoqué sous le nom de Grand Singe, et du *Sopha* (1740). Crébillon a également excellé dans le roman épistolaire : ses *Lettres de la marquise de M*** au comte de R**** (1732) et *Lettres de la duchesse de *** au duc de **** (1768) ont la particularité de présenter une correspondance à une voix. Dans *Les Heureux Orphelins* (1754), il pratique le mélange des genres entre mémoires et roman épistolaire. *La Nuit et le Moment* (1755) et *Le Hasard au coin du feu* (1763) adoptent, eux, la forme dialoguée si chère aux philosophes. Crébillon y porte à son comble l'art de la conversation galante, qui devient piège pour les victimes et pouvoir de domination pour les séducteurs.

Se plaçant dans la lignée des moralistes du XVIIe siècle, Crébillon peint les ravages de la passion dans un style qui lui est propre : on a parlé d'« écriture gazée », qui laisse deviner, sans jamais les désigner, les réalités les plus crues dans une analyse très intellectualisée des sentiments. Comme le fait remarquer Henri Coulet, « Crébillon est moins un romancier libertin qu'un romancier qui peint des libertins ». Son succès fut considérable, et durable : à la fin du siècle, toute bibliothèque mondaine se devait de contenir ses œuvres.

Son chef-d'œuvre reste le roman paru en 1736, ***Les Égarements du cœur et de l'esprit***. À l'aide d'un récit rétrospectif à la première personne, l'aristocrate Meilcour se retourne avec ironie sur sa jeunesse et son éducation amoureuse, menée par une amie de sa mère, Mme de Lursay :

> L'idée du plaisir fut, à mon entrée dans le monde, la seule qui m'occupa. La paix, qui régnait alors, me laissa dans un loisir dangereux. Le peu d'occupation, que se font communément les gens de mon rang et de mon âge, le faux air, la liberté, l'exemple, tout m'entraînait vers les plaisirs : j'avais les passions impétueuses, ou, pour parler plus juste, l'imagination ardente, et facile à se laisser frapper. […]
>
> Ce qu'alors les deux sexes nommaient Amour était une sorte de commerce, où l'on s'engageait, souvent même sans goût, où la commodité était toujours préférée à la sympathie, l'intérêt au plaisir, et le vice au sentiment.

Le Sopha, conte moral (1740) s'inscrit dans le cadre oriental évocateur des *Mille et Une Nuits*. Le narrateur, Amanzéï, est transformé en sofa jusqu'à

Nu sur un sofa ou *Odalisque blonde*.
François Boucher, 1752, Alte Pinakothek, Munich.

ce que deux personnes se donnent « mutuellement et sur lui leurs prémices ». Au sultan Schah-Baham, qui s'ennuie, il raconte sept scènes d'amour dont il a été le témoin. Le dernier couple, deux adolescents jouissant innocemment du plaisir qu'ils se donnent, remplit la condition permettant de libérer Amanzéï. Les différents épisodes sont autant d'occasions de railler la respectabilité mondaine, la vertu ou la dévotion. Ce livre vaudra l'exil à Crébillon fils pour avoir offensé les bonnes mœurs et ridiculisé la personne du roi, aisément reconnaissable sous les traits du sultan.

Denis Diderot

Les Bijoux indiscrets, publié anonymement en 1748, est le premier roman de Diderot*. Ce long conte orientalisant, plein de rebondissements, parodie la vie à la Cour. Il dépeint Louis XV sous les traits du sultan Mangogul du Congo, qui reçoit du génie Cucufa un anneau magique possédant le pouvoir de faire parler les sexes (les « bijoux ») des femmes. Ceux-ci avouent les infidélités, évaluent les performances de chacun…

Nicolas Restif de La Bretonne

Nicolas Edme Restif (ou Rétif) de La Bretonne (1734-1806) est le seul écrivain paysan du XVIIIe siècle ; et encore ne devient-il écrivain qu'en sortant de sa classe sociale pour devenir ouvrier typographe. Imprimant des romans, il se dit qu'il pourrait aussi bien les écrire lui-même. Il devient alors le propre imprimeur de son œuvre, abondante et variée : *La Famille vertueuse* (1767), *Lucile* (1768), *Le Pied de Fanchette* et *La Fille naturelle* (1769), *La Femme dans ses trois états* (1773), *Le Ménage parisien* (1773), *Les Faiblesses d'une jolie femme* (1777), *La Vie de mon père* (1779, autobiographie romancée), *Les Nuits de Paris* (1794-1797, sur la Révolution)…

Nous retiendrons surtout deux romans d'apprentissage directement inspirés de Marivaux* relatant une ascension et une déchéance sociales : ***Le Paysan perverti*** *ou les Dangers de la ville* (1775) et ***La Paysanne pervertie*** (1784). Tandis que chez Marivaux le paysan parvenu accédait à une position importante et à un équilibre intérieur, les paysans de Restif, Edmond et sa sœur Ursule, sont pervertis par la civilisation et la ville. Restif reprend là le thème cher à Rousseau* de l'état de nature dépravé par la société. Paris devient ainsi la capitale de tous les vices et de tous les défauts :

> Paris est le centre de la filouterie, de l'escroquerie, du vol, de tous les vices, de tous les crimes qui y ont rapport. Le sexe y doit avoir moins de pudeur et moins de vertu, parce que le frein très puissant de l'opinion publique y est presque nul.

Tous les milieux sociaux sont égratignés – clergé, nobles, comédiens… –, toutes les grandes questions sociales sont abordées (éducation des femmes, réforme du théâtre, exode rural…), et cela dans une visée politique prérévolutionnaire qui marque la revanche du peuple sur les milieux favorisés, mais dévoyés.

Donatien de Sade

> Mon plus grand chagrin est qu'il n'existe réellement pas de Dieu et de me voir privé, par là, du plaisir de l'insulter plus positivement. (*L'Histoire de Juliette*)

Estampe pour *La Paysanne pervertie* de Restif qui pourrait convenir à un roman sadien. BNF.

Si Restif de La Bretonne* avait des origines paysannes, Donatien Alphonse François, marquis de Sade (1740-1814) appartient à la haute noblesse. Allié à la maison des Bourbons, promis à un brillant avenir, il se trouve bien vite renié par l'aristocratie en raison de son libertinage et de ses sacrilèges. Sa vie sera une suite de scandales, de débauches et d'emprisonnements, le dernier durant de 1778 à 1790. C'est pendant cette longue période qu'il commence à écrire. Libéré par la Révolution comme toutes les victimes de lettres de cachet, il vit de sa plume en publiant des œuvres répondant à sa volonté d'« offrir partout le vice triomphant et la vertu victime de ses sacrifices ». Interné à l'asile de fous de Charenton, il y restera jusqu'à sa mort.

Longtemps auteur maudit, Sade peut être considéré comme un révolutionnaire annonçant la libération des désirs et des interdits. Sa quête singulière de pousser le désir de jouissance jusqu'à ses dernières limites bouscule la morale sociale et rompt totalement avec les hypocrisies du roman sentimental. C'est le triomphe des libertins, soucieux de réaliser leurs désirs les plus fous aux dépens de leurs victimes, humiliées ou même sacrifiées – d'où le terme de sadisme.

Dans des lieux clos, à l'abri des regards (châteaux, prisons ou même couvents) se jouent toutes sortes de scènes d'orgies et de dépravations. Ainsi, ***Les Infortunes de la vertu*** (1787) mettent en scène une jeune fille vertueuse précipitée dans la misère par son bourreau Dalville, à l'abri dans « son château perché sur le bord d'un précipice affreux » :

> « Au travail, esclave, au travail! Apprends que la civilisation, en bouleversant les institutions de la nature, ne lui enleva pourtant point ses droits; elle créa dans l'origine des êtres forts et des êtres faibles, son intention fut que ceux-ci fussent toujours subordonnés aux autres comme l'agneau l'est toujours au lion »...

À la perversité des mœurs répond un art implacable de la rhétorique qui fait des victimes les seules responsables de leur état de soumission.

Dans la préface de ***La Philosophie dans le boudoir*** (1795), Sade prétend donner une dimension philosophique aux déviations sexuelles.

> Voluptueux de tous les âges et de tous les sexes, c'est à vous seuls que j'offre cet ouvrage : nourrissez-vous de ses principes, ils favorisent vos passions, et ces passions, dont de froids et plats moralistes vous effraient, ne sont que les moyens que la nature emploie pour faire parvenir l'homme aux vues qu'elle a sur lui; n'écoutez que ces passions délicieuses, leur organe est le seul qui doive vous conduire au bonheur.

En 1797, avec ***Juliette ou la Prospérité du vice***, Sade « recompose le monde dans le sens de ses fantasmes au point de présenter la perversion criminelle comme imposée par l'esprit après le sacrifice de toutes les impulsions affectives et de tous les mouvements de la sensibilité » (Henri Coulet). Il projette ainsi de corrompre tous les enfants...

Les prémices de la science-fiction, du fantastique et du roman noir

Sébastien Mercier

L'An 2440, rêve s'il en fut jamais (1771) de Sébastien Mercier* est un roman d'anticipation où s'exprime la philosophie des Lumières : la mise en scène d'une société libre, quoique encore sous la gouverne d'un roi, où le mérite personnel a remplacé les privilèges héréditaires, est une critique explicite du système de l'absolutisme. L'ouvrage sera traité de folie... Pourtant, la Révolution réalisera plusieurs des prophéties de Mercier.

Jacques Cazotte

Si la floraison du roman fantastique date en France du XIXe siècle, le précurseur du genre est Jacques Cazotte (1719-1792). Opposé à la Révolution, il mourra sur l'échafaud. Il avait publié des contes (*La Patte du chat* en 1741, *Les Mille et Une Fadaises* en 1742), mais il est surtout connu pour son *Diable amoureux* (1772). À la fois roman d'analyse, roman d'aventures entremêlé d'épisodes picaresques, roman satirique et allégorique véhiculant un message moral – le goût du Mal est inhérent à l'âme humaine –, *Le Diable amoureux* subvertit les règles de la vraisemblance par l'insertion d'éléments ou d'êtres surnaturels, comme le Diable. Déjà, dans ses œuvres antérieures, on trouvait des insertions du surnaturel. *La Veillée de la bonne femme* (1752) raconte l'histoire d'un aumônier félon qui se donne au Diable par amour pour la fille de son seigneur et qui est emporté en enfer par Satan métamorphosé en bouc. Le merveilleux diabolique est également présent dans le long poème en prose d'influence médiévale qu'il publie dix ans plus tard, l'*Ollivier*.

Le héros du ***Diable amoureux*** est Don Alvare, un jeune officier espagnol au service du roi de Naples. Ce dernier se fait initier aux pratiques magiques et invoque Belzébuth dans les ruines d'Herculanum. Le Diable lui apparaît puis se change en épagneul, en page, enfin en jeune fille, Biondetta, dont Don Alvare finit par s'éprendre.

> Biondetta paraissant tour à tour livrée à la passion ou au dépit, la bouche armée des grâces fières du dédain, ou embellie par le sourire, m'agaçait, me boudait, me pinçait jusqu'au sang, et finissait par me marcher doucement sur les pieds. En un mot, c'était en un moment une faveur, un reproche, un châtiment, une caresse : de sorte que livré à cette vicissitude de sensations, j'étais dans un désordre inconcevable.

Une large place est laissée aux rêves, tentateurs ou prémonitoires, qui révèlent les fantasmes du personnage. Cela engendre une « inquiétante étrangeté » et une hésitation entre deux interprétations, rationnelle ou irrationnelle, qui sont le fondement même du fantastique.

Les romans noirs de la fin du siècle

Le Diable amoureux de Cazotte*, récit d'une initiation magique et d'une passion inspirée par le Diable, s'ancre dans les espaces traditionnels du roman noir, dont l'objectif est de susciter l'horreur et l'épouvante. Ce nouveau genre va triompher dans la dernière décennie du siècle : *Victor ou l'Enfant de la forêt* de **Ducray-Duminil** (1796), *Le Château noir ou les Souffrances de la jeune Ophélie* de **Mme Mérard de Saint-Juste** (1799) rencontrent un certain succès. Les sources anglaises du roman noir sont indéniables, tels les romans gothiques de Walpole (*Le Château d'Otrante*, 1764) et de Lewis (*Le Moine*, 1795) qui, en développant une thématique macabre, fascineront les romantiques du XIXe siècle et les surréalistes au XXe.

Dans la même veine, évoquons l'œuvre essentielle de **Jan Potocki** (1761-1815), un aristocrate polonais, grand voyageur, écrivain de langue française : ***Le Manuscrit trouvé à Saragosse*** (partiellement publié en 1804).

L'exotisme

JACQUES HENRI BERNARDIN DE SAINT-PIERRE

Bernardin de Saint-Pierre. Gravure de J.-F. Ribault d'après Lafitte, 1805, BNF.

Né au Havre, Jacques Henri Bernardin de Saint-Pierre (1737-1814) prend très jeune le goût du voyage. De retour d'un long séjour à l'île Maurice, il se lie d'amitié avec Rousseau*, dont il partage les idées sur la corruption de l'état de nature par la civilisation. À partir de 1784, il publie les *Études de la nature*, dont le quatrième volume est constitué d'un court roman, *Paul et Virginie*, sorte d'idylle adolescente exotique. Le roman sera suivi par *La Chaumière indienne* et *Le Café de Surate* (1790) et la parution en 1815 des *Harmonies de la nature*. Selon lui, la Providence a organisé la nature pour le bonheur de l'homme. Et les lois morales de la nature sont connues par le sentiment, qui nous révèle l'existence de Dieu et l'immortalité de l'âme.

Outre sa dimension pastorale et exotique, ***Paul et Virginie*** présente des traits caractéristiques de l'utopie, comme l'auteur le précise :

> J'ai désiré réunir à la beauté de la nature, entre les tropiques, la beauté morale d'une petite société. Je me suis proposé aussi d'y mettre en évidence plusieurs grandes vérités, entre autres celle-ci, que notre bonheur consiste à vivre selon la nature et la vertu.
>
> (Avant-propos de 1788)

Cette nouvelle société n'est pas sans évoquer le domaine de Clarens dans *La Nouvelle Héloïse* de Rousseau*, où tout le monde, maîtres et domestiques, vit en harmonie autour de Virginie. L'idylle de Paul et Virginie va s'achever en drame : sous les yeux de Paul, impuissant, le vaisseau qui ramène Virginie de France (où elle a refusé héritage et mariage de raison) s'écrase sur les rochers.

Le naufrage. Gravure de Prud'hon, fin du XVIIIe siècle, BNF.

> On vit alors un objet digne d'une éternelle pitié : une jeune demoiselle parut dans la galerie de la poupe du *Saint-Géran*, tendant les bras vers celui qui faisait tant d'efforts pour la joindre. C'était Virginie. Elle avait reconnu son amant à son intrépidité. La vue de cette aimable personne, exposée à un si terrible danger, nous remplit de douleur et de désespoir.
>
> À cette terrible vue, le matelot s'élança seul à la mer; et Virginie, voyant la mort inévitable, posa une main sur ses habits, l'autre sur son cœur, et levant en haut des yeux sereins, parut un ange qui prend son vol vers les cieux. Ô jour affreux, hélas! Tout fut englouti.

Dans ce roman, Bernardin de Saint-Pierre obéit aux règles d'un genre à la mode, la pastorale. Mais il est également le créateur d'un genre nouveau : le roman exotique. Avec exactitude, il a su rendre compte de l'exubérance de la végétation, des aléas climatiques, de la variété des paysages, en une succession de tableaux qui lient la précision du détail et l'évocation des sensations qui en découlent. Ses personnages agissent et pensent en symbiose avec la nature. Cette nature est décrite avec une poésie qui préfigure les romantiques. La vraie leçon du livre, Bernardin de Saint-Pierre l'a formulée dans l'avis au lecteur de 1789 : « Il est dangereux de n'offrir à la vertu autre perspective sur la terre que le bonheur. » Le roman, comme *La Nouvelle Héloïse*, connaîtra un très grand succès.

La naissance de l'autobiographie

Si **Rousseau** a joué un rôle inaugural indéniable dans la naissance de l'autobiographie, il ne faut pas oublier que d'autres formes de l'expression du moi se sont pratiquées au XVIIIe siècle. C'est le cas des importantes correspondances privées de **Voltaire** ou **Diderot**, qui ont une dimension à la fois personnelle, politique et philosophique, étant donné la notoriété des épistoliers.

Les correspondances

Voltaire chez Frédéric II de Prusse (détail). Gravure de Charles Baquoy, v. 1795, BNF.

Voltaire

L'exemple de Voltaire* est révélateur, tant sa correspondance fut riche et variée jusqu'à sa mort. Plus sa célébrité s'affirme, plus son rythme d'écriture s'intensifie. Ses lettres se comptent par dizaines de milliers ! Les grandes affaires sociales y sont évoquées, comme les discussions esthétiques et idéologiques de la fin du siècle. D'ailleurs, Voltaire a des idées sur tout. Incisif, drôle, il peut se montrer méchant, comme dans cette lettre à Rousseau* du 30 août 1775, après lecture de son *Discours sur l'inégalité* :

> J'ai reçu, monsieur, votre nouveau livre contre le genre humain, je vous en remercie. On n'a jamais employé tant d'esprit à vouloir nous rendre bêtes ; il prend envie de marcher à quatre pattes, quand on lit votre ouvrage. Cependant, comme il y a plus de soixante ans que j'en ai perdu l'habitude, je sens malheureusement qu'il m'est impossible de la reprendre…

Diderot

Un autre exemple de correspondance passionnante est celui de Diderot*. On y trouve à la fois un tableau de son époque, de son travail d'écrivain et de ses combats philosophiques. Mieux que personne, il a su profiter de deux caractéristiques de l'écriture épistolaire : la forme discontinue et l'illusion du dialogue, Diderot adaptant son registre de langue et ses réflexions à la personnalité de son destinataire. Une correspondante l'a particulièrement inspiré, donnant lieu à certaines des plus belles pages de la correspondance amoureuse : Sophie Volland. Cette correspondance, dont il ne reste que les lettres de Diderot, constitue une sorte de journal intime où le philosophe confie ses rêves et ses doutes, révèle son amour par des formules qui ont fait date :

Jeune femme lisant une lettre. Jean Raoux, XVIIIe siècle, musée du Louvre, Paris.

Partout où vous verrez du blanc, vous y lirez que je vous aime.

Voix de femmes

Dans cette littérature épistolaire, les femmes ont eu une place de premier ordre, dans la lignée des *Lettres* de Mme de Sévigné*. Ainsi la correspondance de **Mme du Deffand** dans les années 1750-1780, celle de **Mme de Graffigny**, les missives enflammées de **Julie de Lespinasse** ou celles de **Mme d'Épinay**. Ces lettres de femmes constituent un miroir de leur temps, de leurs relations et de leurs expériences.

Le cas Rousseau

Au fur et à mesure que le siècle avance, l'expression du moi envahit peu à peu tous les genres littéraires : les *Salons* de **Diderot***, les ouvrages d'érudition comme les *Ruines* de **Volney**, les romans comme l'*Histoire de Mme de Montbrillant* de **Mme d'Épinay**, les mémoires ou les autobiographies voilées comme les romans de **Marivaux*** ou **Restif de La Bretonne***, les journaux de voyage. Mais c'est avec **Rousseau** que l'autobiographie acquiert ses lettres de noblesse et devient un genre à part entière. Son œuvre autobiographique, capitale et originale, s'est construite en plusieurs étapes à un moment crucial de son existence.

À la fin de l'année 1761, Rousseau* traverse une grave crise existentielle. Il est en proie à un délire de persécution et croit sa fin proche, l'aggravation de son état de santé lui faisant même envisager le suicide. Le sentiment de dissolution de son être l'incite à se sauver par l'écriture.

Ce sont d'abord les ***Lettres à Malesherbes*** (1762) qui répondent à une missive apaisante et réconfortante du directeur de la Librairie. « Sans brouillon, rapidement, à trait de plume », il lui écrit quatre lettres successives qui sont comme une première tentative d'autoportrait où l'on peut voir l'ébauche des

Confessions et des *Rêveries*. Il y évoque les causes profondes de sa mélancolie (lettre 1), l'illumination de Vincennes et ses conséquences sur sa pensée et sa vie (lettre 2), son goût de la campagne et de la solitude (lettre 3), et l'exigence de vérité qui l'amène à préférer la solitude à l'hypocrisie sociale (lettre 4).

> Quels temps croiriez-vous, monsieur, que je me rappelle le plus souvent et le plus volontiers dans mes rêves ? Ce ne sont point les plaisirs de ma jeunesse, ils furent trop rares. Ce sont ceux de ma retraite, ce sont mes promenades solitaires, ce sont ces jours rapides mais délicieux que j'ai passés tout entiers avec moi seul, avec ma bonne et simple gouvernante, avec mon chien bien-aimé, ma vieille chatte, avec les oiseaux de la campagne et les biches de la forêt, avec la nature entière et son inconcevable auteur. (Lettre 3)

Après la publication de ces lettres se succèdent une série d'événements malheureux pour Rousseau, qui se sent attaqué de toutes parts : la condamnation par le parlement de Paris et à Genève de l'*Émile* ; l'attaque directe de Voltaire* dans le pamphlet *Le Sentiment des citoyens*, paru en 1764 (comment rédiger un traité sur l'éducation quand on a abandonné ses cinq enfants à l'Assistance publique ?) ; la nécessité de se justifier à la fois vis-à-vis des catholiques (*Lettre à Christophe de Beaumont*, 1763) et des protestants (*Lettres de la montagne*, 1764). Toutes ces attaques vont déclencher la rédaction des ***Confessions*** entre 1765 et 1770, œuvre dans laquelle il décide de se racheter en se montrant tel qu'il fut, prônant vérité et sincérité. Pour se justifier et répondre aux accusations des religieux et des philosophes, Rousseau décide de s'accuser lui-même. Il se place ainsi dans une longue tradition religieuse – que traduit à lui seul le titre de son œuvre, en écho aux *Confessions* de saint Augustin : la confession pratiquée par les catholiques doit être complète et sincère, devenant alors absolutoire, c'est-à-dire qu'elle entraîne le pardon de Dieu. Il s'adresse d'ailleurs directement à Lui dans son célèbre préambule, qui a jeté les bases de toute écriture autobiographique :

> Je forme une entreprise qui n'eut jamais d'exemple, et dont l'exécution n'aura point d'imitateur. Je veux montrer à mes semblables un homme dans toute la vérité de la nature ; et cet homme, ce sera moi.
> Moi seul. Je sens mon cœur et je connais les hommes. Je ne suis fait comme aucun de ceux que j'ai vus ; j'ose croire n'être fait comme aucun de ceux qui existent. Si je ne vaux pas mieux, au moins je suis autre. Si la nature a bien ou mal fait de briser le moule dans lequel elle m'a jeté, c'est ce dont on ne peut juger qu'après m'avoir lu.
> Que la trompette du Jugement dernier sonne quand elle voudra ; je viendrai ce livre à la main me présenter devant le souverain juge. Je dirai hautement : voilà ce que j'ai fait, ce que j'ai pensé, ce que je fus.

Rousseau dans la nature. Gravure d'Hippolyte Huet d'après un tableau d'Albrier, XVIIIe siècle, BNF.

Le terme de « confessions » implique aveux et remords. Rousseau s'accuse de fautes qui ne sont pas si dérisoires : le vol d'un ruban qui occasionne le renvoi d'une cuisinière, l'entraînant dans la prostitution ; l'abandon de son maître de musique dans la rue en pleine crise d'épilepsie ; celui de ses enfants aux Enfants-Trouvés, celui encore de Mme de Warens dans la misère… Mais ces aveux sont pour lui l'occasion de nouvelles attaques, et il sait jouer sur la culpabilité et la dramatisation pour mettre en scène son moi.

Rousseau est en quête de son identité : il ne peut y avoir connaissance de soi qu'à travers le travail de la mémoire. Mais cette mémoire n'est-elle pas sélective, affective, poétique ? D'où les attaques incessantes de ses détracteurs : est-il toujours sincère ? Dit-il toute la vérité ? Peu importe finalement… C'est l'enjeu même de l'écriture autobiographique qui se révèle ainsi : comment la résurgence des souvenirs recrée l'identité de l'écrivain, et comment la sensation présente ramène une sensation passée (ce qui sera le cas avec Proust*). Comme le feront ses successeurs, il éprouve l'immense bonheur d'une victoire sur le temps et la mort.

Rousseau est aussi le premier à avoir montré que toutes les potentialités de l'adulte se trouvent déjà chez l'enfant. Révélant l'histoire d'une âme dans toute son originalité, les *Confessions* possèdent une valeur universelle exemplaire. Et, contrairement à ce qu'affirme Rousseau dans le préambule, il aura toute une série de successeurs, en premier lieu les romantiques comme Chateaubriand*, mais aussi Stendhal* ou George Sand* au XIXe siècle, Proust*, Gide*, Green* ou Leiris* au XXe siècle.

À la suite des *Confessions*, Rousseau éprouve encore la nécessité de se justifier, rongé qu'il est par l'obsession d'un complot universel : ce seront ***Les Dialogues***, qui paraîtront en 1780-1782. Sous le titre « Rousseau juge de Jean-Jacques », les trois dialogues présentent un long débat douloureux et passionné fondé sur l'analyse psychologique, mais où perce l'ironie.

Ultime étape de l'expression du moi et de la construction d'un être de papier destiné à la postérité, ***Les Rêveries du promeneur solitaire*** (1776-1778, éd. posth. 1782) dressent un douloureux bilan d'une vie, tout en laissant place à des considérations botaniques ou à des instants de bonheur fugace, à travers cinq promenades.

> Me voici seul sur la terre, n'ayant plus de frère, de prochain, d'ami, de société que moi-même. (1re promenade)

Ces conversations avec son âme, fondées sur l'imagination, le souvenir, la contemplation ou la méditation vont lui procurer des moments d'extase, comme à l'île Saint-Pierre, évoqués dans la 5e promenade. La thématique des rêveries inspirera les romantiques allemands ou français, comme Senancour*.

Un nouveau genre est né, l'autobiographie, et les écrivains qui suivront Rousseau dans cette voie ne cesseront de le perpétuer, de le modifier et de l'enrichir, jusqu'au XXIe siècle qui verra l'émergence d'un de ses avatars : l'autofiction.

Le questionnement de la forme romanesque

Denis Diderot

Si les œuvres romanesques de Diderot* ont été écrites avant celles de Laclos*, Sade* et la plupart des romans de Restif*, elles n'ont été connues qu'à la toute fin du siècle, ce qui a permis à Diderot de les corriger et de les retoucher. Ainsi ***La Religieuse***, écrite en 1760, est revue en 1780 pour paraître dans la *Correspondance littéraire* ; ***Jacques le fataliste***, rédigé en 1771-1773, est publié encore dans la *Correspondance littéraire* en 1778-1780, mais tous deux ne sont édités pour le grand public qu'en 1796. Quant au ***Neveu de Rameau***, écrit entre 1761 et 1773, il n'a été connu que par la traduction de Goethe en 1805 ! Ces ouvrages, très modernes dans leur forme et dans leur contenu, ont eu une influence sur l'évolution du genre romanesque aux XIXe et XXe siècles car Diderot a su remettre en question le cadre même du roman pour placer les problèmes philosophiques qui l'occupaient au cœur de la vie réelle des hommes et manifester une liberté de ton et de création toute nouvelle.

Déjà, dans l'essai *Éloge de Richardson*, paru en 1762, Diderot condamne les romans romanesques et frivoles, ou accordant une trop grande place à l'analyse psychologique. Pour Diderot, le caractère des personnages doit se faire connaître uniquement par leurs actions et leurs paroles, ce qui sera le cas dans les romans existentialistes du XXe siècle.

Une autre idée importante de Diderot concerne ce qu'on pourrait appeler « l'effet de réel » : le caractère « banal » des personnages qui en fait des êtres normaux et non des êtres merveilleux, la précision des détails qui donne aux romans une dimension réaliste et aux lecteurs une impression de vérité. Un autre point est défini : pour obtenir des mouvements d'émotion violente, il faut recourir à la poésie et à l'éloquence. L'expérience reste le seul fondement viable pour le philosophe matérialiste qu'est Diderot.

Suzanne visitée dans sa cellule. *La Religieuse*, édition de 1804, bibliothèque de l'Assemblée nationale, Paris.

Dans ***La Religieuse***, Diderot rend compte des pressions familiales, sociales, sentimentales et physiques qui ont fait de Suzanne Simonin, l'« héroïne » du roman, une religieuse malgré elle. L'écrivain est parti d'un fait divers, le procès d'une jeune religieuse de Longchamp qui a réclamé en justice l'annulation de ses vœux, pour le transformer en matière romanesque. Le récit à la première personne confère au témoignage de Suzanne une impression de bonne foi et donne des accents pathétiques à son récit quand elle révèle les persécutions dont elle a été victime.

> On me conduisit vers les marches de l'autel : j'avais peine à me tenir debout; et l'on me tirait à genoux, comme si je refusais de m'y mettre; on me tenait comme si j'avais eu le dessein de fuir. On chanta le Veni, Creator; on exposa le Saint-Sacrement; on donna la bénédiction. Au moment de la bénédiction, où l'on s'incline par vénération, celles qui m'avaient saisie par le bras me courbèrent comme de force, et les autres m'appuyaient les mains sur les épaules. Je sentais ces différents mouvements; mais il m'était impossible d'en deviner la fin; enfin tout s'éclaircit.

Derrière le pathétique de ces aveux se glisse bien sûr une virulente satire de la vie au couvent, vie cloîtrée que Diderot considère comme antinaturelle, et de toutes les perversités qui s'y déroulent. L'effet sera radical et durable…

Rameau par Joseph Aved, XVIIIe siècle, musée des Beaux-Arts, Dijon.

Le Neveu de Rameau? « Une bombe au beau milieu de la littérature » (Goethe). Il se présente comme un pot-pourri de libres propos, de conversations à bâtons rompus, mettant en scène un personnage réel, le neveu de Rameau, devenu un parasite social, et d'autres personnages plus ou moins fictifs, pour dénoncer les excès de la société. La caricature du neveu, rejeté par son oncle et entretenu par les adversaires des Encyclopédistes, permet de condamner les riches protecteurs, et donne à Diderot l'occasion de régler ses comptes avec ses propres adversaires. Ce texte polémique laisse cependant la place à l'humour et à l'autocritique, marquée par la mise à distance de Moi (le narrateur) face à Lui (le neveu). L'œuvre s'ouvre sur le portrait du neveu, prototype de l'original.

> Un après-dîner, j'étais là, regardant beaucoup, parlant peu, et écoutant le moins que je pouvais, lorsque je fus abordé par un des plus bizarres personnages de ce pays où Dieu n'en a pas laissé manquer. C'est un composé de hauteur et de bassesse, de bon sens et de déraison. […] Au reste, il est doué d'une organisation forte, d'une chaleur d'imagination singulière, et d'une vigueur de poumon peu commune. Si vous le rencontrez jamais et que son originalité ne vous arrête pas, ou vous mettrez vos doigts dans vos oreilles, ou vous enfuirez. Dieux, quel terrible poumon! Rien ne dissemble plus de lui que lui-même.

Le roman ***Jacques le fataliste*** fixe les limites d'un genre nouveau, la littérature itinérante. Ici, ce n'est pas la succession des aventures et la description des décors qui en constituent la trame, mais la conversation qui accompagne le voyage et les commentaires critiques qu'en donne l'auteur. La nouveauté réside surtout dans le statut réservé au lecteur, qui est directement interpellé dans le texte par un narrateur-auteur omniprésent. Les premières lignes du roman, très célèbres, sont révélatrices :

Comment s'étaient-ils rencontrés ? Par hasard, comme tout le monde. Comment s'appelaient-ils ? Que vous importe ! D'où venaient-ils ? Du lieu le plus prochain. Où allaient-ils ? Est-ce que l'on sait où l'on va ? Que disaient-ils ? Le maître ne disait rien ; et Jacques disait que son capitaine disait que tout ce qui nous arrive de bien et de mal ici-bas était écrit là-haut.

Quelle modernité ! Comme le précise Robert Mauzi : « C'est le lecteur de romans qui entre d'habitude, par imagination, dans l'univers de la fiction. Ici, c'est la fiction qui envahit le monde familier du lecteur. Et le lecteur, surpris, désorienté, bousculé, ne peut que s'interroger sur la signification de tout le roman. »

Les incohérences et le décousu de l'histoire n'empêchent pas Diderot d'aborder des questions sociales et philosophiques essentielles, comme le fatalisme, la médecine, ou le problème des lettres de cachet, symboles de l'arbitraire royal qui se développe au XVIIIe siècle. Diderot se dit « historien de la vérité » et non romancier : à de nombreuses reprises, il intervient dans le récit pour se moquer des auteurs de romans et des facilités qu'ils ménagent dans leurs fictions.

Diderot devient ainsi le premier de nos romanciers modernes ; il ouvre la voie des réalistes, comme Balzac*, et des naturalistes, comme Zola*. Sa réflexion de philosophe a nourri son travail d'écrivain dans la forme et le contenu, lui permettant d'éviter le sentimentalisme pesant et le libertinage frivole. Bousculant les conventions, il prépare l'univers romanesque foisonnant du XIXe siècle.

La comédie et le drame bourgeois

La Croisée. Gravure de Philibert-Louis Debucourt, 1791, BNF.

Le XVIIIe siècle est passionné par le théâtre : pièces et auteurs sont célébrés par un public averti et enthousiaste. Cependant, bien peu de l'énorme production de l'époque est passé à la postérité. La période n'a connu que deux véritables génies : Marivaux et Beaumarchais.

Au début du siècle, les comédies moralisantes de **Regnard** et **Lesage** donnent de belles scènes comiques au théâtre, pointant du doigt certains travers de la société. À partir des années 1720, **Marivaux** développe une comédie nouvelle, psychologique, où le langage et la gestuelle sont le support du cheminement amoureux des personnages. **Crébillon père** et **Voltaire** innovent en matière de tragédie, mais le genre est voué à un déclin inexorable. Le succès des « comédies larmoyantes » de **Nivelle de La Chaussée** témoigne de l'essor d'une sensibilité préromantique qui va s'amplifier dans la seconde moitié du siècle. Les mutations de la société et le changement des mentalités appellent un renouvellement. **Diderot** l'a compris, qui invente le « drame bourgeois », centré sur l'émotion et les malheurs de la vie de tous les jours – genre dans lequel s'illustreront **Sedaine** et **Mercier**. Enfin, à l'aube de la Révolution, la comédie satirique réapparaît, dénonçant cette fois les institutions et les privilèges de l'aristocratie. Ainsi, **Beaumarchais** ravive la contestation en créant le type du valet épris de justice sociale : Figaro.

La comédie de bonne intention

Au XVIIIe siècle, le théâtre comique est très hiérarchisé :

• au sommet, l'opéra-comique, genre privilégié de la Cour ;

• en dessous, la « grande comédie », celle de la Comédie-Française, regroupant depuis 1680 les trois grandes troupes qu'étaient l'Illustre-Théâtre de Molière, le théâtre du Marais et celui de l'hôtel de Bourgogne ;

• plus bas encore, la Comédie-Italienne, fille de la *commedia dell'arte*, basée sur la gestuelle et l'improvisation, où le type l'emporte sur le caractère et où la satire ne s'élève guère au-dessus de la parodie grivoise et burlesque ;

• tout en bas enfin, les parades populaires et le théâtre de foire.

Cependant la Comédie-Italienne résiste bien. Dissoute en 1697 pour s'être moquée de Mme de Maintenon dans *La Fausse Prude*, elle est rétablie par le Régent en 1716, et son influence sera déterminante pour les successeurs de Molière* : **Dancourt**, **Piron** et surtout **Regnard***. Puis la comédie se fera plus satirique et moralisante avec **Lesage***, **Destouches** et **Gresset**. L'élément comique, affaibli, achèvera de disparaître dans les « comédies larmoyantes » de **Nivelle de La Chaussée***.

Jean-François Regnard

Jean-François Regnard (1655-1709), né dans une famille de riches marchands parisiens, devient avocat au Parlement. Il donne à partir de 1688 des arlequinades au Théâtre-Italien. Puis il écrit pour la Comédie-Française de grandes comédies. *Le Joueur* (1696), satire drôle et réaliste du jeu, alors très en vogue, est son premier vrai succès.

Mais il est surtout connu pour ***Le Légataire universel*** (1708), histoire d'un détournement d'héritage : Éraste ne peut épouser la charmante Isabelle que si son oncle Géronte, riche vieillard malade, l'institue son légataire universel. Mais ce dernier reprend goût à la vie et décide d'épouser Isabelle… Les stratagèmes du valet d'Éraste, les quiproquos et les effets comiques de toutes sortes font de cette comédie d'intrigue un chef-d'œuvre de gaieté, de verve et d'entrain.

Alain René Lesage

Lesage*, célèbre pour ses romans *Le Diable boiteux* ou *Gil Blas*, est également l'auteur d'un chef-d'œuvre dramatique, ***Turcaret*** (1709), féroce satire du monde de la finance. C'est l'histoire de l'ascension puis de la chute de Turcaret, ancien laquais devenu un financier sans scrupules ni sentiments. Escroquerie, usure, tout lui est bon pour gagner de l'argent. Mais Turcaret se laisse griser par sa réussite et se croit au-dessus des lois, ce qui le perdra. Le rusé Frontin, son ancien valet, aussi malhonnête que naguère son maître, sortira vainqueur de cette mêlée de fripons. Et de conclure :

> Voici le règne de M. Turcaret fini ; le mien va commencer.

Jamais comédie de mœurs n'avait été traitée avec autant de réalisme et de mordant. Mais, si virulente que soit la satire, l'ordre établi n'est pas contesté.

La comédie du langage

Au XVIIIe siècle, Marivaux invente un genre nouveau qui connaîtra jusqu'à nos jours un succès sans éclipse : des comédies psychologiques analysant avec finesse la naissance de l'amour et les méandres du cœur féminin.

Pierre de Marivaux

Marivaux par Louis Van Loo (détail), 1743, musée national du château de Versailles.

Pierre Carlet de Chamblain de Marivaux* (1688-1763), fils d'un magistrat parisien, se voit ruiné par la banqueroute de Law en 1720. Il se lance alors dans le théâtre. Dix-huit de ses vingt-deux pièces seront composées pour la Comédie-Italienne, où Marivaux bénéficie d'une scène plus libre et d'une troupe de qualité. En parallèle, il commence deux romans qu'il laissera inachevés, *La Vie de Marianne* et *Le Paysan parvenu*, et publie deux essais, *L'Indigent philosophe* (1727) et *Le Cabinet du philosophe* (1734), réflexions esthétiques et morales d'un « homme d'esprit ». Il sera élu à l'Académie française en 1743.

Dans les comédies de Marivaux, grande nouveauté, **l'amour lutte contre lui-même**, et non contre des parents ou des rivaux. C'est ce que l'on appelle depuis lors le « marivaudage ».

> « J'ai guetté dans le cœur humain toutes les niches différentes où peut se cacher l'amour lorsqu'il craint de se montrer, et chacune de mes comédies a pour objet de le faire sortir d'une de ces niches. » (Marivaux cité par d'Alembert*)

Avant d'avouer son amour à l'autre, le protagoniste doit d'abord se l'avouer à lui-même, et il retarde le plus possible ce passage du non-dit au conscient.

> C'est tantôt un amour ignoré des deux amants, tantôt un amour qu'ils sentent et qu'ils veulent se cacher l'un l'autre; tantôt enfin un amour incertain et comme indécis, un amour à demi né, dont ils se doutent sans être sûrs et qu'ils épient au-dedans d'eux-mêmes avant de lui laisser prendre l'essor.
>
> *La Surprise de l'amour* (1722)

La gestuelle et les dialogues revêtent dès lors une fonction révélatrice, étant les supports d'une investigation psychologique et morale. Les jeux de langage masquent et dévoilent tour à tour les sentiments des personnages. Mais ceux-ci finissent toujours par se reconnaître derrière les travestissements, et tout finit par rentrer dans l'ordre…

Gianetta Benozzi, dite Silvia, l'actrice préférée de Marivaux, par Jean-François de Troy, XVIIIe siècle, coll. part.

Dans ***La Double Inconstance*** (1723), premier grand succès de Marivaux, un prince fait enlever la bergère Silvia, qu'il veut épouser. Mais celle-ci est éprise d'Arlequin, un paysan de son village. Flaminia, habile et cynique conseillère du prince, réussit à gagner sa confiance. Ainsi, Silvia lui avoue que, malgré son amour pour Arlequin, elle aime un officier du palais qui lui a rendu visite plusieurs fois – le prince. Peu à peu, Arlequin tombe amoureux de Flaminia et néglige Silvia. Il ne reste plus au prince qu'à dévoiler sa véritable identité!

Dans la comédie philosophique ***L'Île des esclaves*** (1725), Marivaux met en scène une utopie morale et sociale, comme le feront après lui Rousseau*, Bernardin de Saint-Pierre* ou Diderot*. Échoués sur une île dont les habitants vivent en république, Iphicrate et Euphrosine sont contraints de prendre la place de leurs valets. Les maîtres apprennent à leurs dépens la dure condition de domestique et doivent s'entendre dire leurs quatre vérités par leurs anciens serviteurs. Mais ces derniers pardonneront à leurs maîtres et reprendront leurs habits de valets. Conclusion de Trivelin, gouverneur de l'île :

> Vous avez été leurs maîtres, et vous en avez mal agi; ils sont devenus les vôtres et ils vous pardonnent; faites vos réflexions là-dessus. La différence des conditions n'est qu'une épreuve que les dieux font sur nous.

Le Jeu de l'amour et du hasard (1727), chef-d'œuvre de Marivaux, met en scène les prémices du sentiment amoureux. Silvia et Dorante doivent se marier mais ignorent tout l'un de l'autre. Chacun d'eux demande à son père l'autorisation de se déguiser pour observer son (sa) promis(e). Silvia revêt le rôle de sa femme de chambre Lisette, Dorante prend la place de son valet Arlequin. On devine la suite : Dorante s'éprend de la pseudo-Lisette et Silvia du pseudo-Arlequin, mais ils n'osent se déclarer puisque chacun tient l'autre pour socialement inférieur. L'amour-propre lutte contre l'amour sous le regard amusé des pères, qui laissent le hasard mener le « jeu de l'amour ». Dans cette scène, Lisette vient de faire prendre conscience à Silvia de ce qu'elle ne voulait pas voir : elle, s'éprendre d'un valet !

> SILVIA, *seule* : Avec quelle impudence les domestiques ne nous traitent-ils pas dans leur esprit ! Comme ces gens-là vous dégradent ! Je ne saurais m'en remettre ; je n'oserais songer aux termes dont elle s'est servie, ils me font toujours peur. Il s'agit d'un valet ! Ah ! l'étrange chose ! Écartons l'idée dont cette insolente est venue me noircir l'imagination.

Tout en respectant les codes de bienséance de l'époque – les couples légitimes, celui des maîtres et celui des valets, se formeront au final –, Marivaux trouble l'ordre établi et les préjugés, inversant les rapports maîtres-valets dans cette comédie aux dialogues étincelants.

Les Fausses Confidences (1737) mettent en scène Dorante, un jeune bourgeois ruiné qui s'éprend d'Araminte, une riche veuve qu'il finit par épouser grâce au redoutable stratagème de Dubois, ancien valet maintenant au service de la veuve. Dorante accepte les fonctions d'intendant pour approcher d'Araminte et évincer le comte qui veut l'épouser. Lutte de l'amour contre l'amour-propre, ruses du langage et du désir, poids de l'argent : l'intrigue est faite de troubles et de mystères. Qui sont vraiment les personnages ? Sont-ils conscients ou non d'être manipulés ?…

Le drame bourgeois

La Malédiction paternelle ou *Le Fils ingrat*.
Jean-Baptiste Greuze, 1777, musée du Louvre, Paris.

L'essor de la sensibilité accompagne celui de la rationalité tout au long du XVIIIe siècle. La seconde moitié du siècle assiste au déclin du genre tragique, auquel on reproche sa collusion avec la monarchie, son immoralisme et son caractère désuet et ennuyeux. C'est la réhabilitation des passions et, souvent, du pathétique avec les « comédies larmoyantes » de **Nivelle de La Chaussée**. Un renouvellement est nécessaire, auquel **Diderot** va donner forme en inventant la « tragédie domestique et bourgeoise ».

De la tragédie à la « comédie larmoyante »

Crébillon père, ou la tragédie fracassante

Idolâtrée au XVIIe siècle, la tragédie l'est encore au début du XVIIIe. Mais l'héritage classique est lourd, comme en témoigne cette déclaration choc de Prosper Jolyot de Crébillon, dit Crébillon père (1674-1762) :

> Corneille avait pris le ciel, Racine la terre ; il ne me restait plus que l'enfer.

Avec ***Atrée et Thyeste*** (1707), ***Électre*** (1708) ou ***Rhadamiste et Zénobie*** (1711), pièces qui connaissent un très grand succès, Crébillon crée une sorte de « tragique de situation », à base de scènes d'horreur et de coups de théâtre saisissants, qui annonce le mélodrame du XIXe siècle. Ainsi, dans *Atrée et Thyeste*, Atrée fait boire à Thyeste le sang de son fils qu'il vient d'égorger…

Voltaire, ou la tragédie philosophique

Autre grand tragique du siècle des Lumières, Voltaire* oriente le genre vers la tragédie philosophique. Plus connu de son vivant pour son théâtre que pour ses contes, il inaugure avec *Œdipe* (1718) sa carrière de dramaturge et écrit une vingtaine de tragédies en vers inspirées de Shakespeare, dont les plus connues sont ***Zaïre*** (1732) et ***Mérope*** (1743). Toutefois, ses pièces ne parviendront pas à enrayer le déclin de la tragédie et ne passeront pas à la postérité.

Nivelle de La Chaussée, ou la comédie larmoyante

Pierre Claude Nivelle de La Chaussée (1692-1754) est le créateur d'un genre nouveau : la « comédie larmoyante », en vers, où l'intrigue romanesque permet de présenter des situations émouvantes. Les sentiments finissent toujours par triompher des obstacles que la société leur oppose. Ainsi, dans ***Le Préjugé à la mode*** (1735), Constance, par soumission à son mari infidèle, est prête à passer pour infidèle à son tour. Dans ***La Fausse Antipathie*** (1753), Léonore finit par reconnaître en celui qu'elle aime son époux disparu. Cette sensibilité latente annonce le romantisme au siècle suivant.

Denis Diderot

Diderot*, le premier, rompt avec les nobles sujets de la scène classique en définissant un théâtre « qui aurait pour objet nos malheurs domestiques » :

> Ce ne sont plus, à proprement parler, les caractères qu'il faut mettre sur la scène, mais les conditions. (*Discours sur la poésie dramatique*, 1758)

Diderot insiste sur l'importance de la mise en scène et de décors et costumes réalistes ; il souhaite aussi réintroduire la pantomime car « le geste doit s'écrire souvent à la place du discours ». Tout ce qui n'a pas sa place dans la vraie vie est banni, en premier lieu la forme versifiée – Diderot appelant de ses vœux « le premier poète qui nous fera pleurer avec de la prose ». Le public auquel il s'adresse n'est pas aristocratique : Diderot veut présenter à des spectateurs vertueux diverses leçons morales sous le couvert de l'émotion, et rendre meilleurs les malfrats par le seul secours des pleurs.

La Pourvoyeuse. Jean-Baptiste Chardin, 1739, musée du Louvre, Paris.

> Le méchant s'irrite contre des injustices qu'il aurait commises [...] et sort de sa loge moins disposé à faire le mal que s'il eût été gourmandé par un orateur sévère et dur.

Le théâtre de Diderot sera un échec, et malgré les succès de Sedaine* et Mercier*, le drame bourgeois reste plus important par ses conceptions que par ses réalisations. L'accent mis sur la condition sociale limite la psychologie et privilégie la fonction au détriment de l'être. La recherche de l'émotion aboutit souvent à la grandiloquence. Lié à l'*Encyclopédie* et à l'esprit des Lumières, le drame décline avec eux. Mais la primauté accordée au décor et au jeu des acteurs influencera jusqu'au drame moderne.

C'est dans la préface du ***Fils naturel*** que Diderot définit en 1757 le « drame bourgeois ». La pièce conte les malheurs du vertueux Dorval, amoureux de Rosalie qui est fiancée à son ami Clairville. Elle ne sera jouée qu'une seule fois...

Le Père de famille (1758) aura plus de succès. Deux jeunes gens s'aiment, mais le Père de famille s'oppose à un mariage qui serait une mésalliance pour son fils. Il se raidit dans son attitude, conforté par son beau-frère, le Commandeur. Toutefois les amants pourront s'épouser, la pièce signant l'échec de la mauvaise autorité incarnée par le Commandeur.

Michel Sedaine

Michel Jean Sedaine (1719-1797), tailleur de pierres, manifeste cependant des talents littéraires et écrit quatre livrets d'opéras-comiques, dont *Rose et Colas* (1764). Ami de Diderot*, Sedaine fait ensuite jouer un drame à la Comédie-Française en 1765 : *Le Philosophe sans le savoir*. Puis il revient à la comédie avec *La Gageure imprévue* (1768) et à l'opéra-comique historique. Entré à l'Académie d'architecture en 1786, il meurt ruiné par la Révolution.

Le Philosophe sans le savoir (1765) est la meilleure réalisation du genre « sérieux » et intimiste, imparfaitement atteint par Diderot dans *Le Père de famille*. Sedaine condamne ici le code d'honneur aristocratique, insinuant que la noblesse d'âme n'est pas le monopole d'une classe. Le dénouement heureux récompensera la belle attitude et les sentiments généreux du père et du fils. La pièce sera extrêmement admirée au XIXe siècle : George Sand* lui donna une suite, *Le Mariage de Victorine*, et Théophile Gautier* surnomma Sedaine « le Greuze du théâtre »...

Sébastien Mercier

Auteur d'une cinquantaine de pièces de théâtre, Sébastien Mercier (1740-1814) est issu d'une famille de la petite bourgeoisie. Vers 1765, son goût pour les belles-lettres et son amitié avec Crébillon fils* le décident à vivre de sa plume. Après son uchronie *L'An 2440*, il publie de nombreux drames historiques ou bourgeois qui connaissent le succès en province, puis au Théâtre-Italien à Paris. En 1781, Mercier commence la publication de son *Tableau de Paris* (12 volumes), témoignage historique de poids sur le peuple parisien à la veille de la Révolution. Réfugié en Suisse de 1781 à 1785, il revient à Paris au commencement de la Révolution. Élu député à la Convention puis au Conseil des Cinq-Cents, il se retirera de la politique en 1798.

La Brouette du vinaigrier (1775) incarne les idées de Mercier : produire sur la scène le peuple, la vie ordinaire. « On voit des vinaigriers avec le bonnet rouge et le tablier, roulant la brouette dans laquelle est le baquet plein de l'acide salutaire », dit-il en 1784.

La comédie contestataire

Sans la liberté de blâmer il n'est point d'éloge flatteur. (*Le Mariage de Figaro*)

La comédie connaît une nouvelle vigueur dans la seconde moitié du XVIIIe siècle. Le théâtre de la Foire et celui des Boulevards ridiculisent la tragédie, l'opéra et la « comédie larmoyante ». La « fantaisie », souvent immorale, est à la mode. La comédie, par ses satires, devient une arme de combat idéologique où s'affrontent partisans et adversaires des Lumières. Ainsi, **Charles Palissot**, ennemi de Diderot*, provoque un énorme scandale en 1760 avec sa satire *Les Philosophes*. **Beaumarchais** renoue quant à lui avec la comédie d'intrigue, où le valet meneur de jeu éclipse son maître, annonçant la Révolution toute proche...

Pierre de Beaumarchais

Beaumarchais arborant le sourire de Figaro. Jean-Marc Nattier, 1755, Comédie-Française, Paris.

Pierre Augustin Caron (1732-1799), fils d'un modeste horloger, devient contrôleur d'office, puis professeur de harpe des filles du roi. Il se lance dans des spéculations commerciales et acquiert en peu d'années une grande fortune. En 1761, il achète une charge qui l'anoblit. Il commence alors à écrire de petites « parades » (farces) pour des théâtres privés. Marié et veuf en l'espace de quelques mois, il est accusé de détournement d'héritage. Il se fait dès lors appeler « de Beaumarchais », du nom d'une terre de son épouse. De retour à Paris après avoir organisé un lucratif commerce d'esclaves noirs, il donne deux drames larmoyants à la Comédie-Française, illustrations de son *Essai sur le genre dramatique sérieux* (1767). En 1770, à la mort de Paris-Duverney, son légataire accuse Beaumarchais d'avoir falsifié le testament. À la suite d'une rocambolesque affaire d'« épices » (pots-de-vin), Beaumarchais se déchaîne contre la justice dans quatre *Mémoires* pleins de verve, mais il y perd fortune, alliés et droits civiques. Pour rentrer en grâce, il accomplit des missions secrètes en Angleterre, aux Pays-Bas, en Allemagne et en Autriche, où il est même incarcéré pour espionnage. En 1775, il est l'intermédiaire entre la France et les colonies d'Amérique en révolte; l'année suivante, il organise un commerce d'armes pour financer la guerre d'Indépendance.

Éditeur des œuvres complètes de Voltaire* à Kehl, fondateur de la Société des auteurs dramatiques, Beaumarchais connaît un grand succès en faisant jouer *Le Barbier de Séville* et recouvre ses droits civiques. En 1784, après plusieurs années de censure, *Le Mariage de Figaro* est un triomphe. Mais à la Révolution ce riche parvenu est suspect : Beaumarchais doit s'exiler à Hambourg après une représentation de sa dernière pièce, *La Mère coupable*. Il revient en 1796 en France achever sa vie bien remplie.

Chez Beaumarchais, contrairement à Marivaux*, les valets l'emportent sur les maîtres. Dans ses comédies d'intrigue, l'accumulation des coups de théâtre et le rythme rapide créent un climat gai propice à faire passer certaines idées – la défense des libertés, des opprimés, des femmes…

> On ne peut corriger les hommes qu'en les faisant voir tels qu'ils sont.
>
> Préface du *Mariage de Figaro*

Car Beaumarchais réclame le droit pour la comédie de dénoncer les abus de son temps. Alliant les principes de la comédie d'intrigue aux visées morales du drame bourgeois, il ridiculise allégrement la justice, la censure, les privilèges de toutes sortes, annonçant la Révolution quelques années plus tard. Pour autant, ses comédies ne se réduisent pas à des réquisitoires. Mêlant satire et imbroglio, elles ont ouvert la voie au vaudeville de la fin du XIXe siècle et à la comédie moderne.

Le Barbier de Séville ou la Précaution inutile (1775), c'est Figaro, autrefois valet du comte Almaviva et désormais barbier. Grâce à la ruse de l'étourdissant Figaro, le comte va parvenir à épouser Rosine, pupille du vieux médecin Bartholo. Opéra-comique à l'origine, la pièce forme le premier volet d'une trilogie avec *Le Mariage de Figaro* (1778) et *La Mère coupable* (drame, 1792). Elle est menée tambour battant par un Figaro ingénieux et spirituel, observateur acéré de la société qui critique la justice, la censure et les privilèges.

> [Figaro] « Aux vertus qu'on exige dans un domestique, Votre Excellence connaît-elle beaucoup de maîtres qui fussent dignes d'être valets ? »

Le Barbier de Séville, gravure de E. Bayard, 1876, bibliothèque de l'Arsenal, Paris.

Dans ***La Folle Journée ou le Mariage de Figaro*** (1778), l'ancien valet est devenu concierge du château d'Almaviva. Figaro s'apprête à épouser Suzanne, camériste de la comtesse, mais Almaviva, délaissant son épouse Rosine, envisage de faire valoir son droit de cuissage. C'est le début d'une « folle journée » aux rebondissements multiples. À l'acte V, scène 3, Figaro pense que Suzanne, qu'il attend, va le trahir avec le comte. Il se lance alors dans un célèbre monologue où il fait l'éloge du mérite personnel et résume les griefs accumulés contre la noblesse quelques années avant la Révolution :

> « Ô femme! femme! femme! créature faible et décevante!... nul animal créé ne peut manquer à son instinct; le tien est-il donc de tromper?... Après m'avoir obstinément refusé quand je l'en pressais devant sa maîtresse; à l'instant qu'elle me donne sa parole, au milieu même de la cérémonie... Il riait en lisant, le perfide! et moi comme un benêt... Non, monsieur le comte, vous ne l'aurez pas... vous ne l'aurez pas... Parce que vous êtes un grand seigneur, vous vous croyez un grand génie!... Noblesse, fortune, un rang, des places : tout cela rend si fier! **Qu'avez-vous donc fait pour tant de biens? Vous vous êtes donné la peine de naître, et rien de plus**; du reste, homme assez ordinaire! Tandis que moi, morbleu! perdu dans la foule obscure, il m'a fallu déployer plus de science et de calculs, pour subsister seulement, qu'on n'en a mis depuis cent ans à gouverner toutes les Espagnes : et vous voulez jouter... On vient... c'est elle... ce n'est personne. – La nuit est noire en diable, et me voilà faisant le sot métier de mari, quoique je ne le sois qu'à moitié! »

Le comte, maître absolu par son rang et sa fortune, échouera face à la coalition de ses opposants. La pièce a inspiré à Mozart un de ses plus beaux opéras, *Les Noces de Figaro*, joué pour la première fois en 1786.

Le XIXe siècle

La France du XIXe siècle connaît d'incessants bouleversements politiques (un consulat, deux empires, deux monarchies et trois républiques !), auxquels s'ajoutent des évolutions économiques et sociales majeures : la révolution industrielle crée la classe ouvrière et renforce le pouvoir financier de la bourgeoisie. Le recul de l'illettrisme et l'essor de la presse ouvrent un large public aux écrivains.

Depuis la Révolution, on a le sentiment que l'Histoire est en marche, et dans le sens du progrès, comme en témoignent les nombreuses avancées scientifiques et techniques : le premier chemin de fer français est réalisé en 1837, Pasteur invente la vaccination en 1885, le premier vol en avion de Clément Ader a lieu en 1890, la photographie prend son essor et on assiste aux débuts du cinéma avec le premier film des frères Lumière en 1895.

Jeune femme traversant le boulevard.
Jean Béraud, XIXe siècle, coll. part.

Le XIXe siècle est aussi celui des grands mouvements esthétiques qui unissent littérature et peinture, s'inscrivant en réaction les uns aux autres : **romantisme**, **réalisme**, **naturalisme**, **décadentisme** et **symbolisme**, tels sont les principaux courants littéraires du temps.

Philosophiquement, le siècle oscille entre des aspirations rationalistes – foi dans la science et dans le progrès – et spirituelles (religieuses ou occultes). La littérature, elle, va dans le sens de la démocratisation : le peuple fait son entrée dans les romans – d'abord chez Sand et Hugo, puis chez les écrivains réalistes et naturalistes –, et les arts veulent toucher le plus grand nombre. Ainsi, le roman-feuilleton connaît un succès sans précédent. Tous les grands auteurs y sacrifieront, de Balzac à Daudet, de Sand à Flaubert, de Théophile Gautier à Jules Verne : d'abord parce que la prépublication dans les journaux fournit un substantiel apport financier, ensuite parce que cette publicité indirecte augmente les ventes ultérieures en librairie. De même, le théâtre est à son maximum d'influence sociale et d'extension en termes de masse touchée. À l'époque, il n'est pas rare pour un dramaturge d'écrire plus d'une centaine de pièces !

Le **romantisme** marque l'entrée du *moi* dans la littérature : ainsi, les poètes cherchent à exprimer leurs états d'âme, libérés de la toute-puissance de la raison. Ce lyrisme personnel traduit un mouvement de communion avec la nature et avec l'humanité tout entière. En effet ses représentants, à l'instar de

Victor Hugo, ne se contentent pas de traduire en vers, en prose ou en drames les souffrances et les extases de leur sensibilité. Ils se croient aussi investis d'une mission sociale : le poète « mage » doit guider le peuple. C'est pourquoi nombre d'écrivains romantiques se lanceront en politique.

Le **réalisme**, lui, correspond à l'entrée de la France dans le monde moderne pendant le Second Empire, avec ses grands travaux, ses progrès techniques, sa bourgeoisie et ses banquiers. Les écrivains réalistes puis **naturalistes**, sur le modèle de peintres comme Courbet, vont tenter de décrire le plus fidèlement possible la réalité dans toute sa complexité, et s'intéresser à la société dans son ensemble.

En réaction, les **parnassiens** et les **symbolistes** revendiqueront une poésie dégagée de tout matérialisme. Les écrivains du Parnasse refusent que l'art soit utile – c'est la théorie de « l'art pour l'art » – et se concentrent sur la forme pure, tandis que les symbolistes cherchent à dévoiler ce qui se cache derrière l'apparence des choses…

Après Baudelaire, l'art est entré dans la modernité : l'artiste, redevenu inventeur, cherche à créer un monde nouveau, tout en impliquant le lecteur dans ce processus de création. C'est une mutation de l'art qui est en jeu : le XXe siècle s'annonce !

Le romantisme, « mal du siècle »

Voyageur au-dessus d'une mer de nuages.
Caspar Friedrich, 1818, Kunsthalle, Hambourg.

Au début du siècle, une jeune génération veut changer le monde, rêvant de beauté, de liberté et d'absolu. Après le règne du classicisme et de la raison, les romantiques cherchent à révolutionner l'art. La poésie leur permet d'exprimer les sentiments et la singularité de chaque être. Ils réhabilitent la religion, apanage de la sensibilité et de l'imagination, et s'inspirent de la beauté de la nature, dont la contemplation permet d'entrevoir la part sublime de l'homme. Mélancoliques, solitaires, ils souffrent du mal de vivre, du désordre de leurs désirs, de leur finitude, de la fuite du temps. **L'âge romantique est le temps d'un moi inquiet en proie au « mal du siècle »**.

Les premiers symptômes de ce mal étaient apparus au XVIIIe siècle, avec Rousseau*, mais surtout Goethe et Schiller en Allemagne. La contagion gagnera tous les arts, dans toute l'Europe. En littérature, les chefs de file seront

Chateaubriand, **Lamartine** et **Hugo** en France, Byron, Shelley et Walter Scott en Angleterre, Pouchkine en Russie.

Les convulsions de la Révolution et de l'Empire laissent derrière elles une angoisse existentielle. Le moi se réfugie alors dans la rêverie et l'idéalisation de l'amour. Le lyrisme, expansion de l'âme, va prendre d'assaut la poésie, puis le théâtre, et enfin le roman.

La poésie lyrique

La poésie romantique est celle du lyrisme, mais avec un langage et des formes revisités afin d'exprimer de manière authentique la confusion des passions, la mélancolie, la solitude, le réconfort auprès de la nature.

> La poésie, c'est le chant intérieur.
>
> Lamartine, préface des *Recueillements*, 1839

André Chénier

André Chénier (1762-1794), homme du XVIIIe siècle, appartient au XIXe par sa sensibilité. Il a su renouveler la poésie lyrique et réhabiliter l'inspiration sincère et ardente, ce qui fait de lui le précurseur des romantiques.

> L'art ne fait que des vers, le cœur seul est poète.

Chénier fait ses études à Paris, où sa mère tient salon. Il voyage ensuite en Suisse et en Italie avant de commencer à composer ses *Bucoliques* en 1785, puis ses *Élégies*. Secrétaire d'ambassade à Londres en 1787, il y expose sa doctrine poétique dans l'*Invention* et ébauche deux poèmes encyclopédiques illustrant l'épopée humaine : l'*Hermès* et l'*Amérique*. De retour en France en 1790, il participe avec enthousiasme à la Révolution et célèbre dans une ode le *Serment du Jeu de paume*. Mais il proteste contre les excès des Jacobins, prend la défense du roi et devient suspect. Arrêté en 1794, il sera guillotiné à 31 ans, deux jours avant la chute de Robespierre. Il aura lutté jusqu'au bout d'une plume vengeresse, appelant la malédiction sur la tyrannie jacobine dans ses *Ïambes*. Amoureux de la beauté antique mais homme de son temps, poète inspiré et théoricien de la poésie, Chénier rappelle Ronsard*. Son œuvre, restée inédite de son vivant, ne sera publiée qu'en 1819. Les romantiques, en particulier Vigny*, Hugo* et Musset*, se reconnurent dans son goût frémissant de la nature, le sensualisme délicat de ses effusions amoureuses et l'audacieuse liberté de sa prosodie.

En choisissant le même titre qu'un recueil de Virgile, ***Les Bucoliques***, Chénier reprend la doctrine antique de l'imitation, rénovée par une inspiration nouvelle :

Allumons nos flambeaux à leurs feux poétiques;
Sur des pensers nouveaux faisons des vers antiques. (*Invention*)

Dans ses ***Élégies***, Chénier célèbre les charmes de la solitude champêtre dans une tonalité mélancolique qui annonce Lamartine*.

Douce mélancolie! aimable mensongère,
Des antres, des forêts déesse tutélaire,
Qui vient d'une insensible et charmante langueur
Saisir l'ami des champs et pénétrer son cœur,
Quand, sorti vers le soir des grottes reculées,
Il s'égare à pas lents au penchant des vallées,
Et voit des derniers feux le ciel se colorer,
Et sur les monts lointains un beau jour expirer.

Attendant la mort, Chénier s'émeut du sort de la belle duchesse de Fleury, qui lui inspire ***La Jeune Captive***.

La Baigneuse. Ingres, XIXe siècle, musée Bonnat, Bayonne.

« Mon beau voyage encore est si loin de sa fin!
Je pars, et des ormeaux qui bordent le chemin
J'ai passé les premiers à peine.
Au banquet de la vie à peine commencé,
Un instant seulement mes lèvres ont pressé
La coupe en mes mains encor pleine. »
[…]
Ainsi, triste et captif, ma lyre toutefois
S'éveillait, écoutant ces plaintes, cette voix,
Ces vœux d'une jeune captive;
Et secouant le joug de mes jours languissants,
Aux douces lois des vers je pliai les accents
De sa bouche aimable et naïve.

Alphonse de Lamartine

Alphonse de Prat de Lamartine (1790-1869) mène à Milly, en Bourgogne, la vie rêveuse d'un aristocrate oisif. En 1816, sur les bords du lac du Bourget, il rencontre Julie Charles, avec laquelle il vivra une liaison passionnée et qui mourra de la phtisie un an plus tard : c'est elle la belle Elvire des *Méditations poétiques* (1820). Premier recueil lyrique du romantisme, les *Méditations* remportent un succès phénoménal. Désormais célèbre, Lamartine vit entre Paris, l'Italie et son château de Saint-Point. À Florence, il compose ses *Harmonies poétiques et religieuses* (1830). À la révolution de 1830, il se rallie au nouveau régime. Deux ans plus tard, il entreprend un voyage en Grèce, au Liban et aux Lieux saints. Mais sa foi vacille à la mort de sa fille Julia; il dira son désespoir et sa révolte dans *Gethsémani* (1834).

Élu député en 1833, Lamartine le restera jusqu'en 1851 et sera l'un des plus grands orateurs politiques de son temps. Refusant de s'attacher à un

Lamartine. Bibliothèque de l'Assemblée nationale, Paris.

parti, il évolue vers la gauche jusqu'à la révolution de 1848, qui le portera à la tête du gouvernement provisoire et lui fera proclamer la République ! Considérant que le poète a une mission sociale, Lamartine poursuit en parallèle son activité littéraire. Ainsi paraîtront le *Voyage en Orient* (1835), *Jocelyn* (1836), *La Chute d'un ange* (1838) et les *Recueillements poétiques* (1839), ce dernier contenant des poèmes sociaux comme « Utopie », où Lamartine expose ses rêves démocratiques. Condamné aux « travaux forcés littéraires » pour rembourser ses dettes, il passera les vingt dernières années de sa vie à rédiger ses souvenirs de jeunesse – *Confidences* (1849) –, des romans sociaux pour les humbles et de nombreuses compilations historiques.

Les ***Méditations poétiques*** (1820), mélancoliques et désenchantées, se présentent comme des rêveries sur l'amour, la mort, la foi et la hantise du temps qui passe. Elles sont composées de 24 poèmes qui évoquent pudiquement les tourments et les angoisses du poète par l'intermédiaire d'une nature qui est tantôt complice, tantôt indifférente.

Que me font ces vallons, ces palais, ces chaumières,
Vains objets dont pour moi le charme est envolé ?
Fleuves, rochers, forêts, solitudes si chères,
Un seul être vous manque, et tout est dépeuplé.

Que le tour du soleil ou commence ou s'achève,
D'un œil indifférent je le suis dans son cours ;
En un ciel sombre ou pur qu'il se couche ou se lève,
Qu'importe le soleil ? Je n'attends rien des jours.

« L'Isolement »

Souvenir de Mortefontaine.
Corot, 1864, musée du Louvre, Paris.

Dans son célèbre poème « Le Lac », l'inexorable maladie de son aimée pousse le poète à invoquer la nature, moins périssable que l'homme, pour conserver le souvenir du bonheur :

Ô temps, suspends ton vol ! et vous, heures propices,
Suspendez votre cours !
Laissez-nous savourer les rapides délices
Des plus beaux de nos jours !
[…]
Ô lac ! rochers muets ! grottes ! forêt obscure !
Vous que le temps épargne ou qu'il peut rajeunir,
Gardez de cette nuit, gardez, belle nature,
Au moins le souvenir !
[…]

Que le vent qui gémit, le roseau qui soupire,
Que les parfums légers de ton air embaumé,
Que tout ce qu'on entend, l'on voit ou l'on respire,
Tout dise : « Ils ont aimé! »

Les ***Harmonies poétiques et religieuses*** (1830), chef-d'œuvre lyrique de Lamartine par la richesse des images et la variété des rythmes, magnifient le sentiment de la nature, dont la splendeur pousse l'homme vers Dieu.

Rien n'est vrai, rien n'est faux; tout est songe et mensonge,
Illusion du cœur qu'un vain espoir prolonge.
Nos seules vérités, hommes, sont nos douleurs.

Jocelyn (1836), recueil intimiste, est chargé d'un message politique et religieux. Jocelyn accepte d'être ordonné prêtre pour permettre à son évêque, à l'agonie, de communier. Dès lors, ne pouvant plus épouser celle qu'il aime, il mènera une vie de sacrifice dans l'esprit de l'Évangile.

Alfred de Vigny

Le comte Alfred de Vigny* (1797-1863) est élevé à Paris dans le regret de l'Ancien Régime. Après avoir passé douze ans dans l'armée sans combattre, il s'installe à Paris et publie en 1826 les *Poèmes antiques et modernes* et le roman historique *Cinq-Mars*. Avec *Stello* (1832), il met en scène un jeune poète en proie au « spleen ». Il s'essaie aussi au théâtre et, après le drame historique *La Maréchale d'Ancre* (1831), il triomphe avec *Chatterton* (1835). Sous Louis-Philippe, il évolue vers des idées républicaines. Puis il se retire dans son manoir charentais jusqu'à la mort de son épouse. Revenu à Paris, il y rédigera son *Journal d'un poète*. Le recueil *Les Destinées* (posth., 1863) rassemble ses poèmes parus dans la *Revue des Deux Mondes* ou restés inédits.

Les ***Poèmes antiques et modernes*** (1826) réunissent le *Livre mystique*, aux thématiques bibliques, le *Livre antique*, sur des sujets grecs et romains, et le *Livre moderne*, sur l'histoire des siècles récents.

Dans ***Les Destinées*** (posth., 1863), face au destin tragique de l'homme privé de Dieu, Vigny refuse le matérialisme du progrès et choisit l'amour, la pitié, la « religion de l'honneur », la solitude et le silence.

Pourquoi l'âme est liée en sa faible prison,
Et pourquoi nul sentier entre deux larges voies,
Entre l'ennui du calme et les paisibles joies,
Et la rage sans fin des vagues passions,
Entre la léthargie et les convulsions,
Et pourquoi pend la mort comme une sombre épée…

« Le Mont des Oliviers », 1862

Hugo en 1883 par Walery.
Maison de Victor Hugo, Paris.

Victor Hugo

Poète, romancier, dramaturge, homme politique, Victor Hugo* (1802-1885) domine le XIXe siècle par la fécondité de son génie et la diversité de son œuvre. Né à Besançon d'un père général d'Empire, Hugo étudie à Paris et écrit dès 1816 : « Je veux être Chateaubriand* ou rien. » En 1822 paraît son premier recueil, les *Odes et Ballades*. Il fréquente le salon de Nodier*, rencontre Vigny* et Lamartine*. En 1827, la célèbre préface de son drame *Cromwell* l'impose comme chef de file de la nouvelle école. Deux ans plus tard paraissent *Les Orientales*, recueil poétique relevant de « l'art pour l'art », ainsi que *Le Dernier Jour d'un condamné*, vibrant plaidoyer contre la peine de mort. En 1830, la « bataille d'*Hernani* », contre la vieille garde classique, voit triompher les romantiques. L'appartement de Hugo est leur quartier général. Là, Vigny*, Dumas*, Mérimée*, Balzac*, Nerval*, Gautier* et le critique Sainte-Beuve forment le « Cénacle ». Mais la liaison de Sainte-Beuve avec l'épouse de Hugo marque le début de la dispersion du groupe. Hugo, lui, s'éprend en 1833 de l'actrice Juliette Drouet, à laquelle il restera lié jusqu'à sa mort.

En 1831, *Notre-Dame de Paris* est un succès international. Hugo compose aussi de nouveaux drames, notamment *Ruy Blas* (1838), et quatre recueils lyriques : *Les Feuilles d'automne* (1831), *Les Chants du crépuscule* (1835), *Les Voix intérieures* (1837) et *Les Rayons et les Ombres* (1840). Désormais légende vivante, Hugo est élu à l'Académie française en 1841. Cependant, l'échec des *Burgraves* en 1843 met un terme à sa carrière dramatique.

Cette même année, Hugo a l'immense douleur de perdre sa fille Léopoldine. Il va alors se plonger dans l'action politique : pair de France en 1846, puis député en 1848, il intervient contre l'injustice sociale. Après le coup d'État de 1851, il cherche à soulever les Parisiens. Il devra fuir en Belgique, d'où il fera paraître le pamphlet *Napoléon le Petit*. Installé ensuite à Jersey, il y rédige *Les Châtiments*, satire enflammée du Second Empire. Son exil se poursuivra à Guernesey à partir de 1855 et jusqu'à la chute de Napoléon III, en 1870. Là, il publie *Les Contemplations* et *La Légende des siècles*. Il s'attelle aussi à un immense roman : *Les Misérables* (1862), qui sera suivi des *Travailleurs de la mer* (1866) et de *L'Homme qui rit* (1869). Revenu à Paris, où il est accueilli triomphalement après son long exil, Hugo publie encore *Quatrevingt-treize* (1874) avant d'être élu sénateur en 1876. À sa mort, en 1885, près de deux millions de personnes accompagneront au Panthéon la dépouille de ce « demi-dieu de la République »…

Les poèmes du recueil ***Les Feuilles d'automne*** (1831) sont consacrés aux joies et souffrances de la vie privée et de la vie politique. « Ce siècle avait deux ans » (allusion à la date de naissance de Hugo) évoque son enfance et sa mère.

Ce siècle avait deux ans ! Rome remplaçait Sparte,
Déjà Napoléon perçait sous Bonaparte

Les Chants du crépuscule (1835), dominés par le doute religieux, la célébration de l'amour et de la compassion, expriment « cet étrange état crépusculaire de l'âme et de la société dans le siècle où nous vivons » (préface).

Dans ***Les Rayons et les Ombres*** (1840), le poète se sent le devoir de guider les hommes en leur apportant un message d'amour, de justice et de vérité.

Les Contemplations (1856), chef-d'œuvre lyrique et mystique de Hugo, se divisent en deux parties : « Autrefois », c'est-à-dire avant la noyade de Léopoldine, et « Aujourd'hui »...

Demain, dès l'aube, à l'heure où blanchit la campagne
Je partirai. Vois-tu, je sais que tu m'attends.
J'irai par la forêt, j'irai par la montagne.
Je ne puis demeurer loin de toi plus longtemps.

Je marcherai les yeux fixés sur mes pensées,
Sans rien voir au-dehors, sans entendre aucun bruit,
Seul, inconnu, le dos courbé, les mains croisées,
Triste, et le jour pour moi sera comme la nuit.

Je ne regarderai ni l'or du soir qui tombe,
Ni les voiles au loin descendant vers Harfleur,
Et quand j'arriverai, je mettrai sur ta tombe
Un bouquet de houx vert et de bruyère en fleur.

L'Ombre du mancenilier. Dessin de Hugo, maison de Victor Hugo, Paris.

Dans l'épique ***Légende des siècles*** (1859-1883), Hugo fait revivre les grands personnages bibliques, les mythologies, les chansons de geste du Moyen Âge et transforme la poésie en une parole sacrée guidant l'homme vers le progrès et vers Dieu...

ALFRED DE MUSSET

Alfred de Musset-Pathay* (1810-1857) délaisse de brillantes études pour fréquenter le Cénacle de Hugo* et le salon de Nodier*. Il publie dès 1830 les flamboyants *Contes d'Espagne et d'Italie*. Suivront de nombreuses pièces de théâtre, en particulier *Les Caprices de Marianne* (1833), *On ne badine pas avec l'amour* (1833) et *Lorenzaccio* (1834). Refusant l'engagement politique, Musset vient de remporter un beau succès avec le recueil *Rolla* (1834) quand il s'enflamme pour George Sand*, avec qui il vivra deux années d'amours passionnées et douloureuses. Ces épreuves – ces « grandes douleurs » – seront à l'origine de la poignante sincérité de ses *Poésies nouvelles*, qui réunissent les fameuses *Nuits* (1835-1841). Pendant cette période il écrit aussi des comédies, des nouvelles, des poèmes satiriques et un ouvrage de critique. À 30 ans, épuisé par les plaisirs et l'alcool, il souffre d'une maladie de cœur. Il entre à l'Académie en 1852, mais son inspiration est tarie et il meurt dans l'obscurité, à 46 ans. Rien n'évoque mieux sa destinée mélancolique que le sonnet publié sous le titre de « Tristesse » :

Musset par Charles Landelle, 1854, musée national du château de Versailles.

J'ai perdu ma force et ma vie,
Et mes amis et ma gaieté ;
J'ai perdu jusqu'à la fierté
Qui faisait croire à mon génie.

Quand j'ai connu la Vérité,
J'ai cru que c'était une amie ;
Quand je l'ai comprise et sentie,
J'en étais déjà dégoûté.

Et pourtant elle est éternelle,
Et ceux qui se sont passés d'elle
Ici-bas ont tout ignoré.

Dieu parle, il faut qu'on lui réponde.
– Le seul bien qui me reste au monde
Est d'avoir quelquefois pleuré.

Les grands thèmes poétiques de Musset sont le désir de jouir de la vie, l'avilissement de la débauche, la pureté perdue, la conviction que l'amour pur ne peut plus renaître, la désespérante impossibilité de croire en Dieu ou en un quelconque idéal. Dans les ***Nuits***, sous le choc d'une déception amoureuse, le Poète dialogue avec sa Muse, qui l'invite à faire de la solitude et de la souffrance la matière de son art.

Les plus désespérés sont les chants les plus beaux,
Et j'en sais d'immortels qui sont de purs sanglots.

Nuit de mai

Aloysius Bertrand

Louis Bertrand (1807-1841), journaliste à Dijon, écrit plusieurs pièces de théâtre sous le nom d'Aloysius Bertrand sans rencontrer le succès. Monté à Paris avec sa famille en 1833, il vit dans la misère et meurt de la phtisie à 34 ans sans être parvenu à publier son *Gaspard de la nuit*, premier poème en prose de la littérature française.

***Gaspard de la nuit**: Fantaisies à la manière de Rembrandt et de Callot* (posth., 1842) est un recueil de tableaux en prose inspirés des imageries médiévales, du fantastique allemand et du gothique anglais. Baudelaire* voulut, avec *Le Spleen de Paris*, « tenter quelque chose d'analogue ». Portée aux nues par les surréalistes au XXe siècle, cette œuvre a inspiré Max Jacob*, mais aussi Ravel, qui a mis en musique trois de ces poèmes : « Ondine », conte d'une nymphe des eaux apparaissant à la fenêtre d'un humain ; « Le Gibet », sur les dernières impressions d'un pendu qui assiste au coucher du soleil ; et « Scarbo », histoire d'un petit gnome diabolique et facétieux apparaissant en songe à un dormeur…

Gérard de Nerval

Gérard Labrunie, dit de Nerval* (1808-1855), élevé par son grand-oncle dans le Valois, rencontre Gautier* à Paris et fréquente la bohème littéraire, qu'il évoquera dans *La Bohème galante* (1855). Prodigieux traducteur du *Faust* de Goethe dès 1828, il compose d'abord des *Élégies* et des *Odelettes* dans le goût de Ronsard*.

Le Rêve du poète ou le Baiser de la muse.
Cézanne, v. 1859, musée Granet, Aix-en-Provence.

Elle a passé, la jeune fille,
Vive et preste comme un oiseau :
À la main une fleur qui brille,
À la bouche un refrain nouveau.
C'est peut-être la seule au monde
Dont le cœur au mien répondrait,
Qui venant dans ma nuit profonde
D'un seul regard l'éclaircirait !…
Mais non, – ma jeunesse est finie…
Adieu, doux rayon qui m'a lui,
– Parfum, jeune fille, harmonie…
Le bonheur passait, – il a fui !

« Une allée du Luxembourg », in *Odelettes*

Après un voyage en Italie, il tombe follement amoureux en 1836 de l'actrice Jenny Colon, qui le délaissera. Dès lors, il la recherchera dans le rêve, puis dans la folie, faisant d'elle l'idéal féminin qui hante ses poèmes. Après avoir été soigné pour troubles mentaux, il voyage et se passionne pour les mystères antiques et les cultes ésotériques. En témoigne *Voyage en Orient* (1851), qui mêle contes, anecdotes, descriptions de rêves et méditations mystiques. Puis sa raison vacille de nouveau, et il est interné plusieurs fois en 1853 et 1854. Recouvrant par intervalles son entière lucidité, il compose ses chefs-d'œuvre : *Aurélia*, *Les Filles du feu*, *Les Chimères*. Mais en 1855, il est retrouvé pendu dans la sinistre rue de la Vieille-Lanterne à Paris, près du Châtelet. Les souvenirs, les rêves, la folie et le mysticisme imprègnent son œuvre, annonçant les surréalistes.

Les Chimères (1854), recueil de sonnets, mêlent épisodes vécus et rêvés.

Le plus célèbre poème du recueil est « El Desdichado », qui tire son nom d'un mystérieux chevalier dans *Ivanohé* de Walter Scott : « Il n'avait sur son bouclier d'autres armoiries qu'un jeune chêne déraciné, et sa devise était le mot espagnol *desdichado*, c'est-à-dire déshérité. »

Je suis le Ténébreux, – le Veuf, – l'Inconsolé,
Le Prince d'Aquitaine à la tour abolie :
Ma seule *Étoile* est morte, – et mon luth constellé
Porte le *Soleil noir* de la *Mélancolie*.

Hugo à la tête de l'armée romantique. *Le Grand Chemin de la postérité*, caricature de Benjamin Roubaud, 1842, BNF.

Le drame romantique

Au théâtre, le romantisme est une révolution. **Le drame romantique fait voler en éclats la règle des trois unités** de la tragédie classique, multipliant les actions, les temps et les lieux. « La tragédie racinienne ne peut jamais prendre que les trente-six dernières heures d'une action ; donc jamais de développement des passions » (Stendhal*, *Racine et Shakespeare*, 1823). Les romantiques abandonnent les sujets mythologiques pour aborder l'**histoire récente**, et les personnages vont jusqu'à se suicider sur scène ! Le drame mêle « l'ombre à la lumière, le grotesque au sublime, en d'autres termes le corps à l'âme, la bête à l'esprit » (Hugo*, préface de *Cromwell*, 1827). Après la « bataille d'*Hernani* », où chaque représentation du drame de Hugo donne lieu à des empoignades, les romantiques évincent les classiques à la Comédie-Française.

Victor Hugo

En 1827, la préface de la pièce ***Cromwell*** – par ailleurs injouable – est un véritable manifeste définissant le drame romantique. Hugo* y affirme la nécessité de mélanger les genres – comique et tragique, grotesque et sublime – pour imiter la nature, ses complexités, sa liberté.

Hernani (1830) conte les amours contrariées d'Hernani, aristocrate proscrit, et de Doña Sol, également convoitée par son oncle et par le roi Don Carlos (futur Charles Quint). Hernani s'est réfugié dans le maquis et fomente avec ses compagnons des complots pour tuer Don Carlos et venger son père. Dans cet extrait, il supplie Doña Sol, qui doit en épouser un autre et envisage de mettre fin à ses jours, de le fuir :

La Mort de Roméo et Juliette.
Devéria et Boulanger, 1827, BNF.

Oh! par pitié pour toi, fuis!... Tu me crois, peut-être,
Un homme comme sont tous les autres, un être
Intelligent, qui court droit au but qu'il rêva.
Détrompe-toi. **Je suis une force qui va!**
Agent aveugle et sourd de mystères funèbres!
Une âme de malheur faite avec des ténèbres!
Où vais-je? Je ne sais. Mais je me sens poussé
D'un souffle impétueux, d'un destin insensé. (III, 2)

Dans ***Ruy Blas*** (1838), où alternent tragique et comique, un laquais se fait aimer de la reine et devient Premier ministre avant d'être démasqué et de se suicider dans ses bras, sur fond de décadence de la monarchie espagnole...

Alexandre Dumas père

Homme de théâtre avant d'être romancier, Dumas* compose des drames historiques à l'intrigue sentimentale doublée d'une dimension politique.

Henri III et sa cour (1829), représenté un an avant la bataille d'*Hernani*, connaît un immense succès et rend Dumas célèbre, annonçant le triomphe de la jeune génération romantique.

Kean *ou Désordre et génie* (1836) évoque la vie du tragédien anglais Kean, réputé pour ses interprétations de Shakespeare... et sa vie dissolue!

Alfred de Musset

Les pièces de Musset* montrent la vanité et la méchanceté des êtres qui jouent avec les sentiments. ***Les Caprices de Marianne*** (1833), situés à Naples, mettent en scène Coelio, qui aime l'orgueilleuse Marianne en vain car elle méprise le véritable amour.

Dans ***On ne badine pas avec l'amour*** (1834), Camille et Perdican se déchirent pour ne pas reconnaître qu'ils s'aiment, causant le désespoir et la mort de l'innocente paysanne Rosette.

On est souvent trompé en amour, souvent blessé et souvent malheureux ; mais on aime, et quand on est sur le bord de sa tombe, on se retourne pour regarder en arrière et on se dit : j'ai souffert souvent, je me suis trompé quelquefois, mais j'ai aimé. C'est moi qui ai vécu, et non pas un être factice créé par mon orgueil et mon ennui.

Affiche d'Alfons Mucha pour *Lorenzaccio* en 1896.

Lorenzaccio (1834), long drame de 39 scènes (!), évoque la figure complexe et désespérée du jeune Lorenzo de Médicis, à Florence au XVIe siècle. Lorenzo décide de libérer la cité de la tyrannie en tuant son cousin, le débauché Alexandre de Médicis, pour donner le pouvoir aux républicains. Mais il échoue : Cosme, un autre Médicis, s'empare de Florence et le fait assassiner.

Tu me demandes pourquoi je tue Alexandre ? [...] Songes-tu que ce meurtre, c'est tout ce qui me reste de ma vertu ? Songes-tu que je glisse depuis deux ans sur un mur taillé à pic, et que ce meurtre est le seul brin d'herbe où j'aie pu cramponner mes ongles ? Crois-tu donc que je n'aie plus d'orgueil, parce que je n'ai plus de honte ? et veux-tu que je laisse mourir en silence l'énigme de ma vie ?

Alfred de Vigny

Écrit en 1835 pour sa maîtresse l'actrice Marie Dorval, ***Chatterton*** est pour Vigny* le drame de « l'homme spiritualiste étouffé par une société matérialiste où le calculateur avare exploite sans pitié l'intelligence et le travail ». Victime du spéculateur Bell, de l'indifférent lord-maire Beckford et de son amour secret et impossible pour Kitty Bell, éprise comme lui d'idéal, le poète Chatterton finira par se suicider.

Ô Mort, Ange de délivrance, que ta paix est douce ! J'avais bien raison de t'adorer, mais je n'avais pas la force de te conquérir. – Je sais que tes pas seront lents et sûrs. Regarde-moi, Ange sévère, leur ôter à tous la trace de mes pas sur la terre. (*Il jette au feu tous ses papiers.*) Allez, nobles pensées écrites pour tous ces ingrats dédaigneux, purifiez-vous dans la flamme et remontez au Ciel avec moi !

Edmond Rostand

Né à Marseille, Edmond Rostand (1868-1918) étudie le droit à Paris, mais décide de se consacrer à la poésie. Il obtient son premier succès en 1894 avec *Les Romanesques*. S'ensuivront ses deux grands triomphes, aux alexandrins ensorceleurs : *Cyrano de Bergerac* (1897) et *L'Aiglon* (1900), ce dernier mettant en scène la vie du fils de Bonaparte. Reçu à l'Académie française en 1903, Rostand mourra en 1918 de la grippe espagnole.

À la fin du XIXe siècle, le drame néoromantique ***Cyrano de Bergerac*** (1897) est l'un des plus grands succès de l'histoire du théâtre. Son héros démontre avec panache que l'on peut, dans l'adversité, garder la tête haute et faire preuve d'une élévation d'âme peu commune. Voici le début de la fameuse « tirade du nez » :

Affiche pour *Cyrano* joué au théâtre de la Porte-Saint-Martin à Paris en 1897.

Ah ! non ! c'est un peu court, jeune homme !
On pouvait dire... Oh ! Dieu !... bien des choses en somme...
En variant le ton, – par exemple, tenez,
Agressif : « Moi, monsieur, si j'avais un tel nez,
Il faudrait sur-le-champ que je me l'amputasse ! »
Amical : « Mais il doit tremper dans votre tasse :
Pour boire, faites-vous fabriquer un hanap ! »
Descriptif : « C'est un roc !... c'est un pic !... c'est un cap !
Que dis-je, c'est un cap ?... C'est une péninsule ! »

Le roman gagne ses lettres de noblesse

Le XIXe siècle voit apparaître le roman comme genre prépondérant, phénomène favorisé par la diffusion des œuvres en feuilletons dans une presse florissante, lue par un public de plus en plus nombreux. On le trouve sous toutes ses formes modernes : psychologique, autobiographique, social, historique, féminin, noir, fantastique...

Le roman psychologique, analyse intime des tourments du cœur

François René de Chateaubriand

Le vicomte François René de Chateaubriand* (1768-1848), né à Saint-Malo « un jour de tempête », passe son enfance au château de Combourg où il est livré à lui-même : courses sur la lande, rêveries, terreurs et exaltations d'une âme en proie au « vague des passions » éveillent sa vocation de poète. Il accueille avec sympathie le début de la Révolution mais s'en éloigne rapidement : en 1791, il s'embarque pour l'Amérique. Là, il rencontre des Indiens qui vont inspirer son premier roman *Atala* (1801). Rentré à Saint-Malo en 1792, Chateaubriand se marie et rejoint l'« armée des émigrés ». Blessé au siège de Thionville, il se réfugie en Angleterre en 1793, où il vivra misérablement.

En 1798, il revient à la religion de son enfance, dont il entreprend l'apologie dans *Génie du christianisme* (1802). Le succès éclatant de l'ouvrage – dont font partie *Atala* et *René* – lui vaut une affectation diplomatique à Rome. Il démissionne en 1804 et entreprend des voyages qui lui inspirent l'épopée chrétienne *Les Martyrs* (1809) et le récit *Itinéraire de Paris à Jérusalem* (1811). Retiré dans l'ermitage de la Vallée-aux-Loups à Châtenay-Malabry, Chateaubriand s'oppose à Napoléon et publie en 1814 le pamphlet *De Bonaparte et des Bourbons*. À la chute du tyran, Louis XVIII le nomme pair de France et Chateaubriand s'engage auprès des ultras. Ambassadeur à Berlin puis à Londres, ministre des Affaires étrangères jusqu'en 1824, il revient ensuite dans l'opposition, cette fois du côté des monarchistes modérés. Lié à Mme de Récamier depuis 1818, il consacrera sa vieillesse à la littérature, faisant paraître la nouvelle orientale *Le Dernier Abencérage* (1826), l'épopée exotique *Les Natchez* (1826), le *Voyage en Amérique* (1827). Mais surtout il rédige les fameux *Mémoires d'outre-tombe* (1848-1850), où il rêve de « représenter dans sa personne l'épopée de son temps »…

Chateaubriand par Girodet, 1811, musée national du château de Versailles.

Le récit exotique ***Atala ou les Deux Sauvages dans le désert*** (1801) met en scène un vieil Indien, Chactas, qui raconte sa vie au jeune Français René. Capturé par les Muscogulges dans sa jeunesse, Chactas a été délivré par Atala, la fille du chef, qui s'était éprise de lui. Mais comme sa mère, convertie au christianisme, avait fait pour elle vœu de chasteté, Atala s'empoisonne pour ne pas épouser Chactas. Cet épisode illustre pour Chateaubriand « les harmonies de la religion chrétienne avec les scènes de la nature et les passions du cœur humain ».

René (1802), héros mélancolique, souffre du « vague des passions », une aspiration à l'infini qui le fait errer dans une solitude désespérée. Toute la jeune génération romantique se reconnaîtra dans cette âme instable, inquiète, orgueilleuse et passionnée.

Levez-vous vite, orages désirés, qui devez emporter René dans les espaces d'une autre vie ! Ainsi disant, je marchais à grands pas, le visage enflammé, le vent sifflant dans ma chevelure, ne sentant ni pluie ni frimas, enchanté, tourmenté, et comme possédé par le démon de mon cœur. […] Ah ! si j'avais pu faire partager à une autre les transports que j'éprouvais ! […] Hélas ! j'étais seul sur la terre ! Une langueur secrète s'emparait de mon corps. Ce dégoût de la vie que j'avais ressenti dès mon enfance, revenait avec une force nouvelle. Bientôt mon cœur ne fournit plus d'aliment à ma pensée, et je ne m'apercevais de mon existence que par un profond sentiment d'ennui.

Tempête de mer avec épaves de navires. C.-J. Vernet, Alte Pinakothek, Munich.

GERMAINE DE STAËL

Germaine Necker (1766-1817), épouse du baron de Staël-Holstein, est la fille du grand Necker, ministre de Louis XVI. Elle se montre très tôt une disciple enthousiaste des philosophes des Lumières et accueille avec joie la Révolution. Interdite de séjour à Paris par Napoléon en raison de son indépendance d'esprit et de son tempérament dangereusement exalté, elle s'exile au château de Coppet en Suisse, où elle est entourée d'une cour d'intellectuels (dont Benjamin Constant*), et voyage dans toute l'Europe.

Mme de Staël en Corinne par Vigée Le Brun, 1809, musées d'art et d'histoire de la Ville de Genève.

Elle analyse avec lucidité l'état d'âme romantique dans trois essais : *De l'influence des passions sur le bonheur des individus et des nations* (1796), *De la littérature considérée dans ses rapports avec les institutions sociales* (1800) et surtout *De l'Allemagne* (1810), éloge de la pensée, des mœurs et de la littérature romantique outre-Rhin. Elle y insiste sur l'importance de l'inspiration et des élans de l'âme, posant les bases théoriques de la nouvelle poésie lyrique française.

Mme de Staël est aussi l'auteur de deux romans qui plaident en faveur des droits du cœur contre les préjugés sociaux : ***Delphine*** (1802) et ***Corinne*** (1807), l'histoire de deux femmes obligées de renoncer à leur passion pour respecter les conventions. L'auteur y exprime son tempérament ardent et passionné, ses revendications féministes, sa soif de liberté.

ÉTIENNE DE SENANCOUR

Élevé par sa mère puis chez un curé de campagne, Étienne Pivert de Senancour (1770-1846) ne parvient pas à se décider pour un métier.

> Il fallait choisir, il fallait commencer, pour la vie peut-être, ce que tant de gens, qui n'ont en eux aucune autre chose, appellent un état. Je n'en trouvai point qui ne fût étranger à ma nature, ou au contraire à ma pensée. J'interrogeai mon être [...] je vis qu'il n'y avait d'accord ni entre moi et la société, ni entre mes besoins et les choses qu'elle a faites. (*Oberman*)

Passé en Suisse en 1789, il se marie à Fribourg en 1790, mais son union ne sera pas heureuse. Rentré en France, il devient précepteur puis publiciste pour gagner sa vie. Acquis aux idées des philosophes, antichrétien, il apparaît comme un disciple pessimiste et désabusé de Rousseau* dans ses *Rêveries sur la nature* *primitive de l'homme* (1799). En 1804, son roman *Oberman* passe inaperçu – c'est Sainte-Beuve et George Sand* qui le feront connaître, une trentaine d'années plus tard. Senancour rédigera ensuite de nombreux livres politiques et philosophiques, dont une réfutation du *Génie du christianisme* de Chateaubriand*.

Son roman épistolaire autobiographique ***Oberman*** (1804) incarne ce qu'on a appelé le « mal du siècle ». Le narrateur, tenaillé par une incurable tristesse, jouit amèrement de sa mélancolie face à des paysages grandioses… Assoiffé d'absolu, il ressent d'autant plus cruellement ses limites qu'il n'a pas le secours de la foi.

D'où vient à l'homme la plus durable des jouissances de son cœur, cette volupté de la mélancolie, ce charme plein de secrets, qui le fait vivre de ses douleurs et s'aimer encore dans le sentiment de sa ruine ? (Lettre 24)

Benjamin Constant. Portrait anonyme, château de Coppet.

BENJAMIN CONSTANT

Benjamin Constant de Rebecque (1767-1830) naît à Lausanne dans une famille de protestants exilés. Après un mariage malheureux, il s'éprend de Mme de Staël*. Il suivra son amante dans son exil à Coppet en Suisse avant de rompre définitivement en 1808. Il offre ses services à Napoléon durant les Cent-Jours, puis se réfugie en Angleterre après Waterloo, où il publie son roman *Adolphe*. Il rentre alors en France, où il devient l'un des principaux orateurs libéraux de la Chambre. Il sera même nommé président du Conseil d'État par Louis-Philippe peu de temps avant sa mort. Il a publié un grand nombre d'écrits politiques et philosophiques, mais la postérité a surtout retenu ses œuvres autobiographiques : *Adolphe*, sur sa liaison avec Mme de Staël, ainsi que deux écrits posthumes : *Le Cahier rouge* (sur sa jeunesse) et *Cécile* (sur sa seconde épouse, Charlotte de Hardenberg).

Dans le roman d'introspection ***Adolphe*** (1816), le héros analyse avec lucidité son incapacité à aimer une femme dont il ne parvient pourtant pas à se séparer. Ellénore lui a tout sacrifié et lui voue une passion dévorante. Adolphe, lui, se rend progressivement compte qu'il ne l'a jamais aimée. Incapable de simuler la passion, il lui inflige une torture de tous les instants. Par timidité et faiblesse, il reporte sans cesse l'entretien décisif où il doit lui annoncer qu'il la quitte. Elle apprendra indirectement sa décision et en mourra, l'abandonnant à la solitude et aux remords.

Elléonore, lui écrivais-je un jour, vous ne savez pas tout ce que je souffre. Près de vous, loin de vous, je suis également malheureux. Pendant les heures qui nous séparent, j'erre au hasard, courbé sous le fardeau d'une existence que je ne sais comment supporter. La société m'importune. La solitude m'accable.

George Sand

Aurore Dupin dite George Sand (1804-1876), épouse du baron Dudevant, se détache de lui et mène une existence très libre avec le dramaturge Jules Sandeau (d'où son pseudonyme), puis avec Musset*, enfin avec Chopin. Elle se déguise souvent en homme pour accéder aux domaines qui leur sont réservés.

Sur la centaine de livres qu'elle a écrits, le roman psychologique ***Indiana*** (1832) est sa première œuvre et son premier succès. Dans ***Lélia*** (1833) et ***Mauprat*** (1837), les passions se heurtent à la société et aux préjugés. Mais George Sand est surtout connue pour ses romans champêtres (voir p. 252), inspirés par son domaine de Nohant dans le Berry et par le mysticisme humanitaire de Lamennais.

Alfred de Musset

Dans ***La Confession d'un enfant du siècle*** (1836), Musset* transpose sa liaison tourmentée avec George Sand*, dresse le portrait de la génération romantique et analyse une génération minée par le « mal du siècle » : oisiveté, ennui, médiocrité, désillusions, vide…

> Toute la maladie du siècle présent vient de deux causes : le peuple, qui a passé par 1793 et 1814, porte au cœur deux blessures. Tout ce qui était n'est plus ; tout ce qui sera n'est pas encore.

Gérard de Nerval

Les Filles du feu (1854) regroupent trois nouvelles : « Octavie », « Angélique » et « Sylvie ». Chacune de ces femmes incarne pour Nerval* une facette de l'amour idéal. « Sylvie » est ainsi le « poème du souvenir et de l'adieu », adieu à la jeunesse et à la vie simple et tranquille.

Eugène Fromentin

Eugène Fromentin (1820-1876), peintre orientaliste et critique d'art, laisse également un chef-d'œuvre romanesque : ***Dominique*** (1862), qui conte l'histoire de la passion impossible du héros pour sa cousine. Ce roman idéaliste à caractère autobiographique frappe par sa pénétration psychologique. Contrairement aux romantiques, Dominique saura se dominer : sa volonté triomphera de sa passion…

> J'ai trouvé la certitude et le repos, ce qui vaut mieux que toutes les hypothèses. Je me suis mis d'accord avec moi-même, ce qui est bien la plus grande victoire que nous puissions remporter sur l'impossible.

Le roman social et historique

Dans la lignée de l'Écossais Walter Scott, auteur d'ouvrages historiques extrêmement lus en France dans lesquels il peint les mœurs, les caractères, les coutumes et les événements du passé britannique, les romantiques vont utiliser une trame historique pour exprimer leurs préoccupations sociales. Ces œuvres annoncent les futurs romans réalistes.

Alfred de Vigny

En 1826, ***Cinq-Mars*** de Vigny* met en scène le complot ourdi en 1639 par le jeune marquis de Cinq-Mars contre Richelieu, qui le fit exécuter.

Victor Hugo

Parlant au cœur et à l'imagination, les romans de Hugo* laissent transparaître sa révolte contre les puissants et sa foi en un progrès qui résorbera les inégalités sociales. *Notre-Dame de Paris* et *Les Misérables* comptent encore aujourd'hui parmi les romans les plus lus dans le monde !

Le Dernier Jour d'un condamné (1829), vibrant plaidoyer contre la peine de mort, retrace le séisme moral subi par un condamné qui attend sa fin prochaine.

Notre-Dame de Paris (1831) met en scène le Paris du XVe siècle, grouillant et coloré. L'archidiacre Frollo, qui est épris de la bohémienne Esméralda, charge Quasimodo, le difforme sonneur de Notre-Dame, de s'emparer d'elle. Puis il tue le capitaine Phœbus qui l'avait délivrée et laisse accuser la « sorcière » de ce meurtre. Pour protéger la belle, Quasimodo l'entraîne dans la cathédrale et repousse une attaque des truands venus la délivrer. Mais elle finira par être pendue et Quasimodo, comprenant enfin le rôle de son maître, le précipitera du haut de Notre-Dame avant de se laisser mourir auprès du cadavre d'Esméralda.

Notre-Dame de Paris, illustration de L.-O. Merson, édition de 1881, BNF.

Dans ***Les Misérables*** (1862), Hugo mêle tous les registres pour montrer que si l'infortuné se mue en infâme, c'est à cause de la misère, de l'injustice et de l'indifférence. L'instruction, la justice et la charité peuvent y remédier, comme le montre le parcours de Jean Valjean, forçat devenu saint homme.

> Tant que les trois problèmes du siècle, la dégradation de l'homme par le prolétariat, la déchéance de la femme par la faim, l'atrophie de l'enfant par la nuit, ne seront pas résolus ; [...] tant qu'il y aura sur la terre ignorance et misère, des livres de la nature de celui-ci pourront ne pas être inutiles.

Jean Valjean, après des années de bagne pour avoir volé un pain, est libéré. Réduit à l'état de bête errante, il risque de devenir un véritable criminel. Heureusement, l'accueil charitable de l'évêque de Digne va le transformer. Désormais surnommé M. Madeleine, il gagne sa vie honnêtement et sa charité lui vaut d'être élu maire. Un événement pourtant lui renvoie son sinistre passé : un nommé Champmathieu, qu'on prend pour lui, comparaît aux assises... Le chapitre intitulé « Tempête sous un crâne » nous fait vivre la torture morale de Valjean :

> Il reculait maintenant avec une égale épouvante devant les deux résolutions qu'il avait prises tour à tour. [...] Se dénoncer, grand Dieu ! se livrer ! Il envisagea avec un immense désespoir tout ce qu'il faudrait quitter, tout ce qu'il faudrait reprendre. Il faudrait donc dire adieu à cette existence si bonne, si pure, si radieuse, à ce respect de tous, à l'honneur, à la liberté !

Finalement, Valjean se dénonce pour éviter qu'un innocent soit condamné, et il parvient à s'évader. Auparavant, il avait secouru une malheureuse, Fantine, en lui promettant de s'occuper de sa fille **Cosette**, exploitée par les horribles **Thénardier**. Il réussit à la sauver, et lui donner une bonne éducation devient sa raison de vivre. Cependant le policier **Javert** a retrouvé sa trace et, à chaque instant, constitue une menace...

M. Madeleine et sa « fille » Cosette sont désormais installés à Paris. Un jeune étudiant, **Marius**, s'éprend de Cosette. Lors des émeutes de juin 1832, Valjean sauve d'abord Javert, puis Marius, en le portant à travers les égouts de Paris lors d'un périple dantesque. Le jeune **Gavroche**, de son côté, accomplit un dernier acte d'héroïsme sur sa barricade en allant récupérer les munitions des cadavres à la barbe des soldats :

> Le spectacle était épouvantable et charmant. Gavroche, fusillé, taquinait la fusillade. Il avait l'air de s'amuser beaucoup. [...] Une balle pourtant, mieux ajustée ou plus traître que les autres, finit par atteindre l'enfant feu follet. On vit Gavroche chanceler, puis il s'affaissa. Toute la barricade poussa un cri ; mais il y avait de l'Antée dans ce pygmée ; pour le gamin toucher le pavé, c'est comme pour le géant toucher la terre ; Gavroche n'était tombé que pour se redresser : il resta assis sur son séant, un long filet de sang rayait son visage, il éleva ses deux bras en l'air, regarda du côté d'où était venu le coup, et se mit à chanter :
>
> *Je suis tombé par terre,*
> *C'est la faute à Voltaire,*
> *Le nez dans le ruisseau,*
> *C'est la faute à...*
>
> Il n'acheva point. Une seconde balle du même tireur l'arrêta court. Cette fois il s'abattit la face contre le pavé, et ne remua plus. Cette petite grande âme venait de s'envoler.

Gavroche à 11 ans
dessiné par Victor Hugo. BNF.

Cosette et Jean Valjean.
Jean Geoffroy, maison de Victor Hugo, Paris.

Javert, ne pouvant se résoudre à tuer l'homme qui l'a sauvé ni à manquer à son devoir, se suicide en se jetant dans la Seine. Dernière épreuve pour Jean Valjean : quand Marius apprend sa véritable identité, il éloigne Cosette de son père adoptif. Mais les choses finissent par s'arranger et Jean Valjean peut mourir heureux, comme un saint, au terme de son parcours de rédemption et dans une fin en écho à celle de Gavroche :

> Cosette et Marius tombèrent à genoux, éperdus, étouffés de larmes, chacun sur une des mains de Jean Valjean. Ces mains augustes ne remuaient plus. […]
> La nuit était sans étoiles et profondément obscure. Sans doute, dans l'ombre, quelque ange immense était debout, les ailes déployées, attendant l'âme.

Les Travailleurs de la mer (1866) est à la fois une épopée du travail et un drame sur la lutte de l'homme contre l'océan.

L'Homme qui rit (1869), œuvre baroque, est l'histoire d'Ursus, bouffon à la figure difforme qui dit le vrai sous le masque du rire.

Dans ***Quatrevingt-treize*** (1873), Hugo brosse un portrait saisissant des guerres de Vendée et de la Terreur en 1793 :

> Les siècles finissent par avoir une poche de fiel.
> Cette poche crève. C'est Marat.

Honoré de Balzac

Breton en sentinelle devant une église. Charles Loyeux, XIXe siècle, musée d'Art et d'Histoire, Cholet.

Les Chouans (1829), premier roman de Balzac*, dépeint la guerre civile entre révolutionnaires et « chouans » royalistes en Bretagne en 1799.

> Dans ces temps de révolution, chacun faisait, au profit de son parti, une arme de ce qu'il possédait, et la croix pacifique de Jésus devenait un instrument de guerre aussi bien que le soc nourricier des charrues.

Prosper Mérimée

Prosper Mérimée* (1803-1870), né à Paris dans une famille de peintres, publie dès 1825 un recueil de comédies, puis des nouvelles sobres, élégantes et pleines de vie, notamment *Tamango*, contre la traite des Noirs ; *La Vénus d'Ille*, fantastique ; *Les Âmes du purgatoire*, sur le personnage de Don Juan de Maraña ;

Le Vase étrusque, sur la jalousie ; *La Double Méprise*, sur le désir ; *Mateo Falcone*, sur le sens de l'honneur corse. Mérimée devient en 1834 inspecteur général des Monuments historiques. Une mission archéologique en Corse en 1839 lui inspire *Colomba*, chef-d'œuvre qui lui ouvre les portes de l'Académie française. S'ensuivra *Carmen* (1845), nouvelle historique très documentée située en Espagne dont Bizet fera un opéra qui est encore aujourd'hui l'un des plus joués dans le monde. Ami de la comtesse de Montijo, rencontrée en Espagne en 1830, Mérimée est nommé sénateur lorsqu'elle devient l'impératrice Eugénie, en 1853.

Mateo Falcone (1829), héros de cette nouvelle corse, a pris un bandit sous sa protection. Mais, en échange d'une montre, son fils Fortunato dénonce le fugitif. Alors son père l'entraîne dans les bois et l'abat d'un coup de fusil...

Danseuse espagnole.
Manet, v. 1865, coll. part.

> En sortant de Porto-Vecchio et se dirigeant au nord-ouest, vers l'intérieur de l'île, on voit le terrain s'élever assez rapidement, et, après trois heures de marche par des sentiers tortueux, obstrués par de gros quartiers de rocs, et quelquefois coupés par des ravins, on se trouve sur le bord d'un *maquis* très étendu. Le maquis est la patrie des bergers corses et de quiconque s'est brouillé avec la justice.

Colomba (1840) est l'histoire d'une terrible « vendetta » en Corse. Colomba Della Rebbia voit périr son père assassiné par l'avocat Barricini. Son frère Orso, lieutenant dans la garde impériale, va bientôt revenir en Corse. C'est lui désormais le chef de la famille, et il doit venger son père...

Carmen (1845) illustre le conflit entre liberté et passion : un jeune soldat tombe follement amoureux d'une bohémienne, Carmen. Pour elle, il entrera dans l'illégalité, se fera contrebandier, puis meurtrier. Mais elle le délaisse pour un toréador. Aveuglé par le chagrin, Don José la poignarde et l'enterre dans un bois. Quelque temps après, pris de remords, il ira se rendre à la police et sera condamné à mort.

Eugène Sue

Eugène Sue (1804-1857), filleul de l'impératrice Joséphine, mène une jeunesse dorée et turbulente. Mais il dilapide son bien et commence à écrire lorsqu'il est ruiné. Doué d'une plume facile, il rédige des romans exotiques, mondains, historiques, sociaux, ainsi que des nouvelles et des pièces de théâtre. Ses romans, parus en feuilletons dans la presse, connaissent un immense succès dans toute l'Europe. Mais il est principalement connu pour *Les Mystères de Paris* (1842-1843) et *Le Juif errant* (1844-1845).

La Chouette punit Fleur-de-Marie en lui arrachant une dent. *Les Mystères de Paris*, édition de 1843, BNF.

Les Mystères de Paris (1842-1843), roman d'aventures historique et sociologique sur les marginaux et les bas-fonds de Paris, a tenu en haleine des dizaines de milliers de lecteurs pendant plus d'un an. Sue y représente le peuple dans sa misère, ses haillons, ses geôles, et appelle des réformes sociales.

Tu es laid… sois terrible, on oubliera ta laideur.
Tu es vieux… sois énergique, on oubliera ton âge.

Le Juif errant (1844-1845), qui relate les intrigues menées par les jésuites pour s'emparer d'un héritage, est un réquisitoire contre le fanatisme et l'intolérance religieuse. Publié à l'époque du débat autour de l'enseignement secondaire, il suscita une véritable « jésuitophobie ».

ALEXANDRE DUMAS PÈRE

Alexandre Dumas* (1802-1870) décide à 20 ans d'aller tenter sa chance à Paris. Il débute au Théâtre-Français avec l'immense succès de *Henri III et sa cour* en 1829. Suivront notamment *Antony* et *Charles VII* en 1831, *La Tour de Nesle* en 1832, *Catherine Howard* en 1834, *Don Juan de Maraña* et *Kean* en 1836. Dumas se lance ensuite dans le roman historique, où il garde le goût de la mise en scène et des coups de théâtre. Ne retenant du passé que le démesuré et l'exceptionnel, il crée – avec l'aide d'un collaborateur, Auguste Maquet – près de 80 mythologies populaires aux personnages héroïques et pittoresques. Citons la trilogie des mousquetaires – ***Les Trois Mousquetaires*** (1844), ***Vingt ans après*** (1844), ***Le Vicomte de Bragelonne*** *ou l'Homme au masque de fer* (1848) –, celle des guerres de Religion – ***La Reine Margot*** (1846), ***La Dame de Monsoreau*** (1846), ***Les Quarante-cinq*** (1848) –, sans oublier ***Le Comte de Monte-Cristo*** (1845) ou ***La Tulipe noire*** (1850)… En 1844, Dumas fait construire le « château de Monte-Cristo » à Port-Marly, et en 1846 son propre théâtre. Mais ce dernier fera faillite et Dumas devra vendre son château et s'exiler en Belgique pour fuir ses créanciers. Ses cendres ont été transférées au Panthéon en 2002.

Les Trois Mousquetaires, illustration de Maurice Leloir, édition de 1894, BNF.

George Sand

La Mare au Diable (1846), ***La Petite Fadette*** (1849), ***François le Champi*** (1850) ou ***Les Maîtres sonneurs*** (1853) de George Sand* sont des romans champêtres empreints de poésie qui dépeignent les sentiments et la vie des humbles paysans.

François René de Chateaubriand

Dans les ***Mémoires d'outre-tombe*** (1848-1850), Chateaubriand* s'inscrit dans une Histoire avec laquelle il est en désaccord. La stylisation esthétique et morale de sa vie lui permet de dresser un monument grandiose à sa propre mémoire…

Tout me lasse : je remorque avec peine mon ennui avec mes jours,
et je vais partout bâillant ma vie…

Le roman noir et fantastique

Dans les années 1830, les « Jeunes-France » – **Gautier**, **Nerval**, **Borel** –, romantiques de la « Bohème galante », revendiquent une plus grande liberté artistique et cherchent à choquer la société bourgeoise. Dans la lignée du gothique anglais, le roman noir, sanglant et terrifiant, connaît un vif engouement au XIXe siècle. D'autre part, la passion des romantiques pour l'occultisme les amène à défricher un domaine nouveau : le fantastique. Exemple parmi d'autres, le thème du vampire entre en littérature avec **Nodier**, **Gautier**, **Dumas**, **Féval**, **Baudelaire**, **Lautréamont** ou **Mérimée**. S'inspirant de l'irrationnel, ces textes annoncent le symbolisme de la fin du siècle.

Charles Nodier.
Musée Carnavalet, Paris.

Charles Nodier

Charles Nodier (1780-1844), bibliothécaire de l'Arsenal, réunit dans son salon le premier cénacle romantique de 1824 à 1830. Traducteur, Nodier est aussi l'auteur de contes, de poèmes, de romans, de livres d'histoire ; mais il est surtout connu pour ses nouvelles noires – ***Smarra ou les Démons de la nuit*** (1821), ***Trilby ou le Lutin d'Argail*** (1822), ***La Fée aux miettes*** (1832) – qui mettent en scène les puissances du rêve, annonçant l'œuvre de Nerval* et des surréalistes. Dans *Smarra*, le narrateur, prisonnier de l'Esprit de la nuit, est hanté par le cauchemar de la guillotine…

Le Cauchemar. J.H. Füssli, 1791, Goethemuseum, Francfort.

Honoré de Balzac

Raphaël, le héros de ***La Peau de chagrin*** (1831) de Balzac*, est sur le point de se jeter dans la Seine quand il découvre chez un antiquaire une « peau de chagrin » qui permet de réaliser tous ses vœux mais rétrécit à chaque désir exaucé. Il recherchera dès lors le plaisir jusqu'à la débauche, mais cela l'épuise, et la peau rétrécit inexorablement. Atteint de tuberculose – la maladie des romantiques –, Raphaël disparaît en même temps que le talisman.

Pétrus Borel

Pierre Borel d'Hauterive (1809-1859) s'affuble du surnom de Lycanthrope et versifie à tout-va avant de publier en 1833 ***Champavert, contes immoraux***. Représentant par excellence du « romantisme frénétique » des années 1830, il sera salué par les surréalistes.

Théophile Gautier

Les contes de Gautier* intègrent le fantastique à la réalité quotidienne. ***La Morte amoureuse*** (1836) est l'histoire d'un prêtre qui tombe amoureux d'un fantôme femelle…

Dans ***Le Pied de momie*** (1840), le narrateur achète un pied de momie, et la princesse à qui il a appartenu… vient le chercher !

Prosper Mérimée

Dans ***La Vénus d'Ille*** (1837) de Mérimée*, Alphonse de Peyrehorade, jeune marié, passe son alliance au doigt d'une statue… qui prend vie !

Gérard de Nerval

Aurélia (1855), ou « l'épanchement du rêve dans la vie réelle », relate les délires dont Nerval* est victime depuis sa rupture avec l'actrice Jenny Colon.

> Le Rêve est une seconde vie. Je n'ai pu percer sans frémir ces portes d'ivoire ou de corne qui nous séparent du monde invisible.

Paul Féval

Paul Féval (1816-1887), auteur de nombreux romans de cape et d'épée – dont *Le Bossu* (1857), le fameux Lagardère –, consacre trois romans aux vampires : ***La Vampire*** (1856), où le thème est abordé de manière classique ; ***Le Chevalier Ténèbre*** (1860), qui traite le sujet de manière parodique ; et ***La Ville-Vampire*** (1875), pastiche des romans noirs anglais.

Erckmann-Chatrian

Émile Erckmann (1822-1899) et Alexandre Chatrian (1826-1890), duo d'auteurs lorrains, ont écrit des contes et nouvelles fantastiques d'influence germanique qui ont attiré un vaste lectorat, parmi lesquels les ***Aventures de l'illustre Docteur Mathéus*** (1858), les ***Contes fantastiques*** (1860) et les ***Contes des bords du Rhin*** (1862), reflets de la cruauté de l'homme et de la vie.

Guy de Maupassant

Dans ***Le Horla*** (1887) de Maupassant*, le récit commence normalement, mais très vite on se rend compte que quelque chose « cloche ». Des événements inexplicables se produisent, et peu à peu le doute s'installe : le narrateur ne serait-il pas… fou ?

Enterrement à Ornans. Gustave Courbet, 1850, musée d'Orsay, Paris.

Réalisme, naturalisme et décadentisme

Fils des Lumières et du positivisme d'Auguste Comte, le **mouvement réaliste** croit en la science et dans le progrès social. Il veut décrire objectivement les faits et expliquer leurs causes dans des romans à visée éducative. Le **natu-**

ralisme, qui repose sur les théories évolutionnistes de Darwin, radicalise le réalisme : ce n'est plus la raison mais la « nature », c'est-à-dire l'hérédité et le milieu social, qui détermine les comportements de l'homme et son organisation sociale. Toutefois, ce bel édifice rationnel se craquelle progressivement. À la fin du siècle, cette tendance aboutira au « **décadentisme** », dandysme dégénéré en culte névrotique du raffinement…

Le réalisme : étude de mœurs, portrait social et politique

Un roman, c'est un miroir qu'on promène le long d'un chemin.

Stendhal, *Le Rouge et le Noir*

En réaction aux excès du romantisme, les écrivains réalistes veulent s'en tenir aux faits et étudier les hommes par leurs comportements au sein de leur milieu social. Le terme de *réalisme* est utilisé en 1850 par l'écrivain Champfleury pour qualifier l'art du peintre Gustave Courbet (1819-1877), qui choisit de représenter la réalité dans sa banalité, voire sa trivialité.

Les initiateurs

Stendhal

Stendhal par J.O. Sodemark, 1840, musée national du château de Versailles.

Né à Grenoble, Henri Beyle dit Stendhal (1783-1842) fait l'École centrale et s'engage dans l'armée napoléonienne pour la campagne d'Italie – pays qu'il chérira toute sa vie. Installé à Milan en 1814, il travaille à *Une vie de Napoléon*, à des œuvres sur l'Italie ainsi qu'à l'essai *De l'amour*. Rentré à Paris, il fréquente les salons et publie en 1823 un essai qui le fait connaître : *Racine et Shakespeare*. Sept ans plus tard, son roman *Le Rouge et le Noir* (1830) rencontre un vif succès. Devenu consul en Italie, l'ennui et la maladie le gagnent; Stendhal voyage beaucoup et ne parvient pas à terminer ses œuvres. En 1839 paraît tout de même son dernier chef-d'œuvre, *La Chartreuse de Parme*. Il mourra trois ans plus tard d'une attaque d'apoplexie.

Il aura voulu faire du roman un miroir de la réalité sociale, artistique et politique de son temps, en peignant des événements historiques contemporains. Pour étayer ses intrigues, il est très gourmand de « petits faits vrais ». Mais, par-delà l'anecdotique, la peinture des mœurs et de la société est toujours critique : il s'agit de faire tomber les faux-semblants pour montrer « la vérité, l'âpre vérité ». À cette fin, Stendhal pratique aussi la restriction de champ : tout est vu par le regard de ses héros. De plus, son réalisme est fortement teinté de romanesque : les tourments de l'Histoire ne font que compliquer l'histoire personnelle du héros, qui sera fatale…

Dans ***Le Rouge et le Noir*** (1830), Stendhal met beaucoup de lui-même dans son héros Julien Sorel, fervent admirateur de Napoléon qui rêve de réussir dans la carrière ecclésiastique (le noir) puisque celle des armes (le rouge) lui est fermée. Ce jeune ambitieux se sert de ses conquêtes – la prude Mme de Rênal en province, femme du maire du village qui le choisit comme précepteur de ses enfants, et la fougueuse Mathilde de la Môle à Paris – pour nourrir ses rêves de grandeur sous la Restauration.

Voici la première rencontre entre Julien et Mme de Rênal :

> Mme de Rênal resta interdite, ils étaient fort près l'un de l'autre à se regarder. Julien n'avait jamais vu un être aussi bien vêtu et surtout une femme avec un teint si éblouissant, lui parler d'un air doux. Mme de Rênal regardait les grosses larmes, qui s'étaient arrêtées sur les joues si pâles d'abord et maintenant si roses de ce jeune paysan. Bientôt elle se mit à rire, avec toute la gaieté folle d'une jeune fille, elle se moquait d'elle-même et ne pouvait se figurer tout son bonheur. Quoi, c'était là ce précepteur qu'elle s'était figuré comme un prêtre sale et mal vêtu, qui viendrait gronder et fouetter ses enfants ! (I, 6)

La Chartreuse de Parme (1839) retrace l'épopée de Fabrice Del Dongo, fruit des amours d'un lieutenant français et d'une marquise italienne. Après une éducation dans la bonne société milanaise, il s'enfuit pour rejoindre Napoléon et assiste, sans rien y comprendre, à la bataille de Waterloo :

> — Les habits rouges ! les habits rouges ! criaient avec joie les hussards de l'escorte.
> Et d'abord Fabrice ne comprenait pas ; enfin il remarqua qu'en effet presque tous les cadavres étaient vêtus de rouge. Une circonstance lui donna un frisson d'horreur ; il remarqua que beaucoup de ces malheureux habits rouges vivaient encore, ils criaient évidemment pour demander du secours, et personne ne s'arrêtait pour leur en donner. Notre héros, fort humain, se donnait toutes les peines du monde pour que son cheval ne mît les pieds sur aucun habit rouge. (III)

La Bataille de Waterloo. C.-A. Andrieux, 1852, musée national du château de Versailles.

Revenu en Italie, Fabrice se réfugie à Parme auprès de sa tante. Là, il entame une carrière ecclésiastique qui est vite compromise par ses aventures amoureuses. Accusé de libéralisme, il est enfermé dans la tour Farnèse, où il s'éprend de la fille du gouverneur, Clélia Conti. Puis sa tante le fait évader et il devient prédicateur. Il retrouve Clélia, dont il a un enfant, mais son fils et Clélia meurent, et il finit par se retirer dans la chartreuse de Parme…

Honoré de Balzac

Honoré de Balzac* (1799-1850) est avec Stendhal* le créateur du réalisme moderne. Son entreprise est monumentale : il va se faire l'observateur de la société et de la nature humaine dans toute sa diversité, projet qu'il expose clairement dans l'avant-propos de ***La Comédie humaine*** (1842) :

Balzac dans sa robe de chambre blanche. Maxime Dastugue, 1886, musée national du château de Versailles.

> Le hasard est le plus grand romancier du monde : pour être fécond, il n'y a qu'à l'étudier. […] En dressant l'inventaire des vices et des vertus, en rassemblant les principaux faits des passions, en peignant les caractères, en choisissant les événements principaux de la Société, en composant des types par la réunion des traits de plusieurs caractères homogènes, peut-être pouvais-je arriver à écrire l'histoire oubliée par tant d'historiens, celle des mœurs.

Cette « Société », c'est celle de la Révolution, de l'Empire, de la Restauration et de la monarchie de Juillet, soit plus de 2000 personnages regroupés dans 137 ouvrages dont le romancier dresse la liste dès 1845. Il n'en achèvera « que » 85, et les répartira en trois grandes parties :

> Les « Études de mœurs » représenteront tous les effets sociaux […] La seconde assise est les « Études philosophiques », car après les effets viendront les causes. Puis après les effets et les causes viendront les « Études analytiques », car après les effets et les causes doivent se rechercher les principes. (Lettre à Mme Hanska)

La première partie, la plus vaste, est elle-même organisée en six recueils : ***Scènes de la vie privée***, ***de la vie de province***, ***de la vie parisienne***, ***de la vie politique***, ***de la vie militaire*** et ***de la vie de campagne***. Loin d'être un simple observateur de la société, Balzac se donne aussi pour objectif d'en démonter les mécanismes et d'en expliquer les rouages.

Pour mener à bien ce projet titanesque, qu'il compare à l'édification d'une cathédrale, Balzac va avoir une idée géniale, qui sera reprise par Zola* : le retour des personnages d'un roman à l'autre. Ainsi Vautrin, Rastignac, Gobseck et les autres vont relier les différents volumes entre eux et composer une œuvre complète et cohérente dans sa diversité. En dotant son œuvre d'une figuration unique, Balzac en fait le reflet du monde réel.

Il a aussi intégré dans ses romans de nombreux traits autobiographiques. On retrouve dans *Louis Lambert* le collège où il a étudié, fuyant une mère indifférente et un père apathique. Sa jeunesse à Paris a nourri des œuvres comme

Maître Derville dans son étude.
Illustration de A.T. Robaudi,
édition de 1897, BNF.

La Peau de chagrin ou *Illusions perdues*. Ses études de clerc de notaire lui servent à créer le personnage de Derville, qu'on retrouve notamment dans *Le Colonel Chabert*. Il revient sur ses déboires d'imprimeur dans *Illusions perdues*, sur sa déconfiture financière dans *César Birotteau*. Ses histoires d'amour pointent dans *Le Lys dans la vallée*. Mais les événements historiques servent également de trame à l'ensemble de son œuvre, véritable encyclopédie où sont traitées les questions les plus diverses. Il mourra d'épuisement en 1850, à 51 ans, juste après son mariage avec Mme Hanska.

Les *Scènes de la vie privée* comportent en particulier *La Maison du chat-qui-pelote* (1830), *Gobseck* (1830), *La Femme de trente ans* (1831-1833), *Le Père Goriot* (1835) et *Le Colonel Chabert* (1844).

• ***La Maison du chat-qui-pelote***, roman inaugural de *La Comédie humaine*, raconte l'histoire tragique d'une fille de drapiers mariée à un artiste.

• ***Le Père Goriot***, « roman de la paternité », s'ouvre sur la célèbre description de la pension Vauquer à Paris. Parmi ses pensionnaires, le riche Père Goriot se dépouille pour ses deux filles prises dans le tourbillon de la vie mondaine. Deux personnages vont devenir des types balzaciens : **Vautrin** (qui emprunte certains traits à Vidocq) et le jeune arriviste **Rastignac**.

• ***Le Colonel Chabert***, laissé pour mort en 1807 sur le champ de bataille d'Eylau, ne rentre à Paris qu'en 1819, sous la Restauration : son hôtel est démoli, sa fortune confisquée, sa femme remariée. Chabert se rend à l'étude de Derville pour retrouver son nom, son bien et son épouse. Mais, piégé, il abandonne plutôt que de perdre son honneur et échoue dans un hospice.

Parmi les *Scènes de la vie de province*, quatre romans sont à retenir : *Le Curé de Tours* (1832), *Eugénie Grandet* (1834), *Le Lys dans la vallée* (1836) et *Illusions perdues* (1837-1843).

• ***Eugénie Grandet***, c'est l'histoire de la fille d'un riche négociant de Saumur dont l'avarice détruit son entourage. Simple d'esprit, Eugénie va se perdre corps et âme dans l'amour qu'elle éprouve pour son cousin.

• ***Le Lys dans la vallée*** narre l'amour intense et platonique qui lie Félix de Vandenesse à la vertueuse comtesse de Mortsauf. Mais Félix finit par rencontrer à Paris une aristocrate anglaise qui lui fait découvrir les joies charnelles. Henriette de Mortsauf vient à apprendre leur relation et se met à dépérir, jusqu'à la mort.

> Elle fut non pas la bien aimée, mais la plus aimée […] Elle devint ce qu'était la Béatrix du poète florentin, la Laure sans tache du poète vénitien, la mère des grandes pensées, la cause inconnue des résolutions qui sauvent, le soutien de l'avenir, la lumière qui brille dans l'obscurité comme le lys dans le feuillage sombre.

• ***Illusions perdues***, le meilleur roman de Balzac selon Proust*, retrace l'échec de Lucien de Rubempré, jeune provincial épris de gloire qui monte à l'assaut de la capitale. Les « illusions perdues » sont celles de Lucien face au monde littéraire et à l'univers impitoyable de la presse et de l'édition, mais aussi celles de sa famille envers ses capacités et ses qualités humaines :

> « Pauvre garçon ! Il avait de l'esprit cependant, et il était ambitieux !
> Il allait chercher du grain, et il revient sans paille. »

La suite de ses aventures constitue la trame de ***Splendeurs et misères des courtisanes*** (1847) : Rubempré devient un personnage lâche et sans scrupules, marionnette de Vautrin, le faux prêtre rencontré à la fin des *Illusions*.

Les *Scènes de la vie parisienne* comprennent ***César Birotteau*** (sur la grandeur et la décadence d'un parfumeur à la fin de l'Empire), ***La Maison Nucingen***, le triptyque « l'Histoire des treize » – *Ferragus*, *La Duchesse de Langeais* (1834) et *La Fille aux yeux d'or* (1835) – et le diptyque des « Parents pauvres », composé de ***La Cousine Bette*** et du ***Cousin Pons*** (1847).

Suivent les *Scènes de la vie politique*, avec notamment ***Un épisode sous la Terreur*** (1830), sur les horreurs de la Révolution, et ***Une ténébreuse affaire*** (1841), autour de l'enlèvement d'un sénateur.

Les *Scènes de la vie militaire* sont principalement représentées par le roman historique *Les Chouans* (1829).

Quant aux *Scènes de la vie de campagne*, elles regroupent entre autres *Le Médecin de campagne* (1833) et *Le Curé du village* (1841).

La seconde grande partie de *La Comédie humaine* compte pas moins de 20 ouvrages dont *La Peau de chagrin* (1831), *Le Chef-d'œuvre inconnu*, une réflexion sur l'art (1831), *Louis Lambert* (1832) et La *Recherche de l'absolu* (1834). Enfin, les *Études analytiques* sont essentiellement constituées de l'essai *La Physiologie du mariage* (1829).

Un cas à part

Gustave Flaubert

Considérer Flaubert comme l'un des maîtres du réalisme pose problème : il a toujours refusé toute appartenance à une école, et il a volontiers fustigé les réalistes. Son principe sera de « tout sacrifier à l'Art » pour « bien écrire le médiocre » et dénoncer la bêtise humaine. Car, s'il emprunte aux réalistes le travail de documentation, le souci du détail et la volonté de dire le vrai, il refuse tout excès de fidélité au réel et ne se reconnaît pas dans ceux qui minimisent l'importance de la recherche stylistique.

Flaubert dissèque Mme Bovary. Caricature de A. Lernot parue dans *La Parodie*, 1869, BNF.

On me croit épris du réel, tandis que je l'exècre. [...] J'ai fait *Madame Bovary* pour embêter Champfleury. J'ai voulu montrer que les tristesses bourgeoises et les sentiments médiocres peuvent supporter la belle langue.

Lettre à Edma Roger des Genettes du 30 octobre 1856

Fils d'un grand chirurgien de Rouen, Gustave Flaubert (1821-1880) souhaite retranscrire ce qu'il voit et entend, mais avec une lucidité acerbe et critique – d'où son penchant pour l'ironie. Parue en 1839, la pièce de théâtre *Smarh* met en scène un ermite-poète tenté par le Diable. Après deux romans autobiographiques, *Mémoires d'un fou* (1838) et *Novembre* (1842), Flaubert publie en 1847 *Par les grèves et par les champs*, un récit de voyages écrit avec son ami Maxime Du Camp. Après ce périple, Flaubert ressent la nécessité de se documenter de manière plus approfondie, et à ce travail d'observation sur le terrain répondra une volonté toute esthétique : la recherche obsessionnelle du mot juste pour rendre compte de ce que l'on voit.

La reconnaissance, le succès et le scandale arrivent en même temps avec la parution de *Madame Bovary*, en 1856. Le roman est poursuivi pour irréligion et immoralité, Flaubert est acquitté de justesse... Alors il change complètement de sujet, de lieu et d'époque pour son roman suivant : *Salammbô* (1862). L'Orient, qui l'attire depuis longtemps, apparaît comme un rempart idéal contre le monde moderne, qui le dégoûte. Le roman, boudé par la critique, engendre pourtant une véritable mode de l'antique à Paris. Flaubert, désormais célèbre, mène une vie mondaine dans les salons.

Parue en 1869, *L'Éducation sentimentale* s'intéresse cette fois aux mœurs parisiennes, sur fond de révolution de 1848. C'est le roman de l'échec de toute une génération, incapable de maîtriser l'Histoire. Trois ans plus tard, Flaubert publie sa dernière mouture de *La Tentation de saint Antoine*, une pièce de théâtre philosophique posant le problème de la connaissance. S'ensuivent *Trois Contes* en 1877, mêlant inspiration orientale et veine réaliste. Les trois dernières années de sa vie, Flaubert travaille sur *Bouvard et Pécuchet*, inachevé, qui passe en revue les connaissances humaines pour mieux les démolir, comme en témoigne l'un des sous-titres envisagés : *Encyclopédie de la Bêtise humaine*.

Dans ***Madame Bovary*** (1856), Flaubert choisit l'observation scientifique d'un réel sans relief. Contre tout lyrisme, il centre son récit sur l'enchaînement des sentiments et l'analyse d'un caractère féminin. Le choix de l'impersonnalité narrative, la trivialité revendiquée du roman et le soin accordé aux moindres détails en ont fait le roman réaliste par excellence. Il relate la vie d'Emma Rouault, fille d'un cultivateur normand qui, mariée à Charles

Bovary, s'enfonce dans la vie médiocre d'une bourgeoise de province alors qu'elle rêve d'aventures et de passions violentes. Elle se réfugie dans l'adultère, d'abord auprès de Rodolphe, petit châtelain de Yonville, puis avec Léon, jeune clerc de notaire à Rouen. Mais Emma finit par être la victime des illusions qu'elle nourrit sur elle-même (c'est le « **bovarysme** »). Sa ruine, puis son suicide au poison entraînent l'irréversible décrépitude de son mari :

Il sentait tout son être s'écrouler de désespoir à l'idée qu'il fallait la perdre, quand, au contraire, elle avouait pour lui plus d'amour que jamais ; et il ne trouvait rien ; il ne savait pas, il n'osait, l'urgence d'une résolution immédiate achevant de le bouleverser.
Elle en avait fini, songeait-elle, avec toutes les trahisons, les bassesses et les innombrables convoitises qui la torturaient. Elle ne haïssait personne, maintenant ; une confusion de crépuscule s'abattait en sa pensée, et de tous les bruits de la terre Emma n'entendait plus que l'intermittente lamentation de ce pauvre cœur, douce et indistincte, comme le dernier écho d'une symphonie qui s'éloigne. [...]
Une convulsion la rabattit sur le matelas. Tous s'approchèrent. Elle n'existait plus.

Salammbô (1862) se situe à Carthage au IIIe siècle avant J.-C. Le roman relate la guerre sans merci que va livrer la ville à ses mercenaires, qu'elle ne peut plus payer et qui se révoltent. De violents combats se succèdent, jusqu'à la victoire des Carthaginois. Mathô, chef des rebelles, est donné en pâture à la population avide de vengeance et Salammbô meurt de désespoir. Voici la première phrase du livre, qui crée immédiatement tout un univers :

C'était à Mégara, faubourg de Carthage, dans les jardins d'Hamilcar.

Danseuses exotiques.
G. Bussière, v. 1880, coll. part.

L'Éducation sentimentale (1869) suit le parcours de Frédéric Moreau, pris dans les méandres d'une histoire sentimentale et professionnelle chaotique, à l'image d'une France qui se cherche autour de la révolution de 1848. Le roman s'ouvre sur la rencontre entre Frédéric et Émilie Arnoux, femme d'un homme d'affaires volage.

Ce fut comme une apparition. Elle était assise, au milieu du banc, toute seule ; ou du moins il ne distingua personne, dans l'éblouissement que lui envoyèrent ses yeux. En même temps qu'il passait, elle leva la tête ; il fléchit involontairement les épaules ; et, quand il se fut mis plus loin, du même côté, il la regarda.

Frédéric fait son droit à Paris, puis rentre à Nogent, où il se lie à Louise Roque. Revenu à Paris, il revoit enfin Mme Arnoux. Les choses se précipitent : sa mère souhaite qu'il épouse Louise tandis que Frédéric, désormais aimé de Mme Arnoux, obtient d'elle un rendez-vous. Il l'y attendra désespérément.

Seize ans plus tard, Frédéric retrouve Mme Arnoux, mais leur passion appartient au passé. Avec son ami d'enfance Deslauriers, qui a épousé Louise, il tire les conclusions d'une vie manquée…

La Tentation de saint Antoine (1872), inspirée d'un tableau de Bruegel, est l'œuvre d'une vie puisque Flaubert en proposera trois versions, en 1849, 1856 et 1872. Ermite réfugié dans la montagne, Antoine subit toutes les tentations, qui lui apparaissent sous une forme humaine. S'il sort victorieux de ses combats, le rire final du Diable le fait douter…

« **La Légende de saint Julien l'hospitalier** », premier des ***Trois Contes*** (1877), évoque la vie de Julien, jeune noble du Moyen Âge promis dès la naissance à un destin hors du commun. Lors d'une partie de chasse, un cerf lui annonce qu'il tuera son père et sa mère. Nouvel Œdipe, il fuit pour échapper à la prophétie, mais malgré tout elle finit par se réaliser. Il se réfugie alors dans la solitude et décide de consacrer sa vie aux autres en servant de passeur entre les rives d'un fleuve.

« **Un cœur simple** » met en scène la servante Félicité, « une pauvre fille de la campagne […]. Elle aime successivement un homme, les enfants de sa maîtresse, un neveu, un vieillard qu'elle soigne, puis son perroquet ; quand le perroquet meurt, elle le fait empailler et, en mourant à son tour, elle confond le perroquet avec le Saint-Esprit. Cela n'est nullement ironique comme vous le supposez, mais au contraire très sérieux et très triste. Je veux apitoyer, faire pleurer les âmes sensibles, en étant une moi-même. » (Lettre de 1876)

« **Hérodias** » se situe au Ier siècle après J.-C. au Proche-Orient, au royaume de Hérode Antipas. Le tétrarque retient prisonnier Jean-Baptiste, qui a blâmé son mariage irrégulier avec Hérodias. Celle-ci, qui déteste le prophète, utilise la beauté fascinante de sa fille Salomé pour obtenir d'Hérode Antipas, après la danse des sept voiles, la tête de Jean-Baptiste.

Bouvard et Pécuchet, antiroman inachevé de Flaubert, est un projet ancien qui a une ambition « hénaurme » : combattre la bêtise humaine ! En 1838, à Paris, deux copistes célibataires se rencontrent, se lient d'amitié et emménagent ensemble pour se livrer à l'exploration des connaissances humaines. Mais chacune de leurs expériences tourne mal…

Le réalisme au théâtre

Le théâtre réaliste a connu un succès inégal. Mais, dans les années 1850, il adopte des caractéristiques qui resteront en vigueur jusque dans les années 1930 : un décor contemporain, des types aisément identifiables, et des situations pathétiques correspondant aux préoccupations sociales et morales du moment.

Le Drame. Honoré Daumier, XIXe siècle, Bayerische Staatgemäldesammlungen, Munich.

ÉMILE AUGIER

Né à Valence, Émile Augier (1820-1889) fait son droit à Paris. En 1844, son drame ***La Ciguë***, refusé par la Comédie-Française, connaît un énorme succès au théâtre de l'Odéon. Suivront une vingtaine de comédies de mœurs, dont ***Le Gendre de Monsieur Poirier*** (1854, son plus grand succès), *Les Lionnes pauvres* (1858, contre l'appétit du luxe), *Un beau mariage* (1859), *Les Effrontés* (1861, contre la spéculation), *Le Fils de Giboyer* (1862, contre le cléricalisme), *Maître Guérin* (1864) ou *Les Fourchambault* (1878). Sorte de Balzac* dramaturge, Augier a peint avec une ironie amère la bourgeoisie du Second Empire, tout en donnant à ses pièces une tonalité moralisante. Il sera élu dès 1857 à l'Académie française.

ALEXANDRE DUMAS FILS

Fils naturel d'Alexandre Dumas*, Dumas fils (1824-1895) a connu son plus grand succès avec *La Dame aux camélias* (1852). Très habile dans la pièce à thèse, il ne cesse de répondre à Augier* par œuvres interposées. Ainsi, *La Question d'argent* (1857), *Le Fils naturel* (1858) et *Le Père prodigue* (1859) renvoient aux *Lionnes pauvres* d'Augier. Dumas prend le parti des femmes opprimées par les lois et celui des enfants naturels, victimes des préjugés, tout en dénonçant l'argent corrupteur, les tabous et l'hypocrisie.

La Dame aux camélias (1852) relate l'histoire de Marguerite Gautier, femme du demi-monde amoureuse du jeune Armand Duval. L'amour est partagé, mais le père de Duval, bourgeois rigoriste, ne veut pas de cette union. Il obtient de Marguerite qu'elle quitte Armand en lui laissant croire qu'elle ne l'aime plus. Dévorée de chagrin et d'une maladie de poitrine, elle meurt peu après. Cette trame sera reprise par Verdi pour son opéra *La Traviata* (1853).

EUGÈNE LABICHE

Observateur minutieux des mœurs et des travers de la société du Second Empire, Eugène Labiche (1815-1888) a donné au vaudeville ses lettres de noblesse. De la centaine de pièces qu'il a écrites, certaines comme ***Un chapeau de paille d'Italie*** (1851), ***Le Voyage de Monsieur Perrichon*** (1860) ou ***La Cagnotte*** (1864) figurent toujours parmi les chefs-d'œuvre du théâtre comique français.

VICTORIEN SARDOU

Victorien Sardou (1831-1908) a composé des comédies comme ***Pattes de mouche*** (1861) – où un billet compromettant tombe entre les mains d'un mari naïf qui finit par le brûler lui-même –, des pièces aux dialogues pleins d'esprit qui ridiculisent les romantiques (***Les Ganaches***, 1862) ou dénoncent les mœurs trop légères (***La Famille Benoîton***, 1866) ainsi que des drames historiques.

Le naturalisme, règne de l'hérédité et du milieu social

Plus radicaux que les réalistes, les naturalistes considèrent que la « nature » de l'homme est seule responsable de ses actes – et non plus sa raison, son imagination ou les puissances divines. Chacun est déterminé par son milieu. Le roman doit aider à comprendre l'homme et les rouages de la société en décrivant scientifiquement la réalité, y compris lorsqu'elle est sordide : « **la nature entière est son domaine** » (Zola).

Lavandière. Honoré Daumier, v. 1863, musée du Louvre, Paris.

Le passage du réalisme au naturalisme a lieu en 1865, année marquée par la parution d'une part de l'*Introduction à la médecine expérimentale* de Claude Bernard, d'autre part de *Germinie Lacerteux* des frères Goncourt, précédée d'une préface retentissante qui va servir de manifeste au naturalisme naissant :

> Le public aime les romans faux : ce roman est un roman vrai. Il aime les livres qui font semblant d'aller dans le monde : ce livre vient de la rue. (Paris, 1864)

Ce qui intéressera tout particulièrement les écrivains naturalistes, c'est l'étude des marges du sain, les dégénérescences, la folie, les névroses, et surtout le poids de l'hérédité et du milieu social.

Le « réalisme artiste »

EDMOND ET JULES DE GONCOURT

Edmond (1822-1896) et Jules (1830-1870) de Goncourt ont marqué leur temps par leur journal et leurs romans, qu'ils faisaient précéder de préfaces-manifestes. Leur ***Journal*** (1851-1896) est un témoignage de la vie littéraire et culturelle de l'époque. Ils y consignent tout, sans tabou ni complaisance, avec la précision du scalpel. À côté de cet exercice quotidien, ils pratiquent le journalisme, voyagent en Italie, publient des ouvrages historiques, fréquentent Gautier*, Flaubert* et Sainte-Beuve. Leur premier roman, *Sœur Philomène* (1861), s'intéresse au monde de l'hôpital; l'étude de la bourgeoisie les inspire pour *Renée Mauperin* (1864). Mais il faut attendre 1865 et le scandale de *Germinie Lacerteux* pour qu'ils soient reconnus sur la scène littéraire. Suivra *Manette Salomon* (1867), sur le milieu des peintres.

Les Goncourt dans une loge au théâtre. Paul Gavarni, 1853, British Museum, Londres.

Jules meurt de la syphilis en 1870, laissant son frère dans la solitude et l'abattement. Edmond va cependant continuer à écrire. La préface des *Frères Zemganno* (1879) constitue une sorte de manifeste rétrospectif qui insiste sur la nécessité de trouver une « écriture artiste » pour rendre compte de la réalité, si sordide soit-elle.

> [Le réalisme] n'a pas en effet l'unique mission de décrire ce qui est bas, ce qui est répugnant, ce qui pue : il est venu au monde aussi, lui, pour définir, dans de l'écriture artiste, ce qui est élevé, ce qui est joli, ce qui sent bon, et encore pour donner les aspects et les profils des êtres raffinés et des choses riches : mais cela, en une étude appliquée, rigoureuse, [...] pareille à celle que la nouvelle école vient de faire, en ces dernières années, de la laideur.

Germinie Lacerteux (1865) est l'histoire morbide d'une pauvre fille mère, partagée entre la bigoterie et la passion, qui sombre dans « l'hystérie ancillaire » avant de mourir phtisique. Les Goncourt s'appuient sur une documentation précise pour faire vivre le Paris populaire de 1860.

Manette Salomon (1867) évoque le milieu des peintres, que les Goncourt connaissent bien. Rien ne leur échappe : rivalités, espérances, découragements... Le peintre Coriolis cherche à renouveler son art, mais sa maîtresse, Manette Salomon, le contraindra à suivre les attentes du public.

Le maître de Médan

ÉMILE ZOLA

Émile Zola (1840-1902) passe son enfance à Aix-en-Provence, où il se lie d'amitié avec le peintre Cézanne, avant de terminer ses études à Paris. Naturalisé français en 1862 (son père était italien), il devient chroniqueur littéraire à *L'Événement*. Il commence à théoriser le naturalisme dans la préface de son sulfureux roman paru en 1868 : *Thérèse Raquin*, où deux assassins finissent par se suicider

Zola par Manet, 1868, musée d'Orsay, Paris.

faute de pouvoir supporter leur crime. Il s'agit pour Zola de saisir le vrai dans la nature par l'observation et l'analyse des faits moraux et sociaux, afin de mettre à nu le mensonge, la sottise et l'hypocrisie.

> J'ai simplement fait sur deux corps vivants le travail analytique que les chirurgiens font sur les cadavres.

Considérant le réalisme comme trop impersonnel et pas assez scientifique, Zola s'approprie la méthode expérimentale de Claude Bernard :

> L'observateur chez [le romancier] donne les faits tels qu'il les a observés, pose le point de départ, établit le terrain solide sur lequel vont marcher les personnages et se développer les phénomènes. Puis, l'expérimentateur paraît et institue l'expérience, je veux dire fait mouvoir les personnages dans une histoire particulière, pour y montrer que la succession des faits y sera telle que l'exige le déterminisme des phénomènes mis à l'étude. (*Le Roman expérimental*, 1880)

Sorte de *Comédie humaine* naturaliste, le grand **cycle des Rougon-Macquart** est « l'histoire naturelle et sociale d'une famille sous le Second Empire ». Il se donne comme objectif de suivre les différents membres d'une lignée à deux branches condamnée aux dures lois de l'hérédité : d'un côté les légitimes (les Rougon), de l'autre, les bâtards (les Macquart). Derrière les individus mis à nu, c'est tout le corps social qui est analysé. Zola réalise pour chacun de ses romans des enquêtes préparatoires sur les lieux et les milieux qu'il dépeint. Mais il sait aussi leur insuffler une dimension épique où plane une vision pessimiste, comme si l'homme n'était que le jouet d'un ordre du monde qui le dépasse.

La fresque commence au début du Second Empire : *La Fortune des Rougon* (1870) marque la victoire d'une classe de petits-bourgeois arrivistes sur le peuple, comme le symbolise la dépossession de la part d'héritage des Macquart par les Rougon. Après *La Curée* en 1871 (sur la spéculation liée aux grands travaux du baron Haussmann), Zola se lie d'amitié avec Flaubert* et Daudet*, puis rencontre Maupassant* et Mallarmé* en 1873. La même année paraît *Le Ventre de Paris*, sur le quartier des Halles. En 1875, il publie *La Faute de l'abbé Mouret* et en 1876 *Son Excellence Eugène Rougon*. Mais c'est *L'Assommoir* en 1877 qui le rend célèbre et lui permet d'acheter une villa à Médan (Yvelines) où il organisera des réunions littéraires hebdomadaires avec les écrivains naturalistes. En 1880 paraîtront d'ailleurs *Les Soirées de Médan*, recueil collectif regroupant des nouvelles écrites par Zola et ses invités. Après *Une page d'amour* (1878), *Nana* (1880) raconte l'ascension et la décadence d'une prostituée de luxe. Le roman rencontre un vif succès tout en suscitant un nouveau scandale. Suivent *Pot-Bouille* (1882), sur la condition des femmes, *Au Bonheur des Dames* (1883), sur les grands magasins, et surtout *Germinal* (1885), sur

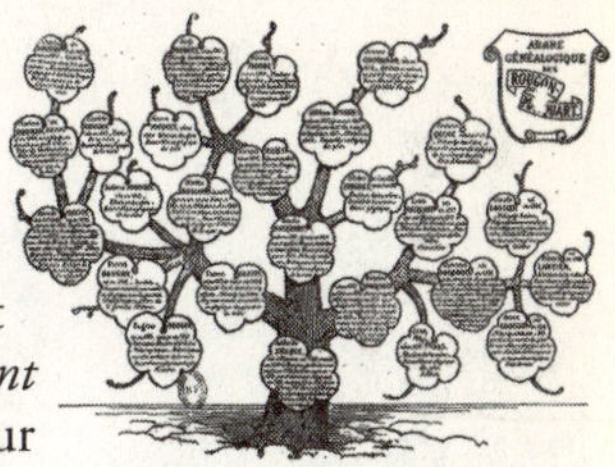

Arbre généalogique des Rougon-Macquart dessiné par Zola, 1878, BNF.

les mineurs. Les chefs-d'œuvre s'enchaînent : *L'Œuvre* (1886), sur le monde de l'art, *La Terre* (1887), sur le sort de la paysannerie à l'heure de la mécanisation, *Le Rêve* (1888), sur le mysticisme, *La Bête humaine* (1890), sur le progrès et la permanence de l'instinct de violence, *L'Argent* (1891), sur la spéculation, *La Débâcle* (1892), sur la défaite de 1870. En 1893 enfin paraît *Le Docteur Pascal*, dernier volume des Rougon-Macquart, qui est comme un résumé médical de la fresque en même temps qu'une ouverture sur le triomphe de la science et de la vie.

Zola commence alors un nouveau cycle, ***Les Trois Villes*** – composé de *Lourdes* (1894), la ville des pèlerinages, *Rome* (1896), la cité des papes, et *Paris* (1898), la capitale républicaine –, qui permet à Zola d'interroger la foi.

Dans son dernier cycle, ***Les Quatre Évangiles***, l'écrivain fait un saut dans l'utopie pour imaginer la cité idéale fondée sur le Capital, le Travail et le Talent. Il reste inachevé : *Fécondité* (1899), *Travail* (1901) et *Vérité* (1902) auraient dû être complétés par *Justice*.

L'année 1894 est marquée par la douteuse condamnation du capitaine Dreyfus à la dégradation militaire et à la déportation en Guyane pour trahison. En 1897, Zola prend parti pour lui et en 1898, dans le journal *L'Aurore,* il publie son fameux « **J'accuse** ». Désormais la France est divisée en deux camps, dreyfusards et antidreyfusards. Le ministère de la Guerre lui intente un procès et Zola est obligé de s'exiler à Londres. En 1901 paraît *La Vérité en marche*, recueil d'articles sur l'affaire Dreyfus. Et en 1902, Zola est retrouvé mort asphyxié dans des conditions mystérieuses – accident ou assassinat déguisé ? Ses cendres seront transférées au Panthéon en 1908.

Dans un café ou l'Absinthe (détail). Edgar Degas, v. 1875, musée d'Orsay, Paris.

L'Assommoir (1877) évoque les affres de la condition ouvrière à Paris, ravagée par la pauvreté et l'alcoolisme.

> J'ai voulu peindre la déchéance fatale d'une famille ouvrière, dans le milieu empesté de nos faubourgs. Au bout de l'ivrognerie et de la fainéantise, il y a le relâchement des liens de la famille, les ordures de la promiscuité, l'oubli progressif des sentiments honnêtes, puis comme dénouement, la honte et la mort. […] C'est une œuvre de vérité, **le premier roman sur le peuple qui ne mente pas et qui ait l'odeur du peuple**. (Préface)

Ce roman retrace l'histoire de Gervaise Macquart, blanchisseuse dans le quartier de la Goutte-d'Or à Paris, mariée avec Coupeau, ouvrier zingueur. À la suite d'une chute grave,

Coupeau prend des habitudes de paresse et sombre dans l'alcoolisme. Gervaise finit par être contaminée par son mari, qui l'emmène boire à *L'Assommoir*…

Germinal (1885) raconte l'histoire d'Étienne Lantier, fils de Gervaise, qui arrive dans une mine du Nord, le Voreux, et incite les ouvriers à se révolter face à leurs conditions de vie misérables. Mais cette prise de conscience politique passe par la violence et la mort. La fin du roman laisse cependant percevoir une lueur d'espoir :

Au pays noir. Constantin Meunier, v. 1890, musée d'Orsay, Paris.

> De toutes parts, des graines se gonflaient, s'allongeaient, gerçaient la plaine, travaillées d'un besoin de chaleur et de lumière. […] Des hommes poussaient, une armée noire, vengeresse, qui germait lentement dans les sillons, grandissant pour les récoltes du siècle futur, et dont la germination allait faire bientôt éclater la terre.

L'Œuvre (1886) dépeint le monde de l'art et des artistes de la fin du XIXe siècle à Paris à travers le portrait d'un peintre maudit, Claude Lantier, largement inspiré de Cézanne. Claude est l'ami de Sandoz, qui lutte pour imposer une nouvelle forme d'art : c'est le combat qu'a mené Zola en défendant les impressionnistes. Mais, si certains de ses amis rencontrent le succès, Lantier demeure incompris. Il finit par passer tout son temps dans un grand hangar où il a commencé une œuvre monumentale, son chef-d'œuvre, qui restera inachevée et devant laquelle il se pendra.

Les disciples

Guy de Maupassant

Après des études à Rouen, Guy de Maupassant* (1850-1893) fréquente Flaubert*, qui lui impose des exercices d'écriture avant de l'introduire dans le milieu littéraire parisien : les Goncourt*, Zola*, Tourgueniev et Daudet*. Commis au ministère de la Marine, puis au ministère de l'Instruction publique, Maupassant fournit des articles à des journaux tout en consacrant ses loisirs à l'écriture de romans et de nouvelles. En 1880, il publie *Boule de Suif* au sein du recueil collectif *Les Soirées de Médan* organisé par Zola*. C'est un grand succès.

Maupassant s'épanouit dans la forme courte, brossant en peu de mots un univers et des caractères, et créant un effet de choc dans les dernières lignes. En 1881, son premier recueil de nouvelles, *La Maison Tellier*, atteint en deux ans sa douzième édition. Suivent les recueils *Mademoiselle Fifi* (1882), *Les Contes de la bécasse* (1883) et *Les Contes du jour et de la nuit* (1885). Des petites scènes de genre du début, Maupassant glisse peu à peu vers des récits sarcastiques où il sonde les bassesses et les appétits du corps humain. Son pessimisme se fait plus noir et désespéré. Il écrit également des romans qui sont tous des succès de librairie : après *Une vie* en 1883, *Bel-Ami* (1885) connaît 37 tirages en quatre mois ! En 1887, les progrès de la maladie (syphilis) et les abus entraînent chez lui des cauchemars et des hallucinations. Il se sent obsédé par un double mystérieux qu'il met en scène dans *Le Horla* (1887). Pour se soulager, il voyage à l'étranger et fait une croisière sur son yacht qui lui inspirera le journal *Sur l'eau* (1888). En 1888 aussi paraît *Pierre et Jean*, avec sa célèbre préface intitulée « Sur le roman » :

> Faire vrai consiste à donner l'illusion complète du vrai, suivant la logique ordinaire des faits, et non à les transcrire servilement dans le pêle-mêle de leur succession. J'en conclus que les Réalistes devraient s'appeler plutôt des Illusionnistes.

Dans son dernier roman, *Fort comme la mort* (1889), Maupassant peint avec pessimisme la quête de l'éternelle jeunesse et la fuite du temps. Il mourra en 1893 des suites d'une tentative de suicide.

Boule de Suif (1880), qui se déroule durant l'hiver 1870-1871, suit un groupe de dix personnes fuyant Rouen envahie par les Prussiens. L'espace clos de la diligence devient un microcosme social : trois couples (de commerçants, de grands bourgeois et d'aristocrates), deux religieuses et deux marginaux – un démocrate et Boule de Suif (prostituée surnommée ainsi en raison de son embonpoint). Lors d'une étape, un officier prussien leur interdit de repartir avant que la jeune fille n'accepte ses avances. Boule de Suif refuse d'abord par patriotisme, puis elle finit par se sacrifier pour sauver les autres. Mais, au lieu de remerciements, elle ne reçoit que railleries et mépris…

Boule de Suif, couverture de l'édition de 1907, BNF.

Le roman **Une vie** (1883) retrace la sinistre existence de Jeanne, une jeune femme qui rêve de l'amour idéal avant de se laisser enfermer dans un mariage raté avec un petit propriétaire terrien qui la délaisse. À force de souffrances et d'humiliations, elle finit par mourir tragiquement.

Bel-Ami (1885) décrit le monde du journalisme parisien et de la presse. En suivant l'ascension et la chute d'un jeune arriviste, Georges Duroy, on se retrouve au cœur des scandales politico-financiers des années 1880.

Pour ***Pierre et Jean*** (1888), roman de mœurs naturaliste, Maupassant est parti d'un fait réel. Pierre, médecin, et Jean, avocat, sont les deux enfants d'une famille de la petite bourgeoisie du Havre. Quand Jean hérite des millions d'un certain Maréchal, riche ami de la famille, commence pour son frère une longue et torturante enquête…

Jules Verne

Caricature de Jules Verne par Gill parue dans *L'Éclipse* du 13 décembre 1874.

S'inspirant des méthodes naturalistes et des progrès de la science, Jules Verne (1828-1905) est l'initiateur en France du roman d'anticipation scientifique. Alors qu'il était destiné à devenir avoué à Nantes, il abandonne ses études une fois à Paris et fréquente le monde du théâtre. Fin 1851, il devient secrétaire du Théâtre-Lyrique. Comme ses pièces et ses livrets rencontrent peu de succès, il s'essaie à la nouvelle. Ses premiers récits contiennent en germe les thèmes des *Voyages extraordinaires*. Il se met à étudier les sciences et fréquente assidûment la Bibliothèque nationale pour se documenter. Il a trouvé son but : éveiller le public aux progrès scientifiques.

Paru en 1863, ***Cinq Semaines en ballon*** est un succès populaire. Ce roman ouvre la série d'une centaine d'ouvrages regroupés sous le titre des *Voyages extraordinaires*, dont : ***Une ville flottante*** (1871), ***Le Tour du monde en quatre-vingts jours*** (1873) sur les traces de Phileas Fogg et de son célèbre domestique Passe-Partout, ***L'Île mystérieuse*** (1874). Aux romans d'ascension qui explorent les espaces interplanétaires comme ***De la Terre à la Lune*** (1865) et ***Autour de la Lune*** (1870) répondent des récits qui pénètrent les abîmes : ***Voyage au centre de la Terre*** (1864), ***Vingt Mille Lieues sous les mers*** (1870). Verne veut percer les secrets de l'univers en s'appuyant sur la science ou en la dépassant, en véritable visionnaire. Mais il s'est également intéressé à l'histoire contemporaine, comme en témoignent ***L'Archipel en feu*** (sur le conflit entre Grecs et Turcs dans les années 1820), ***Michel Strogoff*** (1876), qui évoque un courrier du tsar de Russie, ou ***Nord contre Sud*** (1887), sur la guerre de Sécession aux États-Unis.

Vingt Mille Lieues sous les mers. Dessins de Neuville et Riou, édition de 1870, BNF.

Son influence sera immense : on baptisera le premier sous-marin atomique *Nautilus*, comme celui du capitaine Nemo, et l'un des cratères de la Lune porte le nom de Jules Verne ! Mais qui se cache derrière ce capitaine Nemo (« personne » en latin) qui tient prisonniers le scientifique Pierre Aronnax et ses compagnons après le naufrage de leur navire dans *Vingt Mille Lieues sous les mers*?

« Laissez-moi donc vous dire, monsieur le professeur, que vous ne regretterez pas le temps passé à mon bord. Vous allez voyager dans le pays des merveilles. [...] À partir de ce jour, vous entrez dans un nouvel élément, vous verrez ce que n'a vu encore aucun homme [...] et notre planète, grâce à moi, va vous livrer ses derniers secrets. »

JULES VALLÈS

Jules Vallès (1833-1885), révolté permanent contre l'injustice et l'ordre établi, prend part à Nantes aux manifestations de 1848. Puis il mène une vie de bohème à Paris et défend les idées révolutionnaires. Il fonde plusieurs journaux, dont *La Rue* et *Le Peuple*, et se bat pour la liberté de la presse. Emprisonné à plusieurs reprises, il se présente sans succès aux élections législatives de 1869. Dans ses discours, il fait preuve d'une verve passionnée pour défendre la cause des gens du peuple. Pacifiste, il est incarcéré au début de la guerre de 1870, puis devient l'un des chefs de file la Commune (1871), avant de s'enfuir à Londres, où il vit dans la misère. Amnistié en 1880, il rentre à Paris en 1883 où il reprend son activité de journaliste et continue à défendre le peuple.

C'est à Londres qu'il entreprend sa trilogie autobiographique composée de ***L'Enfant*** (1879), ***Le Bachelier*** (1881) et ***L'Insurgé*** (1886).

Ai je été nourri par ma mère? Est-ce une paysanne qui m'a donné son lait? Je n'en sais rien. Quel que soit le sein que j'ai mordu, je ne me rappelle pas une caresse du temps où j'étais tout petit; je n'ai pas été dorloté, tapoté, baisoté; j'ai été beaucoup fouetté. (Incipit de *L'Enfant*)

ALPHONSE DAUDET

Alphonse Daudet par Gill en couverture des *Hommes d'aujourd'hui* du 15 février 1879.

Annexé au mouvement naturaliste par Zola*, Daudet (1840-1897) reste avant tout pour nous un conteur épris de sa région natale, la Provence, comme en témoignent ses premières œuvres : ***Les Lettres de mon moulin*** (1866), recueil de nouvelles présentées sous la forme de lettres fictives, ***Le Petit Chose*** (1868), récit en grande partie autobiographique, et ***Tartarin de Tarascon*** (1872), aventures tragicomiques de Tartarin, Méridional hâbleur et ridicule.

À Paris, Daudet s'engage dans la voie du roman naturaliste pour peindre différents milieux contemporains. On retrouve chez lui le goût de la vérité si cher aux naturalistes, mêlé à une sensibilité délicate et une sincère compassion pour les faibles.

Les Lettres de mon moulin (1866) sont un recueil de nouvelles présentées sous la forme de lettres fictives, dont fait partie le célèbre conte « La Chèvre de Monsieur Seguin ». Les *Lettres* seront adaptées en un drame, *L'Arlésienne* (1872), immortalisé par la musique de Bizet.

Le Petit Chose (1868) raconte les malheurs d'un jeune Provençal devenu répétiteur dans un collège où il est humilié et méprisé. Comme son héros, Alphonse Daudet a vécu la ruine de ses parents, l'éparpillement de sa famille et une expérience malheureuse dans un collège d'Alès.

Jules Renard

Jules Renard (1864-1910) exerce des petits métiers tout en publiant des poèmes et de courts récits. En 1889, il participe à la création du *Mercure de France* et se lie à Rostand*, Daudet*, Huysmans* et Courteline*. *Sourires pincés* (1890) et *L'Écornifleur* (1892) lui valent une reconnaissance que le roman ***Poil de Carotte*** (1894) va confirmer. S'ensuit le recueil des ***Histoires naturelles*** (1896), qui sera enrichi au fil des rééditions et illustré par les plus grands noms. Désormais célèbre, Renard entre à l'académie Goncourt en 1907. Comme les Goncourt* d'ailleurs, il a tenu un remarquable *Journal* (1887-1910), témoin de la vie politique et littéraire de son temps.

Le récit autobiographique ***Poil de Carotte*** (1894) relate avec un humour grinçant son passé malheureux d'enfant maltraité et humilié.

> Quand arrive le fromage :
> — Je suis sûre, dit Mme Lepic, que Poil de Carotte n'en mangera pas.
> Et Poil de Carotte pense :
> *Puisqu'elle en est sûre, ce n'est pas la peine d'essayer.*
> En outre, il sait que ce serait dangereux.

Heureusement, au moment de la corvée des lapins, il peut se régaler des restes de la famille, qu'il partage avec ses petits compagnons…

Histoires naturelles illustrées par Toulouse-Lautrec, édition de 1899, BNF.

Dans les ***Histoires naturelles*** (1896), Renard croque en quelques lignes des tableaux animaliers pris sur le vif. Tout, de la justesse du trait à la dimension poétique, préfigure les poèmes en prose de Francis Ponge*.

> LE CRAPAUD : Né d'une pierre, il vit sous une pierre et s'y creusera un tombeau.
> LE HANNETON : Un bourgeon tardif s'ouvre et s'envole du marronnier.
> LE PAPILLON : Ce billet doux plié en deux cherche une adresse de fleur.

Idéalisme et décadentisme

Dès le milieu du siècle, des écrivains réagissent violemment contre le matérialisme bourgeois. Ces « **idéalistes** » remettent la subjectivité et le spirituel au premier plan, dans des situations où les nerfs sont à vif, dans des univers fantastiques ou anarchisants. Ils se font les apôtres du Mal ou de la Folie, dans la lignée d'Edgar Poe, récemment traduit par Baudelaire*. Cette révolte se transmue avec les années en un pessimisme morbide et une langueur névrotique : c'est le « **décadentisme** », dandysme déliquescent associé à un style précieux et affecté.

JULES BARBEY D'AUREVILLY

La vie me brûle, mais, comme la salamandre, je vis dans ce feu. (Lettre de 1881)

Barbey d'Aurevilly en 1881. Émile Lévy, musée national du château de Versailles.

Jules Barbey d'Aurevilly (1808-1889) sera toute sa vie hanté par le jour de sa naissance, un 2 novembre, jour des Morts. À 23 ans, il écrit sa première nouvelle, *Le Cachet d'Onyx* (1831), inspirée d'une histoire d'amour malheureuse, puis *Léa*, poème d'amour et de mort empreint de romantisme. Aucune de ces œuvres n'ayant trouvé d'éditeur, il se fait journaliste. Sous l'influence de Stendhal*, il écrit ***L'Amour impossible*** (1841), petit roman raffiné et subtil qui étudie l'amour dans les âmes vieilles, et ***Une vieille maîtresse***, qui ne paraîtra qu'en 1851 et qui traduit toute la complexité de l'écrivain : chrétien mais attiré par toutes les corruptions du XVIIIe siècle, dandy, spirituel, passionné et mondain mais aimant la solitude de sa Normandie natale. Puis Barbey écrit deux chefs-d'œuvre en quelques mois : « **Le Dessous de cartes d'une partie de whist** » (qui sera l'une des *Diaboliques*) et ***L'Ensorcelée***, où le fantastique tient un rôle plus important. Barbey a enfin trouvé le cadre qui convient aux passions étranges et désespérées qu'il peignait depuis vingt ans. Il rédige ensuite ***Le Chevalier des Touches***, roman d'aventures, et ***Un prêtre marié***, très critiqué par l'Église. Lors de la guerre de 1870, Barbey se réfugie en Normandie ; c'est là que mûrissent *Les Diaboliques*, recueil qui paraît en 1874 et connaît un succès de scandale : les exemplaires sont saisis pour atteinte à la morale publique.

Partant d'un cadre réaliste, les nouvelles des ***Diaboliques*** (1874) dévient vers un fantastique teinté de satanisme et d'étrange où le violent se mêle au sulfureux. La volupté et l'amour y ont « le goût de l'idéal et du péché ». Mais leur univers reste profondément tragique, car dominé par la faute originelle.

C'est Calixte, à la fin d'*Un prêtre marié*, qui s'écrie : « *Nous* sommes condamnés », et Barbey souligne ce nous pour montrer aux lecteurs qu'ils sont eux aussi condamnés et que personne n'en sortira indemne…

Auguste de Villiers de l'Isle-Adam

Né dans une illustre famille aristocratique ruinée, Villiers de l'Isle-Adam* (1838-1889) se passionne pour les sciences occultes, la philosophie et mène une vie de bohème. Ayant découvert Edgar Poe, il rédige dans la même veine des contes fantastiques et poétiques aux atmosphères étranges et morbides, dans lesquels s'exprime l'inconscient : ce sont les ***Contes cruels*** (1883) et les ***Histoires insolites*** (1888). Son style très travaillé obéit aux exigences des parnassiens (voir p. 279), qu'il fréquente. Il écrit également deux longs récits fantastiques et humoristiques : ***Claire Lenoir*** (1867) et ***Tribulat Bonhomet*** (1887), qui mettent en scène le savant Bonhomet, satire du bourgeois et incarnation caricaturale du rationalisme. Avec ***L'Ève future*** (1887), roman d'anticipation sur le thème de la fabrication d'un être humain artificiel, il mêle satire de la science et méditation philosophique sur l'existence.

Le Sphinx. Félicien Rops, frontispice des *Diaboliques* en 1879.

Les 28 ***Contes cruels*** (1883), aux tons variés, comportent des thèmes récurrents comme la folie, la transgression, l'amour et la mort – le fameux couple Éros-Thanatos –, ou encore la guillotine…

Lautréamont

Isidore Ducasse (1846-1870), né en Uruguay, arrive en France en 1859 pour faire ses études au lycée impérial de Tarbes. En 1863, à Pau, Ducasse a pour professeur de rhétorique M. Hinstin, auquel il dédiera ses *Poésies* : il se révolte contre les exercices imposés par le maître, qui le punit à son tour pour ses dissertations délirantes. En 1867, il s'installe à Paris, et deux ans plus tard l'éditeur Lacroix publie ***Les Chants de Maldoror***, par un certain comte de Lautréamont. A-t-il fréquenté les milieux littéraires de la capitale durant cette période ? Aucun de ses contemporains ne mentionne son nom. En avril et juin 1870 paraissent les ***Poésies***, et le 24 novembre suivant Lautréamont est retrouvé mort dans un hôtel de la rue du Faubourg-Montmartre, alors que Paris est assiégé par les Prussiens. Il avait 24 ans.

Les ***Chants de Maldoror*** se divisent en six parties, composées de strophes ayant chacune l'apparence d'un poème en prose, l'ensemble ébauchant une sorte de récit épique qui se présente comme un cri de protestation, une explosion de ressentiment, une ouverture vertigineuse sur le spectacle du Mal. Cette intention est annoncée dès le début, comme l'exige la tradition épique :

> Moi, je fais servir mon génie à peindre les délices de la cruauté! Délices non passagères… (Chant I)

Le héros, Maldoror, aurait commencé par exercer la bonté, mais nous n'avons pas ces chants d'innocence.

> Il s'aperçut ensuite qu'il était né méchant : fatalité extraordinaire! Il cacha son caractère tant qu'il put […] jusqu'à ce que, ne pouvant plus supporter une pareille vie, il se jetât résolument dans la carrière du mal… (Chant I)

La Peste. Arnold Böcklin, 1898, Kunstmuseum, Bâle.

La méchanceté foncière de Maldoror est à l'image de l'espèce humaine :

> Dans tous les temps, [l'homme] avait cru, les paupières ployant sous les résédas de la modestie, qu'il n'était composé que de bien et d'une quantité minime de mal. Brusquement je lui appris, en découvrant en plein jour son cœur et ses trames, qu'au contraire il n'est composé que de mal, et d'une quantité minime de bien que les législateurs ont de la peine à ne laisser évaporer. (Chant II)

Il ne reste plus qu'à lancer le héros dans les combats et les aventures qui lui donnent l'occasion de réaliser des exploits, dans la plus pure tradition épique. Héraut du Mal, il se dresse seul face au Créateur :

> J'ai reçu la vie comme une blessure, et j'ai défendu au suicide de guérir la cicatrice. Je veux que le Créateur en contemple, à chaque heure de son éternité, la crevasse béante. C'est le châtiment que je lui inflige. (Chant III)

Toute la Création prend part à cette lutte : les *Chants* sont envahis d'un bestiaire hallucinant, la préférence de Lautréamont allant aux animaux purulents, pullulants, rampants, grouillants… On entre ici dans un univers à part, ouvert au rêve et au délire. Les *Chants* semblent écrits d'un jet. Lautréamont sera salué par les surréalistes comme l'un de leurs plus grands maîtres.

En 1870 paraissent deux fascicules, qu'on nommera ***Poésies***, alors que ce sont des lettres dans lesquelles Lautréamont exprime son intention d'écrire une œuvre qui chanterait le Bien et l'Espérance, afin de faire contrepoids aux *Chants de Maldoror*.

> Je remplace la mélancolie par le courage, le doute par la certitude, le désespoir par l'espoir, la méchanceté par le bien, les plaintes par le devoir, le scepticisme par la foi, les sophismes par la froideur du calme et l'orgueil par la modestie.

Léon Bloy

Médiocre employé, Léon Bloy (1846-1917) rêve de devenir peintre. Sa rencontre avec Barbey d'Aurevilly* va le faire entrer dans le monde des lettres, tout en le ramenant à la religion catholique. ***Le Désespéré*** (1887), roman autobiographique, n'a pas de succès mais Bloy persiste en écrivant un second roman, *La Désespérée*, ébauche de ***La Femme pauvre*** (1897). Pour vivre, il rédige des articles pour diverses revues, et notamment pour *Gil Blas* des contes cruels qui deviendront les ***Histoires désobligeantes*** en 1894. Il se consacrera ensuite à des essais et à la rédaction de son journal. De son œuvre, on retiendra surtout la violence polémique pour dénoncer l'hypocrisie et la sottise bourgeoises et défendre avec rage la religion catholique.

Qu'est-ce qu'un bourgeois ? C'est un cochon qui voudrait mourir de vieillesse.

L'Invendable (1909)

Joris-Karl Huysmans

Après des études de droit, Huysmans (1848-1907) entre au ministère de l'Intérieur dès 18 ans et y restera jusqu'en 1898. Ce métier ne l'intéresse guère, il en parle comme de « l'un des deux boulets qu'il traîne aux jambes, avec la maison de commerce », cet atelier de brochage hérité de sa mère. Pour se libérer de ces boulets, il écrit. D'abord fidèle à l'esthétique naturaliste, il devient en 1884, avec *À rebours* et son héros esthète Des Esseintes, l'un des plus éminents représentants du décadentisme.

Après ***Là-bas*** (1891), roman sur l'occultisme et le satanisme inspiré du naturalisme spiritualiste de Barbey d'Aurevilly*, Huysmans ne peut aller plus loin dans la quête d'une surnature, et il choisit la voie du catholicisme pour trouver un au-delà : ce seront les romans *En route* (1895), *La Cathédrale* (1898) et *L'Oblat* (1903), avec un héros récurrent, Durtal, double de Huysmans, homme de prière mais qui vomit plus que jamais un monde renvoyant l'âme à sa propre médiocrité.

Salomé dansant devant Hérode.
Gustave Moreau, 1876, coll. Huntington Hartford, New York.

À rebours (1884), pour reprendre une expression de sa préface de 1903, est tombé « ainsi qu'un aérolithe dans le champ de foire littéraire », suscitant stupeur et colère. C'est un roman de la solitude et de l'enfermement. Pour rendre compte d'un monde en décomposition, Huysmans a su trouver une langue « décadente », qui sent l'excès de nervosité et de sophistication. Dans le chapitre VIII, Des Esseintes fait ainsi l'éloge de l'artifice :

> Il possédait ainsi une merveilleuse collection de plantes des tropiques, ouvrées par les doigts de profonds artistes, suivant la nature pas à pas, la créant à nouveau, prenant la fleur dès sa naissance, la menant à maturité, la simulant jusqu'à son déclin ; arrivant à noter les nuances les plus infinies, les traits les plus fugitifs de son réveil ou de son repos ; observant la tenue de ses pétales, retroussés par le vent ou fripés par la pluie ; jetant sur ses corolles matineuses des gouttes de rosée en gomme [...]
> Cet art admirable l'avait longtemps séduit, mais il rêvait maintenant à la combinaison d'une autre flore. Après les fleurs factices singeant les véritables fleurs, il voulait des fleurs naturelles imitant des fleurs fausses.

OCTAVE MIRBEAU

Octave Mirbeau (1848-1917) fut à la fois un dramaturge audacieux, un pamphlétaire corrosif et un écrivain engagé dénonçant les tares de la société et condamnant les bourgeois blottis dans leur médiocrité. Il a laissé plusieurs romans, mais c'est ***Le Journal d'une femme de chambre*** (1900) qui reste le plus percutant dans la critique de la bourgeoisie.

Le Jardin des supplices (1899), inspiré de Sade*, Baudelaire* et Huysmans*, se présente comme le catalogue de toutes les perversions dans lesquelles s'est complu l'imaginaire de 1900. La Chine devient ainsi le lieu des plaisirs mortels et les Chinois, les spécialistes de la cruauté poussée au raffinement. En voici la dédicace :

> Aux Prêtres, aux Soldats, aux Juges, aux Hommes, qui éduquent, dirigent, gouvernent les hommes, je dédie ces pages de Meurtre et de Sang.

MARCEL SCHWOB

Marcel Schwob (1867-1905) étudie à Paris auprès de son oncle, patron de la bibliothèque Mazarine. Il se passionne pour l'argot, notamment celui de Villon*. Puis il publie des recueils de contes poétiques dans lesquels il mêle merveilleux, terreur et spiritisme pour dévoiler les charmes de la perversité, comme ***Cœur double*** (1891), ***Le Roi au masque d'or*** (1892), ***Le Livre de Monelle*** (1894) ou ***Les Vies imaginaires*** (1896).

JEAN LORRAIN

Paul Duval dit Jean Lorrain (1855-1906) fréquente la bohème parisienne, collabore à des revues comme *Le Chat noir* ou *Le Décadent* et publie trois recueils de poésies. Aimant provoquer le scandale, Lorrain se crée un person-

Lorrain caricaturé par Sem, BNF.

nage décadent, affichant son homosexualité. À la fois esthète et dandy, l'« Oscar Wilde français » se veut l'explorateur du vice. Ses articles au vitriol font de lui l'un des chroniqueurs les mieux payés de Paris.

Ses œuvres ***Buveurs d'âmes*** (1893) et ***Contes d'un buveur d'éther*** (1895) sont comme le reflet de sa vie dissolue, mêlant aristocrates et bas-fonds pour démasquer les tares d'une société en décomposition.

Son œuvre maîtresse reste ***Monsieur de Phocas***, publié en 1901. Parangon du dandy décadent, M. de Phocas décrit dans son journal sa lente déchéance à coups d'opium et autres drogues. Fasciné par le trouble Claudius Éthal, il finit par l'assassiner.

PIERRE LOUŸS

Dans la lignée du décadentisme, ***Les Chansons de Bilitis*** (1895) de Pierre Louÿs (1870-1925) est l'un des plus beaux poèmes en prose de la langue française. Tout en délicatesse, il célèbre les amours d'une poétesse grecque, contemporaine de Sapho, pour la jeune Mnasidika.

> Ce matin, je ne mangerai pas, ni ce soir, et sur mes lèvres je ne mettrai ni rouge ni poudre, afin que son baiser demeure. (« Le passé qui survit »)

De « l'art pour l'art » aux poètes maudits

En réaction à la fois au romantisme et au réalisme, les tenants de « **l'art pour l'art** » refusent l'expression complaisante des sentiments personnels, revendiquent l'autonomie de l'art par rapport à la société et vouent un culte à la Beauté. Ils s'érigent également contre le triomphe d'une société bourgeoise qui compte sur le progrès scientifique et technique pour faire de nouveaux profits et prônent une aristocratie de l'esprit éloignée du monde utilitaire, jugé répugnant. Comme le nom qu'ils se sont choisi le laisse entendre, **le Parnasse** – référence au lieu sacré habité par les Muses et le dieu Apollon –, c'est dans un passé légendaire ou dans l'exotisme qu'ils vont trouver refuge. À la suite de Théophile Gautier, ils se considèrent comme des orfèvres – d'où le titre du recueil *Émaux et Camées* de Gautier, sorte de manifeste du mouvement parnassien. Cette quête de perfection formelle est reprise par **les symbolistes**, qui rejettent la description scientifique du réel et préfèrent utiliser des symboles pour découvrir le sens caché des choses. Ces « poètes maudits » étudient les sciences occultes et rompent avec les normes sociales, comptant sur la postérité pour reconnaître leurs mérites…

Le Parnasse et « l'art pour l'art »

> Il n'y a de vraiment beau que ce qui ne peut servir à rien ; **tout ce qui est utile est laid**, car c'est l'expression de quelque besoin, et ceux de l'homme sont ignobles et dégoûtants, comme sa pauvre et infirme nature.
>
> Gautier, préface de *Mademoiselle de Maupin* (1835)

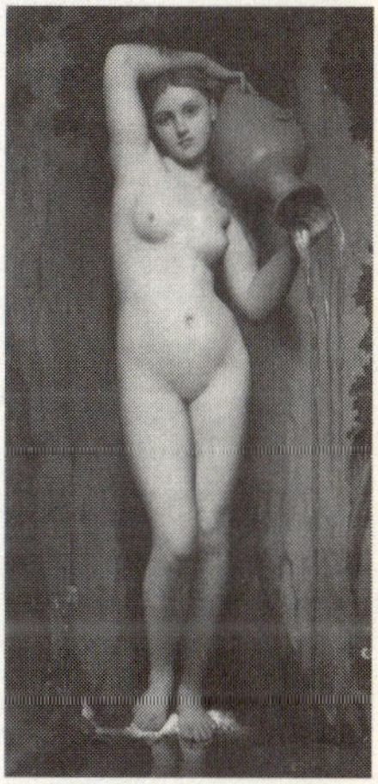

La Source. Ingres, 1856, musée d'Orsay, Paris.

À l'origine de la célèbre expression qui résume la doctrine parnassienne, « l'art pour l'art », on trouve **Théophile Gautier*** qui, en plein romantisme, refuse la dimension utilitaire et morale de la création artistique. À sa suite, un certain nombre de poètes vont se réunir à Paris chez l'éditeur Alphonse Lemerre, unis par le refus des épanchements lyriques et de l'engagement politique des romantiques. *La Revue fantaisiste*, créée par Catulle Mendès en 1861, joue un rôle fédérateur entre les poètes pendant les neuf mois de sa parution. Puis il faut attendre 1866 pour que paraisse le premier *Parnasse contemporain*, recueil de vers nouveaux qui sera suivi de deux autres, en 1869 et 1876. Sous la bannière de noms déjà célèbres, **Gautier***, **Banville*** ou **Baudelaire***, et derrière leur chef de file **Leconte de Lisle***, chez qui ils tiennent salon, ces poètes revendiquent un renouvellement esthétique. Pour eux, seule compte la perfection de la forme. C'est avant tout dans la poésie que leur art va s'épanouir.

La poésie

Théophile Gautier

À côté de son travail de romancier et de critique, Théophile Gautier* (1811-1872) garde une prédilection pour la poésie, qui demeure sa passion. En 1852 paraît le recueil ***Émaux et Camées***, qui illustre son désir de perfection formelle. Jusqu'en 1872, Gautier l'enrichit de poésies nouvelles,

Gautier par Auguste de Châtillon, 1839, musée Carnavalet, Paris.

ciselées comme des bijoux, où l'esthétique l'emporte sur le sens. S'inspirant de la peinture et de la sculpture, il cherche à rendre les effets de lumière, les lignes et les couleurs. L'art poétique des parnassiens s'exprime tout entier dans le poème « L'Art » qui clôt le recueil :

> Tout passe. – L'art robuste
> Seul a l'éternité.
> Le buste
> Survit à la Cité.

Banville* se déclarera son disciple, tout comme Baudelaire*, qui lui dédiera *Les Fleurs du Mal*.

Charles Leconte de Lisle

Né sur l'île de La Réunion, Leconte de Lisle (1818-1894) rompt avec sa famille pour venir en France. Mais il perd ses illusions d'une société utopique et généreuse au lendemain de la révolution de 1848 et décide alors de se consacrer au culte de la beauté. Les *Poèmes antiques* paraissent en 1852, suivis par les *Poèmes barbares* (1862-1878), les *Poèmes tragiques* (1884) et un recueil posthume, *Derniers Poèmes*, en 1895. En 1886, il avait succédé à Victor Hugo* à l'Académie française. Fasciné par les images fortes, nourri de mythologie antique qui lui fournit ses modèles de la beauté, Leconte de Lisle a su dépasser le stade du pittoresque pour atteindre au symbole.

Dans ses ***Poèmes antiques*** (1852), il cherche l'inspiration dans l'Antiquité grecque et hindoue, où il puise des mythes et des formes poétiques, pour échapper à l'Histoire contemporaine, qu'il juge sans grandeur, et mettre en valeur ses idéaux. Suivent les ***Poèmes barbares*** (1862-1878), exotiques et cruels, qui annoncent la disparition prochaine de l'humanité et célèbrent les civilisations lointaines.

> Tel qu'un morne animal, meurtri, plein de poussière,
> La chaîne au cou, hurlant au chaud soleil d'été,
> Promène qui voudra son cœur ensanglanté
> Sur ton pavé cynique, ô plèbe carnassière !
>
> « Les Montreurs »

Hercule au lac Stymphale. Gustave Moreau, XIXe siècle, coll. part.

Théodore de Banville

Poète, conteur, chroniqueur, dramaturge et nouvelliste, Théodore de Banville (1823-1891) est un orfèvre des mots et des formes. Il trouve son inspiration chez les poètes de l'Antiquité, du Moyen Âge et de la Renaissance, et ses recherches formelles rappellent celles de Marot* et des grands rhétoriqueurs, dont il se réclame. Contrairement aux autres parnassiens, il a également recours à la parodie et au burlesque. Dès l'âge de 19 ans, il publie un recueil de poèmes à succès, *Les Cariatides* (1842). D'autres suivront, en alternance avec des contes et des pièces de théâtre : *Les Stalactites* (1846), ***Odes funambulesques*** (1857), ***Les Exilés*** (1867), ***Les Occidentales*** (1869), ***Trente-six Ballades joyeuses*** (1873), ***Rondels*** (1875) et le recueil posthume ***Dans la fournaise*** (1892).

Nous n'irons plus aux bois, les lauriers sont coupés. (*Les Cariatides)*

José Maria de Heredia

D'origine cubaine, mais élevé en France, José Maria de Heredia (1842-1905) compose des vers dès 1862 et collabore au *Parnasse contemporain* de 1866. Son recueil ***Les Trophées*** (1893), qui regroupe 118 sonnets, marque le couronnement de l'esthétique parnassienne en joignant un rare talent d'évocation à une impeccable facture métrique.

Et là-bas, sous le pont, adossé contre une arche,
Hannibal écoutait, pensif et triomphant,
Le piétinement sourd des légions en marche.

« La trebbia »

René Sully Prudhomme

Issu d'un milieu fortuné, Sully Prudhomme (1839-1907) abandonne ses études scientifiques pour se consacrer à la poésie. Il adhère à l'esthétique parnassienne, mais dès ***Stances et Poèmes*** (1865) tend vers une poésie plus intimiste afin d'exprimer sa mélancolie et ses angoisses (***Les Solitudes***, 1869 et ***Les Vaines Tendresses***, 1875). Puis il aborde des questions métaphysiques dans de vastes poèmes philosophiques, tels ***La Justice*** (1878) et ***Le Bonheur*** (1888). Son œuvre, qui compte également des traductions de Lucrèce et des essais d'esthétique et de critique, sera couronnée du prix Nobel en 1901.

Charles Cros

Charles Cros (1842-1888), fondu de langues orientales et de sciences expérimentales, compose aussi des recueils de monologues cocasses et fantaisistes comme ***Le Hareng saur*** ou ***Le Bilboquet*** et une poésie où pointent les angoisses de la solitude (***Le Coffret de santal***, 1873). Verlaine* qualifiera ses poèmes de « bijoux tour à tour délicats, barbares, bizarres, riches et simples ».

Le roman et la nouvelle

Théophile Gautier

L'esthétique de Gautier* se révèle aussi dans ses nombreux romans et contes. Dans ***Le Roman de la momie*** (1857), il cherche à reconstituer l'atmosphère et la grandeur de l'époque des pharaons.

> C'était un chant d'une volupté triste, d'une langueur exténuée, exprimant la fatigue du corps et le découragement de la passion ; on y pouvait deviner aussi l'ennui lumineux de l'éternel azur, l'indéfinissable accablement des pays chauds.

Le héros romantique du ***Capitaine Fracasse*** (1863) est un baron désargenté qui abandonne son château en ruine pour suivre une troupe de comédiens.

Anatole France

Anatole France* (1844-1924, prix Nobel 1921), bibliothécaire au Sénat, fait paraître des vers parnassiens avant de se consacrer à l'écriture romanesque avec ***Le Crime de Sylvestre Bonnard*** (1881) ou ***Les Désirs de Jean Servien*** (1882). Suivent notamment les romans ***Thaïs*** (1890), « histoire d'une pécheresse sauvée et d'un ermite damné », et ***Le Lys rouge*** (1894). Dans ***Histoire contemporaine*** (4 vol., 1897-1901), recueil de « conversations », Anatole France se fait le chroniqueur délicat et raffiné de la fin du XIXe siècle.

La mouvance symboliste

Charles Baudelaire

> Quand le ciel bas et lourd pèse comme un couvercle
> Sur l'esprit gémissant en proie aux longs ennuis,
> Et que de l'horizon embrassant tout le cercle
> Il nous verse un jour noir plus triste que les nuits [...]
>
> « Spleen », in *Spleen et Idéal*

Charles Baudelaire (1810-1867) se place au carrefour du romantisme, du Parnasse et du symbolisme. Il pense que « le Beau est toujours bizarre » – il n'y a pas de Beau unique, mais des beautés toujours nouvelles, dépendantes de l'époque et du lieu –, et, comme les parnassiens, que la poésie ne peut avoir de mission sociale ou politique. Il fait sienne l'expression romantique de l'intime et de l'aspi-

Judith II. Gustav Klimt, 1909, Galleria d'Arte moderna, Venise.

ration à l'infini. En symboliste enfin, il recherche les « correspondances » entre le sensoriel et le spirituel :

Comme de longs échos qui de loin se confondent
Dans une ténébreuse et profonde unité,
Vaste comme la nuit et comme la clarté,
Les parfums, les couleurs et les sons se répondent.

« Correspondances », in *Les Fleurs du Mal*

Critique d'art, traducteur d'Edgar Poe, Baudelaire est surtout connu pour ses ***Fleurs du Mal***, dont la parution en 1857 entraîne scandale, procès et censure. Ce recueil (1857-1861) retrace la tragédie de l'être humain et cherche à « extraire la beauté du Mal ». Dans la première section, *Spleen et Idéal*, les élans vers l'idéal sont constamment entravés par le « spleen » (angoisse mélancolique) et par des obstacles matériels : la maladie, la pauvreté, l'oisiveté, ou le temps, qui « mange la vie »... Le poète ne peut échapper à cette dualité ni dans l'art, ni dans l'amour, ni dans la solitude. L'ultime remède reste le grand voyage vers un autre monde...

Là, tout n'est qu'ordre et beauté
Luxe, calme et volupté.

« L'invitation au voyage »

Dans les *Tableaux parisiens*, le poète se tourne, en vain, vers les autres.

Un éclair... puis la nuit ! – Fugitive beauté
Dont le regard m'a fait soudainement renaître,
Ne te verrai-je plus que dans l'éternité ?
Ailleurs, bien loin d'ici ! trop tard ! jamais peut-être !
Car j'ignore où tu fuis, tu ne sais où je vais,
Ô toi que j'eusse aimée, ô toi qui le savais !

« À une passante »

Suivent *Le Vin*, sur la déception des paradis artificiels ; *Les Fleurs du Mal*, où la débauche ne mène qu'au dégoût de soi-même ; *Révolte*, qui montre que le blasphème n'est pas plus efficace ; enfin *La Mort*, qui reste le suprême recours, comme le laissent entendre les dernières strophes du recueil :

Ô Mort, vieux capitaine, il est temps ! levons l'ancre !
Ce pays nous ennuie, ô Mort ! Appareillons !
Si le ciel et la mer sont noirs comme de l'encre,
Nos cœurs que tu connais sont remplis de rayons !
Verse-nous ton poison pour qu'il nous réconforte !

Baudelaire par Courbet, 1848, musée Fabre, Montpellier.

Nous voulons, tant ce feu nous brûle le cerveau,
Plonger au fond du gouffre, Enfer ou Ciel, qu'importe?
Au fond de l'Inconnu pour trouver du nouveau!

Dans le recueil ***Le Spleen de Paris*** (posth., 1869), Baudelaire choisit de rendre compte de la vie moderne par « une prose poétique sans rythme et sans rime, assez souple et assez heurtée pour s'adapter aux mouvements lyriques de l'âme, aux ondulations de la rêverie, aux soubresauts de la conscience. » (Préface)

Le symbolisme

Le symbolisme est moins un mouvement qu'une convergence d'idées, en réaction au réalisme, au naturalisme et au Parnasse. Les symbolistes s'appuient sur le pouvoir de suggestion et la musicalité des mots pour établir des correspondances entre le matériel et l'immatériel, entre le réel et le spirituel. Par l'étrangeté des associations de mots, le déséquilibre du vers impair, ils communient avec l'être, le subconscient, l'au-delà, le mystère universel. Dans *Un manifeste littéraire*, publié en 1886, Jean Moréas en propose une définition : « La poésie symboliste cherche à vêtir l'idée d'une forme sensible. »

Stéphane Mallarmé

Pour Mallarmé (1842-1898), la poésie doit se présenter avec une apparence énigmatique pour éloigner, ou du moins intriguer, le lecteur profane : c'est ce qu'on a appelé l'**hermétisme**. Car « toute chose sacrée et qui veut demeurer sacrée s'enveloppe de mystère ». Pour cela, le poète doit inventer un nouveau langage et « donner un sens plus profond aux mots de la tribu » (« Tombeau d'Edgar Poe », *Poésies*) en les détournant de leur signification traditionnelle. Il atteint ainsi à une pureté de sens et de sons par laquelle il exprime l'indicible : « Aboli bibelot d'inanité sonore » (« Sonnet en X », ***Poésies***, posth., 1899)... Comme chez Baudelaire*, le poète, inadapté au monde qui l'entoure, cherche à fuir :

Mallarmé par Manet, 1876, musée d'Orsay, Paris.

Où fuir dans la révolte inutile et perverse?
Je suis hanté. L'Azur! l'Azur! l'Azur! l'Azur!

Ces derniers mots du poème « L'Azur » trouveront un écho dans le poème suivant, « Brise marine » :

La chair est triste, hélas! et j'ai lu tous les livres.
Fuir! là-bas, fuir! Je sens que les oiseaux sont ivres...

Après ***Hérodiade*** (1871) ou ***L'Après-midi d'un faune*** (1877), Mallarmé se fait plus torturé dans les ***Tombeaux***, hommages à ses illustres prédécesseurs. Puis il s'essaie au poème en prose (***Divagations***, 1897) avant de reconnaître, fataliste, désespéré, qu'***Un coup de dés jamais n'abolit le hasard*** (1897)...

Paul Verlaine

Verlaine à 25 ans par Félix Régamey, BNF.

Né à Metz, Paul Verlaine (1844-1896) se destine à une carrière administrative quand ses *Poèmes saturniens* lui ouvrent les portes du *Parnasse contemporain*. Dans ce premier recueil, on devine l'influence de Hugo*, mais aussi de Baudelaire* et des parnassiens, qu'il fréquente. Cependant, on y découvre déjà le ton particulier et la musique des vers impairs qui feront la réussite de ses autres recueils.

De la musique avant toute chose,
Et pour cela préfère l'Impair
Plus vague et plus soluble dans l'air,
Sans rien en lui qui pèse ou qui pose.

« Art poétique », in *Jadis et Naguère* (1884)

Dans les ***Poèmes saturniens*** (1866), Verlaine s'approprie le paysage en intériorisant ses éléments. Vivant par les sens chaque effet de lumière ou de couleur, il fait de ces lieux les symboles de son âme dispersée et rêveuse.

Les sanglots longs / Des violons / De l'automne
Blessent mon cœur / D'une langueur / Monotone.
Tout suffocant / Et blême, quand / Sonne l'heure,
Je me souviens / Des jours anciens / Et je pleure;
Et je m'en vais / Au vent mauvais / Qui m'emporte
Deçà, delà, / Pareil à la / Feuille morte.

« Chanson d'automne »

En 1869, le recueil ***Fêtes galantes*** révèle l'intériorité du poète, déjà sous l'emprise de l'absinthe et des mirages de la bohème. Son mariage en 1870 va lui offrir quelques mois d'apaisement, avant le double choc de 1871 : d'abord le siège de Paris et la Commune, et surtout sa rencontre avec Rimbaud*. De cette liaison tumultueuse qui les mènera sur les routes d'Angleterre et de Belgique,

Verlaine puise l'inspiration de ***Romances sans paroles*** (1874), qui déploie des équivalences entre musique, poésie et peinture, avant que l'alcool et la colère ne le poussent à tirer sur son compagnon en juillet 1873.

Il pleure dans mon cœur
Comme il pleut sur la ville;
Quelle est cette langueur
Qui pénètre mon cœur?

Un coin de table (à gauche : Verlaine et Rimbaud).
Henri Fantin-Latour, 1872, musée d'Orsay, Paris.

Emprisonné pendant deux ans, le poète tente une conversion morale et mystique que l'on peut suivre dans les poèmes de ***Sagesse*** (1881). D'un symbolisme discret, ils respirent le repentir et le mysticisme.

Qu'as-tu fait, ô toi que voilà,
Pleurant sans cesse,
Dis, qu'as-tu fait, toi que voilà,
De ta jeunesse?

Ses derniers recueils témoignent de son perpétuel déchirement entre la sagesse et les rechutes dans le vice : ***Jadis et Naguère*** (1884), ***Parallèlement*** (1889), ***Mes prisons*** (1893). Il meurt dans le dénuement en 1896.

Arthur Rimbaud

La vraie vie est absente. Nous ne sommes pas au monde.

Une saison en Enfer

Né à Charleville, Arthur Rimbaud (1854-1891), le mal-aimé d'une mère autoritaire, trouve sa revanche au collège, qui va le révéler aux langues anciennes et à la poésie. De 1868 à 1870, il rédige ses premiers poèmes sous l'influence de Hugo* et des parnassiens, et fait déjà plusieurs fugues pour fuir sa province natale.

C'est un trou de verdure où chante une rivière
Accrochant follement aux herbes des haillons
D'argent; où le soleil, de la montagne fière,
Luit : c'est un petit val qui mousse de rayons.

Un soldat jeune, bouche ouverte, tête nue,
Et la nuque baignant dans le frais cresson bleu,

Dort ; il est étendu dans l'herbe, sous la nue,
Pâle dans son lit vert où la lumière pleut.

Les pieds dans les glaïeuls, il dort. Souriant comme
Sourirait un enfant malade, il fait un somme :
Nature, berce-le chaudement : il a froid.

Les parfums ne font pas frissonner sa narine ;
Il dort dans le soleil, la main sur sa poitrine,
Tranquille. Il a deux trous rouges au côté droit.

« Le Dormeur du val »

Après la guerre, la Commune et la bohème parisienne, 1871 est l'année de l'engagement dans une voie nouvelle : il rédige son recueil ***Poésies*** comprenant « Le Bateau ivre » et sa ***Lettre du voyant*** où il expose sa « vision » de la poésie : « Le Poète se fait voyant par un long, immense et raisonné dérèglement de tous les sens. »

Et j'ai vu quelquefois ce que l'homme a cru voir !

« Le Bateau ivre »

Rimbaud rencontre Verlaine* et entreprend avec lui une errance d'un an à travers l'Europe qui se termine tragiquement par le coup de revolver de son ami. Ange déchu, il écrit ***Une saison en Enfer*** (1873) pour rendre compte de cette folie.

J'écrivais des silences, des nuits, je notais l'inexprimable, je fixais des vertiges.

« Alchimie du Verbe »

En 1874, il repart à Londres en compagnie du poète Germain Nouveau, à qui il confie les premières ***Illuminations***, poèmes en prose qui ne paraîtront qu'en 1886. Il voyage seul, d'abord à travers l'Europe, entre 1875 et 1880, puis à Aden, où il rejoint le comptoir d'Harar. « Homme aux semelles de vent », il errera de déserts en oasis à la recherche d'une hypothétique fortune, renonçant à son génie.

Oisive jeunesse
À tout asservie,
Par délicatesse
J'ai perdu ma vie.
Ah ! Que le temps vienne
Où les cœurs s'éprennent !

« Chanson de la plus haute tour »

L'Ange déchu. Odilon Redon, 1871, musée Kröller-Müller, Otterlo (Pays-Bas).

Les prolongateurs

À la suite des symbolistes, une jeune génération d'écrivains va tenter de transcender son mal-être : la défaite de 1870, la misère sociale liée à l'industrialisation, la perte de la foi et une méfiance grandissante envers les sciences les conduisent à chercher des voies nouvelles pour dénoncer les injustices.

JULES LAFORGUE

C'est sans doute Jules Laforgue (1860-1887), avec sa poésie sarcastique, familière et pessimiste qui incarne le mieux les désillusions de la fin du siècle. ***Les Complaintes*** (1885), ritournelles anodines au premier abord, oscillent entre mélodrame et humour noir, apitoiement et dérision.

Ah ! qu'est-ce que je fais ici, dans cette chambre !
Des vers. Et puis, après ? Ô sordide limace !
Quoi ! La vie est unique, et toi, sous ce scaphandre,
Tu te racontes sans fin, et tu te ressasses !
Seras-tu donc toujours un qui garde la chambre ?

« Complainte d'un autre dimanche »

Dans ***Imitation de Notre-Dame la Lune*** (1886), il crée le « **vers-librisme** », jouant avec la longueur des vers pour créer des dissonances de sons et de sens.

HENRI DE RÉGNIER

Henri de Régnier (1864-1936) fait le choix des vers impairs et admet le hiatus, composant des vers irréguliers, suivis d'alexandrins impeccables pour amplifier l'effet recherché (***Tel qu'en un songe***, 1892 et ***Les Jeux rustiques et divins***, 1897). Il revient à une prosodie plus classique avec ***La Sandale ailée*** (1905).

Pendant des jours, des jours et des jours, j'ai erré
Loin de ton seuil quitté et de ta porte ouverte
Et j'ai suivi la route à mon désir offerte,
Mais les chemins divers m'ont ramenée à toi.

La Sandale ailée

Le xxe siècle

Il est difficile de se repérer dans l'immense production du xxe siècle. Car le monde des lettres a complètement changé avec l'organisation commerciale des maisons d'édition et l'apparition des prix littéraires. La démocratisation de l'enseignement ayant démultiplié le nombre d'auteurs et de lecteurs, les livres sont devenus un produit de consommation grand public et font l'objet d'une production de masse.

La Gare Saint-Lazare : les signaux. Claude Monet, 1877, Niedersächsisches Landesmuseum, Hanovre.

Au xxe siècle, les positionnements collectifs sont rares : les auteurs obéissent à des stratégies individuelles d'obtention de prix, et **les différents genres s'interpénètrent de plus en plus**. Toutefois, de grandes tendances peuvent être dégagées : la psychanalyse a colonisé la littérature ; le roman est de plus en plus autobiographique ; l'absurde existentiel et l'engagement politique ont marqué le siècle ; le roman réaliste traditionnel, social ou historique, a conservé tout son prestige ; enfin la fiction « pure » se maintient par l'intermédiaire du fantastique, de l'ailleurs, de l'humour et de la littérature de genre, qui a accédé à la consécration.

Le xxe siècle est celui du **roman** : « Roman psychologique, roman d'introspection, réaliste, naturaliste, de mœurs, à thèse, régionaliste, allégorique, fantastique, noir, romantique, populaire, feuilleton, humoristique, d'atmosphère, poétique, d'anticipation, maritime, d'aventures, policier, scientifique, ouf ! et j'en oublie » (Robert Desnos). Les expérimentations se sont multipliées : toutes les formes, tous les genres ont été remis en question. Puis le roman, devenu « postmoderne », a abandonné les tentatives avant-gardistes et préféré renouveler les héritages.

La **poésie**, mal-aimée du siècle, reste cependant bien vivante et s'infiltre dans les autres formes littéraires. Après les deux révolutions poétiques du début du siècle – l'« esprit nouveau » avec Apollinaire, et le surréalisme avec Breton –, la poésie s'est constamment renouvelée, autour de revues dynamiques. Discrètement, car le genre ne se prête pas à la médiatisation, elle a innové avec des inventeurs comme Michaux, Ponge, Roubaud ou Du Bouchet. Aujourd'hui, également éloignée du lyrisme et de la dislocation du langage, la poésie « postmoderne » cherche simplement à dire la vie, l'être et son rapport au monde.

Le **théâtre** a lui aussi connu des bouleversements majeurs. Spirituel au début du siècle, il s'oriente vers des tendances humanistes et philosophiques dans l'entre-deux-guerres. Engagé sous l'Occupation, il propose ensuite une remise en cause des formes et du langage : c'est le théâtre de l'absurde. Les pièces contemporaines, extrêmement variées, rencontrent un public de plus en plus nombreux et laissent la part belle aux metteurs en scène.

Notre classification n'a rien d'irréprochable puisqu'au XXe siècle les auteurs ne souhaitent guère être affiliés à des mouvements, et que ceux-ci sont difficiles à dégager. De plus, au sein d'un même courant, de nombreux auteurs n'ont pu être développés faute de place, les « grands » ont dû être résumés en quelques lignes, et nous manquons de recul pour apprécier les productions les plus récentes. Il a fallu faire des choix… mais c'est précisément la concision qui fait l'intérêt de ce petit guide du XXe siècle.

La Belle Époque

Affiche de J.-A. Grun, 1898, Städtische Kunstsammlungen, Chemnitz.

La Belle Époque, de 1900 à 1914, est une période d'optimisme où l'on célèbre les nouvelles techniques – cinéma, automobile, électricité –, la presse illustrée, le sport et les loisirs.

Dans la lignée des philosophes des Lumières, la notion moderne d'« engagement » naît lors de l'affaire Dreyfus, au tout début du siècle. L'injuste condamnation de l'officier Dreyfus dévoile l'antisémitisme d'une partie des Français et amène des écrivains – Zola, France, Péguy – à prendre parti contre l'intolérance, tandis que d'autres – Barrès, Maurras – défendent la « France éternelle ».

Vers le moi profond

Le roman psychologique du début de siècle

Également : Claude Farrère, Louis Hémon

Pierre Loti (1850-1923)
• *Aziyadé* (1879), récit romancé de sa passion pour une jeune Turque à Istanbul, et sa suite *Fantôme d'Orient* (1891).

• *Pêcheur d'Islande* (1886), sur la dure vie des marins bretons partant chaque année en campagne de pêche en Islande.
• *Madame Chrysanthème* (1887), situé au Japon.
• *Les Derniers Jours de Pékin* (1902), *Vers Ispahan* (1904), désirs d'ailleurs…

Eugène Le Roy (1836-1907)
• *Jacquou le Croquant* (7 vol., 1899), qui exalte la vie paysanne dans le Périgord au XIXe siècle.

Rêverie du soir. Alfons Mucha, 1899.

Victor Segalen* (1878-1919)
• *Les Immémoriaux* (1907), où ce voyageur-poète évoque les Maoris et leur culture.
• *Équipée* (1929), récit d'aventures dans un univers chinois où « tout est immobile et suspendu ».

Colette* (1873-1954)
• *Les Vrilles de la vigne* (1908), recueil de nouvelles qui exprime son goût pour la nature et la nostalgie de sa terre natale, l'Yonne.
• *La Vagabonde* (1910), célébration de la liberté, de la beauté et du pouvoir de fascination de la femme.

Louis Pergaud (1882-1915)
• *La Guerre des boutons* (1912), où les enfants de deux villages voisins se font la guerre.

Alain-Fournier (1886-1914)
• *Le Grand Meaulnes* (1913), roman autobiographique alliant réalisme et féerie. Le grand et douloureux amour qui domine la vie du narrateur reflète le besoin d'idéal et de spirituel de la génération des années 1910.

LA DÉCOUVERTE DE SOI PAR LA NARRATION

Marcel Proust (1871-1922)
Rejetant le réalisme (« défilé cinématographique des choses ») comme le symbolisme (« une œuvre où il y a des théories est comme un objet sur lequel on laisse la marque du prix »), Proust invente le roman moderne. Le réel, dont on ne peut avoir qu'une vision subjective et fragmentée, est reconstruit par la mémoire : le « temps perdu » est retrouvé. Il s'agit d'« essayer d'aller jusqu'à ce fond extrême où gît la vérité, l'univers réel, notre impression authentique ». Proust fait donc du roman une interrogation sur l'auteur et son œuvre.

À la recherche du temps perdu est une réflexion qui commence dès le début du livre lorsque le narrateur indique que, depuis l'enfance, il souhaitait devenir écrivain mais ne possédait pas le génie suffisant pour trouver un sujet. Dès lors, il s'engage dans un récit de la vie du héros, qui se déroule sans incident, presque stérile, jusqu'à ce qu'il comprenne, vers la fin de l'ouvrage, que c'est la vie elle-même qui est le sujet du roman. La *Recherche* est donc le récit de la vie de Proust au sein de son milieu social. Son sujet central est toutefois la prise de conscience du temps.

> Longtemps, je me suis couché de bonne heure. [...] je n'avais pas cessé en dormant de faire des réflexions sur ce que je venais de lire, mais ces réflexions avaient pris un tour un peu particulier ; il me semblait que j'étais moi-même ce dont parlait l'ouvrage [...] (Incipit)

La *Recherche* est constituée de *Du côté de chez Swann* (1913), *À l'ombre des jeunes filles en fleurs* (1919), *Le Côté de Guermantes* (1920), *Sodome et Gomorrhe* (1921), *La Prisonnière* (posth., 1923), *Albertine disparue* ou *La Fugitive* (posth., 1925) et *Le Temps retrouvé* (posth., 1927). Le narrateur écrit sous le « je » autobiographique et ajoute à ses souvenirs de nombreuses dimensions (réflexions, rapprochements) ; le souvenir est donc une autre réalité qui coexiste avec la fuite du temps, et que la littérature peut faire revivre par l'évocation. Les sens ont également un pouvoir de résurrection : la coïncidence entre une sensation présente et le souvenir de cette sensation fait revivre tout un monde de visages, de lieux, d'objets disparus. Par exemple, la saveur d'une madeleine remplit Proust d'une « essence précieuse », qu'il nomme « l'édifice immense du souvenir » :

> Et tout d'un coup le souvenir m'est apparu. Ce goût, c'était celui du petit morceau de madeleine que le dimanche matin [...] ma tante Léonie m'offrait après l'avoir trempé dans son infusion de thé ou de tilleul [...]. (*Du côté de chez Swann*)

Ces sensations sont traduites par de longues phrases, précises comme des touches de peinture, qui décrivent avec un humour discret la complexité des esprits, des émotions (comme la jalousie) que Proust observe chez ses contemporains.

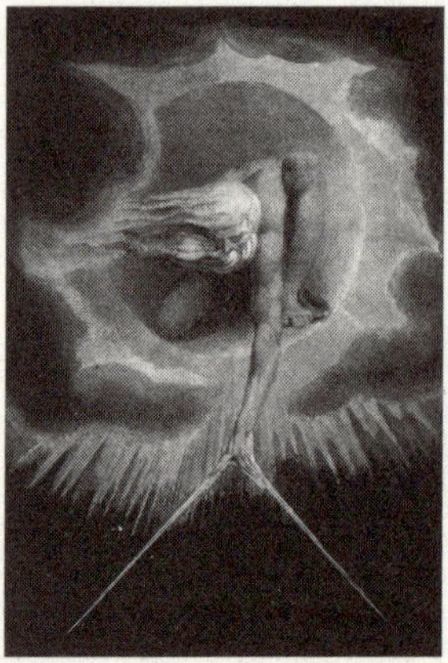

L'Ancien des Jours, William Blake, 1794, Fitz William Museum, Cambridge.

Crise spirituelle et recherche d'idéal

À la Belle Époque, un groupe d'auteurs à succès sert les idées de la bourgeoisie au pouvoir – au premier rang desquels **Maurice Barrès**. Mais le rationaliste **Anatole France** ou la sensuelle **Colette** tranchent sur ce fond de conformisme.

Le roman à idées

Anatole France* (1844-1924, prix Nobel 1921)
• *La Rôtisserie de la reine Pédauque* (1893), conte philosophique où l'abbé Coignard, opposé à tout fanatisme, est le porte-parole de l'écrivain libre-penseur.
• *Les dieux ont soif* (1912), qui a pour cadre la Révolution française et qui dénonce les crimes commis au nom de la raison.

Romain Rolland* (1866-1944, prix Nobel 1915)
• *Jean-Christophe* (10 vol., 1904-1912), vaste fresque familiale et sociale centrée sur un musicien humaniste, qui exalte avec lyrisme les sentiments généreux et défend des thèses pacifistes.

L'inquiétude des romanciers catholiques

Également : Léon Bloy, Hansi, Charles Maurras*

Maurice Barrès (1862-1923)
• *La Colline inspirée* (1913), roman nationaliste enraciné dans le terroir lorrain et le mysticisme catholique.

Il est des lieux où souffle l'esprit… (Introduction)

Roger Martin du Gard* (1881-1958, prix Nobel 1937)
• *Jean Barois* (1913), où un intellectuel qui a toujours voué un culte à la Raison revient à la foi en Dieu quand il est vieux et malade.

Quête de plaisir et esthétique de la pureté

André Gide (1869-1951, prix Nobel 1947)
Au tout début du siècle, André Gide milite contre le colonialisme, s'insurge contre les valeurs catholiques et bourgeoises et rejette, non sans déchirements, la moralité traditionnelle.
• *Les Nourritures terrestres* (1897), qui exalte la sensualité et récuse l'idée de péché. Il s'agit d'apprendre à libérer ses désirs pour laisser s'épanouir le moi, étouffé par les règles et les conventions, afin de goûter à tous les fruits de la terre.

Toute connaissance que n'a pas précédée une sensation m'est inutile.

• *L'Immoraliste* (1902), sur la lutte contre la maladie et l'homosexualité. Le héros, Michel, fait son autocritique en retraçant l'histoire de sa libération des conventions morales.

Après que l'aile de la mort a touché, ce qui paraissait important ne l'est plus ; d'autres choses le sont, qui ne paraissaient pas importantes, ou qu'on ne savait même pas exister. L'amas sur notre esprit de toutes connaissances acquises s'écaille comme un fard et, par places, laisse voir à nu la chair même, l'être authentique qui se cachait.

• *Les Caves du Vatican* (1914), roman de politique-fiction qui caricature dévots et hommes de lettres. Le héros, Lafcadio, n'a qu'une seule valeur : la liberté.
• *La Symphonie pastorale* (1919), histoire d'un pasteur qui recueille une jeune aveugle orpheline et prend peu à peu conscience que son intérêt pour elle n'est pas seulement évangélique…
• *Les Faux-Monnayeurs* (1925), chef-d'œuvre de l'inquiétude, qui évoque un univers de dévoyés et de désespérés. Gide innove en utilisant des techniques modernes : « mise en abyme » (enchâssement d'un récit dans un autre) conférant à la narration un caractère inépuisable, diversité des points de vue, composition kaléidoscopique. Cherchant à réduire le roman à sa pure essence, il abandonne la chronologie linéaire et retranscrit la simultanéité des gestes et des pensées.

L'avant-garde poétique

La poésie est très à l'honneur au début du siècle : tout homme de lettres se doit de commencer sa carrière par un volume de poèmes. La Belle Époque est marquée par la remise en question du symbolisme et le retour aux sujets concrets – comme en témoignent le **naturisme** ou l'**unanimisme**. Puis ce sera l'« **esprit nouveau** » avec Apollinaire, le développement spectaculaire des techniques et de la psychanalyse poussant les poètes à explorer de nouvelles sources d'inspiration.

Éloge de la modernité

Émile Verhaeren (1855-1916)
• *Les Villes tentaculaires* (1895), qui exalte avec lyrisme le monde moderne.

André Spire (1868-1966)
• *Et vous riez!* (1905), *Et j'ai voulu la paix!* (1916), recueils âpres et réalistes, en vers libres.

Charles Vildrac (1882-1971)
• *Livre d'amour* (1910), une poésie directe, fraternelle, qui chante avec optimisme les choses simples de la vie.

Verhaeren entouré du peintre Cross, des écrivains Maeterlinck, Gide et Viélé-Griffin, du biologiste Ghéon, du médecin Le Dantec et du critique d'art Fénéon.
La Lecture, Théo Van Rysselberghe, 1903, musée des Beaux-Arts, Gand.

Le naturisme

Également : Saint-Georges de Bouhélier

Le naturisme vise à restituer un humanisme en poésie et propose une libération métrique.

Paul Fort (1872-1960)
• *Les Ballades françaises* (environ 40 vol., 1896-1958), qui mêlent symbolisme, simplicité et lyrisme. Le sonnet « Le Petit Cheval » a été chanté par Georges Brassens.

Francis Jammes (1868-1938)
• *De l'angélus de l'aube à l'angélus du soir* (1898), *Le Deuil des primevères* (1901), *Tristesses* (1905), poésies libres et sensuelles.

L'unanimisme

Également : Georges Duhamel, Pierre Jean Jouve*, Charles Vildrac**

Jules Romains* (1885-1972)
• *Le Poème du métropolitain* (1904), *L'Âme des hommes* (1914), qui illustrent la doctrine de l'« unanimisme », visant à exalter la vie collective :

> Par unanimisme, entendez simplement l'expression de la vie unanime et collective. Nous éprouvons un sentiment de la vie qui nous entoure et qui nous dépasse.
>
> *La Vie unanime*, 1913 (© Mercure de France)

Le romantisme au féminin

Anna de Noailles (1876-1933)
• *Le Cœur innombrable* (1901), poésie charnelle associée aux sentiments.

Renée Vivien (1877-1909)
• *Cendres et Poussières* (1902), vers d'inspiration antique qui chantent les amours saphiques.

L'« esprit nouveau »

Les années 1910 voient se produire une révolution poétique autour d'Apollinaire, qui sera nommée l'« esprit nouveau ». L'époque est à l'émerveillement devant le monde et les progrès techniques. **Cendrars** prend la tour Eiffel ou la vitesse comme sujets, tandis qu'**Apollinaire** fonde sa poésie sur la nouveauté et la surprise. La poésie doit désormais représenter la Vie. Par ses innovations, Apollinaire est le précurseur des poètes modernes.

Raymond Roussel (1877-1933)
• *Impressions d'Afrique* (1910), poésies écrites sous contraintes à la manière de l'Oulipo (voir p. 326), avec des jeux complexes sur les sens.
• *Locus Solus* (1914), du nom de la propriété de M. Canterel, étrange inventeur qui peut ressusciter les morts.

Blaise Cendrars par Modigliani, 1918, coll. part.

Blaise Cendrars* (1887-1961)
• *La Prose du Transsibérien et de la Petite Jehanne de France* (1913), premier livre-objet. Ce poème très rythmé de 445 vers était composé à l'origine en caractères de grosseurs différentes sur une bande de papier de deux mètres illustrée par Sonia Delaunay.

Guillaume Apollinaire (1880-1918)

Les feuilles
Qu'on foule
Un train
Qui roule
La vie
S'écoule

« Automne malade » (© Gallimard)

• *Le Bestiaire* (1909), inspiré du merveilleux médiéval.
• *Alcools* (1913), qui mêle tous les tons et toutes les sources d'inspiration. Ses thèmes sont classiques – fuite du temps, fugacité des sentiments, le « mal-aimé » –, mais ses inventions sont modernes : juxtapositions de type cubiste, témérité des images (« Soleil cou coupé »), abolition de la ponctuation car « le rythme même et la coupe des vers sont la véritable ponctuation ».

Sous le pont Mirabeau coule la Seine
Et nos amours
Faut-il qu'il m'en souvienne
La joie venait toujours après la peine
Vienne la nuit sonne l'heure
Les jours s'en vont je demeure

« Le Pont Mirabeau » (© Gallimard)

• *Calligrammes* (1918), où Apollinaire compose des dessins avec les lettres et les mots de ses poèmes.
• *Poèmes à Lou* (posth., 1956), écrits en garnison.

La nuit mon cœur la nuit est très douce et très blonde
O Lou le ciel est pur aujourd'hui comme une onde
Un cœur le mien te suit jusques au bout du monde

« Adieu ! », 4 février 1915 (© Gallimard)

Max Jacob (1876-1944)

Max Jacob par Modigliani, 1916, Nordrhein-Westfalen, Düsseldorf.

• *Le Cornet à dés* (poèmes en prose, 1917), recueil facétieux, brillant, d'un poète déchiré entre les tentations du monde et les élans mystiques.

Ce n'est ni l'horreur du crépuscule blanc, ni l'aube blafarde que la lune refuse d'éclairer, c'est la lumière triste des rêves où vous flottez coiffées de paillettes, Républiques, Défaites, Gloires ! Quelles sont ces parques ? quelles sont ces Furies ? est-ce la France en bonnet phrygien ? est-ce toi, Angleterre ? est-ce l'Europe ? est-ce la Terre sur le Taureau-nuage de Minos ? Il y a un grand calme dans l'air et Napoléon écoute la musique du silence sur le plateau de Waterloo. Ô Lune, que tes cornes le protègent ! il y a une larme sur ses joues pâles ! si intéressant est le défilé des fantômes.

« Poème déclamatoire »

Les cosmopolites

Valery Larbaud (1881-1957)
• *Poésies de A.O. Barnabooth* (1908), qui célèbrent un monde cosmopolite où se réverbèrent toutes les langues.

Prête-moi ton grand bruit, ta grande allure si douce,
Ton glissement nocturne, à travers l'Europe illuminée,
Ô train de luxe ! et l'angoissante musique
Qui bruit le long de tes couloirs de cuir doré

« Ode »

Le Cheval blanc. Gauguin, XIXe siècle, musée d'Orsay, Paris.

Saint-John Perse* (1887-1975, prix Nobel 1960)
• *Éloges* (1911), *Anabase* (1924), poésies lyriques dont les saisons, la nature et les éléments forment la matière.

Nous n'habiterons pas toujours ces terres jaunes, notre délice…
L'Été plus vaste que l'Empire suspend aux tables de l'espace
plusieurs étages de climats. (*Anabase*, © Gallimard)

Victor Segalen* (1878-1919)
• *Stèles* (1912), inspirées par un voyage en Chine, aux confins de soi.

Je règne par l'étonnant pouvoir de l'absence.

La poésie mystique

Également : Oscar Milosz, Marie Noël

Charles Péguy et Paul Claudel, tous deux convertis, retrouvent le sens du mystère et du symbole dans une poésie au lyrisme religieux intense.

L'Espérance. G.F. Watts, 1886, Tate Gallery, Londres.

Paul Claudel* (1868-1955)
• *Connaissance de l'Est* (1907), *Cinq Grandes Odes* (1908), où Claudel accorde une importance capitale au rythme, les « blancs » correspondant au fonctionnement intermittent de notre pensée.

Charles Péguy* (1873-1914)
• *Le Mystère de la charité de Jeanne d'Arc* (1910), *Les Tapisseries* (1912), *La Tapisserie de Notre-Dame* (1913), œuvres lyriques qui célèbrent la terre maternelle, le patriotisme chrétien, la dimension sacrée de l'existence.

Heureux ceux qui sont morts pour la terre charnelle,
Mais pourvu que ce fût dans une juste guerre. (« Ève »)

Le théâtre de la Belle Époque

Au début du siècle, le théâtre reste fidèle aux formes classiques mais, dans chaque genre, des innovations jettent les bases du théâtre moderne. Servi par des acteurs exceptionnels tels que Lucien Guitry ou Sarah Bernhardt, il occupe une place majeure dans les goûts culturels de la Belle Époque.

Le théâtre satirique

Également : Henry Bernstein, Octave Mirbeau**

Georges Feydeau (1862-1921)
• *Tailleur pour dames* (1886), *Monsieur chasse* (1892), *Le Dindon* (1896), *La Puce à l'oreille* (1907), vaudevilles aux nombreux rebondissements où ce maître du boulevard raille férocement la société bourgeoise et les déboires de la vie de couple.

Georges Courteline (1858-1929)
• *Les Gaîtés de l'escadron* (1886), *Messieurs les ronds-de-cuir* (1893), *Boubouroche* (1893), *Le gendarme est sans pitié* (1899), *Le commissaire est bon enfant* (1900), *Les Balances* (1901), comédies légères qui tournent en dérision les tra-

vers des militaires, des bureaucrates, de la petite bourgeoisie, des forces de l'ordre…

Alfred Jarry (1873-1907)

• *Ubu roi* (1888), farce tragique qui met en garde contre toutes les manifestations de la bêtise et qui ébranle les conventions théâtrales : langage osé, intrigue et personnages schématiques, non-conformisme provocant. Dans une Pologne fantaisiste, le père Ubu prend le pouvoir, fait massacrer les nobles pour confisquer leurs biens et collecte lui-même l'impôt.

PÈRE UBU. Eh bien, cornegidouille, écoute-moi bien, sinon ces messieurs te couperont les oreilles. Mais vas-tu m'écouter enfin ?
STANISLAS. Mais Votre Excellence n'a encore rien dit.

Ubu incarne le ridicule, la bassesse, la vulgarité et l'absurdité des hommes.

LE THÉÂTRE SPIRITUEL ET POÉTIQUE

Paul Claudel* (1868-1955)

Avec ses drames lyriques, baroques, cosmiques, Claudel ouvre le théâtre au monde, à l'histoire et à la poésie. Avec lui le charnel aspire au spirituel, conduisant ainsi l'humanité vers la G râce.

• *Partage de midi* (1906), qui traite du déchirement entre l'appel de la foi et celui de la passion, et de l'impossibilité de réaliser un amour humain.

• *L'Annonce faite à Marie* (1912), où les deux protagonistes s'aiment d'un amour impossible dans l'Espagne très catholique des conquistadors ; mais leurs vies mouvementées ne séparent pas leurs âmes, appelées à enfin se réunir dans la vie éternelle…

LE RENOUVELLEMENT DU « BOULEVARD »

Également : Édouard Bourdet, Eugène Labiche, Henri-René Lenormand, Marcel Pagnol*, Jules Romains**

Tristan Bernard (1866-1947)

• *Les Pieds nickelés* (1895), *Triplepatte* (1905), *Les Jumeaux de Brighton* (1908), *Le Petit Café* (1911), boulevards pleins d'humour, d'invention et de frivolité.

Sacha Guitry (1885-1957)

• *Nono* (1905), *Petite Hollande* (1908), *Le Veilleur de nuit* (1911), comédies sur l'adultère mettant en scène la grande bourgeoisie. Le théâtre de boulevard voit le triomphe du mot d'esprit ironique teinté de misogynie…

Je vais donc enfin vivre seul ! Et, déjà, je me demande avec qui. (*Elle et Toi*, © Solar)

L'entre-deux-guerres

Mises en sommeil par la guerre, les avant-gardes vont vite se réveiller une fois la paix conclue. Regardant vers l'avenir, elles réclament des formes nouvelles. Audace et expérimentations sont préférées à l'ordre et à la perfection. Mais les blessures de la guerre ont du mal à se refermer et nourrissent nombre de romans.

Le roman de situation

LE RÉCIT DE LA GUERRE

Également : Jean Paulhan

L'Heure du courrier. Le Poitevin, 1916, musée de la Guerre, Vincennes.

Henri Barbusse (1873-1935)
• *Le Feu* (1916), « journal d'une escouade » qui relate la vie collective des soldats dans les tranchées.

Maurice Genevoix* (1890-1980)
• *Ceux de Quatorze* (5 vol., 1916-1923), inspirés par ses souvenirs de soldat.

Georges Duhamel* (1884-1966)
• *Vie des martyrs* (1917), *Civilisation* (1918), bouleversants témoignages sur les martyrs de la guerre de 1914, plaidoyers contre la barbarie et pour le salut de l'homme.

Roland Dorgelès (1885-1973)
• *Les Croix de bois* (1919), du nom des croix faites à la va-vite qui étaient posées au-dessus des cadavres de soldats pendant la guerre.

J'trouve que c'est une victoire, parce que j'en suis sorti vivant. (© Albin Michel)

Roger Vercel (1894-1957)
• *Capitaine Conan* (1934), qui raconte l'histoire d'un soldat breton sur le front balkanique vers 1918. Là-bas, il sera dans les corps francs, et combattra les forces ennemies, commettant les pires atrocités au nom de la survie.

CRITIQUE SOCIALE ET PEINTURE DES MŒURS

Également : Irène Némirovsky

Louis Aragon* (1897-1982)

• *Les Cloches de Bâle* (1934), satire des mœurs provinciales.

• *Les Beaux Quartiers* (1936), qui critique l'hypocrisie et les bassesses de la bourgeoisie parisienne ; son héros, Armand Barbentane, refuse sa condition sociale.

L'Avenue de l'Opéra. Pissarro, 1880, musée des Beaux-Arts, Reims.

• *Les Voyageurs de l'impériale* (1942), situé à la Belle Époque.

• *Aurélien* (1944), roman d'un double échec, amoureux et politique : Aurélien perd Bérénice et accepte son destin bourgeois de directeur d'usine.

> La première fois qu'Aurélien vit Bérénice, il la trouva franchement laide. (Incipit, © Gallimard)

Robert Brasillach (1909-1945)

• *Comme le temps passe…* (1937), chronique de l'avant-guerre de 1914.

• *Notre avant-guerre* (1941), sur l'entre-deux-guerres.

LE ROMAN-FLEUVE, GRANDE FRESQUE SOCIALE

Également : Jacques de Lacretelle, Romain Rolland**

Au début du siècle, dans la lignée des Rougon-Macquart de Zola* ou de *La Comédie humaine* de Balzac*, des romanciers se proposent de peindre de vastes fresques sociales pour retracer les itinéraires individuels et les grandes questions de leur époque.

Roger Martin du Gard* (1881-1958, prix Nobel 1937)

• *Les Thibault* (8 vol., 1922-1940), longue saga familiale qui couvre les années 1905-1918 et dénonce l'hypocrisie bourgeoise. Elle relate le destin de deux frères – d'un côté, un médecin conservateur et va-t-en-guerre, de l'autre, un écorché vif révolté et pacifiste – que la Grande Guerre va opposer, conflit caractéristique des débats idéologiques de l'époque.

Jules Romains* (1885-1972)

• *Les Hommes de bonne volonté* (27 vol., 1932-1947), gigantesque fresque réaliste et humaniste retraçant l'évolution de la société entre 1908 et 1933.

C'est l'expression la plus accomplie de l'« **unanimisme** », idée maîtresse de Romains, qui est d'exprimer l'âme collective d'un groupe social, « un vaste ensemble humain, avec une diversité de destinées individuelles qui y cheminent chacune pour leur compte, en s'ignorant pour la plupart du temps ».

> Ce qu'il faut pour oser faire le rêve de modifier la Société, ce qu'aucune énergie ne remplace, le vieux mot « idéal » le désigne. Mais d'une façon si usée, si convenue, que la bouche a l'impression de mâcher de la phrase morte pour bavards.
> (Vol. III, *Les Amours enfantines*, © Flammarion)

Georges Duhamel* (1884-1966)
• *La Chronique des Pasquier* (10 vol., 1933-1945), qui allie confession égocentrique et chronique de la société. Duhamel y dénonce les progrès technologiques.

LES RUSTIQUES

Également : Henri Pourrat, Charles-Ferdinand Ramuz

Dans la lignée de George Sand* au siècle précédent, des romanciers donnent la parole aux gens « simples » et disent leur amour du terroir et de la nature.

Marcel Aymé* (1902-1967)
• *Brûlebois* (1927), *La Table-aux-crevés* (1929), *La Jument verte* (1933), qui évoquent l'Yonne natale de l'auteur.

Colette* (1873-1954)
• *La Naissance du jour* (1928), où Colette célèbre la Provence avec puissance et sensualité. Émerveillée devant la nature, elle aime s'attarder sur les petites choses qui font tout le sel de la vie : un chat qui s'étire, les premiers rayons du soleil…

> Une femme se réclame d'autant de pays natals qu'elle a eu d'amours heureux. (© Flammarion)

Le Champ de blé. John Constable, 1826, National Gallery, Londres.

Maurice Genevoix* (1890-1980)
• *Raboliot* (1925), où Genevoix cherche à transmettre son idéal moral et son respect pour la nature par l'intermédiaire des aventures d'un incorrigible braconnier solognot.

Jean Giono (1895-1970)
Pour Giono, les vraies richesses viennent de la terre et de ses travaux, de l'adhésion à l'ordre naturel du monde et de la liberté individuelle, qui est

Maisons en Provence. Cézanne, 1882, National Gallery of Art, Washington.

incompatible avec la civilisation moderne. Pacifiste convaincu, il décrit avec lyrisme la lutte fraternelle de l'homme contre les éléments.

• *Colline* (1929), sur le pouvoir des sourciers.
• *Regain* (1930), où un couple fait revivre un village mort.
• *Jean le Bleu* (1932), sur le père cordonnier de Giono.
• *Le Chant du monde* (1933), récit d'aventures insolites en harmonie avec la nature.
• *Le Hussard sur le toit* (1951), qui évoque les ravages du choléra en Provence en 1838.

L'exotisme

Également : Pierre Benoit, Joseph Delteil, Pierre Mac Orlan

L'exotisme séduit à toutes les époques mélancoliques. Il symbolise la nouveauté, l'ouverture aux autres, l'énergie – la vie ! – et permet de fuir l'ennui, le dégoût, la névrose… ou de se redécouvrir soi-même.

Blaise Cendrars* (1887-1961)
• *L'Or* (1925), qui conte les aventures du général Suter, ses débuts dans le journalisme, son mariage avec une riche Américaine puis son départ pour la Guyane où il fait fortune, devient député, défend la cause des Noirs et meurt assassiné.

La Charmeuse de serpents. Henri Rousseau, 1907, musée d'Orsay, Paris.

Henry de Monfreid (1879-1974)
• *Les Secrets de la mer Rouge* (1931), *La Croisière du haschich* (1933), *Du Harar au Kenya* (1949), *Le Naufrageur* (1950), romans d'inspiration autobiographique d'un écrivain-aventurier.

Jacques Audiberti* (1899-1965)
• *Abraxas* (1938), dans lequel le fantastique se mêle au quotidien sur fond d'humour noir.

Ce soleil d'étoffe rouge qu'asperge la rumeur insoluble.

Le roman en quête de sens

La lutte contre le Mal

Également : Marcel Jouhandeau, Joseph Malègue*

François Mauriac (1885-1970, prix Nobel 1952)
Les romans à thèse de Mauriac sont de cruelles satires de l'hypocrisie bourgeoise. La plupart de ses personnages sont partagés entre leurs pulsions perverses (concupiscence, cupidité) et leurs aspirations morales.
• *Le Baiser au lépreux* (1922), où derrière les volets clos d'une maison landaise s'écoulent les tristes vies d'un père et d'un fils ayant « du bien ».
• *Thérèse Desqueyroux* (1927), où l'héroïne revit tout son passé jusqu'au moment où elle a tenté d'empoisonner son mari.

Ce corps contre ce corps, si léger qu'il fût, l'empêchait de respirer. (© Grasset)

• *Le Nœud de vipères* (1932), où un vieil homme rédige à l'intention de sa femme une lettre qui devra être découverte dans le coffre-fort après sa mort, à la place de l'héritage.

Tu seras étonnée de découvrir cette lettre dans mon coffre, sur un paquet de titres. Il eût mieux valu peut-être la confier au notaire qui te l'aurait remise après ma mort, ou bien la ranger dans le tiroir de mon bureau – le premier que les enfants forceront avant que j'aie commencé d'être froid. (© Grasset)

Georges Bernanos (1888-1948)
• *Sous le soleil de Satan* (1926), *La Joie* (1929), *Un crime* (1935), *Journal d'un curé de campagne* (1936), *Les Grands Cimetières sous la lune* (1938) dont les héros, des gens simples, sont isolés dans leur lutte contre le Mal.

Chacun de nous vaut le sang de Dieu. (*Journal d'un curé de campagne*, © Plon)

Après la faute. Jean Béraud, v. 1885, National Gallery, Londres.

Julien Green* (1900-1998)
• *Mont-Cinère* (1926), *Léviathan* (1929), *Varouna* (1940), *Moïra* (1950), *Sud* (1953), où transparaissent l'angoisse de Green, son inlassable quête de sens et ses déchirements entre sensualité et mysticisme.
Moïra conte l'inexorable passion d'un étudiant de 19 ans pour Moïra, qu'il tue à l'aube de leur première nuit d'amour.

Chez lui, un garçon honnête ne parlait pas à une femme fardée, et celle-ci était peinte comme une Jézabel. (© Seuil)

L'HÉROÏSME DE L'ACTION

L'Homme à la barre. Théo Van Rysselberghe, 1892, musée d'Orsay, Paris.

Henry de Montherlant* (1895-1972)
• *Le Songe* (1922), *Les Bestiaires* (1926), *Les Célibataires* (1934), où Montherlant célèbre les valeurs viriles du courage, de la force physique et de la maîtrise de soi. Dans *Les Bestiaires*, l'univers guerrier est celui des hommes, seuls devant la mort.

André Malraux* (1901-1976)
Malraux considère que l'existence sans Dieu est absurde, mais que l'action donne à l'homme une raison de vivre et une dignité. Les causes pour lesquelles luttent les héros de ses romans sont plus un moyen qu'une fin, car elles les tirent du néant.
• *La Tentation de l'Occident* (1926), qui dénonce la colonisation.
• *Les Conquérants* (1928), premier des trois volets sur la condition humaine, à travers des épisodes de la lutte révolutionnaire en Chine.

J'ai appris qu'une vie ne vaut rien mais rien ne vaut une vie. (© Gallimard)

• *La Voie royale* (1930), inspirée de ses mésaventures au Cambodge, où deux Occidentaux veulent voler des sculptures dans un univers hostile.
• *La Condition humaine* (1933), qui retrace les événements révolutionnaires de Shanghai en 1927, mêlant action et réflexion philosophique.
• *L'Espoir* (1937), documentaire romancé sur la guerre civile espagnole et la menace du fascisme; au-delà de la tragédie humaine, l'existence de la fraternité permet de garder espoir en l'homme.

L'espoir des hommes, c'est leur raison de vivre et de mourir. (© Gallimard)

Antoine de Saint-Exupéry (1900-1944)
• *Vol de nuit* (1931), qui évoque la progression difficile d'un courrier depuis la Patagonie et la tragique responsabilité des stations qui le guident.
• *Terre des hommes* (1939), où l'avion permet de découvrir le vrai visage de la planète, l'héroïsme comme la misère, et de méditer sur le sens de la vie.

La terre nous apprend plus long sur nous que tous les livres. Parce qu'elle nous résiste. L'homme se découvre quand il se mesure avec l'obstacle. (© Gallimard)

• *Le Petit Prince* (1943), qui met en scène des animaux et des fleurs parlants, des planètes-jouets, mais surtout un enfant venu d'ailleurs, à la pureté désarmante, au chagrin mystérieux, face à un narrateur-aviateur en panne dans le désert…

Dessine-moi un mouton… (© Gallimard)

LE ROMAN PSYCHOLOGIQUE DES ANNÉES 1920

Également : Guy des Cars, Jacques Chardonne, Jean Giraudoux, Pierre Jean Jouve*, Henri de Régnier**

Colette* (1873-1954)
Lancée par la série des *Claudine*, Colette analyse avec énergie et passion la vie agitée du couple (*Chéri*, 1920), le monde de l'adolescence (*Le Blé en herbe*, 1923), la personnalité de sa mère (*Sido*, 1929), la jalousie (*La Chatte*, 1933). Volontiers provocatrice, elle n'hésite pas à décrire sa vie, quitte à faire scandale… Mais, par-delà le monde troublé de l'existence, Colette écrit de manière subtile, sensuelle et poétique le plaisir de contempler la beauté, et aussi la laideur des choses, dans leur expression la plus simple.

Jacques de Lacretelle (1888-1985)
• *Silbermann* (1922), sur un jeune garçon juif dont la religion lui vaut l'hostilité de toute la classe…

Raymond Radiguet (1903-1923)
• *Le Diable au corps* (1923), qui conte l'initiation amoureuse, en 1918, d'un garçon de 16 ans par une femme plus âgée que lui, mariée à un soldat qui risque tous les jours sa vie au front.

Que ceux déjà qui m'en veulent se représentent ce que fut la guerre pour tant de très jeunes garçons : quatre ans de grandes vacances.

• *Le Bal du comte d'Orgel* (posth., 1924), suite du *Diable au corps*, où l'héroïne lutte désespérément contre la passion et avoue tout à son mari.

Jean Cocteau* (1889-1963)
• *Thomas l'imposteur* (1923), qui met en scène le brutal passage de l'insouciance de la Belle Époque à la guerre de 1914.
• *Les Enfants terribles* (1929), où deux enfants délaissés par leur mère transforment leur chambre en un monde imaginaire où ils laissent libre cours à leurs instincts sauvages sous l'influence néfaste de Dargelos, figure de la Fatalité.

Ce que l'on te reproche, cultive-le, c'est toi-même. (© Grasset)

Cocteau par Modigliani, 1917, Henry and Rose Pearlman Foundation, New York.

André Maurois (1885-1967)
• *Climats* (1928), *Mes songes que voici* (1933), qui témoignent d'une sagesse sceptique et opportuniste.

Le bonheur est une fleur qu'il ne faut pas cueillir. (*Mémoires*, © Flammarion)

La montée du « nouveau mal du siècle »

Également : Emmanuel Berl, Francis Carco, Eugène Dabit, Jean Schlumberger

Le bain de sang de la Grande Guerre engendre la remise en question de toutes les valeurs de la société. Le malaise s'accroît encore pendant les années 1930, dont l'atmosphère lourde (montée des extrémismes) suscite une littérature inquiète.

Jean Giraudoux* (1882-1944)
• *Siegfried et le Limousin* (1922), sur l'Allemagne de Goethe et de Weimar, de Nuremberg, de Dürer et de Louis II de Bavière.
• *Bella* (1926), qui décrit les difficultés auxquelles sont confrontés deux jeunes amoureux appartenant à des familles politiquement opposées.

Joseph Kessel* (1898-1979)
• *La Steppe rouge* (1922), sur de terribles scènes de vie en Russie bolchevique.
• *Belle de jour* (1928), où l'épouse d'un médecin se fait call-girl.
• *La Passante du Sans-Souci* (1936), où une juive allemande réfugiée à Montmartre accepte l'inacceptable pour sauver son mari, prisonnier des nazis.

Marcel Arland (1899-1986)
• *L'Ordre* (1929), centré sur le « nouveau mal du siècle » de la jeunesse.

Pierre Drieu La Rochelle (1893-1945)
• *Le Feu follet* (1931), roman autobiographique de l'échec. C'est l'histoire des derniers jours d'un jeune rentier noctambule, qui plaît aux femmes mais qui, rongé par la drogue, finit par se suicider.

> Il savait que le ressort principal de son crédit, sa jeunesse, était à bout. (© Gallimard)

Louis-Ferdinand Céline* (1894-1961)
• *Voyage au bout de la nuit* (1932), où le soldat Bardamu, antihéros qui est le double imaginaire de Céline, parcourt le monde et dénonce avec un humour noir la guerre, le colonialisme, le travail à la chaîne, la misère en banlieue, la médiocrité. Céline crée pour l'occasion une langue provocatrice, populaire et lyrique, qui fit scandale.

> Ça a débuté comme ça. Moi, j'avais jamais rien dit. Rien. (Incipit, © Gallimard)

« Saisissante épopée de la révolte et du dégoût, long cauchemar visionnaire ruisselant d'invention verbale, et dominé par l'inoubliable figure de Bardamu, le *Voyage* a exercé une action considérable. Céline fut l'un des premiers à vivre ce dont la littérature actuelle allait bientôt se nourrir presque exclusivement : l'absurdité de la vie humaine » (Gaëtan Picon).

Il n'y a de terrible en nous et sur la terre et dans le ciel peut-être que
ce qui n'a pas encore été dit. On ne sera tranquille que lorsque tout aura été dit,
une bonne fois pour toutes, alors enfin on fera silence et on aura plus peur de se taire.
Ça y sera.

• *Mort à crédit* (1936), récit tragicomique de l'enfance et de la jeunesse bourgeoise de Bardamu, autour d'une mère résignée, d'un père violent, d'une grand-mère complice et d'un inventeur loufoque à Paris au tournant du siècle.

Louis Guilloux (1899-1980)
• *La Maison du peuple* (1927), sur son enfance de fils de militant socialiste.
• *Le Sang noir* (1935), critique de la guerre et de ses influences néfastes, au style tendu et bouleversant. Le professeur de philosophie Cripure (abréviation de *Critique de la raison pure*) s'attaque à la bêtise : il en sera la victime…
• *Le Jeu de patience* (1949), chronique de la vie provinciale entre les deux guerres et vigoureuse protestation contre la souffrance de vivre.

Paul Nizan (1905-1940)
• *La Conspiration* (1938), roman à thèse lucide et ironique sur la jeunesse d'avant-guerre, ou comment les adultes cherchent à sauver leur peau et leurs rêves en trahissant les jeunes.

Foutue jeunesse, foutu siècle que le vingtième.

Jean Genet* (1910-1986)
• *Notre-Dame des Fleurs* (1944), *Miracle de la rose* (1946), *Journal du voleur* (1949), où Genet, dandy homosexuel et délinquant, éprouve un sentiment de sacré au contact du Mal et glorifie la trahison.

J'avais 16 ans… dans mon cœur, je ne conservais aucune place où pût se loger le sentiment de mon innocence. Je me reconnaissais le lâche, le traître, le voleur, le pédé qu'on voyait en moi… Et j'avais la stupeur de me savoir composé d'immondices. Je devins abject.

Journal du voleur, écrit à la prison de la Santé en 1943

L'EXISTENTIALISME

Jean-Paul Sartre* (1905-1980, prix Nobel 1964)
Sartre* est en France le chef de file de l'existentialisme, philosophie qu'il a développée dans *L'Être et le Néant* (1943) et *L'existentialisme est un humanisme* (1946). « L'existence précède l'essence » : rien n'est inné, l'homme n'existe que par sa subjectivité, sa liberté et ses choix. Il est condamné à s'engager à chaque instant dans l'action – « si je ne choisis pas, je choisis encore ». Deux attitudes morales sont possibles : adopter les valeurs bourgeoises et la mauvaise foi des croyants, ou refuser et définir une morale qui ne détruise pas la liberté de l'autre.

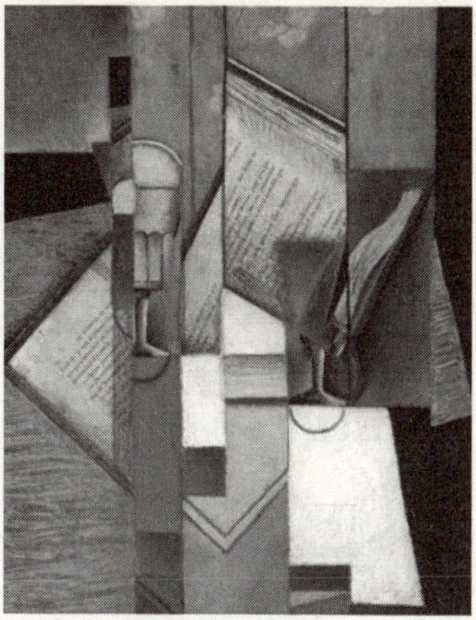

Le Livre. Juan Gris, 1913,
musée d'Art moderne de la Ville de Paris.

L'homme est condamné à être libre. Condamné, parce qu'il ne s'est pas créé lui-même, et par ailleurs cependant libre, parce qu'une fois jeté dans le monde, il est responsable de ce qu'il fait.

L'existentialisme est un humanisme (© Gallimard)

• *La Nausée* (1938), journal d'Antoine Roquentin, qui prend progressivement conscience qu'il existe et que son existence est absurde jusqu'à la nausée.

Je vois ma main, qui s'épanouit sur la table. Elle vit – c'est moi. [...] je sens son poids sur la table qui n'est pas moi. C'est long, long, cette impression de poids, ça ne passe pas. Il n'y a pas de raison pour que ça passe. À la longue, c'est intolérable. (© Gallimard)

• *Le Mur* (1939), composé de cinq nouvelles dont les personnages tentent d'échapper à leurs responsabilités ; mais il est impossible de fuir son existence, qui est comme emmurée.

C'est ta vie contre la sienne. On te laisse la vie sauve si tu nous dis où il est.

« Le mur », © Gallimard

Autour du surréalisme

Le surréalisme touche toutes les formes artistiques : musique (Erik Satie), peinture (Max Ernst, Salvador Dalí, Francis Picabia), cinéma (Luis Buñuel). Il se veut d'abord scientifique, s'appuyant sur les découvertes de Freud concernant l'inconscient, l'importance des rêves et le refoulement des désirs. C'est aussi une « véritable révolution culturelle, puisqu'il nous propose un bouleversement des idées, des images, des mythes, des habitudes mentales qui conditionnent à la fois la connaissance que nous avons de nous-mêmes et notre engagement dans ce monde » (Robert Bréchon). Le surréalisme est avant tout une réaction contre la société et ses contraintes.

Les précurseurs

*Également : Pierre Albert-Birot, Georges Fourest, Jean Pellerin, Raymond Roussel**

Paul-Jean Toulet (1867-1920)
• *Contrerimes* (posth., 1921), poésie fantaisiste.

Jules Supervielle (1884-1960)

• *Gravitations* (1925), *Le Forçat innocent* (1930), *Les Amis inconnus* (1934), *La Fable du monde* (1938), *Le Corps tragique* (1959), poésies affectées d'un « certain coefficient de prose ». Ses grands thèmes sont les parents perdus, les peuples opprimés, la nature.

Et peut-être que Dieu partage notre faim
Et que tous ces vivants et ces morts sur la terre
Ne sont que des morceaux de sa grande misère,
Dieu toujours appelé, Dieu toujours appelant,
Comme le bruit confus de notre propre sang.

« Soleil », in *Le Forçat innocent* (© Gallimard)

Pierre Reverdy (1889-1960)

• *Sources du vent* (1929), *Flaques de verre* (prose, 1929), *Ferraille* (1937), où Reverdy cherche à créer des images par le rapprochement de deux réalités éloignées – théorie qui sera reprise par les surréalistes. Retiré dans une abbaye, il produit une poésie dépouillée et mélancolique :

La vie est une chose grave. Il faut gravir.

Le Livre de mon bord (© Mercure de France)

Le dadaïsme

Également : André Breton, René Crevel, Benjamin Péret, René Picabia, Jacques Rigaut*

Précurseur du surréalisme, le dadaïsme est un mouvement nihiliste radical mené en Suisse par Tristan Tzara entre 1916 et 1921, dont l'objectif est de défigurer la littérature et l'art conventionnels pour les ridiculiser.

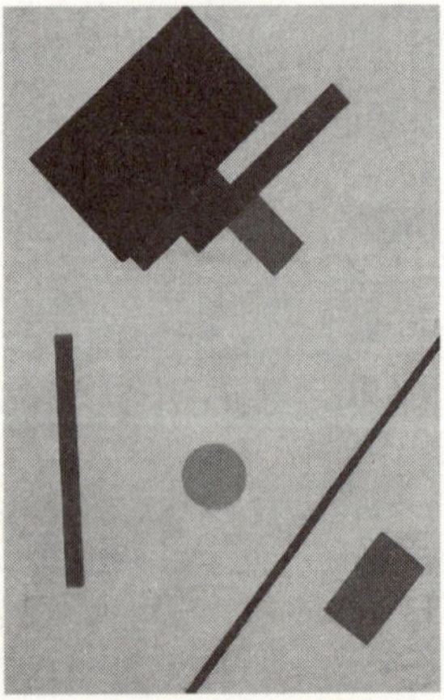

Suprematist Composition. Kasimir Malevitch, 1915, Fine Arts Museum, Tula (Russie).

Tristan Tzara (1896-1963)

• *Vingt-cinq Poèmes* (1916-1918), *L'Homme approximatif* (1931).

concentration intérieure craquement des mots qui crèvent crépitent les décharges
électriques des gymnotes l'eau qui se déchire
quand les chevaux traversent les accouplements lacustres
toutes les armoires craquent
la guerre
là-bas

Vingt-cinq Poèmes (© Dilecta)

Le surréalisme

Également : René Char, René Crevel, Benjamin Péret, Philippe Soupault*

Lâchez tout. Lâchez Dada.
Lâchez votre femme, lâchez votre maîtresse.
Lâchez vos espérances et vos craintes.
Semez vos enfants au coin d'un bois.
Lâchez la proie pour l'ombre.
Lâchez au besoin une vie aisée,
Ce qu'on vous donne pour une situation d'avenir.
Partez sur les routes.

Breton, revue *Littérature*, 1er avril 1922 (D.R.)

Dans les Années folles qui suivent la guerre de 1914, le surréalisme touche toutes les formes artistiques. Les surréalistes appellent à une révolution intellectuelle, morale et esthétique. Ils cherchent à s'émanciper des contraintes culturelles imposées par la société en s'appuyant sur les avancées de la psychanalyse : comme Rimbaud*, ils veulent « changer la vie » et « se faire voyants ». Ils se réclament des dadaïstes mais aussi d'Apollinaire*, auquel ils empruntent le terme de « surréaliste », et de Reverdy*, qui pense qu'une image poétique est d'autant plus puissante qu'elle juxtapose des réalités différentes. Ils vénèrent Sade*, Nerval*, Lautréamont*, Baudelaire*, Rimbaud* ou Jarry*… et, comme les symbolistes, ils emploient les mots pour leurs sonorités et prennent des libertés avec la versification. Ils s'inspirent enfin des cultures dites « primitives », qui les aident à libérer leur esprit de son conditionnement.

L'écrit surréaliste est théorisé en 1924 dans *Une vague de rêve* de **Louis Aragon** et le premier *Manifeste du surréalisme* d'**André Breton** :

Automatisme psychique par lequel on se propose d'exprimer, soit verbalement, soit par écrit, soit de toute autre manière, le fonctionnement réel de la pensée. Dictée de la pensée, en absence de tout contrôle exercé par la raison, en dehors de toute préoccupation esthétique et morale. (© Plon)

La création poétique doit mettre au jour l'« infracassable noyau de nuit » que tout être recèle, pour atteindre le surréel,

point de l'esprit d'où la vie et la mort, le réel et l'imaginaire, le passé et le futur, le communicable et l'incommunicable, le haut et le bas cessent d'être perçus contradictoirement.

Nadja (© Gallimard)

André Breton, « pape » du surréalisme (1896-1966)

• *Les Champs magnétiques* (1920, avec Philippe Soupault), *Clair de terre* (1923), *Les Pas perdus* (1924), *Ralentir travaux* (1930, avec Éluard* et Char*), expériences d'« écriture automatique » qui reposent sur les techniques de

l'hypnose et les associations spontanées : le poète se fait l'enregistreur passif de son inconscient, en notant les phrases qui lui viennent sans souci de logique, de morale, d'esthétique ou de syntaxe.
• *Nadja* (1928, 1962), récit délicat et poétique qui se termine par la célèbre phrase : « La beauté sera CONVULSIVE ou ne sera pas. »
• *Les Vases communicants* (1932), où Breton cherche à montrer qu'il n'y a pas de séparation entre rêve et réalité.
• *L'Amour fou* (1937), suite de *Nadja* où s'entremêlent récits de rêves, de ruptures, photographies et poésies.

« Je vous souhaite d'être follement aimée. » (© Gallimard)

• *Signe ascendant* (1942), qui établit des analogies surréalistes entre différentes choses.

Louis Aragon* (1897-1982)
• *Feu de joie* (1920), *Anicet* (1921), *Les Aventures de Télémaque* (1922), *Le Libertinage* (1924), qui proclament l'intransigeance de la révolte et l'absolu de la modernité esthétique. *Le Libertinage*, aux tendances anarchisantes, fait l'apologie de l'amour charnel en refusant le sentimentalisme conventionnel.
• *Le Mouvement perpétuel* (1925), qui réunit les expériences d'écriture automatique d'Aragon.
• *Le Paysan de Paris* (1926), roman du désir, dépourvu d'intrigue, simple promenade onirique dans le Paris d'Haussmann…

Robert Desnos*, « prophète » du surréalisme (1900-1945)
• *Deuil pour deuil* (1924), long récit fantastique.
• *Corps et biens* (1930), publié peu après sa rupture avec Breton*, à la fois point de départ et bilan poétique.

Comme, je dis *comme* et tout se métamorphose. (« Les Sans-Cou », © Gallimard)

Paul Éluard* (1895-1952)
• *Capitale de la douleur* (1926), *L'Amour, la Poésie* (1929), *La Vie immédiate* (1932), *La Rose publique* (1934), *Les Yeux fertiles* (1936), *Cours naturel* (1938), *Donner à voir* (1939), aux images énigmatiques et lumineuses. Parmi les surréalistes, Éluard est le poète de l'amour, qu'il ne sépare pas de la poésie. Il fait l'éloge du bonheur, de la vie, de la passion, de la chaleur humaine, sur un arrière-fond de souffrance et de « froid ».

La Terre est bleue comme une orange
Jamais une erreur les mots ne mentent pas

L'Amour, la Poésie (© Gallimard)

L'Arbre de vie. Gustav Klimt, 1910, Österreichisches Museum für angewandte Kunst, Vienne.

Le néosymbolisme

Également : Jean Cocteau, Léon-Paul Fargue, Saint-Pol-Roux*

Paul Valéry (1871-1945)
Pour Valéry, disciple de Mallarmé* et des symbolistes, la poésie est avant tout un travail d'architecte à partir de règles et de contraintes.
• *La Jeune Parque* (1917) et *Le Cimetière marin* (1920), dont le rythme est celui des vagues ou du vent pour reproduire le souffle de la vie.

Ce toit tranquille, où marchent des colombes,
Entre les pins palpite, entre les tombes ;
[...]
La mer, la mer, toujours recommencée !

Le Cimetière marin (D.R.)

• *Album de vers anciens* (1920), *Charmes* (1922), nourris de culture antique, où le poète donne aux grands mythes une symbolique personnelle.

Le théâtre entre tradition et transition

La farce, le comique et la satire

Jules Romains* (1885-1972)
• *Knock ou le Triomphe de la médecine* (1923), farce médicale qui dénonce le mensonge, le pouvoir et la manipulation.

« Est-ce que ça vous chatouille, ou est-ce que ça vous grattouille ? » (© Belin)

Marcel Achard (1899-1974)
• *Voulez-vous jouer avec moâ ?* (1924), *Jean de la Lune* (1929), *Domino* (1932), *Patate* (1954), théâtre de boulevard sentimental mais touchant où Achard mêle amour, mélancolie, poésie et humour.

Marcel Pagnol* (1895-1974)
• *Topaze* (1928), satire de l'arrivisme : un honnête professeur se métamorphose en homme d'affaires véreux…
• La trilogie marseillaise *Marius* (1929), *Fanny* (1931) et *César* (1946), où Pagnol adopte une écriture pittoresque.

Le théâtre de l'inquiétude

Également : Georges Bernanos, Fernand Crommelynck, Michel de Ghelderode, Stève Passeur*

Paul Claudel* (1868-1965)
• *Le Soulier de satin* (1929), œuvre complexe à la fois épique et romanesque, bouffonne et théologique, qui tente d'englober le monde dans sa totalité et de montrer que l'universel s'enracine dans le particulier.

Armand Salacrou (1899-1989)
• *Une femme libre* (1934), *L'Inconnue d'Arras* (1935), *La Terre est ronde* (1938), *L'Archipel Lenoir* (1947), drames qui dénoncent les injustices sociales et l'angoissante absurdité de la vie. Salacrou y fait éclater le temps et l'espace scéniques. Dans *L'Inconnue d'Arras*, le héros revit toute son existence entre le moment où il se tire une balle dans le cœur et celui où il s'éteint.

Jean Giraudoux* (1882-1944)
• *Amphytrion 38* (1929), *Intermezzo* (1933), *La guerre de Troie n'aura pas lieu* (1935), *Électre* (1937), *Ondine* (1939), *Sodome et Gomorrhe* (1943), *La Folle de Chaillot* (1945), théâtre littéraire et humaniste. Giraudoux est un virtuose de la formule inattendue mais révélatrice, de la digression, du jeu de mots enchanteur… Il rompt avec le théâtre d'intrigues et de caractères pour poser, sous couvert de fantaisie, des questions tragiques dans un style élégant et subtil.

> Femme Narsès. « Comment cela s'appelle-t-il, quand le jour se lève, comme aujourd'hui, et que tout est gâché, que tout est saccagé, et que l'air pourtant se respire, et qu'on a tout perdu, que la ville brûle, que les innocents s'entre-tuent, mais que les coupables agonisent, dans un coin du jour qui se lève ? »
> Le Mendiant. « Cela a un très beau nom, Femme Narsès, cela s'appelle l'aurore. »
>
> *Électre* (© Larousse)

Dans *La guerre de Troie n'aura pas lieu*, le sujet homérique n'est qu'un prétexte à commenter l'inquiétante montée du fascisme durant les années 1930. L'opposition entre le couple éclatant de jeunesse – Andromaque et Hector – et l'absurdité sartrienne du dénouement, apparemment gratuit, produit un choc.

Jean Anouilh* (1910-1987)
• *L'Hermine* (1932), *La Sauvage* (1934), qui opposent de jeunes idéalistes au cœur pur à leurs aînés, plus compromis.
• *Le Voyageur sans bagages* (1937), histoire d'un amnésique à la recherche de ses origines qui fait partie des « pièces noires » d'Anouilh, où transparaît son pessimisme quant à la condition humaine.
• *Antigone* (1944) : voir le théâtre engagé, p. 340.

Henry de Montherlant* (1895-1972)

• *La Reine morte* (1942), *Le Maître de Santiago* (1947), théâtre néoclassique mettant en scène des personnages solitaires et souffrants. Devant l'impossibilité de concilier bonheur terrestre et salut de l'âme, ils se tournent vers une morale du renoncement.

• *La Ville dont le prince est un enfant* (1951) où, dans un collège catholique, deux élèves et un abbé éprouvent les uns pour les autres une très forte attirance, mélange d'amitié, de tendresse, de charité, mais aussi de désir…

L'autre scène : poétique, onirique, violente

Jean Cocteau* (1889-1963)

• *Les Mariés de la tour Eiffel* (ballet, 1924), *Orphée* (1927), *La Voix humaine* (1930), *La Machine infernale* (1934), *Les Parents terribles* (1938), où la reprise de mythes grecs autorise davantage de licence poétique et permet d'exprimer des préoccupations politiques. Dans *La Voix humaine*, le téléphone est un des personnages.

Roger Vitrac (1899-1952)

• *Les Mystères de l'amour* (1927), *Victor ou les Enfants au pouvoir* (1928), théâtre subversif ouvert sur le rêve. *Les Mystères de l'amour* sont un drame surréaliste. Dans *Victor*, Vitrac cherche à mettre à nu la réalité et le fonctionnement de l'inconscient par un langage poétique qui échappe à tout contrôle, avec une mise en scène signée Artaud*.

Antonin Artaud (1896-1948)

• *Les Cenci* (1935), quête d'absolu et de sincérité.

• *Le Théâtre et son double* (1938), essai où Artaud remet en question l'art théâtral, qui s'est coupé de la vraie vie par son langage trop policé, sa volonté de divertir et sa recherche de profit. S'inspirant du théâtre balinais, il veut réhabiliter la mise en scène et le jeu scénique, pour agresser le spectateur et libérer ses instincts primitifs et sa cruauté latente. Le théâtre ainsi libéré retrouvera sa dimension magique et métaphysique originelle. Cette théorie exercera une influence durable sur tout le théâtre de la seconde moitié du siècle.

Scène de comédie ou *Un Scapin*. Honoré Daumier, 1865, musée d'Orsay, Paris.

Le Théâtre de la Cruauté a été créé pour ramener au théâtre la notion de vie passionnée et convulsive ; et c'est dans ce sens de rigueur violente, condensation extrême des éléments scéniques, qu'il faut entendre la cruauté sur laquelle il veut s'appuyer.

De la Reconstruction à Mai 68

À la fin de cette guerre, on est bien loin de l'euphorie des Années folles. La France reste marquée par la défaite de 1940 et les années d'Occupation. Les images de *Nuit et brouillard* et les explosions de la bombe atomique mettent à mal la croyance en l'homme. Si des intellectuels sont morts au combat ou en déportation, certains ont collaboré, et d'autres se sont exilés.

Le public attend désormais de l'écrivain bien plus que de la littérature : une morale, une politique, une philosophie. Il s'agit de reconstruire un ordre de valeurs. Ainsi **Albert Camus**, rédacteur en chef du journal *Combat*, éprouve le désir de participer à l'histoire. Son roman *La Peste* relève de cet effort pour créer un mythe collectif : une lutte commune contre le mal à l'œuvre dans l'histoire. **Sartre**, de son côté, tend à concilier action politique et création littéraire. **Aragon** et d'autres épouseront la cause communiste. La littérature s'engage.

La littérature engagée

Les romans de la Résistance

Voir aussi p. 333 les poètes de la Résistance et p. 339 le théâtre engagé.

Vercors (1902-1991)
• *Le Silence de la mer* (1942), qui narre la cohabitation forcée entre une famille française et un officier allemand, tous marqués par la guerre et ses atrocités. Ce roman est un plaidoyer contre la haine et un appel à la fraternité.

Elsa Triolet (1896-1970)
• *Les Amants d'Avignon* (1943), paru clandestinement, qui retranscrit de façon directe l'expérience de la Résistance qu'elle vécut avec son compagnon Aragon*.
• *Le Cheval blanc* (1943), où seul l'amour est capable de donner un sens à des destins individuels qui se déchirent dans l'Histoire.

Joseph Kessel* (1896-1971)
• *L'Armée des ombres* (1943), hommage à la Résistance écrit à Londres et publié à Alger. Kessel est aussi l'auteur du *Chant des partisans*, hymne de la Résistance, avec son neveu Maurice Druon*.

Ami, entends-tu le vol noir des corbeaux sur nos plaines ?
Ami, entends-tu les cris sourds du pays qu'on enchaîne ? (© Olivier Orban)

De l'absurde à l'engagement humaniste

Albert Camus* (1913-1960, prix Nobel 1957)
Écrivain engagé, Camus participe activement à la Résistance, dénonce les excès de la colonisation, lutte contre le franquisme, le communisme, la guerre d'Algérie… Athée, il tire trois conséquences de l'absurdité de l'existence : la révolte, la liberté et la passion (de la vie). L'homme sans Dieu a le devoir d'être heureux et d'être solidaire des autres hommes. Le personnage mythologique de Sisyphe, condamné par les dieux à pousser un roc au sommet d'une montagne, à le voir rouler en bas et à recommencer pour l'éternité, incarne pour Camus la condition humaine.

> Je vois cet homme redescendre d'un pas lourd mais égal vers le tourment dont il ne connaîtra pas la fin. Cette heure qui est comme une respiration et qui revient aussi sûrement que son malheur, cette heure est celle de la conscience. […] La lutte elle-même vers les sommets suffit à remplir un cœur d'homme. Il faut imaginer Sisyphe heureux. (*Le Mythe de Sisyphe*, 1942, © Gallimard)

La Ronde des prisonniers. Van Gogh, 1890, musée Pouchkine, Moscou.

• *L'Étranger* (1942), qui met en scène un personnage présent au monde, mais étranger aux autres. Sur une plage, Meursault tue un Arabe, sans motif apparent : l'absurdité des actes répond à l'absurdité de la vie. Durant le procès, il prend conscience de son étrangeté : il n'éprouve pas ce qu'on attend de lui. Cependant il refuse de jouer le rôle du coupable.

> Aujourd'hui, maman est morte. Ou peut-être hier, je ne sais pas. (Incipit, © Gallimard)

• *La Peste* (1947), où la ville d'Oran, confrontée aux ravages de l'épidémie, est placée en quarantaine pendant plusieurs mois. Contre la peste (l'occupation allemande, ou autre calamité), les hommes peuvent adopter différentes attitudes ; ils ne sont pas entièrement impuissants.

> Pour ceux de nos concitoyens qui risquaient alors leur vie, ils avaient à décider si, oui ou non, ils étaient dans la peste et si, oui ou non, il fallait lutter contre elle. (© Gallimard)

• *La Chute* (1956), qui met en scène, dans un bar de Mexico-City, un ancien avocat autoproclamé « juge-pénitent » qui pratique la confession publique.

> « Je vais vous dire un grand secret, mon cher : "N'attendez pas le Jugement dernier. Il a lieu tous les jours." » (© Gallimard)

Peu à peu, la confession se transforme en accusation, la pénitence en jugement, et le fardeau de la culpabilité (un jour, par indifférence et par lâcheté, il a laissé une jeune femme se noyer) se fait moins lourd à porter.

Le roman à thèse

Également : Émile Ajar, Hervé Bazin*, Bernard Clavel*, Assia Djebar, Joseph Kessel*, Christiane Rochefort*, André Stil*

Jean-Paul Sartre* (1905-1980, prix Nobel 1964)
Sartre incarne la figure de l'intellectuel engagé, qui utilise son nom pour défendre l'indépendance de l'Algérie, les minorités – femmes, homosexuels –, le communisme, les mouvements étudiants et ouvriers de 1968, etc.
• La trilogie *Les Chemins de la liberté* (1945), composée de *L'Âge de raison*, *Le Sursis* et *La Mort dans l'âme*.

En fait nous sommes une liberté qui choisit mais nous ne choisissons pas d'être libres : nous sommes condamnés à la liberté. (© Gallimard)

• *Les jeux sont faits* (1947), où deux personnages de deux mondes différents se retrouvent unis dans la mort.

On rate toujours sa vie du moment qu'on meurt. (© Gallimard)

Simone de Beauvoir* (1908-1986)
• *Le Sang des autres* (1945), histoire d'amour pendant la Seconde Guerre mondiale doublée d'une réflexion sur la responsabilité et les implications de l'engagement politique.
• *Les Mandarins* (1954), qui évoquent la société intellectuelle parisienne de l'après-guerre.

Pour parler de soi, il faut parler de tout le reste. (© Gallimard)

L'Avocat. Honoré Daumier, XIXe siècle, coll. part.

Louis Aragon* (1897-1982)
• *Les Communistes* (6 vol., 1949-1951), sur son engagement et ses doutes de militant.

Roger Vailland* (1907-1965)
• *Bon pied bon œil* (1950), où Rodrigue, militant emprisonné pour atteinte à la sûreté de l'État, en profite pour étudier l'histoire, se reposer et tomber amoureux de son avocate. Sa femme Antoinette, à l'inverse, est une âme fière et héroïque sur laquelle le sort s'acharne…
• *Un jeune homme seul* (1951), histoire d'un bourgeois qui rompt avec son milieu pour participer à une épopée guerrière librement choisie.
• *La Loi* (1957), qui analyse les différentes classes composant la société d'une région du sud de l'Italie et la façon dont elles luttent les unes contre les autres pour le pouvoir.

Gilbert Cesbron (1913-1979)
• *Notre prison est un royaume* (1948), sur l'amitié entre quatre adolescents et leur confrontation à la mort de l'un d'eux.
• *Les saints vont en enfer* (1952), sur les prêtres-ouvriers.
• *Chiens perdus sans collier* (1954), sur la jeunesse délinquante.
• *Il est plus tard que tu ne penses* (1958), sur l'euthanasie.
• *Entre chiens et loups* (1962), sur la violence, où Cesbron, chrétien engagé, se montre volontiers moralisateur.

La littérature réaliste

Le roman de témoignage

Également : Francis Ambrière, Raymond Guérin, Joseph Joffo, Philippe Labro, David Rousset, Claude Roy*, André Schwartz-Bart, Jorge Semprún*

Voir aussi les romans de la Résistance, p. 316.

Romain Gary* (1914-1980)
• *Éducation européenne* (1945), réflexion humaniste sur la guerre et la Résistance dans les maquis d'Europe de l'Est.

Jean-Louis Bory (1919-1979)
• *Mon village à l'heure allemande* (1945), qui dénonce les lâchetés des habitants d'une petite ville ordinaire.

Roger Vailland* (1907-1965)
• *Drôle de jeu* (1945), sur le quotidien d'un résistant communiste partagé entre ses convictions politiques et son âme de séducteur.

Jean-Louis Curtis (1917-1995)
• *Les Forêts de la nuit* (1947), sur l'Occupation.
• *Les Justes Causes* (1954), chronique de mœurs idéologiques.

Jean Cayrol* (1910-2005)
• *Je vivrai l'amour des autres* (1947), où un ancien déporté renaît à la vie.

Robert Antelme (1917-1990)
• *L'Espèce humaine* (1949), sur son expérience des camps de concentration.

Militer, ici, c'est lutter raisonnablement contre la mort. (© Gallimard)

Robert Merle* (1908-2004)
• *Week-end à Zuydcoote* (1949), sur la catastrophique retraite de Dunkerque en 1940.
• *La mort est mon métier* (1952), inspiré de la vie de Rudolf Höss, commandant du camp d'Auschwitz.

La Fusillade du 3 mai 1814.
Goya, musée du Prado, Madrid.

Il y a eu sous le Nazisme des centaines, des milliers de Rudolf Lang, moraux à l'intérieur de l'immoralité, consciencieux sans conscience, petits cadres que leur sérieux et leurs « mérites » portaient aux plus hauts emplois. Tout ce que Rudolf fit, il le fit non par méchanceté, mais au nom de l'impératif catégorique, par fidélité au chef, par soumission à l'ordre, par respect pour l'État. Bref, en homme de devoir : et c'est justement en cela qu'il est monstrueux. (Préface, © Gallimard)

Emmanuel Roblès (1914-1995)
• *Les Hauteurs de la ville* (1948), sur les massacres de Sétif en Algérie.
• *La Mort en face* (1951), recueil de nouvelles sur la Seconde Guerre mondiale.

LE ROMAN DE SITUATION

Également : Béatrix Beck, Nicolas Bouvier, José Cabanis, André Chamson, Mohammed Dib, Réjean Ducharme, Roger Frison-Roche, Philippe Hériat, Jean Reverzy

Marcel Aymé* (1902-1967)
• La trilogie *Travelingue* (1941), *Le Chemin des écoliers* (1946) et *Uranus* (1948), étude de mœurs cocasse dans la lignée de Rabelais* ou Molière*. Cette fresque sociale fantaisiste et réaliste allant du Front populaire à la Libération met en scène des personnages pittoresques, comme le jeune Milou, boxeur poids mouche protégé par un vieux pédéraste.

Roger Peyrefitte (1907-2000)
• *Les Amitiés particulières* (1944), sur les liens homosexuels de jeunes collégiens dans un internat religieux.

Maurice Druon* (1918-2009)
• *Les Grandes Familles* (3 vol., 1948-1951), fresque impitoyable des classes dirigeantes des années 1940 et 1950, en particulier des milieux de la finance, de la médecine, des lettres et du journalisme.

Hervé Bazin (1911-1996)
• *Vipère au poing* (1948), récit de la lutte sans merci que livre Jean Rezeau, trop combatif pour être un enfant martyr, à « Folcoche », sa mère.

Merci ma mère ! Grâce à vous, je suis celui qui marche, une vipère au poing. (© Grasset)

• *Lève-toi et marche* (1958), dont l'héroïne, 20 ans, est paralysée mais dotée d'une volonté farouche et fait agir les autres à sa place.

Je suis de ces infirmes qu'afflige une terrible santé. (© Grasset)

Pierre Daninos (1913-2005)
• *Les Carnets du major Thompson* (1954), où le major, britannique jusqu'au bout de la moustache, raconte ses démêlés avec la France et les Français, ce qui permet à Daninos de décrire avec humour les travers de ses compatriotes.

La France ? Une nation de bourgeois qui se défendent de l'être en attaquant les autres parce qu'ils le sont. (© Plon)

Christiane Rochefort (1917-1998)
• *Les Petits Enfants du siècle* (1961), où la fille aînée d'une famille nombreuse raconte sa vie dans une HLM de banlieue avec un réalisme cru.

Je suis née des Allocations et d'un jour férié. (© Grasset)

LE RÉGIONALISME

Également : Jean-Pierre Chabrol, Jean Giono, Félicien Marceau*, Henri Queffélec*

Henri Bosco (1888-1976)
• *L'Enfant et la Rivière* (1945), *Le Mas Théotime* (1945), *Malicroix* (1948), histoires baignées de surnaturel situées dans une Provence austère aux mystères ancestraux…

Marcel Pagnol* (1895-1974)
• La tétralogie autobiographique *La Gloire de mon père* (1957), *Le Château de ma mère* (1957), *Le Temps des secrets* (1960) et *Le Temps des amours* (posth., 1977), ainsi que *Jean de Florette* et *Manon des sources* (1962), où Pagnol dépeint avec tendresse et humour sa famille, l'âme méridionale et les paysages provençaux.

Je suis né dans la ville d'Aubagne, sous le Garlaban couronné de chèvres, au temps des derniers chevriers. (*La Gloire de mon père*)

Charles Le Quintrec (1926-2008)
• *Les Chemins de Kergrist* (1959), *Le Christ aux orties* (1982), *L'Empire des fougères* (1998), qui chantent la Bretagne des elfes et des enchanteurs, mais aussi de la pauvreté.

Les Travailleurs de la mer. Manet, 1873, Museum of Fine Arts, Houston.

L'HISTOIRE

Également : Lucien Bodard, Georges Bordonove, Roger Ikor, Jean de La Varende, Michel Peyramaure, Guy Rachet, Cécil Saint-Laurent*

Henri Troyat (1911-2007)
• Les sagas russes *Tant que la terre durera* (3 vol., 1947-1950) et *La Lumière des justes* (5 vol., 1959-1963), ainsi que les cycles français *Les Semailles et les Moissons* (5 vol., 1953-1958), *Les Eygletière* (3 vol., 1965-1967), *Les Héritiers de l'avenir* (3 vol., 1968-1970), qui déploient de vastes fresques historiques sur plusieurs générations.

Maurice Druon* (1918-2009)
• *Les Rois maudits* (6 vol., 1955-1960), qui évoquent une cinquantaine d'années de l'histoire de France, depuis le règne de Philippe le Bel jusqu'au commencement de la guerre de Cent Ans.

Georges-Emmanuel Clancier (né en 1914)
• *Le Pain noir* (4 vol., 1956-1961), cycle romanesque consacré à l'histoire de sa famille maternelle et de sa grand-mère, bergère illettrée.

Louis Aragon* (1897-1982)
• *La Semaine sainte* (1958), sur les « Cent-Jours » de 1815, où Louis XVIII fuit le retour de Bonaparte en compagnie du jeune peintre Géricault.

La fiction malgré tout

L'idée que tout écrivain écrit forcément sur lui-même et se peint dans ses livres est une des puérilités que le romantisme nous a léguées.

Albert Camus*, *L'Été*, 1954 (© Gallimard)

LES « HUSSARDS », OU LE REFUS DE LA LITTÉRATURE D'IDÉES

Également : Jacques Chardonne, Jean Dutourd, Bernard Frank, Jean Freustié, Kléber Haedens, Jean-René Huguenin, Michel Mohrt, Paul Morand*, Jacques Perret, Bertrand Poirot-Delpech*, Claude Roy*, Michel de Saint-Pierre, Alexandre Vialatte*

Dans les années 1950 apparaissent des romans mettant en scène l'action militante ou guerrière sans l'accompagner d'un credo idéologique. Les « hussards » tournent en dérision l'engagement bien-pensant de gauche, l'existentialisme, la littérature réaliste et le déterminisme historique. Apôtres de la désinvolture et de la subjectivité, ils élaborent une prose subversive et cherchent à provoquer leurs adversaires.

Antoine Blondin (1922-1991)
• *L'Europe buissonnière* (1949), qui dépeint la Seconde Guerre mondiale avec une désinvolture choquante.
• *Les Enfants du Bon Dieu* (1952), *L'Humeur vagabonde* (1955), où Blondin se révèle un virtuose de la langue française.
• *Un singe en hiver* (1959), rencontre entre deux hommes unis par l'alcool : l'un boit pour se rappeler ses voyages en Chine, l'autre pour oublier l'échec de son mariage.

Quand on meurt de faim, il se trouve toujours un ami pour vous offrir à boire. (© La Table Ronde)

Le Buveur. Umberto Boccioni, 1914, museo del Novecento, Milan.

Roger Nimier (1925-1962)
• *Le Hussard bleu* (1950), *Les Enfants tristes* (1951), où Nimier, maître du raccourci et de l'insolence, évoque la jeunesse désenchantée des années 1940.

Vivre, il me faudra vivre encore quelque temps, parmi ceux-là.
Tout ce qui est humain m'est étranger. (Dernière phrase du *Hussard bleu*, © Gallimard)

Michel Déon (né en 1919)
Déon déplore la perte, en politique, de valeurs comme « le respect de la parole donnée, le sens de l'honneur, la rigueur des idées et des principes ».
• *Les Poneys sauvages* (1970), sur la déroute des valeurs occidentales.
• *Le Jeune Homme vert* (1975), plaidoyer en faveur des jeunes gens qui crurent en Maurras et en l'Action française, puis se virent rejetés en 1945.

Jacques Laurent (1919-2000)
• *Les Bêtises* (1971), mettant en scène un homme qui, la cinquantaine venue, médite sur sa vie : les hésitations sous l'Occupation, la Libération, la guerre d'Indochine, la société de consommation, les voyages…
• *Les Sous-ensembles flous* (1981), où l'imminence de la mort engendre un impérieux besoin d'amour et de création.

Félicien Marceau (né en 1913)
• *Creezy* (1969), histoire d'amour des plus exceptionnelles entre un député de province et une top-modèle.

Les nouveaux classiques

Également : Michel Braudeau, Julien Gracq, Erik Orsenna, Michel Tournier**

Marguerite Yourcenar (1921-1987)
Les romans de Yourcenar, la première femme élue à l'Académie française (en 1980 !), mêlent érudition historique et finesse psychologique.

• *Les Mémoires d'Hadrien* (1951), mémoires rédigés par l'empereur romain Hadrien à l'intention de son successeur, retour sur soi sans complaisance où il cherche à transmuer le vécu en sagesse.

> Tout bonheur est un chef-d'œuvre : la moindre erreur le fausse, la moindre hésitation l'altère, la moindre lourdeur le dépare, la moindre sottise l'abêtit. (© Plon)

• *L'Œuvre au noir* (1968), qui conte l'histoire de Zénon, alchimiste en Flandre au XVIe siècle.

Au bistrot. Jean Béraud, XIXe siècle, coll. part.

Joseph Kessel* (1898-1979)
• *Le Lion* (1948), qui met en scène, au cœur de la savane du Kenya, une fillette blanche, un jeune guerrier noir et un lion.
• *Les Cavaliers* (1967), dont l'histoire est située en Afghanistan, chanson de geste poétique, féroce et belle, aux personnages inoubliables.

Jacques Lanzmann* (1927-2006)
• *La glace est rompue* (1954), *Le Rat d'Amérique* (1956), *Cuir de Russie* (1957), *Les Passagers du Sidi-Brahim* (1958), *Un tyran sur le sable* (1959), *Qui vive!* (1965), romans-reportages truculents et pleins de couleurs.

Romain Gary* (1914-1980)
• *Les Racines du ciel* (1956), premier grand roman de fiction écologique. Un rescapé des camps nazis consacre sa vie à sauver les éléphants d'Afrique des chasseurs d'ivoire.

> Quand vous n'en pouvez plus, faites comme moi : pensez à des troupeaux d'éléphants en liberté en train de courir à travers l'Afrique, des centaines et des centaines de bêtes magnifiques auxquelles rien ne résiste, pas un mur, pas un barbelé, qui foncent à travers les grands espaces ouverts et qui cassent tout sur leur passage, qui renversent tout, tant qu'ils sont vivants, rien ne peut les arrêter – la liberté, quoi ! (© Gallimard)

Vagabondages poétiques ou fantastiques

Également : Henri Anger, François Augiéras, François-Régis Bastide, Michel Braudeau, René-Jean Clot, Guy Dupré, Jean Forton, Armen Lubin, Georges Navel, Bernard Privat, Jean Ray, Pierre-Jean Rémy, André de Richaud, Marcel Schneider, Henri Thomas, Bernard Tirtiaux, Roger Vrigny*

Julien Gracq (1910-2007)
• *Au château d'Argol* (1938), *Un beau ténébreux* (1945), *Le Rivage des Syrtes* (1951), *Un balcon en forêt* (1958), *La Presqu'île* (1970), où Gracq « exploite le capital de rêverie de la langue » grâce à une écriture poétique et anachronique au lyrisme puissant. Il installe ses récits dans un temps suspendu où il décrit avec précision des lieux imaginaires et fantastiques dans lesquels se déploient la tension de l'attente ou la puissance du désir…

Paul Morand (1888-1976)
• *L'Homme pressé* (1941), *Montociel* (1947), *Le Flagellant de Séville* (1951), *Hécate et ses chiens* (1954), *Fermé la nuit* (1957), *Venises* (1971), *Les Écarts amoureux* (1974), romans et nouvelles cosmopolites aux atmosphères envoûtantes et au style éblouissant.

Boris Vian (1920-1959)
Membre du « Collège de pataphysique » (avec Queneau* et Jarry*) où il se livre à toutes sortes d'expérimentations loufoques, Vian écrit des romans dans une langue inédite où s'expriment son humour grinçant, son goût de la provocation et son imagination délirante. Les mondes qu'il évoque sont différents du nôtre mais cohérents : aucun personnage ne s'en étonne.
• *L'Écume des jours* (1947), où un nénuphar pousse dans les poumons de Chloé et la fait mourir, tandis que la taille de l'appartement de son ami Colin diminue…

> L'histoire est entièrement vraie, puisque je l'ai imaginée d'un bout à l'autre. (© Gallimard)

• *L'Automne à Pékin* (1947), où l'action ne se passe ni à Pékin ni en automne…
• *Vercoquin et le plancton* (1947), qui évoque la rencontre entre le Major et la jeune Zizanie sur fond de fête zazou.
• *L'Herbe rouge* (1950), aventures d'un savant inventeur d'une machine à faire revivre le passé.
• *L'Arrache-cœur* (1953), qui met en scène un village où règne la cruauté.

> À droite, il y avait une certaine animation et Jacquemort se dirigea de ce côté-là.
> Il vit en arrivant que c'était seulement la foire aux vieux. (© Pauvert)

Pierre Klossowski (1905-2001)
• *La Vocation suspendue* (1950), *Les Lois de l'hospitalité* (3 vol., 1954-1960), où l'imaginaire règne en maître, porté par une langue archaïque.

André Pieyre de Mandiargues (1909-1991)
• *Soleil des loups* (1951), *Feu de braise* (1959), *Porte dévergondée* (1965), *La Marge* (1967), *Mascarets* (1971), *Sous la lame* (1976), nouvelles fantastiques, oniriques, poétiques, érotiques, mystiques, anachroniques…

Alexandre Vialatte (1901-1971)
• *Les Fruits du Congo* (1951), aventures imaginaires d'un groupe d'adolescents dans un petit village d'Auvergne.

On suit toujours le sens de l'histoire quand on la pousse devant soi. (© Gallimard)

Une sirène. Sir Edward Burne-Jones, 1881, coll. part.

Andrée Chedid (née en 1920)
• *Le Sommeil délivré* (1952), *Le Sixième Jour* (1960), *L'Autre* (1969), *La Maison sans racines* (1985), *L'Enfant multiple* (1989), où Chedid célèbre la vie et sa précarité dans un style fluide et poétique.

Je revenais des autres chaque fois guéri de moi. (*Visage premier*, 1972, © Flammarion)

André Dhôtel (1900-1991)
• *Le Pays où l'on n'arrive jamais* (1955), sur le thème de la fugue dans la nature à la poursuite d'une autre réalité, de l'inconnu et de soi-même…

Claude Seignolle (né en 1917)
• *Le Diable en sabots* (1960), *La Nuit des Halles* (1965), *L'Auberge du Larzac* (1967), romans parcourus par le souffle maléfique du Diable, où des familiers prennent brusquement les traits de fantômes de légende…

L'OULIPO : HUMOUR ET VIRTUOSITÉ

*Également : Jacques Bens, François Caradec, Paul Fournel, Jacques Jouet, Jean Lescure, Jacques Roubaud**

Des restes du passé traînaient encore çà et là, en vrac. […] Les Huns préparaient des stèques tartares, le Gaulois fumait une Gitane, les Romains dessinaient des grecques, les Sarrasins fauchaient de l'avoine, les Francs cherchaient des sols et les Alains regardaient cinq Ossètes. Les Normands buvaient du calva.

Raymond Queneau*, incipit des *Fleurs bleues*, 1965 (© Gallimard)

En 1960, François Le Lionnais forme l'OUvroir de LIttérature POtentielle (Oulipo), qui réunit notamment Queneau et Perec. Partant du principe que les écrivains ont toujours canalisé leur inspiration par des règles précises

– rimes, chapitres, etc. –, l'Oulipo se donne pour but de mettre au premier plan la contrainte afin de créer des jeux avec le langage qui engendrent des œuvres originales.

Raymond Queneau* (1900-1976)

• *Exercices de style* (1947), qui racontent la même scène dans un autobus de 99 façons différentes.

• *Zazie dans le métro* (1959), histoire des rencontres que fait une jeune fille qui n'a pas la langue dans sa poche lors d'une grève du métro.

> Doukipudonktan, se demanda Gabriel excédé. (Incipit, © Gallimard)

• *Les Fleurs bleues* (1965), roman d'amour dont les deux protagonistes ne vivent pas à la même époque, histoire entre rêve et réalité, conte psychanalytique, réflexion sur le sens de l'Histoire et de la vie…

Les Fleurs bleues et *Zazie dans le métro* sont écrits en « néofrançais », à partir de déformations, de néologismes et d'onomatopées.

Georges Perec* (1936-1982)

• *Les Choses* (1965), sorte d'inventaire dérisoire des objets contemporains avec de nombreuses références intertextuelles et un jeu sur les temps, satire de la société de consommation.

> L'œil, d'abord, glisserait sur la moquette grise d'un long corridor, haut et étroit. (Incipit, © René Julliard)

• *La Disparition* (1969), qui constitue l'œuvre emblématique de l'Oulipo : le texte, qui raconte la disparition d'un homme, est soumis à l'interdiction d'utiliser la lettre « e », la plus fréquente en français.

> Un marin nantuckais immortalisait un combat colossal qui, par trois fois, opposait Achab au grand Cachalot blanc, à Moby Dick. (© Denoël)

• *Les Revenentes* (1972), où Perec s'impose au contraire de n'utiliser que la voyelle « e ».

• *La Vie mode d'emploi* (1978), qui conte l'histoire détaillée d'un immeuble et de ses habitants à travers le temps. Les centaines d'anecdotes évoquées sont méticuleusement indexées en fin d'ouvrage. Le tout forme un vaste puzzle de romans où Perec, virtuose de l'accumulation parodique, fait montre d'une imagination débridée…

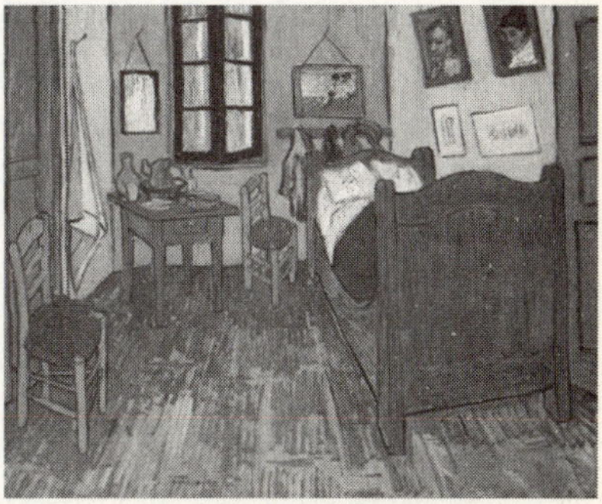

Chambre à coucher à Arles. Van Gogh, 1889, musée Van Gogh, Amsterdam.

Autour du « nouveau roman »

Des romans psychologiques désenchantés

Françoise Sagan (1935-2004)
• *Bonjour tristesse* (1954), roman d'analyse personnelle typique du « nouveau mal du siècle », véritable hymne à la tristesse, seule valeur qui survive à la perte des valeurs.

> Sur ce sentiment inconnu dont l'ennui, la douceur m'obsèdent, j'hésite à apposer le nom, le beau nom grave de tristesse. (© Julliard)

Françoise Mallet-Joris* (née en 1930)
• *Les Mensonges* (1956), où le caractère d'Alberte l'emporte sur un monde corrompu par l'argent, incarné par son père, industriel tyrannique.
• *L'Empire céleste* (1958), où à l'inverse le héros se fait le complice de la cruauté du monde, ce qui le conduit à la déchéance.

Paul Guimard* (1921-2004)
• *Les Choses de la vie* (1967), qui met en scène les dernières réflexions d'un homme gravement accidenté.

Dans la lignée de Proust, une autre psychologie

Également : Paul Gadenne, Henri Thomas

Dans les années 1950, l'analyse psychologique traditionnelle, avec son accompagnement explicatif, s'efface au profit d'une écriture poétique dégagée du sens. La composition remplace la narration. Par son dépouillement et sa neutralité, cette littérature de la parole semble plus à même de provoquer la réminiscence des souvenirs, des émotions, des pulsions.

Louis-René des Forêts (1918-2000)
• *Les Mendiants* (1943), *Le Bavard* (1946), *La Chambre des enfants* (1960), méditations pudiques sur l'enfance, le silence, le deuil… Des Forêts s'attelle à déjouer les mensonges de la mémoire et du langage par des propos originaux, inventifs et musicaux.

> Donc je vais me taire. Je me tais parce que je suis épuisé par tant d'excès : ces mots, ces mots, tous ces mots sans vie qui semblent perdre jusqu'au sens de leur son éteint. Je me demande si quelqu'un est encore près de moi à m'écouter.
>
> *Le Bavard* (© Gallimard)

Jean Cayrol* (1910-2005)

• *L'Espace d'une nuit* (1954), *Les Corps étrangers* (1959), *Le Froid du soleil* (1964), *Je l'entends encore* (1968), quêtes métaphysiques de l'identité volée dans des univers incertains, sans attaches, labyrinthiques…

> Le tout est d'approfondir même un murmure.
>
> *Je l'entends encore* (© Seuil)

Marguerite Duras* (1914-1996)

> Écrire, c'est aussi ne pas parler.
> C'est se taire. Hurler sans bruit.
>
> *Écrire*, 1993 (© Gallimard)

• *Un barrage contre le Pacifique* (1950), *Le Marin de Gibraltar* (1952), *Les Petits Chevaux de Tarquinia* (1953), centrés sur des femmes dont l'identité est ébranlée par une rencontre amoureuse.

> Il n'y a pas de vacances à l'amour, dit-il, ça n'existe pas. L'amour, il faut le vivre complètement, avec son ennui et tout, il n'y a pas de vacances possibles à ça.
>
> *Les Petits Chevaux de Tarquinia* (© Gallimard)

• *Moderato cantabile* (1958), où Duras affirme son originalité par une écriture dépouillée, elliptique et ambiguë qui explore la mémoire, les sentiments, les pulsions, le mensonge…

• *Le Ravissement de Lol V. Stein* (1964), où les événements et les décors s'effacent devant le dialogue qui traduit, par ses hésitations et ses reprises, l'incertitude foncière des personnages. Il sera suivi du *Vice-consul* (1966) et de *L'Amante anglaise* (1967).

• *Détruire, dit-elle* (1969), où les décalages et allusions sont remplacés par des blancs que le lecteur est invité à compléter par son imagination…

Le Pont sur le Rhin (Cologne). E.L. Kirchner, 1914, Stiftung Preussischer Kulturbesitz Staatliche Museen, Berlin.

Claude Mauriac* (1914-1996)

• *Toutes les femmes sont fatales* (1957), où les souvenirs se chevauchent et se mêlent au présent.

• *Un dîner en ville* (1959), *La marquise sortit à cinq heures* (1961), constitués d'un enchevêtrement de dialogues, de monologues et de conversations.

LE « NOUVEAU ROMAN », EXPLORATION DE L'INCONSCIENT PAR L'ÉCRITURE

Également : Claude Ollier, Jean Ricardou

C'est ce qui échappe aux mots que les mots doivent dire.

Nathalie Sarraute* (© Gallimard)

Le mouvement du « nouveau roman » est né dans les années 1950 d'une remise en question du roman traditionnel, avec ses personnages, son analyse psychologique, sa chronologie, son intrigue. Le roman devient une exploration de l'inconscient, **une écriture dont l'objet est l'acte même d'écrire**. Les objets, les obsessions, les souvenirs prennent le premier rôle car le temps et l'espace sont ceux de la conscience. Les personnages, anonymes, n'existent que le temps du récit, à travers leurs paroles. La ponctuation est quasiment absente, le langage est autonome. Les membres du « nouveau roman », tous publiés aux Éditions de Minuit, croient « que n'importe quel fragment de vie, pris au hasard, n'importe quand, contient la totalité du destin et qu'il peut servir à le représenter » (Erich Auerbach). *L'Ère du soupçon* (1956) de Nathalie Sarraute est leur manifeste.

Nathalie Sarraute* (1902-1999)

• *Tropismes* (1939), recueil de courts textes où elle explore une matière neuve :

> [Les tropismes] sont des mouvements indéfinissables, qui glissent très rapidement aux limites de notre conscience ; ils sont à l'origine de nos gestes, de nos paroles, des sentiments que nous manifestons, que nous croyons éprouver.
>
> Préface de *L'Ère du soupçon*, 1956 (© Gallimard)

• *Portrait d'un inconnu* (1948), *Le Planétarium* (1959), sur des situations conflictuelles à l'échelle individuelle.

• *Les Fruits d'Or* (1963), sur les remous que suscite la parution d'un roman et le problème de la création artistique.

• *Vous les entendez ?* (1972), *Disent les imbéciles* (1976), qui opposent les fils aux pères, représentants de l'orthodoxie.

• *Ici* (1995), qui sape les lieux communs.

Les Yeux clos. Odilon Redon, 1890, musée d'Orsay, Paris.

Alain Robbe-Grillet*, chef de file du nouveau roman (1922-2008)

Dans les romans de Robbe-Grillet, les objets, omniprésents, sont décrits minutieusement en dehors de tout contexte émotionnel, de la façon

la plus objective possible, pour refléter le regard que l'homme pose sur le monde.
• *Les Gommes* (1953), parodie de roman policier et réécriture originale du mythe d'Œdipe.

> Tout en haut [du quartier de tomate], un accident à peine visible s'est produit : un coin de pelure, décollé de la chair sur un millimètre ou deux, se soulève imperceptiblement. (© Minuit)

• *Le Voyeur* (1955), qui fit scandale par son sujet même.
• *La Jalousie* (1957), qui reprend le schéma classique du triangle amoureux : une femme, un homme et un narrateur au point de vue insaisissable.
• Suivront *Dans le labyrinthe* (1959), *La Maison de rendez-vous* (1965), *Glissements progressifs du plaisir* (1974), *Le Miroir qui revient* (1985).

Michel Butor (né en 1926)
• *Passage de Milan* (1954), *L'Emploi du temps* (1956), *La Modification* (1957), *Degrés* (1960), *Boomerang* (1979), histoires qui se produisent le plus souvent en un lieu unique et en un temps très bref, au cours duquel c'est la pensée qui voyage dans l'espace et le temps.
La Modification a pour cadre un train qui va de Paris à Rome, lieu propice aux réflexions et au retour sur soi du personnage :

> Vous avez mis le pied gauche sur la rainure de cuivre, et de votre épaule droite vous essayez en vain de pousser un peu plus le panneau coulissant. (Incipit © Minuit)

Claude Simon (1913-2005, prix Nobel 1985)
• *La Route des Flandres* (1960), *Le Palace* (1962), *Histoire* (1967), *Les Géorgiques* (1981), *L'Acacia* (1989), dont les grands thèmes sont la guerre et l'Histoire. Pour Claude Simon, les notions de temps et d'espace ne peuvent être correctement appréhendées que par la subjectivité de la conscience, qui juxtapose les faits de manière non « réaliste ». *Histoire* est le récit de la rêverie d'un homme qui examine des cartes postales ayant appartenu à sa mère :

> [...] un paysage qui semble fait avec des plumes, non pas dessiné mais pour ainsi dire effleuré comme si non pas un crayon ou un pinceau mais des ailes avaient frôlé le carton y laissant des traces délicates floues pervenche pistache antimoine topaze [...] (© Minuit)

Robert Pinget (1919-1997)
• *L'Inquisitoire* (1962), *Quelqu'un* (1965), *Fable* (1971), *Cette voix* (1975), où les personnages inventent un univers en perpétuelle transformation. L'absurdité du monde est soulignée par des descriptions répétées mais subtilement décalées.
• *Monsieur Songe* (1982), qui aborde avec légèreté et humour le thème de la vieillesse, avec son cortège d'égoïsme, de solitude et d'absences.

> Les mots ont une vie indépendante de notre raison. Jouer avec eux nous révèle un monde étrange qui pourtant est le nôtre. (© Minuit)

L'autobiographie, nouveau genre littéraire

Les écrivains se racontent

Également : Marcel Arland, André Gide, Charles Juliet*, Henry de Montherlant*, Paul Morand**

Julien Green* (1900-1998)
• *Journal* (17 vol., 1938-1996), dans lequel Green livre au jour le jour pendant près de soixante ans ses états d'âme, sa quête de grandeur, de vérité et de spiritualité.

Marcel Jouhandeau (1888-1976)
• *Essai sur moi-même* (1947), autoportrait d'un homme complexe, homosexuel rongé par la culpabilité qui oscille entre le moralisme chrétien et la célébration impudique de la chair.

Michel Leiris (1901-1990)
• *L'Âge d'homme* (1939), *La Règle du jeu* (*Biffures* [1948], *Fourbis* [1955], *Fibrilles* [1966] et *Frêle bruit* [1976]), où cet ethnologue cherche à voir clair en lui. Pour y parvenir, il se replonge dans les mots de l'enfance et brasse expériences vécues, rêves, poèmes, jeux, faits historiques, souvenirs…

Qui donc est JE ? (© Gallimard)

Simone de Beauvoir* (1908-1986)
• *Mémoires d'une jeune fille rangée* (1958), *La Force de l'âge* (1960), *La Force des choses* (1963), *La Vieillesse* (1970), *La Cérémonie des adieux* (1981), dans lesquels elle conte son parcours : l'enfance dans une famille bourgeoise, l'émancipation, la rencontre de Sartre*, la guerre, l'existentialisme, la passion de l'écriture, l'engagement féministe, les enseignements de l'âge mûr…

Sans doute les mots, universels,
éternels, présence de tous à chacun,
sont-ils le seul transcendant que je
reconnaisse et qui m'émeuve ;
ils vibrent dans ma bouche et par eux
je communie avec l'humanité.
(*La Force des choses*, © Gallimard)

La Nuit étoilée. Van Gogh, 1889, Museum of Modern Art, New York.

François Nourissier* (né en 1927)
• *Un petit bourgeois* (1963), *Lettre à mon chien* (1975), *Le Musée de l'Homme* (1978), *Bratislava* (1990), *Roman volé* (1996), *À défaut de génie* (2000), somme autobiographique dans la lignée de *La Règle du jeu* de Leiris*.

Jean-Paul Sartre* (1905-1981, prix Nobel 1964)
• *Les Mots* (1964), autobiographie en deux parties – « Lire », « Écrire » – dans laquelle il démystifie sa petite enfance dans une famille bourgeoise et raconte son amour précoce pour les livres :

> Pour avoir découvert le monde à travers le langage, je pris longtemps le langage pour le monde. (© Gallimard)

Souffles poétiques

La Résistance

Également : Jean-Louis Bory, Jean Cayrol*, Louis-René des Forêts*, Luc Estang, André Frénaud, Eugène Guillevic*, Francis Ponge**

Durant l'Occupation, Aragon participe à la Résistance intérieure française et publie des poèmes appelant à la lutte contre l'occupant. En zone libre, la résistance intellectuelle et littéraire s'articule autour de lui, par l'intermédiaire de la *NRF* et du parti communiste.

Louis Aragon* (1897-1982)
• *Le Crève-cœur* (1941), *Brocéliande, Le Musée Grévin* (1943), « poésies de contrebande » qui appellent à mots couverts à résister à l'occupant.

Celui qui croyait au Ciel
Celui qui n'y croyait pas
Tous deux adoraient la belle
Prisonnière des soldats

« La Rose et le Réséda » (D.R.)

Paul Éluard* (1895-1952)
• *Poésie et Vérité* (1942), imprimé clandestinement dans la France occupée, qui contient le fameux « Liberté », parachuté par les Anglais dans le maquis, dont voici la célèbre première strophe :

Sur mes cahiers d'écolier
Sur mon pupitre et les arbres
Sur le sable, sur la neige
J'écris ton nom. (© Minuit)

Robert Desnos* (1900-1945)
• *Fortunes* (1942), *État de veille* (1943), *Chantefables et chantefleurs* (posth., 1970), écrits par Desnos avant sa mort en déportation.

Pierre Emmanuel* (1916-1984)
• *Jour de colère* (1942), *Combats avec tes défenseurs* (1942), *La liberté guide nos pas* (1945), poèmes visionnaires inspirés par la participation directe d'Emmanuel à la Résistance.

Ô mes frères dans les prisons vous êtes libres
Libres les yeux brûlés les membres enchaînés
Le visage troué les lèvres mutilées
Vous êtes ces arbres violents et torturés
Qui croissent plus puissants parce qu'on les émonde

« Hymne de la liberté », in *Jour de colère* (D.R.)

René Char* (1907-1988)
• *Les Feuillets d'Hypnos* (1946), dédiés à Albert Camus*, qui relatent l'expérience de Char dans la Résistance.

La négritude

Également : Léon Damas, Édouard Glissant

Aimé Césaire* (1913-2008)
• *Cahier d'un retour au pays natal* (prose, 1945), hymne à la culture noire humiliée, par le poète de la négritude.

Ma bouche sera la bouche des
malheurs qui n'ont point de bouche,
ma voix, la liberté de celles qui
s'affaissent au cachot du désespoir.

(© Présence africaine)

La Gitane endormie. Henri Rousseau, 1887, Museum of Modern Art, New York.

Léopold Sédar Senghor (1906-2001)
• *Chants d'ombre* (1945), *Hosties noires* (1948), *Éthiopiques* (1956), *L'Élégie des alizés* (1973), où Senghor cherche à fusionner poésie française et culture africaine. Ce fervent militant de la négritude publie également en 1948 une anthologie de littérature négro-africaine préfacée par Sartre*.

Femme nue, femme noire…
Vêtue de ta couleur qui est vie, et de ta forme qui est beauté !

Œuvre poétique (© Seuil)

Les poètes de l'amour

Également : Joë Bousquet

Louis Aragon* (1897-1982)
• *Les Yeux d'Elsa* (1942), *La Diane française* (1946), *Le Fou d'Elsa* (1963), dans lesquels Aragon célèbre sa femme, Elsa Triolet*.

Je suis plein du silence assourdissant d'aimer. (*Le Fou d'Elsa*, © Gallimard)

Paul Éluard* (1895-1952)
• *Poésie ininterrompue* (1946), *Le Dur Désir de durer* (1946), *Le Phénix* (1949), où Éluard oppose son univers léger, pur, lumineux à la solitude, l'incompréhension, l'oppression, la mort. Éluard est le poète de l'amour, de l'amitié et de la solidarité entre les hommes.

Une poésie proche des gens

Également : Georges Perros

Jacques Prévert (1900-1977)
• *Paroles* (1945), *Histoires* (1946), *Spectacle* (1951), *Fatras* (1966), pour une poésie au quotidien, dans la liberté de penser et de parler.

Il est terrible
le petit bruit de l'œuf dur cassé sur un comptoir d'étain
il est terrible ce bruit
quand il remue dans la mémoire de l'homme qui a faim

« La grasse matinée » (© Gallimard)

Jean Cocteau* (1889-1963)

Je sais que la poésie est indispensable, mais je ne sais pas à quoi.

Discours de réception à l'Académie française (D.R.)

• *Léone* (1945), *La Crucifixion* (1946), *Clair-obscur* (1954), *Requiem* (1962), poésies du quotidien renouvelant le regard porté sur l'environnement prosaïque afin d'éclairer sa beauté propre, son identité. Artiste complet, Cocteau étendit la sphère poétique au dessin, à la danse, au théâtre et à la littérature.

Raymond Queneau* (1903-1976)
• *Si tu t'imagines* (1952), hommage à l'« Ode à Cassandre » de Ronsard*.

Si tu t'imagines
si tu t'imagines
fillette fillette
si tu t'imagines

xa va xa va xa
va durer toujours
la saison des za
la saison des za

la saison des amours
ce que tu te goures
fillette fillette
ce que tu te goures

« Si tu t'imagines » (© Gallimard)

• *Cent mille milliards de poèmes* (1961), qui est composé de 10 sonnets dont chaque alexandrin peut permuter avec un autre situé en même position dans un autre sonnet, soit 1 014 combinaisons possibles.

Désir et satisfaction. Jan Toorop, 1893, musée d'Orsay, Paris.

Les mystiques

Également : Luc Estang, Charles Le Quintrec, Marie Noël*

Pierre Jean Jouve (1887-1976)
• *Noces* (1931), *Moires* (1962), où se conjuguent exploration de l'inconscient et questionnements mystiques afin d'exorciser le « néant du temps ».

Rien ne s'accomplira sinon dans une absence. (*Matière céleste*, 1937, © Gallimard)

Patrice de La Tour du Pin (1911-1975)
• *La Quête de joie* (1933), *Une somme de poésie* (1946), *Psaumes de tous les temps* (1967), recueils caractérisés par un sens aigu du mystère de l'âme.

Il passe un vent de toute beauté sur l'Enfer. (*Une somme de poésie*, © Gallimard)

Pierre Emmanuel* (1916-1984)
• *Babel* (1952), *Jacob* (1970), *Sophia* (1973), *Una ou la Mort de la vie* (1979), *Duel* (1980), qui mêlent mythologies anciennes et collages modernes au sein d'une narration dramatique déchirante de simplicité.

Jean-Claude Renard (1922-2002)
• *Incantation du temps* (1962), *La Terre du sacre* (1966), *La Braise et la Rivière* (1969), *Le Dieu de nuit* (1973), fragments incandescents qui cherchent à réinventer la parole originelle, au lyrisme miné par « ce langage vide qui ne sait pas s'il parle mais doit pourtant sans cesse refuser de se taire ».

En quête d'absolu

Également : Andrée Chedid, Jean-Paul de Dadelsen, André Frénaud, Jean Grosjean, Roger Kowalski, Olivier Larronde, Bernard Noël**

Le roman prend corps pour ensuite se vêtir. Prenant âme, la poésie demeure nue.

Andrée Chedid (*Les Saisons de passage*, 1996, © Flammarion)

Saint-John Perse* (1887-1975, prix Nobel 1960)
• *Exil* (1942), « poème de l'éternité de l'exil dans la condition humaine ».

• *Vents* (1946), qui reproduit les mouvements de l'esprit en train de créer.
• *Amers* (1957), qui célèbre solennellement le cosmos, l'unité sacrée de l'Univers par-delà ses métamorphoses, la beauté cyclique du monde…

René Char* (1907-1988)
• *Poème pulvérisé* (1947), *Fureur et Mystère* (1948), *À une sérénité crispée* (1951), *La Parole en archipel* (1962), *Aromates chasseurs* (1976), qui privilégient la forme brève, épurée, les phrases ciselées et fulgurantes. Char, poète assez hermétique, se donne pour « mission d'éveiller » à la complexité du réel et de faire entendre « les chants matinaux de la rébellion »…

> Si nous habitons un éclair, il est le cœur de l'éternel. (*Fureur et Mystère*, © Gallimard)

La poésie du chaos

Henri Michaux (1899-1984)
• *Qui je fus* (1927), *Mes propriétés* (1929), *La nuit remue* (1934), *Voyage en Grande Garabagne* (1936), *La Vie dans les plis* (1949), poésie de l'angoisse et des « espaces du dedans ». Michaux explore le monde de l'imaginaire, déconstruisant la réalité en quête du secret des choses. Dans *Qui je fus*, il se démultiplie en différents « qui-je-fus » qui parlent à tour de rôle, chacun dans son langage.

Mienne, belle, mienne.
Nuit
Nuit de naissance
Qui m'emplit de mon cri

« Traduction », in *Qui je fus* (© Gallimard)

René Daumal (1908-1944)
• *La Grande Beuverie* (1938), *Le Mont Analogue* (1952), où Daumal prône le dérèglement des sens, la fusion de la poésie, de la religion et de la révolution.

Le parti des choses

Également : Jean Follain

Francis Ponge (1899-1988)
• *Le Parti pris des choses* (1942), *Proêmes* (1948), *La Rage de l'expression* (1952), *Le Grand Recueil* (1961), *Le Savon* (1967), « poèmes-choses » en prose. Lorsque Ponge écrit sur la pluie, le galet, l'huître, l'abricot ou le savon, il investit l'objet et l'interprète, délivrant en son nom un message de vie.

Eugène Guillevic (1907-1997)
• *Terraqué* (1942), *Exécutoire* (1947), *Villes et Paroi* (1971), *Étier* (1979), *Possibles Futurs* (1982-1994), *Maintenant* (1986-1992), variations sur des objets, des mots ou des méditations. Dépouillée de tout artifice, sa poésie aux vers courts cherche à maîtriser l'inquiétante étrangeté des choses.

Autour de *L'Éphémère*

Également : Jean Follain, Lorand Gaspar

Dans les années 1950 et 1960, **Dupin**, **Bonnefoy**, **Du Bouchet** et **Jaccottet** forment un groupe autour de la revue *L'Éphémère*.

André du Bouchet (1924-2001)
• *Air* (1951), *Dans la chaleur vacante* (1961), *Où le soleil* (1968), *Qui n'est pas tourné vers nous* (1972), *Hölderlin aujourd'hui* (1978), *Rapides* (1980), poésies de « la parole espacée ». Dans la lignée de Reverdy*, Du Bouchet éclate le langage en fragments discontinus pour faire apparaître des silences qui ont autant de sens que les mots. La mise en pages les met en valeur par des zones blanches.

En pleine terre
les portes labourées portant air et fruits
ressac
blé d'orage
sec
le moyeu brûle
je dois lutter contre mon propre bruit

« En pleine terre », in *Dans la chaleur vacante* (© Gallimard)

Yves Bonnefoy (né en 1923)
• *Du mouvement et de l'immobilité de Douve* (1953), *Hier, régnant désert* (1957), *Pierre écrite* (1965), *Dans le leurre du seuil* (1975), *Ce qui fut sans lumière* (1985), qui célèbrent la présence au monde et la simplicité par un ton grave, chargé de symboles, plein de ferveur et de plénitude.

Philippe Jaccottet (né en 1925)
• *L'Effraie* (1953), *Airs* (1967), *Chants d'en bas* (1974), *Pensées sous les nuages* (1983), poésies de la simplicité, de l'effacement, de l'ouverture au mystère des choses, à la nuit, la mort…

Jacques Dupin (né en 1927)
• *Gravir* (1963), *L'Embrasure* (1969), *Dehors* (1975), *Une apparence de soupirail* (1982), *Chansons troglodytes* (1989), *Rien encore, tout déjà* (1991), poésies abruptes et fragmentaires, explorations des apparences.

Le théâtre : du militantisme à l'Absurde

Après le théâtre engagé durant l'Occupation, les années 1950 donnent lieu à une révolution dramatique : dans la lignée de Jarry* ou de Cocteau*, l'esthétique et le langage sont remis en question. L'absurde gagne progressivement les intrigues, les situations et les personnages... Grâce à des metteurs en scène comme Roger Blin, Jean-Marie Serreau, Jean Vilar ou Jean-Louis Barrault, qui imposent l'avant-garde, grâce aussi à la multiplication des lieux de spectacle en province et au dynamisme du Festival d'Avignon, le théâtre élargit son audience.

Le théâtre engagé

Également : Fernando Arrabal, Jean Cocteau, Félicien Marceau*, André Roussin*

Henry Bernstein (1876-1953)
• *Elvire* (1939), où l'irruption d'une comtesse autrichienne chassée par l'Anschluss oblige la frivole société mondaine parisienne à constater que la barbarie sévit déjà à l'Est.

Jean-Paul Sartre* (1905-1981, prix Nobel 1964)
• *Les Mouches* (1943), où Sartre renouvelle le mythe d'Électre : le meurtre est justifié contre l'abus de pouvoir et la tyrannie, et Oreste devient le symbole de la liberté et de la Résistance.
• *Huis clos* (1944), qui met en scène trois morts, condamnés pour l'éternité à être réunis et à se parler. L'enfer, c'est l'obligation de voir sa vie jugée par les autres sans pouvoir la modifier.

Pas besoin de gril, l'enfer, c'est les Autres. (© Gallimard)

• *Les Mains sales* (1948), qui abordent la question des moyens pouvant justifier la fin en politique.
• *Le Diable et le Bon Dieu* (1951), où Sartre oppose l'efficacité de l'action à la vanité de la morale.

Quand Dieu se tait, on peut lui faire dire ce que l'on veut. (© Gallimard)

La Charge. Félix Vallotton, 1893, BNF.

Albert Camus* (1913-1960, prix Nobel 1957)
• *Caligula* (1944), qui montre que la liberté ne doit pas aboutir au nihilisme.

• *Les Justes* (1950), sur un groupe de révolutionnaires bolcheviques.

D'autres viendront peut-être qui s'autoriseront de nous pour tuer et qui ne paieront pas de leur vie. (© Gallimard)

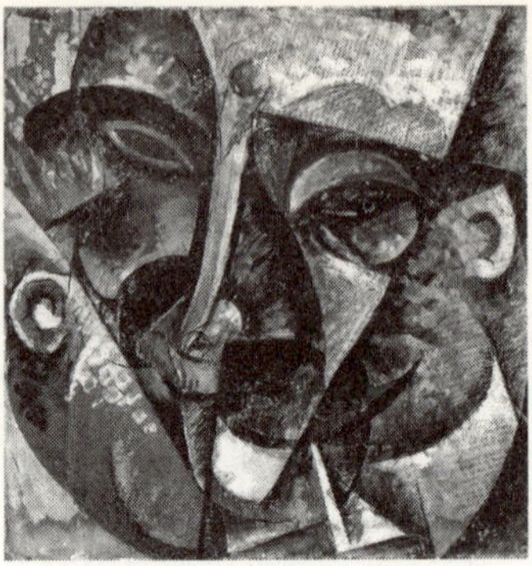

Dynamism of a Man's Head. Umberto Boccioni, 1914, Palazzo Reale, Milan.

Jean Anouilh* (1910-1987)
• *Antigone* (1944), qui dépeint avec une dérision sarcastique le combat tragique que se livrent l'idéalisme et la compromission. Le mythe grec d'Antigone permet à Anouilh d'aborder, en pleine Occupation, le thème de la résistance à l'oppresseur. Le ton est donné dès le prologue :

Mais il n'y a rien à faire. Elle s'appelle Antigone et il va falloir qu'elle joue son rôle jusqu'au bout… (© La Table Ronde)

Jean Genet* (1910-1986)
• *Les Bonnes* (1947), *Le Balcon* (1956), *Les Nègres* (1958), *Les Paravents* (1961), théâtre très subversif prônant la transgression des valeurs morales et sociales. La marginalité et les engagements politiques sont revendiqués à travers un lyrisme audacieux et des cérémonials somptueux. La pièce *Les Paravents*, sur l'Algérie et les militaires, déclenche de telles polémiques que Malraux* doit intervenir en sa faveur au nom de la liberté d'expression…

« C'est facile d'être bonne, et souriante, et douce. Quand on est belle et riche ! Mais être bonne quand on est une bonne ! » (*Les Bonnes*, © Gallimard)

Marcel Aymé* (1902-1967)
• *Clérambard* (1950), *La Tête des autres* (1952), comédies poétiques irrespectueuses de l'ordre établi.

Aimé Césaire* (1913-2008)
• *La Tragédie du roi Christophe* (1963), *Une saison au Congo* (1966), tragédies lyriques évoquant les drames de la colonisation et de la décolonisation.

LES MOTS EN JEU

Également : Françoise Sagan, Georges Schéhadé, Romain Weingarten*

Jacques Audiberti* (1899-1965)
• *Le mal court* (1947), *Le Cavalier seul* (1955), *La Fourmi dans le corps* (1962),

dont l'écriture débridée mêle langages châtié et vulgaire au sein d'intrigues irréalistes, avec comme arrière-fond la méchanceté des hommes.

Jean Tardieu (1903-1995)
• *La Comédie du langage* (1951), *Monsieur monsieur* (1951), *Les Amants du métro* (1952), *Le Guichet* (1955), comédies du langage à la fois poétiques et musicales. En maître de la fantaisie absurde, Tardieu parle avec une candeur ironique de la perte de l'identité, du basculement dans l'irréel, de la solitude et de la difficulté à communiquer.

« Eh bien ma quille, pourquoi serpez-vous là ?
(*geste de congédiement*) Vous pouvez vidanger. »

« Un mot pour un autre », in *La Comédie du langage* (© Gallimard)

François Billetdoux (1927-1991)
• *Tchin-tchin* (1959), *Va donc chez Törpe* (1961), *Comment va le monde, môssieu ? Il tourne, môssieu !* (1964), *La Nostalgie, camarade* (1974), *Réveille-toi Philadelphie* (1988), théâtre charnel aux dialogues poétiques qui décrit le monde avec un humour féroce teinté de burlesque.

René de Obaldia (né en 1918)
• *Génousie* (1960), *Sept Impromptus à loisir* (1961), *Le Général inconnu* (1964), *Du vent dans les branches de sassafras* (1965), *La Baby-sitter* (1971), *Monsieur Klebs et Rosalie* (1975), *Les Bons Bourgeois* (1980), pièces profondément originales où, dans un cadre contemporain et sur des sujets modernes, Obaldia joue avec la langue pour en décomposer les saveurs.

LE THÉÂTRE DE L'ABSURDE

Également : Claude Mauriac, Robert Pinget*, Jean Vauthier*

« Quelle heure est-il ?
– La même que d'habitude.
– Tu as regardé ?
– Oui.
– Et alors ?
– Zéro. »

Samuel Beckett*, *Fin de partie* (© Minuit)

Sisyphe. Franz von Stuck, 1920, coll. part.

Dans les années 1950, le drame est renouvelé par trois maîtres de la dérision subversive : **Adamov, Ionesco** et **Beckett.** Ce théâtre « de l'absurde » n'aboutit pas à un engagement, comme chez Sartre* et

Camus* : le désespoir des personnages et le tragique des situations paraissent sans fin. Les obsessions des personnages transparaissent dans des monologues confus et des dialogues absurdes où le langage est constamment remis en cause. La mise en scène est réduite à quelques objets emblématiques, à un décor saugrenu.

Je n'ai jamais compris, pour ma part, la différence que l'on fait entre comique et tragique. Le comique étant l'intuition de l'absurde, il me semble plus désespérant que le tragique. Le comique n'offre pas d'issue.

Eugène Ionesco*, *Notes et contre-notes*, 1962 (© Gallimard)

Arthur Adamov (1908-1970)

• *L'Invasion* (1949), *La Parodie* (1950), *Tous contre tous* (1953), *Comme nous avons été* (1953), *Le Ping-pong* (1955), *Paolo-Paoli* (1957), *Off limits* (1969), pièces violentes et déchirées qui reflètent l'inquiétude psychologique et spirituelle d'une génération dévastée par la guerre. Adamov tente désespérément de sortir de l'Absurde par la lutte sociale. À partir de *Ping-pong*, son théâtre devient plus réaliste et plus cruel encore…

Eugène Ionesco (1909-1994)

• *La Cantatrice chauve* (1950), « antipièce », farce tragique dépourvue d'intrigue et d'action dans laquelle le langage finit par devenir le personnage principal. Les dialogues mettent en valeur l'inanité de la communication entre des êtres qui ne s'écoutent pas, qui parlent mais ne disent rien.

L'expérience nous apprend que lorsqu'on entend sonner à la porte, c'est qu'il n'y a jamais personne. (VII, © Gallimard)

• *La Leçon* (1951), où une leçon particulière de mathématiques tourne mal.
• *Les Chaises* (1952), où des chaises, censées accueillir un public venu écouter deux « vieux » désirant leur délivrer un message avant leur mort, restent vides tandis que les orateurs demeurent incapables de formuler leur discours.
• *Rhinocéros* (1959), où une épidémie métamorphose des villageois coupables d'égoïsme, de violence, de vanité, d'hypocrisie, d'ambition, de discours vides en rhinocéros – métaphore du fascisme des années 1930.
• *Le roi se meurt* (1962), « essai de l'apprentissage de la mort ».

« Pourquoi suis-je né, si ce n'était pas pour toujours ? » (© Minuit)

• *Jeux de massacre* (1970), où l'auteur examine nos comportements face à la maladie et à la mort.

Samuel Beckett (1906-1989, prix Nobel 1969)

• *En attendant Godot* (1952), où deux clochards, Vladimir et Estragon, attendent Godot (*God*?), qui incarne tous leurs espoirs. Celui-ci n'arrivant pas, ils se mettent à parler, pour combler le vide de l'attente chaque jour recom-

Nature morte. P.H. Bruce, v. 1925, Corcoran Gallery, New York.

mencée – parabole de la condition humaine…

> Ne disons donc pas de mal de notre époque, elle n'est pas plus malheureuse que les précédentes. (*Silence.*) N'en disons pas de bien non plus. (*Silence.*) N'en parlons pas. (*Silence.*) Il est vrai que la population a augmenté. (© Minuit)

• *Fin de partie* (1957), où Beckett explore la dégénérescence humaine en confrontant Hamm, un aveugle paralysé, Clov, son fils adoptif et serviteur, puis les parents de Hamm, qui sont dans des poubelles. Leurs gestes et leurs paroles sont dérisoires et n'ont finalement pas d'autre but que d'empêcher le silence, de repousser la fin. La pièce s'ouvre sur ces mots de Clov :

> « Fini, c'est fini, ça va finir, ça va peut-être finir. » (© Minuit)

• *Oh les beaux jours* (1963), où le langage se raréfie et les personnages s'enlisent au sens propre…

Nathalie Sarraute* (1902-1999)

• *Le Silence* (1963), qui essaie de construire un dialogue autour d'un silence pesant.
• *Le Mensonge* (1966), aux lapsus révélateurs…
• *Pour un oui ou pour un non* (1982), recherche sur le ressenti et sa manière de s'exprimer dans l'intonation.

> « C'est bien, *ça.* » (© Gallimard)

Marguerite Duras* (1914-1996)

• *Le Square* (1965), où une jeune domestique et un marchand lient conversation dans un square. Ils se parlent avec précaution, pour ne pas se blesser, attentifs à l'essentiel.
• *L'Amante anglaise* (1968), qui présente un interrogatoire mi-policier, mi-psychiatrique…
• *Des journées entières dans les arbres* (1968), où une mère revient des colonies pour revoir son fils.
• *India Song* (1973), « texte théâtre film » d'après le *Vice-consul* (voir p. 329) qui met en scène deux voix, deux consciences évoquant leurs souvenirs…

> Par une soirée d'automne pluvieuse et fraîche, trois personnes rêveuses étaient gravement occupées, au fond d'un petit castel de la Brie, à regarder brûler les tisons du foyer et cheminer lentement l'aiguille de la pendule. (Incipit, © Gallimard)

La fin de siècle

À la suite des expériences surréalistes et du mouvement du nouveau roman, qui laissent s'exprimer l'inconscient, les romans de la fin du siècle nient toute opposition entre analyse psychologique et étude de mœurs. Ils ne se contentent pas d'interroger l'individu, mais aussi le tissu social dans toute sa complexité.

Le Penseur. Rodin, 1906, musée Rodin, Paris.

L'invasion de la psychanalyse

L'analyse de soi ou du couple

Également : André Fraigneau, Dan Franck, Anne Hébert, Nancy Huston, Françoise Mallet-Joris, Hélène de Monferrand, Pierre Péju, Bernard Pingaud, Françoise Sagan*, Leïla Sebbar*

Paul Guimard* (1921-2004)

- *Le Mauvais Temps* (1976), où un homme au seuil de sa vie réfléchit à sa double personnalité, celui qu'il aimerait être et celui qu'il est devenu :

> C'est l'heure que je déteste entre toutes. Chaque matin je cherche mon image dans la glace et je ne vois que le reflet d'un autre. Nous avons un vague air de famille, cela est certain, cet important personnage pourrait être mon oncle, mais où suis-je ? (© Denoël)

Albert Cohen (1895-1981)

- *Belle du Seigneur* (1968), chef-d'œuvre du roman de couple, sur l'amour – total, idéalisé, ravageur, désespéré… – et l'hypocrisie sociale.

> Un battement de ses paupières, et elle me regarda sans me voir, et ce fut la gloire et le printemps et le soleil et la mer tiède et sa transparence près du rivage et ma jeunesse revenue, et le monde était né, et je sus que personne avant elle, ni Adrienne, ni Aude, ni Isolde, ni les autres de ma splendeur et jeunesse, toutes d'elle annonciatrices et servantes. (© Gallimard)

Pascal Lainé (né en 1941)

- *L'Irrésolution* (1971), sur l'après-68 et l'échec de la communication.
- *La Dentellière* (1974), ou l'impossible liaison entre une coiffeuse du Nord, Pomme, et un hobereau normand imbu de son savoir.
- *L'Eau du miroir* (1979), qui met en scène le naufrage d'un couple.

Raphaëlle Billetdoux (née en 1951)

- *Mes nuits sont plus belles que vos jours* (1985), histoire d'une rencontre, dans la chaleur d'un mois de juillet, d'un homme et d'une femme attirés « par une force irrésistible ».

Anne-Marie Garat (née en 1946)
• *Aden* (1992), où un homme au carrefour de sa vie entreprend le voyage en lui-même qu'il avait toujours différé…
• *Merle* (1996), superbe portrait de femme contemporaine.

Alice Ferney (née en 1967)
• *Grâce et dénuement* (1997), évoquant une famille gitane installée sur un terrain privé près d'une grande ville.
• *La Conversation amoureuse* (2000), voyage dans le mystère de l'amour et du désir, où sont mis au jour les infimes mouvements de la conscience.

Les romans de l'Œdipe et de l'enfance

Également : Christine Angot, Lucien Bodard, François Bon, Jacques Borel, Marie Chaix, Driss Chraïbi, Philippe Delerm*, Annie Ernaux*, Dominique Fernandez, Philippe Forest, Jean-Édern Hallier, Marie-Thérèse Humbert, Pascal Jardin, Frédéric-Yves Jeannet, Michel Layaz, Guillaume Le Touze, Hubert Mingarelli, Yves Navarre, Marie Nimier, Angelo Rinaldi, Jean-Marie Rouart, Lydie Salvayre, Gaétan Soucy, Olivier Todd, Michel Tournier*, Bertrand Visage*

Depuis Mai 68, les romans interrogent souvent les liens familiaux et leurs conséquences sur l'identité. Il s'agit des rapports au père ou à la mère, mais aussi du couple fraternel ou homosexuel.

Patrick Modiano (né en 1945)
• *La Place de l'Étoile* (1968), *Les Boulevards de ceinture* (1972), *Lacombe Lucien* (1973), *Livret de famille* (1977), *Rue des boutiques obscures* (1978), romans de la quête du père et de soi, jeux de remémoration souvent allusifs et parodiques où transparaît le charme nostalgique des années 1940.

> Je crois qu'on entend encore, dans les entrées d'immeuble, l'écho des pas de ceux qui avaient l'habitude de les traverser et qui, depuis, ont disparu. Quelque chose continue de vibrer après leur passage, des ondes de plus en plus faibles, mais que l'on capte si l'on est attentif. (*Rue des boutiques obscures* © Gallimard)

Robert Sabatier (né en 1923)
• *Les Allumettes suédoises* (1969), ou la vie d'un petit orphelin dans le Montmartre des années 1930 et ses rencontres pittoresques avec les gens du quartier.

Jacques Chessex (1934-2009)
• *L'Ogre* (1973), où la mort du père, tyran familial, est rapportée dans une langue très crue, très charnelle. Va-t-elle libérer ou obséder davantage le narrateur, son fils ?

Jacques Lanzmann* (1927-2006)

• *Le Têtard* (1976), qui narre l'enfance de ce Poil de Carotte pris dans les tourmentes de la Seconde Guerre mondiale en Auvergne.

« J'avais 15 ans et je ne voulais pas mourir sans avoir fait l'amour et la Résistance, mais c'était bien plus facile de tuer un soldat allemand qu'une obsession sexuelle. » (© Robert Laffont)

Yann Queffélec (né en 1949)

• *Les Noces barbares* (1985), qui se situent dans le registre de la pulsion indicible. Ludo, enfant d'un viol, haï par sa mère, déborde d'amour pour elle et attend la vraie rencontre…

Pascal Quignard* (né en 1948)

• *Le Salon du Wurtemberg* (1986), *Les Escaliers de Chambord* (1989), où les héros sont pris dans leurs souvenirs, à la recherche de leur enfance et des êtres aimés.

Plus de vingt années se sont écoulées. Ce n'est certes pas un nécessaire de toilette en maroquin vert qui me reste d'elle. Ce souvenir des joues, je n'en comprends pas l'élection. C'est tout ce qui revenait d'elle après sa mort et cela m'irritait. (© Gallimard)

Jean Rouaud (né en 1952)

• *Les Champs d'honneur* (1990), *Des hommes illustres* (1993), *Pour vos cadeaux* (1998), où Rouaud s'attache à faire revivre les membres de sa famille décimée.

Daniel Picouly (né en 1948)

• *Le Champ de personne* (1995), roman tendre et malicieux de l'enfance dans une famille métisse très nombreuse.

Minimalisme et intimisme

Philippe Besson (né en 1967)

• *Son frère* (2001), *L'Arrière-saison* (2002), centrés sur les relations et les sentiments des personnages, dans la filiation de Proust*.

Philippe Delerm (né en 1950)

• *La Première Gorgée de bière et autres plaisirs minuscules* (1997), où les petits gestes de la vie quotidienne font réapparaître les sensations de l'enfance et les souvenirs.

Les Trois Âges de la femme. Gustav Klimt, 1905, Galleria nazionale d'Arte moderna, Rome.

Écritures de soi

À la fin des années 1960, l'autobiographie est devenue un véritable genre littéraire. C'est désormais un rite de passage obligé, synonyme de consécration. Elle revêt ou mêle différentes formes : autoportrait, confession, journal intime, lettres, journal de voyage, mémoires historiques, essai romancé, écriture fragmentaire, carnet de notes… Dans l'autobiographie, il y avait un contrat de vérité, que Philippe Lejeune appelle le « pacte autobiographique ». Mais aujourd'hui la séparation d'avec le roman est de plus en plus floue ; l'autobiographie n'exclut plus la fiction, elle se veut même le lieu d'une fiction « authentique » et proclame, avec Rimbaud*, que « *je* est un autre »…

Les témoins de leur temps

Également : Jean-Louis Bory, Charles de Gaulle, Georges Simenon, Roger Vailland, Marguerite Yourcenar**

L'autobiographie peut aller de pair avec un intérêt pour l'Histoire. Elle n'est alors plus nécessairement le récit d'auteurs en fin de vie, et des écrivains plus jeunes en profitent pour témoigner de leur époque. Une multitude de formes conviennent à l'exercice, depuis les mémoires historiques – plus ou moins fidèles à la réalité – jusqu'au montage fragmentaire qui permet d'évoquer à la fois l'individu, sa culture et son temps.

André Malraux* (1901-1976)
• *Antimémoires* (1967), où, par la magie du verbe, Malraux réécrit l'Histoire de façon à conforter son mythe personnel.

François Cavanna (né en 1923)
• *Les Ritals* (1978), *Les Russkoffs* (1977), où Cavanna ressuscite son enfance au sein d'une communauté d'immigrés italiens en banlieue parisienne ou fait revivre ses souvenirs de guerre en Russie.

Annie Ernaux* (née en 1940)
• *La Place* (1984), sur ses parents d'origine modeste et son ascension sociale.
• *Les Années* (2008), sur son histoire de femme, mais aussi sur l'histoire des hommes et des femmes de France, et sur l'histoire de la seconde moitié du XXe siècle…

Olivier Rolin (né en 1947)
• *Tigre en papier* (2002), où un homme raconte à la fille d'un de ses amis décédé ce que fut leur jeunesse maoïste.

Jean-Paul Dubois (né en 1950)
• *Une vie française* (2004), truculente traversée de la seconde moitié du siècle menée au pas de charge.

De la psychologie aux jeux parodiques

Georges Perec* (1936-1982)
• *W ou le souvenir d'enfance* (1975), où Perec juxtapose un récit de son enfance et un roman présenté comme écrit à cette période.

> Je n'ai pas de souvenir d'enfance. [...] J'en étais dispensé : une autre histoire, la Grande, l'Histoire avec sa grande hache, avait déjà répondu à ma place : la guerre, les camps.
> (Incipit, © Gallimard)

• *Je me souviens* (1978), autobiographie fragmentaire et parodique.

Amélie Nothomb* (née en 1967)
• *Stupeur et tremblements* (1999), où Amélie, jeune Occidentale, est engagée dans une entreprise japonaise dans laquelle elle ne parvient pas à s'intégrer.
• *Métaphysique des tubes* (2000), histoire de la petite Amélie qui, jusqu'à 2 ans et demi, ne parle pas, ne pleure pas, n'est qu'un tube digestif…

La « nouvelle autobiographie »

*Également : Claude Simon**

Quand les écrivains du nouveau roman (voir p. 328) se mettent à l'autobiographie, on est très loin de la confession médiatique ! Après avoir déconstruit l'intrigue et le personnage, ils portent le soupçon sur la notion de sujet…

Claude Roy (1915-1997)
• *Moi je* (1969), où le narrateur cherche à saisir l'unité de sa personne.
• *Nous* (1972), qui décrit le parcours d'un jeune homme de lettres depuis Maurras jusqu'au communisme et à son exclusion du Parti en 1956.
• *Somme toute* (1972), qui mêle narrations à toutes les personnes, citations, extraits de journaux intimes et poésies afin de laisser entrevoir une personnalité, dans son époque et sa culture.

Claude Mauriac* (1914-1996)
• *Le Temps immobile* (10 vol., 1974-1988), montage révolutionnaire d'un journal intime tenu pendant près de soixante ans selon les préceptes du nouveau roman (entrées non chronologiques) et de l'intertextualité (recours à des textes extérieurs).

Œdipe et le Sphinx. Ingres, 1808, musée du Louvre, Paris.

Nathalie Sarraute* (1902-1999)
• *Enfance* (1983), magnifique dialogue entre Sarraute et sa conscience.

> Alors, tu vas vraiment faire ça ? « Évoquer tes souvenirs d'enfance »… Comme ces mots te gênent, tu ne les aimes pas. (Incipit, © Gallimard)

Marguerite Duras* (1914-1996)
• *L'Amant* (1984), ou la passion impossible entre une adolescente blanche et un Chinois de dix ans de plus qu'elle.

> Il vient vers elle lentement. C'est visible, il est intimidé. Il ne sourit pas tout d'abord. Tout d'abord il lui offre une cigarette. Sa main tremble. Il y a cette différence de race, il n'est pas blanc, il doit la surmonter, c'est pourquoi il tremble. Elle lui dit qu'elle ne fume pas, non merci. Elle ne dit rien d'autre, elle ne lui dit pas laissez-moi tranquille. Alors il a moins peur. (© Minuit)

Alain Robbe-Grillet* (1922-2008)
• *Les Romanesques* (3 vol., 1985-1994), fiction autobiographique à la charnière de l'autofiction où Robbe-Grillet mêle son univers fantasmatique et labyrinthique à des éléments présentés comme autobiographiques.

Les stylistes

Également : Richard Millet, Marie N'Diaye*

Pierre Michon (né en 1945)
• *Vies minuscules* (1984), suite de nouvelles relatant huit « vies » de personnages côtoyés par le narrateur durant son enfance, rencontrés ou retrouvés plus tard dans sa vie d'errance. La densité et la profondeur de ces textes rappellent Gracq* ou Des Forêts*.

Pierre Bergounioux (né en 1949)
• *Ce pas et le suivant* (1985), *La Bête faramineuse* (1986), *La Maison rose* (1988), *C'était nous* (1989), *L'Orphelin* (1992), *Miette* (1995), *La Mort de Brune* (1996), œuvre autobiographique qui étudie l'inlassable travail du temps sur l'existence et témoigne des fractures nées de la disparition des anciennes structures sociales, particulièrement dans le monde rural.

Charles Juliet (né en 1934)
• *L'Année de l'éveil* (1989), récit romancé, intime et épuré de son expérience d'enfant de troupe.

• *Lambeaux* (1995), au style incisif et dépouillé, où Juliet retrace la vie de ses deux mères, biologique et adoptive : vies en lambeaux, fragments de mots, que l'emploi de la deuxième personne rend plus crus encore.

Désillusions. Effrois. Révoltes. Accablement. Silencieux enthousiasmes. Ce que tu vois et entends, ta mémoire infaillible l'enregistre, et avant de t'endormir, tu le reprends, l'interroges, et les conclusions que tu en tires, tu t'emploies à bien les dégager, puis à te les formuler à toi-même. (© POL)

Patrick Chamoiseau* (né en 1953)
• *Antan d'enfance* (1990), *Chemin d'école* (1994) et *À bout d'enfance* (2005), trilogie autobiographique. Héritier des tournures orales créoles, Chamoiseau s'érige en « marqueur de paroles ».

L'« autofiction », ou fabulation de soi

Également : Antoine Blondin, Michel Braudeau, Michel Del Castillo, Louis-René des Forêts*, Christophe Donner, Marguerite Duras*, Annie Ernaux*, Dany Laferrière, Patrick Modiano*, Éric Nonn, Olivier Rolin**

Serge Doubrovsky* invente le mot « autofiction » en 1977 pour décrire son livre *Fils*. Dans l'autofiction, l'auteur est le héros autour de qui tout s'articule et l'histoire, qui repose sur des données réelles, est vraisemblable mais fabulée. Pour ces écrivains, l'autobiographie stricte est impossible car la mémoire transforme les souvenirs. Dans la lignée du psychanalyste Lacan, ils considèrent que la vérité de l'être réside dans son expression. L'« autofiction » est donc une fiction qui n'en est pas une, une fabulation de soi qui révèle à soi… Le genre est difficile à délimiter puisqu'on ne sait jamais quelles sont la part d'autobiographie et la part de fiction.

Louis-Ferdinand Céline* (1894-1961)
• *D'un château l'autre* (1957), *Nord* (1960), *Rigodon* (posth., 1969), trilogie autobiographique sur fond de Seconde Guerre mondiale en Allemagne.

François Nourissier* (né en 1927)
• *Bleu comme la nuit* (1958), confession diluée à l'intérieur d'un voyage dans la langue française sans véritable contenu, où prime le plaisir du style et de l'instant présent.

Roland Barthes (1915-1980)
• *Roland Barthes par Roland Barthes* (1975), roman fictif du *je*. Le choix d'une écriture fragmentaire – petites notices classées par ordre alphabétique – empêche le sujet de se constituer.

Je ne dis pas : « Je vais me décrire », mais « J'écris un texte, et je l'appelle R.B. » (© Seuil)

Émile Ajar / Romain Gary* (1914-1980)
• *Pseudo* (1976), autobiographie d'Émile Ajar dans laquelle il évoque son oncle redoutable, qui est en réalité lui-même : Romain Gary…

Serge Doubrovsky (né en 1928)
• *La Dispersion* (1969), *Fils* (1977), *La Vie l'instant* (1985), *Le Livre brisé* (1989), *L'Après-vivre* (1994), *Laissé pour conte* (1999), où Doubrovsky se révèle le maître du brouillage des pistes et des jeux de langage faisant émerger l'inconscient.

Avec chaque femme se joue le drame de n'être pas son fils, et avec ma mère de l'avoir été. (*Fils*, © Galilée)

Autoportrait. Egon Schiele, 1910, Historisches Museum der Stadt, Vienne.

Christine Angot (née en 1959)
• *L'Inceste* (1999), où la fin d'une relation homosexuelle réveille des souvenirs enfouis… Le tabou de l'inceste est évoqué crûment.
• *Sujet Angot* (2000), journal intime (imaginaire ?) écrit par son mari juste après leur rupture, dans lequel il parle d'elle…

NARCISSISME, IMPUDEUR, VIOLENCES ET DÉSILLUSIONS DE LA FIN DE SIÈCLE

Également : Christine Angot, Renaud Camus*, Philippe Djian, Guillaume Dustan, Marc-Édouard Nabe, Nicolas Rey, Ann Scott*

La crise et le chômage mettent à mal les modèles culturels qui prévalaient – tradition, consommation, hédonisme – et créent un trou noir social. Il en résulte une littérature désabusée, cynique, sexuelle, violente…

À la fin du siècle, certains écrivains voient dans la publication de leur intimité la plus crue le seul moyen de sauver l'irréductible singularité de leur existence.

Georges Bataille (1897-1962)
• *Ma mère* (posth., 1967), où une mère immorale initie à la débauche son fils de 17 ans ; ce dernier découvre l'extase de la perdition et respecte cette mère qui l'entraîne dans la mort…

Annie Ernaux* (née en 1940)
• *La Femme gelée* (1981), où une femme qui mène une vie « idéale » sent le froid l'envahir…
• *Passion simple* (1991), où la narratrice détaille sa passion pour un homme marié et sa vaine attente.

Sans cesse le désir de rompre, pour ne plus être à la merci d'un appel, ne plus souffrir, et aussitôt la représentation de ce que cela supposait à la minute même de la rupture : une suite de jours sans rien attendre. Je préférais continuer à n'importe quel prix. (© Gallimard)

Femme agenouillée. Egon Schiele, 1917, Historisches Museum der Stadt, Vienne.

Louis Calaferte (1928-1994)
• *Septentrion* (1984), *Memento mori* (1988), *La Mécanique des femmes* (1992), romans célèbres pour leur noirceur, leur violence et leur crudité pornographique.

Benoît Duteurtre (né en 1960)
• *Sommeil perdu* (1985), où un jeune homme dépressif quitte sa ville natale pour aller vivre à Paris.

Hervé Guibert (1955-1991)
• *À l'ami qui ne m'a pas sauvé la vie* (1990), *Le Protocole compassionnel* (1991), qui narrent l'histoire de son corps aux prises avec l'amour, la maladie – le sida –, la douleur, la mort.

Virginie Despentes (née en 1969)
• *Baise-moi* (1993), qui met en scène l'épopée débauchée et amorale de deux jeunes filles.
• *Les Jolies Choses* (1998), où Pauline prend la place de sa sœur jumelle, qui s'est suicidée…

Michel Houellebecq (né en 1958)
• *Extension du domaine de la lutte* (1994), *Les Particules élémentaires* (1998), *La Possibilité d'une île* (2005), qui dénoncent avec lucidité, violence et ironie la vie quotidienne de l'homme moderne, le non-sens du matérialisme, le déclin et l'absurdité de notre civilisation…

Le libéralisme économique, c'est l'extension du domaine de la lutte, son extension à tous les âges de la vie et à toutes les classes de la société. De même, le libéralisme sexuel, c'est l'extension du domaine de la lutte, son extension à tous les âges de la vie et à toutes les classes de la société.

Extension du domaine de la lutte (© Maurice Nadeau)

Vincent Ravalec (né en 1962)
• *Cantique de la racaille* (1994), où un jeune homme, dont la vie est faite de combines, de recels minables, de soirées au bistrot et de fins de mois difficiles, tente de s'en sortir en créant sa société.

Frédéric Beigbeder (né en 1965)
• *Mémoires d'un jeune homme dérangé* (1990), *L'amour dure trois ans* (1997), *Nouvelles sous ecstasy* (1999), par un noctambule hédoniste et critique impertinent.
• *99 francs* (2000), qui conte la descente aux enfers d'un publicitaire dégoûté de la vie qu'il mène dans un monde de manipulation et d'apparences. Octave revient dans *Au secours pardon* (2007)...

Catherine Millet (née en 1948)
• *La Vie sexuelle de Catherine M.* (2001), où elle narre « sincèrement » ses expériences sexuelles débridées, de manière froide et détaillée.

L'appartenance au monde

Le marché du livre encourage le conformisme culturel et une littérature de consommation facile, ce qui se traduit par une abondante production de romans réalistes... d'où émergent de véritables chefs-d'œuvre.

L'ANALYSE DE LA SOCIÉTÉ

Également : Pierre Assouline, Hervé Bazin, Jean-Luc Benoziglio, Pascal Bruckner, Marie Cardinal, Edmonde Charles-Roux, François Cheng, Driss Chraïbi, Maryse Condé, Jacques Godbout, Roger Grenier, Gérard Guégan, Jean-Claude Izzo*, Ahmadou Kourouma, Michèle Manceaux, Pierre Mertens, Rachid Mimouni, Tierno Monénembo, René-Victor Pilhes, Walter Prévost, Pierre-Jean Rémy*, Serge Rezvani, Maurice Rheims, Didier Van Cauwelaert*, Jean Vautrin**

Milan Kundera (né en 1929)
• *La Plaisanterie* (1967) et *Risibles Amours* (1968), contre le totalitarisme.
• *La Valse aux adieux* (1976) où, dans une ville d'eaux surannée, les personnages se croisent sans jamais se rencontrer vraiment.
• *Le Livre du rire et de l'oubli* (1979), où Kundera dissèque son passé communiste.
• *L'Insoutenable Légèreté de l'être* (1984), sur la vie des artistes et des intellectuels tchèques lors du printemps de Prague, puis de l'invasion du pays par l'URSS.

> Elle voulait leur dire que le communisme, le fascisme, toutes les occupations et toutes les invasions dissimulent un mal plus fondamental et plus universel ; l'image de ce mal, c'était le cortège de gens qui défilent en levant le bras et en criant les mêmes syllabes à l'unisson. Mais elle savait qu'elle ne pourrait pas le leur expliquer. (© Gallimard)

• *L'Immortalité* (1990), *La Lenteur* (1995), critiques de la civilisation occidentale.

Didier Decoin (né en 1945)
• *Abraham de Brooklyn* (1972), *John l'Enfer* (1977), sur la naissance et la décadence de la ville de New York vues par un Indien cheyenne, John.

> « D'être riche, ça vous fait honte ? » (*John l'Enfer*, © Seuil)

Émile Ajar / Romain Gary* (1914-1980)
• *La Vie devant soi* (1975), qui conte la vie des Juifs, Arabes et Noirs de Paris par l'intermédiaire d'un petit garçon arabe, Momo, recueilli par une vieille juive, Madame Rosa.

Régis Debray (né en 1940)
• *L'Indésirable* (1975), *La neige brûle* (1977), sur les problèmes politiques qui ont suivi les révolutions à Cuba, au Chili et en Colombie.

Alphonse Boudard (1925-2000)
• *Les Combattants du petit bonheur* (1977), qui décrivent dans une langue argotique très crue la vie de jeunes garçons sous l'Occupation.

Bernard-Henri Lévy (né en 1948)
• *Le Diable en tête* (1984), où l'on traverse le Paris de l'Occupation, les années 1950 à New York, les années de plomb en Italie et Mai 68.

L'Artiste (Marcella). E.L. Kirchner, 1910, Brücke Museum, Berlin.

Philippe Labro (né en 1936)
• *L'Étudiant étranger* (1986), où un jeune Français découvre l'« American way of life » dans une prestigieuse université à la fin des années 1960.

Pierrette Fleutiaux* (née en 1941)
• *Nous sommes éternels* (1990), magnifique histoire d'amour entre un frère et une sœur.
• *Des phrases courtes, ma chérie* (2001), sur une maison de retraite.

On fait avec le vieux parent comme on a fait avec ses enfants. On fait ce qu'on sait faire. On devient tyrannique. (© Actes Sud)

Sébastien Japrisot (né en 1931)
• *Un long dimanche de fiançailles* (1991), qui conte la quête de Mathilde, jeune paralysée, pour retrouver Jean, disparu lors de la Grande Guerre.

Lydie Salvayre (née en 1948)
• *La Compagnie des spectres* (1997), ou comment une vieille femme rendue folle à la suite de l'assassinat de son frère par la milice pronazie va transmettre révolte, haine et folie à sa fille.

Martin Winckler (né en 1955)
• *La Maladie de Sachs* (1998), sur les tourments d'un médecin désabusé.

LE ROMAN « ENRACINÉ »

Également : Calixthe Beyala, Michel Chaillou, Raphaël Confiant, Mouloud Feraoun, Mohammed Khaïr-Eddine, Andreï Makine, Jean Métellus, Émile Ollivier, René-Victor Pilhes, Gisèle Pineau, Michel Ragon, Maurice Rheims, Christian Signol, Jean-Guy Soumy, Jean-Michel Thibaux

Bernard Clavel (1923-2010)
• *Les Colonnes du ciel* (5 vol., 1976-1981), *Le Royaume du Nord* (6 vol., 1983-1989), qui associent enracinement régional et évocation historique.

Claude Michelet (né en 1938)
• *Des grives aux loups* (1979), *Les palombes ne passeront plus* (1980), *L'Appel des engoulevents* (1981) et *La Terre de Vialhe* (1981), saga qui narre la vie d'un village rural et d'une famille sur trois générations, de 1900 à la fin du siècle.

Biches dans la forêt. Franz Marc, 1914, coll. part.

Denis Tillinac (né en 1947)
• *L'Été anglais* (1983), *Maisons de famille* (1987), *La Corrèze et le Zambèze* (1990), où Tillinac, membre – comme Michelet* – de l'« école de Brive », déploie sa plume vive et impertinente.

Un clocher, des maisons de pierre, des murs : voilà la trace de l'Occident sur l'espace, la marque de son génie et peut-être bien la transcription la moins infidèle de son idée de liberté.

Maisons de famille (© Robert Laffont)

Patrick Chamoiseau* (né en 1953)
• *Texaco* (1992), fresque qui présente la vie de trois générations de Martiniquais sur fond de crise et de pauvreté dans un des quartiers de Fort-de-France.

La sève du feuillage ne s'élucide qu'au secret des racines. (© Gallimard)

Richard Millet (né en 1953)
• *Le Chant des adolescentes* (1993), *La Gloire des Pythre* (1995), *L'Amour des trois sœurs Piale* (1997), où Millet défend la pureté de la langue française et construit une fresque corrézienne ancrée dans l'histoire et la nature.

LA SPONTANÉITÉ STYLISÉE

Didier Van Cauwelaert (né en 1960)
• *Poison d'amour* (1984), *Un aller simple* (1994), où l'humour habille une vision critique et un peu désespérée de la société.

Catherine Cusset (née en 1963)
• *En toute innocence* (1995), *Le Problème avec Jane* (1999), *La Haine de la famille* (2001), *Confessions d'une radine* (2003), chroniques douces-amères des jouissances et souffrances du quotidien.
• *Un brillant avenir* (2008), puzzle virtuose sur plusieurs générations.

La féminité

Également : Marie Cardinal, Assia Djebar, Marguerite Duras, Annie Ernaux*, Alice Ferney*, Anne-Marie Garat*, Benoîte Groult, Jeanne Hyvrard, Julia Kristeva, Annie Leclerc, Violette Leduc, Alice Rivaz, Danièle Sallenave, Albertine Sarrasin, Monique Wittig*

Illustration parue dans le journal *Le Grelot*, 1896, BNF.

On ne naît pas femme, on le devient.

Simone de Beauvoir*, *Le Deuxième Sexe*, 1949 (© Gallimard)

Dans la lignée de Mme de Staël* et de George Sand* qui, un siècle plus tôt, plaidaient pour la libération sentimentale de la femme et refusaient qu'elle gâche sa vie à se plier aux conventions sociales, Simone de Beauvoir*, avec *Le Deuxième Sexe* (1949) – la Bible du féminisme –, ou Benoîte Groult, avec *Ainsi soit-elle* (1975), symbolisent l'engagement pour l'émancipation des femmes. La lutte féministe privilégie la forme de l'essai, mais elle peut aussi décrire la condition de la femme et travailler à changer les mentalités par l'intermédiaire du roman.

Hélène Cixous* (née en 1937)
• *Dedans* (1969), *Angst* (1977), dont les grands thèmes sont la féminité, l'ambivalence sexuelle et le corps comme langage de l'inconscient.

Françoise Mallet-Joris* (née en 1930)
• *La Maison de papier* (1970), autobiographie fantaisiste où Mallet-Joris décrit avec tendresse, humour et sagesse la difficulté d'être à la fois écrivain, mère de famille nombreuse, épouse et ménagère.

Françoise Dorin (née en 1928)
• *Va voir papa ! Maman travaille* (1976), réflexion humoristique douce-amère sur les couples modernes.

Jeanne Cordelier (née en 1944)
• *La Dérobade* (1976), témoignage sur la prostitution.

Fille de joie. La joie de qui ? (Préface de Benoîte Groult, © Phébus)

La littérature de l'étranger et de l'étrange

L'évasion dans d'autres mondes – exotiques ou poétiques, loufoques ou fantastiques – permet aux écrivains de lever partiellement le soupçon qui pèse sur eux de ne jamais parler que d'eux-mêmes. Par leurs jeux formels et leurs personnages multiples ou brouillés, d'autres auteurs parviennent au même résultat : enfin la part de l'imaginaire dans l'œuvre n'est plus contestable.

Exotisme et évasion

Également : François Augiéras, Tahar Ben Jelloun, Yves Berger, Patrick Carré, Mohammed Dib, Julien Gracq, Régis Jauffret, Michel Le Bris, Michel Luneau, Amin Maalouf, Marie N'Diaye, Jean-Claude Pirotte, Jean Raspail, Christine de Rivoyre, Eugène Savitzkaya

Muriel Cerf (née en 1950)
• *L'Antivoyage* (1974), tableau sensuel et affectif d'une Asie toute de couleurs, d'odeurs et de saveurs…

J'ai vu Devi l'épouse de Çiva laver sa culotte dans les fontaines de Katmandou, Kâli la Noire s'épouiller avec la minutie d'une mère babouin, Radhâ la bergère chiquer le bétel et cracher par terre des jets de salive rouge, les bayadères d'Angkor continuer leur ronde déhanchée à Bangkok le long de Patpong Road et faire le tapin à Klong Toï… (© Mercure de France)

Jacques Lacarrière (1925-2005)
• *L'Été grec* (1976), sur la Grèce d'hier et d'aujourd'hui.
• *Chemin faisant* (1977), sur la randonnée, propice à la méditation.

Gilles Lapouge (né en 1923)
• *Équinoxiales* (1977), dans la lignée des voyages mi-réels, mi-imaginaires d'Henri Michaux*.
• *Besoin de mirages* (1999), où l'on voyage du Sahara à l'Amazonie en passant par l'Islande…

[Certains hommes] prononcent les mots Samarkand et Ispahan quand ils ont besoin d'une rose. (© Seuil)

Le Rêve. Henri Rousseau, 1910, Metropolitan Museum of Arts, New York.

Jean-Marie Gustave Le Clézio* (né en 1940, prix Nobel 2008)
Dégoûté par le matérialisme occidental, Le Clézio cherche ailleurs une source de pureté et de plénitude, un retour à l'enfance, à la simplicité, à la nature. Sa quête spirituelle est portée par une écriture poétique.

L'artiste est celui qui nous montre du doigt une parcelle du monde. (*L'Extase matérielle*, 1967, © Gallimard)

• *Voyage de l'autre côté* (1975), qui témoigne d'une fascination attentive devant les étrangetés du monde extérieur.
• *Désert* (1980), épopée d'une descendante de Touaregs.

Il n'y avait rien d'autre sur la terre, rien, ni personne. Ils étaient nés du désert, aucun autre chemin ne pouvait les conduire. Ils ne disaient rien. Ils ne voulaient rien. (© Gallimard)

• *Le Chercheur d'or* (1985), *La Quarantaine* (1995), romans d'aventures métaphysiques.
• *Étoile errante* (1992), récit de l'errance des peuples juif et palestinien.

Maisons vues d'en bas. Van Gogh, XIXe siècle, coll. part.

Jean-Christophe Rufin (né en 1952)
• *L'Abyssin* (1997), *Rouge Brésil* (2001), *La Salamandre* (2005), romans d'aventures historiques et politiques dans la veine de Kessel* et Monfreid*.

La transposition mythologique

Également : Sylvie Germain, Henri Gougaud

Henry Bauchau (né en 1947)
• *Œdipe sur la route* (1990), *Diotime et les lions* (1991), *Antigone* (1997), cycle mythologique qui interroge l'individu, son destin, son rapport aux interdits et aux lois…

Michel Tournier (né en 1924)
Tournier transforme des mythes ou des légendes anciennes pour en faire des contes initiatiques et symboliques.
• *Vendredi ou les limbes du Pacifique* (1967), qui réécrit le mythe de Daniel Defoe en y inversant les valeurs : le Robinson de Tournier s'adapte à la vie naturelle et Vendredi, le « sauvage », joue le rôle d'éducateur.

Gardez-vous de la pureté. C'est le vitriol de l'âme. (© Gallimard)

• *Le Roi des Aulnes* (1970), qui reprend une ancienne légende germanique d'ogre dévoreur d'enfants dans le contexte de l'Allemagne nazie.
• *Gaspard, Melchior et Balthazar* (1980), qui développe le thème biblique des Rois mages.

Loufoqueries et extravagances

Également : Vassilis Alexakis, Philippe Jaenada, Pierre-Jean Rémy, Eric-Emmanuel Schmitt**

Patrick Grainville (né en 1947)
• *Les Flamboyants* (1976), sur l'Afrique, ses couleurs et ses excès.
• *Le Lien* (1996), entre deux êtres, entre deux cultures.

Amélie Nothomb* (née en 1967)
• *Hygiène de l'assassin* (1992), où un Prix Nobel de littérature misanthrope et obèse vit reclus. Comme il n'a plus que deux mois à vivre, il accepte enfin de rencontrer des journalistes, dont il va se jouer…

Patrick Besson (né en 1956)
• *Les Braban* (1995), roman baroque foisonnant.

Les vieux regrettent leur jeunesse, disait-il, non parce qu'ils étaient heureux dans leur jeune âge, car les jeunes sont malheureux et ont de bonnes raisons de l'être, mais parce que, pendant leur jeunesse, ils ne pensaient pas à la mort. (© Albin Michel)

Marie Darrieussecq (née en 1969)
• *Truismes* (1996), où la transformation d'une femme en truie révèle la bestialité qui est en chacun de nous…

Quand les premiers symptômes sont apparus, j'ai dû quitter la parfumerie. Ce n'était pas une histoire de décence ni rien ; c'est juste que tout devenait trop compliqué. (© POL)

La « nouvelle fiction », ou « transfiction »

Également : Jean-Claude Bologne, François Coupry, Hubert Haddad, Jean Levi

La « nouvelle fiction » est un mouvement naissant qui prône le retour de l'imaginaire et mêle le merveilleux au réel, le fantastique à l'épique, le mythologique à l'onirique… Les œuvres sont caractérisées par la confusion des genres, entre poésie, roman et nouvelle, et l'exploration de différentes formes d'écriture. Francis Berthelot préfère parler de « littérature transfictionnelle » ou « transfiction », à la frontière entre la littérature générale et l'imaginaire (fantastique, merveilleux et science-fiction).

Francis Berthelot (né en 1946)
• *La Ville au fond de l'œil* (1986), *Rivage des intouchables* (1991), romans de « merveilleux noir ».

Georges-Olivier Châteaureynaud (né en 1947)
• *La Faculté des songes* (1982), *Au fond du paradis* (2003), *L'Autre Rive* (2007), au style riche, mêlant récit réaliste, fantastique moderne, roman historique et onirique.

Frédérick Tristan (né en 1931)
• *Les Égarés* (1983), qui s'insère dans le concert des cultures universelles.

Nous sommes toujours de la taille de l'univers que nous découvrons.

Journal d'un autre (© Christian Bourgois)

Oiseaux. Franz Marc, 1914, Sindelsdorf, Munich.

LE GOÛT DES FORMES BRÈVES

Également : Roland Barthes, Christian Bobin, Pierre Boulle*, Georges-Olivier Châteaureynaud*, Philippe Delerm*, Roland Dubillard*, Jean-Christophe Duchon-Doris, Jean-Marie Laclavetine, Marc Petit, Vincent Ravalec*, Angelo Rinaldi, Jacques Sternberg*, Gary Victor, Abdourahman A. Waberi*

Daniel Boulanger (né en 1932)
• *Vessies et lanternes* (1971), *La Barque amicale* (1972), *Fouette cocher !* (1974), *Un arbre dans Babylone* (1979), où des gens auxquels personne ne prête attention se transforment en princes ou en voyous insolites et charmeurs…

Pierrette Fleutiaux* (née en 1941)
• *Métamorphoses de la reine* (1985), nouvelles qui s'intéressent aux personnages féminins des contes de fées dont la seule fonction semble être d'enfanter ou de poursuivre de leur haine un être particulier…

Marie Desplechin (née en 1959)
• *Trop sensibles* (1997), nouvelles qui traitent avec ironie et profondeur des petits riens du quotidien qui peuvent être fatals.

« Oui. Je crois. J'ai bien réfléchi et j'en suis certaine maintenant : je suis heureuse. » (© Seuil)

Anna Gavalda (née en 1970)
• *Je voudrais que quelqu'un m'attende quelque part* (1999), nouvelles qui évoquent malicieusement les espoirs et désespoirs des gens du quotidien.

Vingt ans. Cet âge décourageant où l'on croit encore que tout est possible. Tant de probabilités et tant d'illusions. Tant de coups à prendre dans la figure aussi. (© Le Dilettante)

La mise en question du texte et du langage

En réaction à la littérature introspective ou engagée, certains écrivains choisissent la neutralité. Les jeux formels des années 1960 et 1970 – Oulipo, écriture textuelle et intertextuelle – vont laisser progressivement la place à un retour de la simplicité, de la poésie, de la représentation… et de la lisibilité ! La parodie, l'humour sont omniprésents.

INTERTEXTUALITÉ, ASCÉTISME ET JEU DES APPARENCES

Également : Jacques Borel, Bernard Comment, Annie Ernaux, Patrick Grainville*, Richard Millet*, Patrick Modiano*, Claude Ollier, Erik Orsenna, Rafaël Pividal, Pascal Quignard*, Danièle Sallenave, Jean-Loup Trassard, Bertrand Visage*

Dans la filiation du nouveau roman et du structuralisme, Philippe Sollers fonde en 1960 la revue *Tel quel* et élabore la théorie de l'**écriture textuelle**. Il prône une nouvelle lecture de l'œuvre, « réseau littéral à plusieurs dimensions ». La notion d'« intertextualité » est l'héritière de ce formalisme : toute œuvre comporte « des reprises, des parodies, des échos d'autres écritures, de sorte que l'on peut parler, pour la littérature, non plus d'intersubjectivité, mais d'intertextualité » (Barthes*). Ces emprunts, qui déconnectent le texte de l'auteur, sont le lieu d'une fiction véritable.

Philippe Sollers (né en 1936)
• *Le Parc* (1961), affilié au nouveau roman (voir p. 328).
• *Nombres* (1968) et *Lois* (1972), réflexions sur la problématique du sujet.
• *H* (1973), roman en une seule phrase.
• *Femmes* (1983), galerie de portraits qui embrasse le monde contemporain : érotisme, passion, pouvoir des femmes, crise, terrorisme…

> « Elle a dit "roman", comme elle aurait dit "shit"… Merde… Avec un mépris…
> Étrange, cette dépréciation, et en même temps cette crainte…
> La vie mentale de Jane est pourtant un roman incessant. » (© Gallimard)

Jean-Marie Gustave Le Clézio* (né en 1940, prix Nobel 2008)
Pour Le Clézio, les merveilles de la ville ont pour corollaires la violence et la solitude, ce qui empêche d'atteindre « l'extase matérielle ». Par son écriture audacieuse, Le Clézio tente d'atteindre le cœur des êtres et des choses :

> La poésie, les romans, les nouvelles sont de singulières antiquités qui ne trompent
> plus personne, ou presque. Des poèmes, des récits, pour quoi faire ?
> Il ne reste plus que l'écriture.
>
> Préface de *La Fièvre*, 1965 (© Gallimard)

• *Le Procès-verbal* (1963), dont le héros, Adam Pollo, en quête de la réalité brute de l'existence, sombre dans la folie…

Cariatide. Modigliani, 1913, musée d'Art moderne de la Ville de Paris.

Renaud Camus (né en 1946)
• *Passages* (1975), *Échange* (1976), *Travers* (1978), *Tricks* (1979), *Voyage en France* (1981), ouvrages intertextuels déroutants, aux renvois vertigineux d'un livre à l'autre, d'une note à l'autre, d'un *je* à l'autre…

Emmanuel Carrère (né en 1957)
• *La Moustache* (1986), *La Classe de neige* (1995), *L'Adversaire* (2000), où Carrère interroge l'identité, l'être et le paraître, l'illusion et la réalité…

Raymond Jean* (né en 1925)
• *La Lectrice* (1986), histoire d'une lectrice à domicile que ses auditeurs finissent tous par désirer…

Je me présente : Marie-Constance G., 34 ans, un mari, pas d'enfants, pas de profession.
(Incipit, © Actes Sud)

Jean d'Ormesson* (né en 1925)
• *Presque rien sur presque tout* (1996), fusion de la fiction et de la métaphysique.

Éric Holder (né en 1960)
• *Mademoiselle Chambon* (1996), qui débute par la rencontre d'un maçon portugais avec l'institutrice de son fils, dans la Marne…
• *Bienvenue parmi nous* (1998), qui narre les amours impossibles d'un vieux peintre et d'une jeune fille paumée, dans un style épuré et musical.

Désinvolture, ironie et subversion douce

Également : Christian Gailly, Christian Oster

Après le « nouveau roman » des années 1950, les Éditions de Minuit publient depuis le milieu des années 1980 un nouveau type de roman, désinvolte, léger, lunatique et joueur. L'humour crée une mise à distance qui permet d'évoquer des sujets graves sans pathos. Le réel est déconstruit, les points de vue sont multipliés.

Jean Échenoz (né en 1947)
• *Cherokee* (1983), qui détourne les codes du roman policier.
• *Lac* (1989), *Nous trois* (1992), *Les Grandes Blondes* (1995), regorgeant de trouvailles et d'ironiques subtilités.
• *Je m'en vais* (1995), où Félix Ferrer, galeriste, quitte l'enfer qu'était devenue sa vie de couple et part pour l'Arctique…

> Chacun sait qu'on ne trouve personne quand on cherche, mieux vaut ne pas avoir l'air de chercher, se comporter comme si de rien n'était. (© Minuit)

• *Ravel* (2006), *Courir* (2008) et *Des éclairs* (2010), biographies intimes et fictionnelles de personnages célèbres : le musicien Ravel, l'athlète Emil Zátopek et l'ingénieur surdoué Nikola Tesla.

Jean-Philippe Toussaint (né en 1957)
• *Monsieur* (1986), *La Réticence* (1991), *La Télévision* (1997), où Toussaint part de la fiction pour aller vers la réalité.
• *Faire l'amour* (2002), où un couple vit sa dernière nuit d'amour, suivi de *Fuir* (2005) et *La Vérité sur Marie* (2009).

Éric Chevillard (né en 1964)
• *Mourir m'enrhume* (1987), où M. Théo, 80 ans, reçoit parfois la visite de Lise, jeune complice délicate de son agonie.
• *La Nébuleuse du Crabe* (1993), dont le héros, Crab, possède d'étranges points communs avec la supernova nommée « nébuleuse du Crabe »…

> Crab ne garde aucun souvenir de sa propre naissance. Seul le témoignage de sa mère lui permet d'affirmer aujourd'hui qu'il est né effectivement, qu'il est effectivement de ce monde, et bien vivant. Mais les preuves du contraire ne manquent pas non plus… (© Minuit)

L'ennoblissement des littératures de genre

Depuis les années 1970, le roman historique connaît une vogue ininterrompue : tout le passé de la France est dévoré par un public avide d'Histoire et de dépaysement, ce qui suscite une production gigantesque.

Apparue au début du siècle, la « paralittérature » a énormément évolué depuis 1968 : renouvellement du roman policier, explosion de la science-fiction et de la bande dessinée, devenues de véritables contre-cultures. D'une manière générale, tous les genres s'interpénètrent de plus en plus et ont tendance à fusionner avec la littérature classique.

Le roman historique

Également : Eliette Abecassis, Jacques Almira, Michel Chaillou, Bernard Clavel, Maryse Condé, Colette Davenat, Catherine David, Jean-Paul Delfino, Maurice Denuzière, Régine Desforges, Jean Diwo, Hortense Dufour, Michel Folco, Irène Frain, Adrien Goetz, Henri Gougaud, Denis Guedj, Christian Jacq, Gilles Lapouge*, Frédéric Lenormand, Emmanuel Le Roy Ladurie, Claude Manceron, Claude Michelet*, Kénizé Mourad, Gilles Perrault, Patrick Rambaud, Jean Raspail, Norbert Rouland, François-Olivier Rousseau, Bernard Simiot, Gilbert Sinoué*

Jules Roy (1907-2000)
• *Les Chevaux du Soleil* (6 vol., 1967-1975), épopée de la France en Algérie, depuis la conquête en 1830 jusqu'au départ tragique en 1962.

Jean d'Ormesson* (né en 1925)
• *La Gloire de l'Empire* (1971), histoire imaginaire à la limite de la parodie qui interroge les origines de notre culture.
• *Le Vent du soir* (3 vol., 1985-1987), où l'on parcourt le Brésil, Venise, la Russie, les Indes, New York, l'Afrique du Sud…

Pierre-Jean Rémy (1937-2010)
• *Le Sac du palais d'Été* (1971), grande fresque sur la Chine des années 1900 à 1968.

Georges Duby (1919-1996)
• *Le Dimanche de Bouvines* (1973), *Le Chevalier, la Femme et le Prêtre* (1981), par un historien du Moyen Âge.

Max Gallo (né en 1932)
• *La Baie des Anges* (3 vol., 1975-1976), où trois Italiens s'installent à Nice et se retrouvent pris dans la guerre de 1914.
• *Que sont les siècles pour la mer* (1977), qui brosse l'histoire de la Provence de l'Antiquité jusqu'à nos jours.
• *La Machinerie humaine* (10 vol., 1992-1999), où Gallo entrecroise des destins français dans les dernières décennies du siècle.

Bertrand Poirot-Delpech (1929-2006)
• *Les Grands de ce monde* (1976), qui évoque sur le mode de la fantaisie irréaliste les événements de 1968.
• *La Légende du siècle* (1981), où Poirot-Delpech démystifie les grands événements et parodie les milieux sociaux du XXe siècle.

Salomé dansant la danse des sept voiles.
Franz von Stuck, 1906, Städtische Galerie im Lenbachhaus, Munich.

Raymond Jean* (né en 1925)
• *La Fontaine obscure* (1976), sur la sorcellerie au XVIIe siècle.
• *L'Or et la Soie* (1983), sur la grande épidémie de peste à Marseille.

Robert Merle* (1908-2004)
• *Fortune de France* (13 vol., 1977-2003), qui retrace des générations de gentilshommes, depuis un hobereau protestant sous Henri II jusqu'à un marquis catholique sous Louis XIV, dans une langue savoureuse restituant les tournures d'oc :

> On rit à ventre déboutonné de cette bonne gausserie. (© Bernard de Fallois)

Jeanne Bourin (1922-2003)
• *La Chambre des dames* (1979), *Le Jeu de la tentation* (1981), qui reconstituent le Paris du XIIIe siècle.

Pascal Quignard* (né en 1948)
• *Carus* (1979), sur un empereur romain du IIIe siècle.
• *Tous les matins du monde* (1991), roman grave et poétique mettant en scène un vieux compositeur fier et rebelle au temps de Louis XIV.

Françoise Chandernagor (née en 1945)
• *L'Allée du Roi* (1981), mémoires imaginaires de Mme de Maintenon, seconde épouse de Louis XIV.

LE ROMAN POLICIER

Également : Eliette Abecassis, A.D.G., Jean Amila, Georges Arnaud, Brigitte Aubert, Claude Aveline, Jean-Pierre Bastid, Joseph Bialot, Boileau-Narcejac, Philippe Bouin, Philippe Carrese, Charles Exbrayat, Dan Franck, José Giovanni, Andrea H. Japp, Thierry Jonquet, Yasmina Khadra, Brigitte Kernel, Guillaume Lebeau, Maurice Leblanc, Gaston Leroux, Colette Lovinger-Richard, Léo Mallet, Francis Mizio, Daniel Picouly, Patrick Raynal, Didier Sénécal, Georges Simenon, Albert Simonin, Pierre Siniac, Stanislas-André Steeman, Jacques Vallet, Pierre Véry*

Le roman policier part d'un meurtre et s'attache à dévoiler progressivement qui est l'assassin et quels sont ses mobiles. Ce faisant, il dévoile également les rouages de la société et de l'âme humaine…

Le thriller

Le roman à suspense consiste en l'analyse psychologique d'individus traqués qui luttent pour leur survie, et auxquels le lecteur s'identifie.

Vladimir Volkoff (1932-2005)
• *Le Retournement* (1979), thriller métaphysique.

Serge Brussolo (né en 1951)
• *Carnets d'un cambrioleur* (1994), *La Main froide* (1995), romans au suspense particulièrement angoissant.

Jean-Christophe Grangé (né en 1961)
• *Le Vol des cigognes* (1994), *Les Rivières pourpres* (1998), *L'Empire des loups* (2003), aux intrigues machiavéliques, riches en rebondissements et en effusions de sang…

Le polar engagé, ou « nouveau policier »

J'écris des romans noirs. Des intrigues où la haine, le désespoir se taillent la part du lion et n'en finissent plus de broyer de pauvres personnages auxquels je n'accorde aucune chance de salut. Chacun s'amuse comme il peut. (Thierry Jonquet, D.R.)

Le « nouveau policier » met en scène des antihéros et dénonce, souvent de manière parodique, les travers de la société : racisme, bavures policières, dérives mafieuses des milieux politico-financiers, misère des banlieues…

Jean-Patrick Manchette (1942-1995)
• *L'Affaire N'Gustro* (1971), *Morgue pleine* (1973), *Que d'os* (1975), *Le Petit Bleu de la côte Ouest* (1976), *La Position du tireur couché* (1981), violents « polars d'intervention sociale » qui mettent en scène gangsters, politiciens et terroristes, parodiant avec cynisme les romans noirs.

Jean Vautrin (né en 1933)
À bulletins rouges (1973), *Billy-Ze-Kick* (1974), *Bloody Mary* (1979), *Groom* (1981), néopolars noirs portés par une langue riche et chaleureuse.

Jean-Bernard Pouy (né en 1946)
• Dans la série « Le Poulpe », qui met en scène Gabriel Lecouvreur, enquêteur marginal et antifasciste, Pouy écrit *La petite écuyère a cafté* (1995), contre les commandos anti-IVG.

Didier Daeninckx (né en 1949)
• *Meurtres pour mémoire* (1984), qui dénonce l'organisation de la déportation de Juifs en 1942 et le massacre d'Algériens en 1961.
• *Le Facteur fatal* (1990), où les enquêteurs sont confrontés à une telle misère qu'ils n'en sortent pas indemnes.
• *Nazis dans le métro* (1996), qui évoque l'agression d'un écrivain [Jean Amila] ayant osé s'en prendre au colonialisme et au nucléaire…

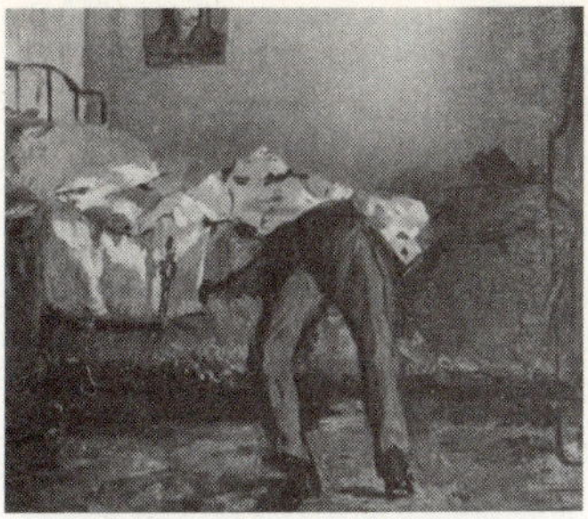

Le Suicidé. Manet, 1877, coll. part.

Jean-Claude Izzo (1945-2005)
• *Total Kheops* (1995), *Chourmo* (1996) et *Solea* (1998), trilogie qui met en scène un flic de gauche désabusé dans la ville de Marseille.

Maurice G. Dantec (né en 1959)
• *La Sirène rouge* (1993), sorte de *road story* qui dénonce violemment les crimes serbes en Bosnie.
• *Les Racines du mal* (1995), *Babylon babies* (1999), polars futuristes. *Les Racines du mal* ont pour cadre une société absurde transformant en tueurs en série ses membres les plus brillants…

Maud Tabachnik (née en 1938)
• *L'Étoile du Temple* (1997), *Le Sang de Venise* (2000), thrillers historiques évoquant les persécutions des Juifs au Moyen Âge. Ses romans sont comme des coups de poing dans l'univers masculin des polars.

Tonino Benacquista (né en 1961)
• *L'Outremangeur* (1998), histoire d'un superflic obèse, solitaire et désespéré qui tente d'oublier un drame du passé.

Le polar fantaisiste et truculent

Frédéric Dard (1921-2000)
• Les aventures rabelaisiennes de *San-Antonio* (1949-2001), où Dard crée pour le commissaire San-Antonio et son acolyte Bérurier un langage truculent et comique accumulant jeux de mots, allusions et trouvailles en tout genre.

Daniel Pennac (né en 1944)
• La suite *Au bonheur des ogres* (1985), *La Fée carabine* (1987), *La Petite Marchande de prose* (1989) et *Monsieur Malaussène* (1995), qui narrent les aventures loufoques de Benjamin Malaussène, antihéros entretenant une nombreuse tribu de frères et sœurs à Belleville.

Fred Vargas (née en 1957)
• *Ceux qui vont mourir te saluent* (1994), *Pars vite et reviens tard* (2001), polars érudits au personnage fétiche : le commissaire Adamsberg.
• *Debout les morts* (1995), *Un peu plus loin sur la droite* (1996), *Sans feu ni lieu* (1997), qui mettent en scène trois jeunes historiens en rade.

LES « LITTÉRATURES DE L'IMAGINAIRE »

Également : Ayerdhal, Francis Berthelot, Serge Brussolo, Philippe Curval, Maurice G. Dantec*, Charles Dobzynski, Mathieu Gaborit, Laurent Genefort, Pierre Grimbert, Bernard Lenteric, Pierre Pelot, Daniel Walther*

Les précurseurs français de la science-fiction moderne sont les romans d'anticipation de Jules Verne* et de J.H. Rosny aîné (*La Guerre du feu*, 1911). Puis l'œuvre et les traductions de Boris Vian* ont ouvert le genre à un vaste public. Aujourd'hui, la SF française s'est émancipée de la production américaine – certains auteurs hexagonaux sont même traduits aux États-Unis! La science-fiction est devenue un genre adulte proche de la littérature, critiquant la société et réfléchissant à son avenir; c'est le lieu par excellence de la fiction romanesque. Les romans d'« anticipation » se projettent dans l'avenir de manière scientifiquement plausible, tandis que la « fantasy » fait intervenir le merveilleux et met en scène des univers de type médiéval.

Les pionniers

René Barjavel (1911-1985)
• *Ravage* (1943), où une panne d'électricité fait s'effondrer la civilisation.

> Sur la berge sud de la Seine, grouillait une foule énorme. La moitié de Paris regardait brûler l'autre [...] C'était une odeur de monde qui naît ou qui meurt, une odeur d'étoile. (© Denoël)

• *La Nuit des temps* (1968), qui narre la découverte en Antarctique de rescapés d'un monde disparu depuis 900 000 ans…
• *Le Grand Secret* (1973), sur l'immortalité…
• *L'Enchanteur* (1984), réécriture tendre et malicieuse du mythe de Merlin.

« City of the Future ». Couverture de *Fantastic Adventures*, mai 1939.

Jacques Sternberg (1923-2006)
• *La sortie est au fond de l'espace* (1956), *Attention planète habitée* (1970), *Futurs sans avenir* (1971), *188 contes à régler* (1988), touchant à la fois à la science-fiction et au fantastique, avec une teinte d'humour.

Gérard Klein (né en 1937)
• *Embûches dans l'Espace* (avec R. Chomet et P. Rondard, 1958), aventure vénusienne.

• *Les Voiliers du soleil* (1961), *Le Long Voyage* (1964) et *Le Rêve des forêts* (1987), constituant la *Saga d'Argyre*, épopée martienne…

Pierre Boulle (1912-1994)
• *La Planète des singes* (1963), où une expédition spatiale découvre la planète Bételgeuse, sur laquelle des singes dominent des humains.

Michel Jeury (né en 1934)
• *Le Temps incertain* (1973), *Les Singes du temps* (1974), réflexions quasi philosophiques sur l'espace et le temps.

Science-fiction, merveilleux, fantastique

Le roman de science-fiction réfléchit de plus en plus à l'avenir de la société et aux questions écologiques. Il connaît des évolutions similaires à la littérature classique, intégrant l'érotisme et l'humour, remettant en question le langage et ses formes, s'enrichissant de parodies référentielles… et inspirant des écrivains comme Cayrol*, Butor* ou Le Clézio*.

Fairy Land. E.R. Frampton, 1906, coll. part.

Jean-Pierre Andrevon (né en 1937)
• *Paysages de mort* (1978), sur la pollution et la surpopulation, par un écrivain de SF engagé.

Michel Pagel (né en 1961)
• *Les Flammes de la nuit* (4 vol., 1984-1987), *La Comédie inhumaine* (7 vol., 1989-2000), qui mêlent fantastique, science-fiction et fantasy avec une légère coloration policière ou historique.

Bernard Werber (né en 1961)
• *Les Fourmis* (1991), *Le Jour des fourmis* (1995), *La Révolution des fourmis* (1996), où Werber associe science, romanesque, fantastique et philosophie.

Jean-Claude Dunyach (né en 1957)
• *Étoiles mortes* (1992) et *Étoiles mourantes* (avec Ayerdhal, 1999), ou la rencontre de l'humanité et des AnimauxVilles…

Pierre Bordage (né en 1955)
• *Les Guerriers du silence* (3 vol., 1993-1995), *Wang* (2 vol., 1996-1997), *Les Fables de l'Humpur* (1999), époustouflantes épopées de la survie, par un conteur humaniste hostile à tous les intégrismes.

La poésie en liberté

Depuis les années 1960, après trois décennies d'expérimentations tous azimuts au sein de courants assez différenciés, il n'existe plus d'école poétique en France. La tendance générale est cependant au minimalisme et au retour à la réalité, ce qui rend la poésie contemporaine plus abordable que les recherches des années 1950. La prose est de plus en plus présente, et les recueils commencent à ressembler à de véritables livres.

LA POÉSIE DU SOUPÇON

Également : Michel Butor, Eugène Guillevic*, Franck Venaille*

La poésie est-elle encore un genre séparé des autres ? Certains écrivains vont jusqu'à remettre en question le langage poétique.

Michel Deguy (né en 1930)
• *Ouï dire* (1966), *Figurations* (prose, 1969), *Reliefs* (1976), *Donnant donnant* (1981), textes denses qui explorent le langage et interrogent la poésie.

Un poème nous hante qui soit l'hôte des différences,
et ainsi porté à pulvériser les genres.

Poèmes de la Presqu'île, 1961 (© Gallimard)

Denis Roche (né en 1937)
• *Éros Énergumène* (1968), où Roche conteste radicalement toutes les conventions poétiques, allant jusqu'à conclure :

La poésie est inadmissible, d'ailleurs elle n'existe pas.

La poésie est inadmissible, 1995 (© Seuil)

LE NOUVEAU RÉALISME

Également : Daniel Biga, Lucien Francœur, Claude Pélieu

Autour des revues *Chorus* ou *Exit*, un nouveau réalisme, amer, contestataire, dit la violence du quotidien dans une langue nomade mêlant français et américain – c'est en quelque sorte l'ancêtre du rap et du slam.

Jean-Pierre Verheggen (né en 1942)
• *La Grande Mitraque* (1969), aux rythmes syncopés.

Hourra ! Hourra ! Bleus d'bassine, Bowling, couperose de grimace. Vert fuchsia Nénets
Cervelle Kleenex mouché de rides et panse pie de Dada. Hourra ! Hourra ! (© Fagne)

La poésie (post)moderne

Également : Marie-Claire Bancquard, Olivier Cadiot, Marc Cholodenko, Patrice Delbourg, Mohammed Dib, Charles Dobzynski, Max-Pol Fouchet, Dominique Fourcade, Guy Goffette, Paol Keineg, Vénus Khoury-Ghata, Yvon Le Men, Jean-Pierre Lemaire, Michel Manoll, Henri Meschonnic, Jean Pérol, Henri Pichette, Marcelin Pleynet, Christian Prigent, Jean-Claude Renard, Denis Roche, James Sacré, Jean-Luc Steinmetz, Jean Tardieu*, Khal Torabully, Pierre Torreilles, Jean Tortel, Jean-Vincent Verdonnet*

À partir des années 1980, les expériences libertaires sont abandonnées et l'on revient aux formes anciennes, autour des revues *Change* et *Action poétique*. Les poètes postmodernes s'inscrivent dans une tradition plus productive, avec une dimension parodique, ou bien minimaliste.

Scène côtière, Théo Van Rysselberghe, v. 1892, National Gallery, Londres.

Bernard Noël (né en 1930)
• *Extraits du corps* (1958), *Le Château de Cène* (1969), *Le Lieu des signes* (1971), *La Peau et les Mots* (1972), *Poèmes I* (1983), où le corps est le support de la quête d'essentiel.

> C'est sans doute l'esprit qui souille la chair.
>
> *Le Château de Cène* (© Gallimard)

Edmond Jabès (1912-1991)
• *Le Livre des questions* (7 vol., 1963-1973), *Le Livre des ressemblances* (1980), *Le Soupçon, le Désert* (1978), *L'Ineffaçable, l'Inaperçu* (1979), sommes à l'architecture complexe et à la parole multiforme où s'entrelacent récits, dialogues, autobiographie, citations, poèmes, réflexions sur le livre et sur le vivre…

> Dieu est absent du livre et le livre, lent déchiffrement de son absence.
>
> *Le Livre des questions* (© Gallimard)

Jacques Réda (né en 1929)
• *Amen* (1968), *Récitatif* (1970), *La Tourne* (1975), *Les Ruines de Paris* (prose, 1977), *Le bitume est exquis* (1984), qui respectent les normes poétiques classiques pour explorer, avec un lyrisme « parlé », le quotidien de la ville et de la banlieue.

Pierre Oster (né en 1933)
• *Les Dieux* (1970), *Le Sang des choses* (1973), *Paysage du Tout* (2000), parcours rêvés à travers une campagne d'une pureté originelle…

Jacques Roubaud (né en 1932)
• *Ɛ* (1967) ; *Trente et un au cube* (1973) et *Autobiographie chapitre dix* (1977), livres où des doubles pages blanches de silence dissimulent dans leurs plis les poèmes… Ceux-ci, comme avec l'Oulipo (voir p. 326), émanent de contraintes

de construction fantaisistes mais très précises et n'ont pas d'articulation logique immédiate. Pourtant l'unité des thèmes se dégage, déployée autour d'une myriade de références poétiques de tous les temps et de tous les pays…

> ce n'est pas vrai je mens tout est faux il n'y a plus rien en arrière je ne suis pas au monde je ne suis pas non plus du monde que j'étais je ne vis pas un mort me glace le vécu j'avance sous absence je suis le chapitre zéro du livre la basse oubliée dans la partition économisant le vide
>
> « Go 110 », in *ℰ* (© Gallimard)

Antoine Emaz (né en 1955)
• *En deçà* (1990), *C'est* (1992), *Poème, trois jours, l'été* (1992), *Peu importe* (1993), *Entre* (1995), *Fond d'œil* (1995), *Sable* (1997), *Boue* (1997), *Soirs* (1999), *Je ne* (2001), *Ras* (2001), poésies de la sobriété, qui tendent vers le plus de justesse possible, au ras du réel.

> l'attente s'étire vers le rien le temps
> va lent minute après minute
> se dilue et s'efface (« Peur 2 », D.R.)

L'exploration théâtrale

Le théâtre contemporain, grâce à la multiplication des salles en province, touche un public croissant d'adeptes passionnés et fait l'objet d'expériences foisonnantes. Depuis le milieu des années 1970, des metteurs en scène comme Jean-Louis Barrault, Antoine Vitez, Roger Planchon, Patrice Chéreau, Daniel Mesguisch ou Ariane Mnouchkine, qui ont adapté les œuvres classiques de façon spectaculaire et inventive, ont un temps occulté les auteurs. Mais ceux-ci reparaissent : **Dubillard, Vinaver, Grumberg, Brisville, Koltès** ou **Lagarce** illustrent les tendances contemporaines.

Madame X, John Singer Sargent, 1885, Museum of Modern Art, New York.

Le théâtre critique et satirique

Également : Enzo Cormann, Milan Kundera, Jean-Luc Raharimanana, Sony Labou Tansi, Kateb Yacine*

Michel Vinaver (né en 1927)
• *Les Coréens* (1956), *Par-dessus bord* (1973), *Dissident, il va sans dire* (1976), *Iphigénie Hôtel* (1977), *Les Voisins* (1986), qui recomposent des fragments de

réel pour dépeindre avec ironie la guerre, l'entreprise, la façon dont le système économique et social détruit la vie personnelle et familiale.

Jean-Claude Brisville (né en 1922)
• *Le Fauteuil à bascule* (1982), *L'Entretien de M. Descartes avec M. Pascal le Jeune* (1986), *Le Souper* (1989), incisifs et réalistes, dans la tradition du théâtre classique. *Le Fauteuil à bascule* et *L'Entretien* sont des dialogues littéraires ; *Le Souper* est une comédie historique où Talleyrand essaie de convaincre Fouché de devenir ministre de Louis XVIII.

FOUCHÉ. Nous ne sommes pas, vous et moi, du même temps. Le vôtre est en train de crever d'une indigestion de politesse – et c'est le mien qui lui succédera. Le pouvoir sera aux subalternes, aux espions, aux délateurs […] Alors, monsieur, ce sera l'Ordre. (© Actes Sud)

DES EXPÉRIENCES TOUS AZIMUTS

Également : Olivier Cadiot, Louis Calaferte, Bernard Chartreux, Copi, Michel de Ghelderode, Claude Prin, Jean-Paul Wenzel*

Roland Dubillard (né en 1923)
• *Naïves Hirondelles* (1961), *La Maison d'os* (1962), *Les Diablogues* (1976), *Autres Inventions à deux voix* (1976), théâtre du langage qui mêle absurde et fantaisie, angoisse et rire. *Naïves Hirondelles* et *Maison d'os* abordent avec faconde les thèmes de la vieillesse sans amour et de la décomposition du corps. *Les Diablogues* et les *Autres Inventions à deux voix* sont des variations décapantes sur l'inconsistance de la vie.

Jean-Claude Grumberg (né en 1939)
• *Dreyfus* (1973), *L'Atelier* (1976), *Zone libre* (1991), qui évoquent avec dérision et émotion l'antisémitisme et le génocide. Ce théâtre du quotidien met en scène des gens ordinaires aux prises avec le monde réel, et prône la compassion et la responsabilité.

Hélène Cixous* (née en 1937)
• *Portrait de Dora* (1976), qui met en scène Freud et sa patiente préférée.
• *Histoire terrible mais inachevée de Norodom Sihanouk, roi du Cambodge* (1985), *L'Indiane ou l'Inde de leurs rêves* (1987-1988), *Tambours sur la Digue, sous forme de pièce ancienne pour marionnettes jouée par des acteurs* (1999), pièces écrites pour le Théâtre du Soleil d'Ariane Mnouchkine.

Armand Gatti (né en 1924)
• *Le Dernier Maquis* (1984), *Les Combats du jour et de la nuit à la maison d'arrêt de Fleury-Mérogis* (1989), *Ces empereurs aux ombrelles trouées* (1991),

théâtre d'agitation politique où Gatti fait des exclus ses personnages et ses acteurs, pour tenter de leur rendre une dignité et un destin. « Au commencement était le Verbe, et le Verbe était Dieu. Voulez-vous être Dieu avec moi ? », demande-t-il à ses stagiaires en réinsertion.

INTIMISME ET ANGOISSE MÉTAPHYSIQUE

Loleh Bellon (1925-1999)
• *Changement à vue* (1978), *L'Éloignement* (1987), où Bellon aborde la représentation théâtrale, vue des coulisses ou depuis les angoisses de l'auteur.
• *De si tendres liens* (1984), aux dialogues humoristiques et pudiques.

Bernard-Marie Koltès (1948-1989)
• *Combat de nègre et de chiens* (1983), *Quai Ouest* (1985), *Dans la solitude des champs de coton* (1986), *Le Retour au désert* (1988), *Roberto Zucco* (posth., 1991), où Koltès donne la parole à des marginaux piégés dans des lieux inhospitaliers par le mensonge et par la mort. Son lyrisme intense accentue la tension dramatique de ses pièces, à l'atmosphère de roman noir.

> – Enlève tes chaussures. Comment t'appelles-tu ?
> – Appelle-moi comme tu veux. Et toi ?
> – Moi, je n'ai plus de nom.
>
> *Roberto Zucco* (© Minuit)

Orphée, Gustave Moreau, 1865, musée d'Orsay, Paris.

Jean-Luc Lagarce (1957-1995)
Mort prématurément du sida comme Koltès, Lagarce est désormais l'un des auteurs contemporains les plus joués en France. Ses pièces font passer de situations intimistes à la peinture des maux de la société actuelle.
• *Derniers remords avant l'oubli* (1987), où deux hommes et une femme, séparés par la vie, se retrouvent dans la maison où ils vivaient naguère pour la vendre. Ils repartent sans avoir rien décidé.
• *Juste la fin du monde* (1990), sur le retour d'un jeune homme dans sa famille pour tenter de leur dévoiler un secret, vainement.
• *J'étais dans la maison et j'attendais que la pluie vienne* (1994), où cinq femmes attendent le retour d'un fils, d'un frère.

• *Le Pays lointain* (1995), où Lagarce construit un chœur antique dans lequel s'expriment morts et vivants pour transcender la difficulté de communiquer.

> Louis : Il y a encore ma famille qui vit dans ce coin-là.
> Je vais aller les voir, je dis ça, parler avec eux, régler cette affaire, ce qu'on n'a pas dit et qu'on souhaite dire avant de disparaître – on ne le gardera pas dans la tête, on s'en débarrassera –,
> je ferai ce voyage et ensuite, j'en aurai terminé, je rentrerai chez moi et j'attendrai.
> Je serai paisible.
> Je dis ça.

Ironie sur les stéréotypes contemporains

Yasmina Reza (née en 1959)
• *Conversations après un enterrement* (1987), qui dépeint la fragilité, l'impuissance et les contradictions humaines.
• *Art* (1994), où un homme achète une fortune un tableau entièrement blanc qu'il considère comme un chef-d'œuvre, ce qui sème la zizanie dans ses relations amicales.

Eric-Emmanuel Schmitt (né en 1960)
• *La Nuit de Valognes* (1991), qui met en scène le procès de Don Juan par ses anciennes victimes.
• *Le Visiteur* (1993), dialogue entre Freud et Dieu.
• *Le Libertin* (1997), qui retrace une journée dissolue de Diderot.

> Je ne sais pas ce que je hais le plus du sommeil ou de la veille…
> Le sommeil parce que je m'y absente… ou la veille parce que je m'y rencontre.
>
> *La Nuit de Valognes* (© Actes Sud)

Bibliographie

• Philippe ANDRÈS, *Le Parnasse*, Ellipses, coll. « Réseau, les écoles artistiques », 2000.
• Michel AUTRAND, Jacques BERSANI, Jacques LECARME, Bruno VERCIER, *La Littérature en France de 1945 à 1968*, Bordas, 1982.
• Colette BECKER, *Lire le réalisme et le naturalisme*, Dunod, 1998.
• Colette BECKER (dir.), *Le Roman (cours, documents, dissertations)*, Bréal, 2000.
• Anne BERTHELOT, Emmanuel BURY, Jeanne et Michel CHARPENTIER, *Langue et littérature – Anthologie Moyen Âge, XVIe, XVIIe, XVIIIe siècles*, Nathan, 1992.
• Anne BERTHELOT, François CORNILLAT, *Littérature Moyen Âge – XVIe siècle*, Nathan, coll. « Henri Mitterand », 1989.
• Sandrine BERTHELOT, *Gustave Flaubert*, Ellipses, coll. « Mentor », 1999.
• Pierre-Marc de BIASI, *Flaubert, l'homme-plume*, Gallimard, coll. « Découvertes », 2002.
• Claude BONNEFOY, *La Poésie française des origines à nos jours*, anthologie, Seuil, 1975.
• Alain BORER, *Rimbaud, l'heure de la fuite*, Gallimard, coll. « Découvertes », 1995.
• Alain BOSQUET, *Anthologie de la poésie française contemporaine*, Le Cherche-Midi Éditeur, 1994.
• Jacques BRENNER, *Mon histoire de la littérature française contemporaine*, Grasset, 1987.
• Pierre BRUNEL et Yvonne BELLENGER avec Daniel COUTY, Philippe SELLIER et Michel TRUFFET, *Histoire de la littérature française du Moyen Âge au XVIIIe siècle*, Bordas, 1981.
• Nunzio CASALASPRO, *La Littérature française – Les grands auteurs du Moyen Âge à nos jours*, Hachette Pratique, 2007.
• Jacqueline CERQUIGLINI-TOULET et Nigel WILKINS (dir.), *Guillaume de Machaut*, Presses de l'Université de Paris-Sorbonne, 2002.
• Michel et Jeanne CHARPENTIER, *Littérature du XVIIIe siècle, textes et documents*, Nathan, coll. « Henri Mitterrand », 1992.
• Francis CLAUDON, *Les Grands Mouvements littéraires européens*, Nathan Université, coll. « 128 », 2004.
• Henri COULET, *Le Roman jusqu'à la Révolution* (tome I), Armand Colin, 1967.
• Alain COUPRIE, *Les Grandes Dates de la littérature française*, Nathan Université, coll. « 128 », 2003.
• Béatrice DIDIER, *Histoire de la littérature française du XVIIIe siècle*, Nathan, 1992.
• Claude-Gilbert DUBOIS, *La Poésie du seizième*, Bordas, 1989.
• Carole FLORENTIN, Yasmine GUETZ, Jeannine PRIN, Jean-Paul SANTERRE (textes choisis et présentés par), *Anthologie de la littérature française, XXe siècle*, Larousse, 1994.
• Mathilde FOURNIER, *Les Romantiques*, Milan, coll. « Les essentiels », 1996.
• *France médiévale*, Guides Gallimard, 1998.
• Michèle GALLY et Christiane MARCELLO-NIZIA, *Littératures de l'Europe médiévale*, Magnard, 1985.
• Gérard GENGEMBRE, *Réalisme et naturalisme*, Seuil, coll. « Mémo », 1997 ; *Balzac, le Napoléon des lettres*, Gallimard, coll. « Découvertes », 1992.
• Jean GOLDZINK, *Stendhal, l'Italie au cœur*, Gallimard, coll. « Découvertes », 1992.

Les Livres jaunes, Van Gogh, 1887, coll. part.

• Georges-François GRENTE, *Dictionnaire des lettres françaises, le XVIe siècle*, Fayard, coll. « La Pochothèque », 2001.
• Robert HORVILLE et Anne-Élisabeth HALPERN (textes choisis et présentés par), *Anthologie de la littérature française, XIXe siècle*, Larousse, 1994.
• Colette HOURTOLLE et le chantier BT2, *Le Roman policier*, PEMF, coll. « Regards sur les lettres », 2002.
• Michel JARRETY (dir.), *La Poésie française du Moyen Âge au XXe siècle*, PUF, Quadrige Manuels, 2007.
• Louise LABÉ, *Œuvres complètes*, éd. de François Rigolot, GF Flammarion, 1986.
• LAFFONT & BOMPIANI, *Dictionnaire des auteurs de tous les temps et de tous les pays* et *Dictionnaire des œuvres de tous les temps et de tous les pays*, Robert Laffont, coll. « Bouquins », 1990.
• André LAGARDE et Laurent MICHARD, *Textes et littérature du XVIe siècle*, Bordas, 1976; *Textes et littérature du XVIIe siècle*, Bordas, 1984; *Textes et littérature du XVIIIe siècle*, Bordas, 1985; *Textes et littérature du XIXe siècle*, Bordas, 1983; *Textes et littérature du XXe siècle*, Bordas, 1987.
• Guy LARROUX, *Le Réalisme*, Nathan Université, coll. « 126 », 1995.
• Jacques LECARME, Bruno VERCIER, *La Littérature en France depuis 1968*, Bordas, 1982.
• Bernard LECHERBONNIER, Dominique RINCÉ, Pierre BRUNEL, Christiane MOATTI, *Littérature du XXe siècle, textes et documents*, Nathan, coll. « Henri Mitterand », 1992.
• Philippe LEJEUNE, *Le Pacte autobiographique*, Seuil, 1975.
• Henri LEMAÎTRE, *L'Aventure littéraire du XXe siècle : 1920-1960*, Bordas, 1984.
• Cécile LIGNY, Manuela ROUSSELOT, *Littérature française*, Nathan, coll. « Repères pratiques », 2008.
• Bertrand MARCHAL, *Lire le symbolisme*, Dunod, 1993.
• Clément MAROT, *L'Adolescence clémentine*, *L'Enfer*, *Psaumes*..., éd. de Frank Lestringant, Gallimard, coll. « NRF Poésie », 1987.
• Henri MITTERAND, *Zola et le naturalisme*, PUF, coll. « Que sais-je? », 2002; *Zola, la vérité en marche*, Gallimard, coll. « Découvertes », 1995.
• Michel de MONTAIGNE, *Essais*, 3 vol., éd. de Pierre Michel, Gallimard, 1965.
• Jean d'ORMESSON, *Une autre histoire de la littérature française*, 2 vol., NiL Éditions, 1997.
• Jean-Marcel PAQUETTE, *Poèmes de la mort, de Turold à Villon*, éd. bilingue, 10/18, 1979.
• Régine PERNOUD, *Pour en finir avec le Moyen Âge*, Seuil, 1977.
• Gaëtan PICON, *Panorama de la nouvelle littérature française*, Gallimard, 1976.
• Claude PUZIN, *Littérature du XVIIe siècle, textes et documents*, Nathan, coll. « Henri Mitterand », 1992.
• François RABELAIS, *Pantagruel*, *Gargantua*, *Le Tiers Livre*, *Le Quart Livre* et *Le Cinquième Livre*, éd. de Guy et Geneviève Demerson, Seuil, 1995-1996.
• François RAYMOND, Daniel COMPÈRE, *Les Maîtres du fantastique en littérature*, Bordas, 1993.
• Dominique RINCÉ et Bernard LECHERBONNIER, *Littérature du XIXe siècle, textes et documents*, Nathan, coll. « Henri Mitterand », 1986.
• Pierre de RONSARD, *Les Amours*, éd. d'André Gendre, LGF/Le Livre de Poche, 1993.
• Dominique SERRE-FLOERSHEIM, *Les Courants littéraires et artistiques - Époque moderne 1850-1930*, Delagrave, coll. « De l'image au texte », 1999.
• Yves STALLONI, *Écoles et courants littéraires*, Nathan Université, coll. « Lettres Sup », 2004.
• Jean-Yves TADIE, *Introduction à la vie littéraire du XIXe siècle*, Dunod, 1998.
• Jean-Jacques TATIN-GOURIER, *La Littérature française du XVIIIe siècle*, Dunod, coll. « Les Topos », 1991.
• Marie-Hélène TESNIÈRE, *Bestiaire médiéval – Enluminures*, BNF, 2005.
• Michel ZINK, *Introduction à la littérature française du Moyen Âge*, LGF/Le Livre de poche, coll. « Références », 1994.

Index des auteurs et des œuvres anonymes

Librio

993

Composition PCA – 44400 Rezé
Achevé d'imprimer en Italie par Grafica Veneta
en décembre 2010 pour le compte de E.J.L.
87, quai Panhard-et-Levassor, 75013 Paris
Dépôt légal décembre 2010.
EAN 9782290029381

Diffusion France et étranger : Flammarion